脫下異教習俗的外衣
回歸基督信仰的純正

PAGAN CHRISTIANITY？

參雜異教的基督信仰？

人人皆祭司

教會不是大多數信徒坐著觀看演出；也不是少數菁英份子蒙召發揮的地方；
更不是每週一次一成不變的主日流程…

本書帶您脫去制度化的枷鎖；跨越神職人員與平信徒的鴻溝；教會是讓神的
百姓齊聚一堂，彼此服事，互相造就，是耶穌基督榮耀的身體。

透過歷史的洪流，揭開教會制度化的面紗，帶你了解上帝對教會更深切、更
整全的心意，成全聖徒，各盡其職，才是上帝對教會的計畫。

法蘭克‧威歐拉（FRANK VIOLA）
喬治‧巴拿（GEORGE BARNA）　合著

顧華德　譯

多數當代基督徒普遍都不清楚教會演變到今日這種型態的過程，也不瞭解其實目前教會中許多作法只不過是日積月累的傳統，而且幾乎毫無聖經根據。本書幫助我們撥開層層的傳統，揭露出我們現在所謂「教會」的起源。凡渴望忠於聖經而不在意他們所屬宗派與教會形式的基督徒都能因此書而獲益良多。

> 霍華・施奈德博士（Dr. Howard Snyder）
> 阿斯伯里神學院，宣教史與宣教神學教授
> （Professor of history and theology of mission,
> Asbury Theological Seminary）；
> 曾出版十四本著作，其中包括 *The Community of the King*

《參雜異教的基督信仰？》涵蓋了大部分基督徒（與非基督徒）完全不知情、但有趣又有益的歷史資料。本書舉出許多當代教會作法的異教根源，間或指出其中有部分沿襲自猶太民族早期與近期的習俗。

> 羅伯特・班克斯博士（Dr. Roberts Banks）
> 新約學者與神學家；*Paul's Idea of Community* 與
> *Reenvisioning Theological Education* 作者

教會為什麼以目前這種方式運作？多數人似乎認為基督教的各種作法可以一直回溯到初世紀。但事實不然。保羅那時的基督徒並沒有我們現今所珍視的一切——聚會的聖所、講壇、聖餐桌、聖職、禮儀等等。《參雜異教的基督信仰？》所要探討的是，使徒時代過去許久之後，教會的主要傳統與文獻才逐漸出現及其演變過程。你曾否好奇大家為何要在星期日早上穿著最體面的服裝參加崇拜嗎？《參雜異教的基督信仰？》解答的不只是這個問題，還包括許多埋藏在大家心中已久的問題。《參雜異教的基督信仰？》會讓你看清楚「教會」皇帝其實並沒有穿衣服。

> 宏・珍斯博士（Dr. Jon Zens）；*Searching Together* 編輯

這是一本重要的書籍，說明許多當代教會的作法、事工與架構，不是沒有聖經根據就是非常薄弱，而且事實上是源自許多非基督教模式與思想，並與基督徒的生命與成長背道而馳。多數讀者都認為此書非常極端，但舉凡關心教會未來發展的人都應該閱讀此書。

戴夫 · 諾林敦（Dave Norrington）
布萊普爾與菲爾德學院，宗教研究講師
（Lecturer of religious studied at Blackpool and the Fylde College）；
To Preach or Not to Preach? 作者

《參雜異教的基督信仰?》所記錄的是當代教會生活中違背聖經原則的地方。不論讀者是否同意作者所有的結論，都不會質疑他們記錄的真實性。這是一本結論非常勁爆的學術著作。尤其對於我們這些參與現代細胞教會運動的人來說，這是本迫使我們重新思考 *ecclesia* 的意義的珍貴工具書。

拉弗 · 聶波爾博士（Dr. Ralph W. Neighbour）
Wherer Do We Go from Here? 作者

任何對新約教會敬拜及過去幾百年來其演變過程感興趣的人，都會認為《參雜異教的基督信仰?》非常有幫助。作者的立場非常清楚，而且考證非常踏實。

格雷東 · 施奈德博士（Dr. Graydon F. Snyder）
芝加哥神學院，新約教授（退休）；
Ante Pacem: Archaeological Evidence of Church Life before Constantine 作者

獻給歷史上那些被遺忘的弟兄姊妹，
他們勇敢的冒著生命的危險，
踏出安適制度化的基督教領域。
你們忠心的高舉火炬、忍受迫害、不計毀譽、
捨棄家庭、承受酷刑，並用自己的鮮血
赤裸裸的見證耶穌基督就是祂教會的元首，
而且每個信徒都是祭司……傳道人……
且是上帝家中不可或缺的成員。
這本書是獻給這些人的。

推薦序
原汁原味與添加物

「我真的有可能建立一間並不太滿足耶穌的心的教會嗎？」這是我自己經常會想的問題，也常在理想與現實之間掙扎……。當耶穌說：我要建立我的教會，表示我可以「自由」去建立「祂的」教會嗎？還是我該問問「祂」，對於「祂的教會」祂的看法呢？祂有藍圖給我們參考嗎？

本書嘗試從教會發展的歷史中去找出初代教會與今日教會的差異——初代教會沒有做什麼？而現代教會從歷史發展的過程中我們做了什麼？而這些我們在教會看重的，似乎在新約聖經中找不到可以有力支持的根據，當然也與初代教會大異其趣。但是作者強調重點不在於現代教會與初代教會作法的差異，而是教會對於當時世代社會的影響力！作者發出一個我們不能迴避且深沉的基本問題，那就是「教會對社會應該有深遠的影響力！」這個應該是衡量教會最重要的指標之一。

若是發現今日教會對社會的影響力減弱了，本書鼓勵我們以「人人皆祭司」的基本觀念去看教會，是否是教會多做了什麼？使得每個基督徒發揮「人人皆祭司」的功能大打折扣了呢？好像我剛拿到此書時，「牧師」這章名很吸引我，但它的副標——「信徒成長的障礙」——則讓我很不服氣，我就一口氣把這一章讀完，讀完後氣漸漸消了，取而代之的是許多的反思與反省！

真的我們做太多是新約聖經及初代教會沒有做的事，而今天教會——不論人多或人較少，對社會的影響力真的有限嗎？上帝的旨意真的有「行在地上如同行在天上」嗎？而教會的基督徒光鹽的影響力真的發揮的有限嗎？

本書並未強迫我們在教會的作法上作任何的修正，只是強烈刺激

我們藉著「對社會的影響力與人人皆祭司」來反思教會的本質與做法，初代教會看起來真的比較「原汁原味」一些，而今日教會的內容似乎有不少「添加物」。相信上帝必賜給我們智慧與勇氣，做出必要的反思與改革，讓教會更像祂以後要迎娶的「新婦」，在完成大使命的過程中，深刻的彼此相愛，也穿上潔白的細麻衣，預備自己，等候主來！

　　最後，我要感謝基督教中國佈道會董事會，讓這本書的中文版能問世，對於上帝國度有很大的貢獻，願上帝紀念賜福！

台中思恩堂主任牧師
杜明達

推薦序

上帝真光下，一場公開的解剖手術

　　我百分之百肯定，本書是來自上帝的先知性信息，是上帝對廿一世紀教會發出的巨大雷鳴。我也百分之百相信，本書會在嚴肅看待信仰一事的每位基督徒內心，引起巨大騷動：喜歡的人會感到本書是他們渴求已久的信息，帶給他們安慰、鼓勵，使他們大得振奮；不喜歡的人會感到懷疑、恐懼、憤怒，不敢相信基督徒出版社竟然出版這種書。

　　作者把教會歷史攤開，對異教文化如何影響耶穌基督的教會，作了嚴謹、全面、深入的研究。我們像是觀看一場公開的解剖手術，看著他一一指出身體中哪些部分其實是假造的、被置入的、不應該有的，恍然大悟地了解到，為何這人活力不足，身體的彈跳能力不如預期。作者判斷真偽的能力並非不容質疑，有些地方值得進一步討論，但是大體而言，這場解剖確實是由聖靈發動，在上帝真光的引導下進行的，教會可以放心地根據本書來為自己好好做個身體檢查。

　　為了幫助大家更準確地領受這個先知性信息，我在這裡提出三件很重要的事情，預備大家的心。分別是作者對於教會建造的信念，以及他寫作本書的態度。

　　首先，真正的教會乃是以耶穌基督並祂釘十字架為中心的教會（見哥林多前書二：2），開端是十字架，目標是高舉十字架，過程也是倚靠十字架。不曾經歷過十字架的人，無法建造真正的教會；不曾經歷過十字架的人，會建造出假的教會。假的教會以人為中心，開端是人，目標是討人的喜悅，倚靠的也是人的力量。馬丁‧路德區分十字架神學與華麗神學，前者可以建造出真正的教會，後者造的是假教會。這也是作者的信念，他說：「我們寫作這本書只有一個用意：讓基督在祂的教會中成為一切的中心、至高無上的元首。我們必須在正確

的基礎上重新建立一切。……除此之外，都是徒勞。」（見274頁）

其次，會堂建築、儀式傳統、組織制度、菁英領導，雖然普遍存在，卻沒有一個是真教會的必要元素。真正的教會以十字架為中心，由一個個經歷過十字架的人以生命連結而成，他們的臉孔雖然個個獨特，卻擁有一顆共同的心臟，那就是耶穌，他們的血液也彼此流通，這個人從主那裏領受到的恩賜，藉著這流通的血液，服事了那個人或更多人的需要。血脈相通，肢體彼此建造，每個信徒都在這個有機的生命共同體當中，都有角色、都有功能，而且每個角色都重要，每種功能都不可少。這種「信徒皆祭司」的信念，馬丁‧路德在改教時傾全力恢復，這個信念也貫穿本書所有篇章。一個萬民皆祭司，繽紛蓬勃、活力充沛的有機生命共同體，不是單單讓幾萬人坐滿會堂建築，就會自動出現的；即使是人類當中最優秀的腦袋，也規劃不出一個制度來複製她，甚至連用來維持，也都不可能；而若沒有十字架，即使是世界上最有恩膏的領袖團隊、最精心設計牧養架構，也激勵不出來。至於自稱是教會，卻只看重追求ABC（Attendance, Building, Cash）者，即使會友人數再多、會堂建築再大、奉獻收入再驚人，還是徹底失去教會的本質了。

「信徒皆祭司，教會為一有機生命共同體」的真理在當代教會中經常被傳講，卻很少被真正相信。我們還是非常倚靠會堂建築、儀式傳統、組織制度、少數人領導。特別是少數人領導這件事情，我們實在需要深切反省。初代教會的傳道人從事的是使徒性的事奉，他們前往各處傳福音、植堂（腦子裏出現會堂建築了嗎？不，他們是根本沒有會堂建築的教會），他們在牧養上幫助地方教會，卻不是他們的主任牧師，他們不固定受薪於地方教會，在基督身體中的地位也沒有比其他人更高。在初代教會，每個人都單單尊主耶穌為主，祂是教會的實質領袖，而不只是精神領袖，是每個信祂之人都可以真正經歷到的，又真又活的主。

最後，這是非常重要的一點，我非常欣賞作者面對教會缺失和軟弱的態度，那是一種蒙恩罪人對待罪人的態度，充滿包容、忍耐和憐

憫。他揭發當代教會與真教會之間的差距，看似無情，但是我看得出來，他對教會非常有情。看出教會的缺失之後，不愛教會的人會生氣、論斷、不再事奉。作者卻不是這樣，他依然投身在教會建造的實際工作中，致力於活出真正的教會生活，活出真正愛的團契。並且在忙碌的事奉中，深入洋海般的文獻，將隱沒的歷史慢慢梳理清楚，為我們寫就本書。如果他不愛教會，何必費心？以他的能耐，轉去隨從世界豈不更快？雖然制度化的教會離真正的教會那麼遠，他卻依然感謝他所成長在其中、滋養他生命早期的那個制度化教會。如果他不愛教會，怎麼可能心存感謝？主張推翻一切、砍掉重練，豈不更乾脆？包容、忍耐、憐憫，這是作者的態度，也應該是我們的態度。

過去兩千多年，教會遭異教文化滲入，令我們感到不勝唏噓。但是，我們在搖頭嘆息之餘，可不要忘了，現在的教會依然在這樣的光景中，而未來，未來依然有未來的試探，罪人組成的教會將難免還是會跌倒。然而，我們卻不要灰心，更不要丟棄她。她是基督的新婦，新郎不知道祂的新婦病了嗎？當然知道。祂卻依然接納她、愛她、尊榮她，依然引頸期盼迎娶她的那日。那我們又怎麼能丟棄她呢？再說，這病了的教會正是我們建造起來的，我們若是丟棄她，另起爐灶，事情不是一樣嗎？我們乃是要緊緊地與耶穌基督連結，緊緊地倚靠祂的十字架，在鋪天蓋地的污穢中，盡可能脫離玷污、皺紋等類的病，盡可能趨近於聖潔沒有瑕疵的新婦（見以弗所書五：27）──上帝既然這樣指示我們，就表示這是可禱告、可成就的。

末了，我還想提醒大家，雖然本書屢屢提到初代教會的美好，作者並無意以初代教會為建造教會的標準。基督徒往往對初代教會有一種憧憬，幾乎把她等同於伊甸園，其實，初代教會也是一群罪人的組合，必然有她的缺失和軟弱，她也只是那看不見的真教會的影子而已。是的，真教會是看不見的，她建造在上帝的話之上，之內，之中。馬丁・路德也這樣說過：「哪裡有上帝的話，那裡就有真正的教會。」

本書帶給我的衝擊、安慰、鼓勵和振奮，是無與倫比的。如果我

有機會與作者面對面交通，我要很深地感謝他，為我自己，也為所有在這真理難尋的末世中，依然有熱情建立真教會的主工人。如果我有機會與作者面對面交通，我要請他為我們再寫一本書，告訴我們，在做錯了這許多事之外，歷世歷代的教會在異教文化環伺下，難能可貴地做對了哪些事情，好讓我們格外懂得珍惜，格外知道要好好傳承下去。

台灣信義會台北真理堂主任牧師

楊寧亞

出版者前言

親愛的讀者：

　　您可能會好奇一個基督教出版社為何要出版一本對許多教會裡常見的作法表示質疑的書籍。不過，請注意，本書作者所質疑的不是教會的正當性與重要性。反而是要我們仔細思考教會各種傳統習俗的根源，然後查考這些習俗是否合乎聖經的教導以及初代教會的作法。教會裡有許多人都固守傳統，即使沒有聖經基礎也不在乎，而同一群人也對教會似乎逐漸跟現代社會脫節而失去其影響力，感到不解。

　　丁道爾出版社未必贊成作者提出的每一個觀點，也知道有些讀者也有同感。另方面，我們跟法蘭克和喬治都同樣渴望看到教會遵循聖經原則運作，並充分彰顯上帝的恩典與真理。此外，本書作者是基於審慎的研究、探討與實際經驗，才提出這些重要議題，因此我們認為這些議題不應該被忽視。我們的用意是希望讀者會思考他們的研究成果，然後認真為自己的回應禱告。

出版者

「現實經驗痛苦的告訴我們，原本只是權宜之計的傳統，會演變為必備要素，最後往往成為偶像，人人都必須膜拜，否則就會遭受懲治。」
　　　　　　　　　　　——萊爾（J. C. Ryle），十九世紀英國作家與牧師

「凡真理都必須經歷三個階段。首先，被視為笑談。其次，遭受嚴厲打壓。再來，被認為自明的真理。」
　　　　　　　　——叔本華（Arthur Schopenhauer），十九世紀德國哲學家

[目錄]
Contents

感謝

我在離開制度化教會，以有機的方式跟其他基督徒聚會後不久，我就想瞭解教會淪落到目前這個地步的原因。多年來，我一直想找一本專門探討基督徒每星期遵守的習俗中，毫無聖經根據的部分，並列出相關史料的書籍。[1]

我查找過好幾十份參考書目和卡片目錄。聯絡過許多史家和學者，詢問他們是否知道這樣的作品。我得到的回答非常一致：從來沒有人寫過這樣的書。一時之間我被沖昏頭了，於是決定把這件事攬上身。

我承認我心裡還真希望有別人已經扛起這個沉重的計畫——例如一個沒有全職工作又沒有小孩的教授！這可以讓我省去無數嘔心瀝血的時間，以及許多沮喪挫折的情緒。話說回來，如今全書已經大功告成，我慶幸自己能夠為這個被世人忽略已久的領域開創新局。

某些人可能會好奇，我為何要耗費這麼多時間與精力，在文獻史料堆中追溯當代教會各種習俗的起源，然後逐一記錄下來。原因很單純。瞭解教會各種傳統作法的源頭，很可能足以改變教會未來的走向。正如哲學家祈克果（Søren Kierkegaard）曾經說過：「生命不斷往前發展，但要瞭解生命就必須回顧過去。」如果不瞭解過去的錯誤，就必定會有一個殘缺的未來。我就是基於這個原因踏出喜馬拉雅山征程的第一步。

我對出版這部作品的期許既單純又嚴肅：上帝會使用這本書帶領祂的教會重回其聖經根源。

---

[1] 我只找到一本可以在裡面找到某些現代教會作法根源的書籍，那是堅尼‧愛德華（Gene Edwards）寫的一本小書 Beyond Radical（Jacksonville: Seedsowers, 1999），但裡面沒有列出任何史料。

就此而言，我要感謝以下人士：讓本書內容更豐富扎實的共同作者喬治・巴拿（George Barna）；眼光銳利、情義深厚的法蘭克・瓦德茲（Frank Valdez）；為本書校讀原稿的麥可・比格斯塔夫（Mike Biggerstaff）、丹恩・梅里拉（Dan Merillat）、腓爾・華曼能（Phil Warmanen）、艾瑞克・瑞普（Eric Rapp）及史考特・曼寧（Scott Manning）；提供專業學者回饋的霍華・施奈德（Howard Snyder）；奔波各地協助我蒐集資料的奈爾・卡特（Neil Carter）；不斷往返圖書館，把數不清積滿塵埃的書籍搬到我書房的克里斯・李（Chris Lee）和亞當・派克（Adam Parke）；定期從大西洋對岸寄來珍貴資料的戴夫・諾林敦（Dave Norrington）；一馬當先又不斷鼓勵我的堅尼・愛德華（Gene Edwards）；不厭其煩的回覆我無盡問題的神學院老師，因為人數眾多無法一一致謝；提供我寶貴意見、編輯技巧高超的丁道爾出版社工作人員；還有本書新版得以問世的關鍵人物湯姆・布雷克（Thom Black）。

法蘭克・威歐拉

「那些不記得過去的人，注定要重蹈覆轍。」

——喬治‧桑塔雅納（George Santayana），

二十世紀西班牙哲學家與詩人

「你們為什麼因著你們的遺傳，犯神的誡命呢？」

——耶穌基督《馬太福音》十五章3節

作者的話

　　自從《參雜異教的基督信仰？》出版後，就不斷引起非常劇烈的迴響。甚至可說是排山倒海而來。在本書發行後一年內，激烈的辯論延燒整個部落客社群。

　　這些迴響有毀有譽，有褒有貶，有稱讚有批判。甚至有些人有趣的表示，最喜歡評論這本書的人其實是那些根本沒讀過這本書的人。

　　不過，多數讀者的反應都很正面，例如有人說：「這本書把我多年來對教會的感覺全都說出來了。並且證明這些感覺確實具有聖經與歷史的根據。」有趣的是，喬治和我都收到數不清的牧師來信表達同樣的想法。

　　無庸置疑，這本書已經引起讀者共鳴；而且還轟轟作響。

　　因為我們收到讀者針對本書提出的問題與批判非常多，於是我們製作一個常見問題的網頁，把我們對這些問題與反對意見的回應放在上面。讀者可以自行到下列網址流覽 www.PaganChristianity.org。

　　在各位開始閱讀這個新版本之前，我們要提醒讀者五件重要事項：

　　1. 過去四年間，《參雜異教的基督信仰？》已經改變許多基督徒對教會的認知以及治理教會的方式。許多人告訴我們，自從讀過這本書後，他們就能夠放心的質疑一般人都接受的教會傳統，並對照耶穌與眾使徒的教導檢驗這一切。此外，許多有機型態的教會也紛紛在世界各地興起。這些教會裡的信徒正親身體驗基督的身體，以及以耶穌為元首的意義。

　　2.《參雜異教的基督信仰？》絕對不是單一著作。它只是整個議題的第一部分。第二部分就是建設性的 *Reimagining Church* 一書。《參

雜異教的基督信仰?》屬於解構，*Reimagining Church* 屬於建構，它們是一體的兩面。這樣的話，單單閱讀本書就是打電話時，聽完對方講話，就掛斷一樣。討論的第二部分（*Reimagining Church*）所論述的是符合聖經教導也切實可行的解決之道。

3. 本書的論證經過四年嚴格的批判（以及一些誤傳）後依舊站得穩。儘管許多人對《參雜異教的基督信仰?》發出一波波的反對，它依舊沒有被駁倒也沒有動搖。[1]

4. 喬治和我撰寫這本書的動機是出於對教會的深愛。我們也是因為心中火熱的異象才寫這本書。因此，我們寫作的筆調帶有挑戰的意味。一些不習慣這種筆調的讀者可能會把它誤解為怒氣。不過，我們這種挑戰是出於愛的動機，並且是經過許多淚水以及一顆渴望重建神的殿的心才誕生的。

5. 在閱讀本書的過程中，你也會注意到常見關於本書的誤傳其實都不是真的。例如，喬治和我都沒有主張「家庭教會」（house church）就是教會的正確型態。我們所說的反而是不同於家庭教會的「有機型態的教會」（簡稱「有機教會」）。我們沒有反對講道也沒有反對教導，而是贊成它們。不過我們要從歷史、聖經以及實際的角度質疑現代證道（modern sermon）。同時，我們也不認為就因為某個教會傳統源自異教就是錯誤的。我們主張的是應該捨棄那些違背耶穌與眾使徒教導的傳統，而回歸他們的教導。

《參雜異教的基督信仰?》的寫作動機不是要分裂基督身體。喬治和我寫作本書的宗旨是要鼓勵你根據聖經重新思考我們教會裡的各種作法，並且以清新、富創意的方法一起追求主，不僅忠於聖經，也能榮耀祂。繼本書之後的建設性著作的宗旨是要幫助讀者達到這些目標。[2]我們所祈求的就是，盼望這本書能開始讓你經歷神為祂深愛的教

---

[1] 見 www.ptmin.org/answers.htm to substantiate this statement。
[2] 這些著作在 www.ReimaginingChurch.org 都有介紹。

會所預備最美好與最奇妙的一切，正如祂所預定的。

法蘭克‧威歐拉
佛羅里達
2011年6月

序 言/法蘭克‧威歐拉

耶穌基督在世上時，祂的主要對頭來自當時兩個主流宗教團體：法利賽人與撒督該人。

法利賽人任意增添聖經以外的規矩。他們順服上帝的律法，並且信任文士（生活敬虔又恪守規矩的律法專家）對律法的解釋，並將之應用在生活中。身為上帝話語正式詮釋者的法利賽人握有創制傳統的權力。他們用上帝的話語包裝人為的律法，然後傳給後代子孫。這些代代相傳的習俗，往往被稱為「先祖的傳統」，而且在他們眼中其地位等同聖經。[1]

撒都該人所犯的錯誤正好相反。他們任意切割聖經──認為其中值得遵守的只有摩西律法。[2]（撒都該人不相信靈體、天使、靈魂、來世以及復活。[3]）

難怪主耶穌降世進入人類歷史時，祂的權柄遭受百般刁難（見可十一28）。這兩個宗教陣營都跟祂格格不入。結果，法利賽人和撒都該人都對耶穌投以懷疑的眼光。不消多久，懷疑就轉變為敵意，接著法利賽人和撒都該人都想把上帝之子置於死地。

如今，歷史正在重演。當代基督教已陷入法利賽人與撒督該人所犯的錯誤。

首先，當代基督教犯下法利賽人的錯誤。那就是增添許多人為機制，讓耶穌基督在祂的教會中難以成為實際掌權的元首。

·

[1] Herbert Lockyer Sr., ed., *Nelson's Illustrated Bible Dictionary* (Nashville: Thomas Nelson Publishers, 1986), 830–831, 957–958，亦見馬太福音廿三：23–24。

[2] 摩西律法指的是舊約聖經的頭五卷，就是從《創世記》到《申命記》。這些書卷也被稱為「妥拉」（the Torah）與「摩西五經」（Pentateuch，希臘文的意思是「五卷書」）。

[3] I. Howard Marshall, *New Bible Dictionary*, 2nd ed. (Wheaton, IL: InterVarsity Fellowship, 1982), 1055.

其次，跟撒都該人傳統相仿的是，新約設立的許多作法已經被拋棄在基督教之外。值得慶幸的是，當前有一小批勇敢的弟兄姊妹克服心中恐懼踏出制度化基督教的安全領域，然後逐步重新落實這些作法。

即使如此，我們還是可以從法利賽人與撒督該人那裡學到這門經常被人遺忘的功課：不論是增添還是刪節上帝的話語，都是輕忽它當有的權柄，而且會帶來惡果。把聖經埋藏在繁瑣的人為傳統裡面，跟忽視聖經原則沒有兩樣，都是違背聖經。

就上帝的教會裡面各種作為的主導原則來說，上帝一直沒有緘默不語。我且用一個問題說明這個觀點：基督徒生活的原則在哪裡？認識基督徒典範的最重要榜樣在哪裡？答案豈不就是新約裡面所描述的耶穌基督生平嗎？還是需要找尋別的源頭？難道是某個信奉異教的哲學家？

若說新約所描述的耶穌基督就是基督徒生活的典範，應該沒有幾個基督徒會有異議。耶穌基督就是基督徒生活的寫照。同樣，當基督從死裡復活並且升天後，祂就此建立起祂的教會，教會是祂體現自己的另一種方式，這就是所謂「基督的身體」。[4]

結果，教會的創始之初就記載在新約聖經裡面。我相信初代的教會就是模樣最純正的教會，毫無玷污與敗壞。這不是說初代教會就沒有任何問題──保羅書信清楚提到其中確實有問題。不過，保羅提到的種種衝突，應該是墮落的人在加入一個緊密相繫的團體過程中必經的遭遇。[5]

初代教會是一個有機實體（organic entity）。它是一個鮮活的有機體，表現出的樣式跟目前的制度化教會完全不一樣。這是透過耶穌基督身體上每個肢體，在世人眼前彰顯祂自己。我們想藉著這本書告訴

---

[4] 保羅在《哥林多前書》十二 12 稱教會是基督的身體。按照保羅的教導，教會就是互為肢體的基督（corporate Christ）。元首在天上，軀幹在地上（徒九4–5；弗五23；西一18、二19）。正確的理解應該是：教會是一個具有靈性的有機體，而不是制度化的組織。

[5] 值得玩味的是，有機教會面對的問題跟初代教會面對的問題一模一樣。另一方面，制度化教會則要面對完全不同類的困難，而且沒有合乎聖經的解決之道，因為它的架構跟新約教會大不相同。例如，在制度化教會中，會友可以開除自己不喜歡的牧師，這種情形絕對不會發生在第一世紀，因為當時沒有所謂解聘的牧師。

大家，其實許多我們目前持守的事物並不屬於這個有機體。

　　初代教會各種堪稱典範的作為，都是初代基督徒內在靈命自然而然的流露。那些作為都深深扎根在永恆的新約原則與教導裡面。對比之下，許多當代教會的大部分作為都抵觸這些聖經原則與教導。我們更深入研究的時候，禁不住要問：當代教會各種作為的根源何在？得到的答案令人擔憂：其中大多數都是從異教文化移植過來的。許多基督徒聽到這個說法都會感到一陣錯愕，但這是千真萬確的歷史事實，而本書會說明這一切。

　　我們會按照神學證據、歷史證據以及現實證據證明，新約裡的教會異象就是上帝的理想……也就是蒙上帝喜愛的團體，而且祂要在人類歷史每個階段不斷創造與重塑它。新約教會教導我們的課題就是一群人共同活出上帝的生命會是什麼樣式。

　　此外，我自己跟有機教會（organic church）合作的經驗也印證這項發現。（所謂有機教會就是由屬靈的生命體孕育出的教會，而不是那種按照人為制度建立起來，靠各種宗教活動維繫的教會。有機教會的特點就是由聖靈帶領的開放式聚會，以及非階層式領導[nonhierarchical leadership]。這跟由神職人員帶領，以機構為導向的教會大異其趣。）我在美國與海外的經驗就是，一群基督徒開始聚在一起，共同活出住在他們裡面的主耶穌的生命時，跟新約教會相同的特質就會自然而然的流露出來。

　　原因就在於教會其實是一個有機體，所以它具有遺傳基因，只要讓它順其自然的成長，就會產生出那些特質。因此，有機教會隨著它們運作的文化環境不同而各不相同。但教會如果活出住在當中的上帝生命，那麼就絕對不會出現本書所探討的那些與聖經不符的作法。[6]這些作法是上帝百姓從周遭的異教徒那裡學來的外來因素，甚至可以回溯到四世紀。這些作法被視為珍寶，接受洗禮而且被冠上「基督教」

---

[6] 要更瞭解這個觀點，請參考作者的書 *Reimagining Church* 以及 What Is an Organic Church?（http://www.ptmin.org/organic.htm）。

的頭銜，這就是教會陷入當前窘境（因為無止盡的分裂、權力鬥爭、消極怠惰以及上帝百姓欠缺更新而停滯不前）的原因。

簡言之，本書旨在揭發那些混充上帝為祂教會所定旨意的外來傳統。我們寫作的目的很單純：我們要努力掃除許許多多的殘骸廢墟，好讓主耶穌基督能充分發揮教會元首的功能。

我們也要提出一個駭人聽聞的觀點：就聖經和歷史來說，當代制度化教會的運作沒有任何基礎可言。當然，我們是基於歷史證據才深信這個觀點，而且我們會在書中鋪陳這些證據。讀者必須自行判定這個觀點是否合理。

這不是專為學者寫作的書籍，因此無法鉅細靡遺面面俱到。[7]若要仔細深入當代教會的起源，勢必需要卷帙浩繁的著作。但只有少數人會閱讀。儘管本書只是一本小冊，但其中包括許多歷史資料。此外，本書並沒有窮盡所有歷史線索。反之，本書的焦點在追溯突顯當前主流基督教的特殊作為。[8]

既然瞭解當代教會作為的歷史淵源極其重要，因此我們希望每一個接受過基本教育的基督徒都會一覽本書。[9]所以，我們決定寫作的時候，不要採用專業語言，而採用簡明的文字。

同時，每一章裡面都要有補充額外細節與文獻的註腳。[10]那些喜歡深思，同時想要驗證我們的觀點，並更深入瞭解各主題的基督徒可以閱讀這些註腳。那些不太在乎這些細節的讀者，大可以略過這些註腳。文內的註腳也有助於釐清與澄清一些經常被誤解的觀點。

最後，我很高興能夠跟喬治‧巴拿一起完成本書的修訂版。喬治

[7] 雖然此書不是為學者而寫，卻有許多學者認可，見http://www.paganchristianity.org。
[8] 本書的焦點放在**新教**（Protestant）的基督教儀式，主要範圍侷限在新教的「低禮儀宗派」（low church）而非「高禮儀宗派」（high church），例如聖公會、長老會以及某些信義宗教派。所謂高禮儀宗派我指的是那些強調神職人員、聖禮以及正統基督教裡面大公禮儀要素的教會。本書只是順便提及高禮儀宗派的作為。
[9] 正如英國哲學家培根（Francis Bacon）曾說過：「神學家的智慧不是來自奧古斯丁（St. Augustine）的著作，也不是安波羅修（St. Ambrose）的著作，而是認真仔細的閱讀與研究教會歷史。」
[10] 要注意的是，每當我引用教父時，都盡量直接引用原典。若是沒有直接引用原典，就會引用費古森 *Early Christians Speak* 第三版，費古森（Everett Ferguson）著（Abilene, TX: ACU Press, 1999），該書是原典的節錄與翻譯。

把學術研究化繁為簡的功力，讓本書的內容更加豐盛扎實。

一言蔽之，這本書斬釘截鐵的證明，從歷史觀點看來，那些脫離制度化教會，然後融入有機教會的人確實站得住腳——因為歷史證明許多制度化教會的作法都沒有聖經根據。

佛羅里達州・甘斯維爾
2007年6月

　　一個小孩說道：「但是國王根本沒有穿衣服啊！」父親喊道：「聽聽這
純真孩子的話！」然後孩子說的話傳遍每個人。最後，所有的百姓喊道：
「他根本沒穿衣服！」國王心裡慌張的很，因為他知道百姓是對的；但他
心想「遊行一定要繼續下去！」於是，國王的侍從更努力的裝出一副提著
衣服下擺的模樣，但，事實上根本沒有什麼下擺。

——安徒生（Hans Christian Andersen）

引　言/喬治・巴拿

> 「最糟的事情莫過於爬到梯子的頂端，才發現爬錯牆了。」
>
> ——約瑟夫・坎伯（Joseph Campbell），二十世紀美國作家

　　我們正處於一場無聲無息的信仰革命當中。全世界有幾百萬的基督徒正逐漸離棄古老公認「建立教會」的方式，而追求更古老的方式。那些更古老的方式是建立在聖經以及真神的永恆原則之上。結果，這股推動我們從古老轉向更古老的動機，並不只是要認識自己的歷史，也不只是要重拾我們的根源。這是因為我們渴望真實徹底的重回主的懷抱，這是一股要透過上帝的話語、上帝的國度以及上帝的聖靈與祂緊密相繫的力量。

　　這些革命志士的用心不容置疑。大量的研究顯示，他們渴望更親近上帝，他們渴慕遵守祂的話語，並更順服祂的帶領。他們勇敢的把自己跟上帝的關係放在生命一切事物的首位。他們對制度、宗派以及慣例一直阻礙自己跟上帝之間的互動感到厭煩。那些不計其數又無法轉變生命的活動，讓他們精疲力竭。他們對自己被指定要完成各種功課、背誦各種事實與經節，以及參加無法讓他們接近上帝的簡單活動感到身心俱疲。

　　那些人已經淺嚐過與上帝真正緊密相繫的滋味，他們無法忍受教會以及其他善意的福音機構不斷逗弄他們的靈性。上帝正在等待他們。他們渴望祂，再也沒有逃避的藉口。

　　但這場信仰革命正面臨艱困的難題。那些參與其中的人知道，自己正要突破了無生氣的制度化信仰，進入另一個領域。但他們要前往何方？家庭教會、職場宣教、網路教會、獨立自主的敬拜團體、共生團體（intentional communities）。這些形式的教會都非常引人入勝，但

它們真能夠讓我們更接近上帝設立的最高目的？或者只是裝著舊酒的新瓶？這一切是否只是冠上嶄新頭銜的同樣角色？我們是否浸淫在一個著迷改變的文化，因此忘記教會的宗旨是轉變（transformation）而非改變（change）？

我們在面對這些議題時，上帝百姓的歷史非常值得我們借鑑。基督徒能夠領悟上帝藉著祂的話語告訴我們的各種故事。我們從舊約與新約聖經中上帝百姓的經歷，得以深入認識上帝、生命、文化，甚至我們自己。試想，我們從摩西與以色列人追尋應許之地的過程能學習到多少功課，或者大衛從低賤的牧羊童高升到以色列王的艱辛過程，以及耶穌的門徒丟下手邊的工作跟隨主，結果卻得面對殉道的窘境，這些能帶給我們多少珍貴的啟示。同樣，從初代基督徒——我們肉身與屬靈的先祖——竭力成為基督用自己鮮血贖回的純正教會過程，我們可以得到多少寶貴的教訓。

但是，現代與後現代基督徒，對能夠幫助當代基督徒榮耀上帝與建造教會的教會歷史所知有多少？結果是，少得可憐。其中隱藏著一個非常重要的問題。歷史學家很早就說過，如果我們忘記過去，就注定會重蹈覆轍。許多事實證明此說千真萬確。然而，我們往往依舊秉持用心良善卻愚蠢的方式改善生命。

美國教會近來的發展就是明證。大致上來說，過去五十年來屬靈領域的主要變革只是華而不實的表面功夫，這種情形比比皆是，好比超級教會（megachurches）、慕道者教會（seeker churches）、衛星校園（satellite campuses）、假期聖經學校（vacation Bible school）、兒童教會（children's church）、同質小組事工（affinity group ministries；例如單身、婦女、弟兄、年輕夫婦等等事工）、當代敬拜音樂（contemporary worship music）、大螢幕投影系統、EFT giving、細胞小組、網路下載證道詞、週報上的證道大綱，以及啟發課程（Alpha groups）。上述種種都只不過是想仰仗行銷策略，在各個場合用不同方式推動同樣的活動，或者針對特定族群設計活動。不論大型機構是因為遭遇什麼樣的困難才訴諸這些活動，同樣的困難也必然會出現在小型或個別的組織。

本書想要說服讀者大幅調整活出自己信仰的方式。改變自己敬拜的方式不是一件容易的事。有人提議大幅改變某些空洞的作法時，四面八方會傳來指控我們是「異端」的聲音。我們之所以經常聽到這種反對聲浪，主要是因為一般人並不太瞭解自己信仰的真正根基。

這就是本書的切入點。目前不是基督的身體抵擋創新思維的時候，而是要認識上帝的話語以及教會的歷史，更深入瞭解我們能力所及與當為之事，以及我們能力不及與不當為之事。

就個人經驗來說，本書的兩位作者至少可以告訴讀者，這趟發現之旅能讓我們眼界大開。如果讀者想在上帝的話語中找到傳統教會大部分常規習俗的蛛絲馬跡，那將會大失所望。如果讀者繼續深入追溯那些常規習俗的歷史，很快就會知道我們的宗教習俗其實都是出自人為。事實上，讀者可能看得出來，我們目前「上教會」（do church）的模式：只要是教會舉行的活動，多半都不是聖經裡面初代教會從事的活動！

讀者會對教會舉辦的宗教活動，其實並沒有聖經根據感到意外嗎？這些包括許多教會的聚會，神職人員的教育與按立、青年事工常舉辦的活動、為事工的募款方式、教會音樂的使用，甚至教會建築本身與性質。基督教的習俗曾在歷史上三個時期發生過許多改變：君士坦丁時代，宗教改革前後數十年間，以及十八世紀與十九世紀的宗教復興時期。但讀者稍後就會知道，這種種改變其實都是出於基督徒的熱情（然而，往往欠缺考量）。那些時期的信徒只是單純的想趁機錦上添花，沒想到他們提出來的新觀念和作法，竟然在教會裡面運作多年歷久不衰。長久以來，讀者可能真的都一直認為這些習俗都是出自聖經。

難怪，在改變符合聖經模式的教會後，我們就慣於使用「斷章取義」（proof-texting）的方式為自己喜好的模式尋求支持。「斷章取義」就是把零散、互不相關（往往不顧上下文的背景）的經文串連在一起，「證明」我們的立場跟聖經一致。讀者在閱讀本書過程中，可能會對許多我們所珍惜的教會習俗竟然跟聖經毫不相干，感到震驚。

只要教會活動能讓基督徒深愛上帝並順服祂的帶領，那麼我們是否活出信仰就無關緊要了？數量龐大的證據顯示，這些觀點、規範條例、傳統、期望、假設以及實際作法，往往會妨礙我們信心的成長。在其他情形下，那會成為阻止我們與上帝相遇的障礙。我們活出信仰的方式確實會影響信仰本身。

難道這表示我們必須回歸聖經，然後一成不變的效法門徒在主後30～60年之間的作法？非也。過去兩千年間社會與文化的變遷，已經讓我們不可能模仿某些初代教會的生活型態與宗教實踐。例如，我們現在使用的設備有手機、汽車，還有中央空調。初代的基督徒根本沒有任何這些便利的發明。因此，遵循新約的原則並不是要原封不動的複製初代教會的各個面向。若真這樣的話，我們就得跟初代的基督徒一樣，腳踏涼鞋身穿長袍！

此外，正因為習俗是從文化衍生出來的，所以習俗本身沒有錯，但我們必須慎思明辨。正如作家法蘭克‧辛（Frank Senn）所說：「我們無法把自己的文化拋在教會的門外；那是我們生命的一環。但就歷史經驗看來，我們必須分辨文化要素中，哪些有助於基督教敬拜的完整性，而哪些會製造分歧。」[1]

對我們最有利的作法就是鑽研上帝的話語，從中找尋初代教會的核心原則與精神，然後把這些要素重新落實在我們生命中。上帝已經賜給我們充分餘裕，藉著各種方式榮耀祂並與祂相連接，但這不表示我們可以任意而為。在我們努力成為謙卑又順服的百姓，並追求祂旨意的過程中，依舊需要抱持謹慎戒懼的態度。我們的目標是亦步亦趨的遵循祂的計畫，好讓我們能成為符合祂心意的百姓，以及完全符合祂呼召的教會。

讀者要有接受震撼教育的準備，因為在發現當前的宗教實踐偏離正軌的嚴重程度時，必定會造成一陣驚嚇。讀者可能都知道現代噴射機在飛航過程中，使用非常複雜的電腦系統不斷校正飛航的方向。從

---

[1] Frank C. Senn, *Christian Worship and Its Cultural Setting* (Philadelphia: Fortress Press, 1983), 51.

洛杉磯到紐約的航程中，飛機的航向要經過幾千次的校正，才能確保飛機能降落在正確的跑道。如果航向沒有經過這些校正的話，即使偏離原始飛航計畫僅僅百分之一，都可能讓飛機降落到另一個國家！當代教會就像是一架沒有配備航向校正儀的噴射機。只要稍稍有所改變、偏離、異動或者微乎其微的調整——然後，在我們還沒有回過神之前，一切在瞬間就完全改觀！

　　你是否認為這一切難以置信？那麼我們要鼓勵你深入瞭解這個過程，並且要親自下功夫研究。跟我共同撰寫此書的法蘭克‧威歐拉（Frank Viola），曾經花費多年的時間不遺餘力的追溯教會步上這條岔路的歷史資料。書中每個章節的註腳就是他研究的成果。如果你心中有所懷疑（我們鼓勵合理的懷疑，因為這是發現真相與真理的動力），那麼就應該下定決心探究歷史的真相。這一點非常重要！你的生命是上帝賜下的恩典，因此理當為上帝而活。此外，教會是上帝心中的最愛之一，祂關心教會的福祉，以及教會在地上的表現。因此，當務之急莫過於瞭解我們從初代教會演變成當代教會的過程，然後仔細思考我們該如何因應這樣的景況。

　　每個優秀作家的寫作宗旨都是要帶來正面積極的改變，這本書也不例外。我們希望讀者能認識上帝的話語以及教會歷史，我們希望讀者會根據聖經仔細思考，跟其他基督徒一起活出信仰的方式。此外，我們希望讀者能把上帝帶領你瞭解的一切，告訴其他基督徒。遵循聖經的世界觀而活的難題之一，就是把自己的靈命跟上帝的旨意（祂已藉著聖經透露給我們）連結在一起。我們向上帝祈求，希望這本書能幫助讀者在導正當代教會的過程中，善盡一己之力。

☑答客問

詞彙定義

我們覺得讀者在閱讀這本書之前，有必要瞭解我們對下列詞彙的定義。

異教（PAGAN）：我們用這詞彙指稱那些不屬於基督教或不是源自聖經的習俗與原則。在某些情況下，我們用它指稱膜拜羅馬帝國神明的古代人。這個詞彙在我們筆下不帶有敗壞、邪僻、罪惡以及錯誤等含義。所謂「異教習俗與心態」指的是從教會周遭文化擷取的習俗與思想模式。我們認為某些異教習俗是中立的，因此可以在榮耀上帝的前提下加以挽回。但其他跟耶穌與使徒教導直接抵觸的習俗，就無法挽回。

有機教會（ORGANIC CHURCH）：有機教會並不是指某種特殊模式的教會（我們認為世上沒有完美的模式）。反之，我們認為在新約的異象中教會是有機的。有機教會就是不斷成長、充滿生氣、活力、互相參與、每個肢體都能充分發揮作用、以基督為中心、集體共同彰顯的基督身體。讀者要知道，我們寫作本書的目的不是要鉅細靡遺的勾勒出有機教會的樣式，而是只有在必要時才會提到它。

制度化教會（INSTITUTIONAL CHURCH）：這個詞彙指的是一種宗教體制（religious system；不是指特定的一群人）。制度化教會是指基本上以組織機構（organization；獨立在所有成員之上、之外）的方式運作的教會。這種教會的結構不是以人際關係，而是以活動與儀式為主軸。其領導階層是一批與眾不同的專業人員（「傳道人」ministers 或者「神職人員」clergy），並由志工「平信徒」擔任輔佐。我們還會用當代教會（contemporary church）、傳統教會（traditional church）、今日的教會（present-day church）以及現代教會（modern church）等詞彙來稱呼目前的制度化教會。

新約教會或初代教會（NEW TESTAMENT CHURCH, OR FIRST-CENTURY CHURCH）：這兩個詞彙不是指某種特定的教會形式。我們指

的是在新約聖經中提到的初代教會（在本書中，初代教會指的就是新約教會）。我們不是要主張回歸初代教會那種特殊的原始形式。反之，我們認為應該回歸初代教會的屬靈原則、有機習俗（organic practices）以及其精髓與氛圍，再加上耶穌與使徒的教導，讓這一切領導當前教會的作為。

聖經的（BIBLICAL, OR SCRIPTURAL）：這些詞彙的首要意義是指源頭，而次要意義是指價值判斷。「聖經的」指的是某種習俗是否出自新約聖經，而所謂「非聖經的」（unbiblical or unscriptural）的習俗並不表示那就是錯誤的；這種意義是說，新約聖經裡面並沒有這種習俗（這樣的話，就不應該被視為神聖）。不過，這個詞彙也可用來指稱違背新約聖經原則或教導的習俗。這些詞彙的意義取決於上下文。我們當然不贊成主張新約聖經沒有提到的習俗就不應該遵守的「聖經漠然」（the silence of Scripture）理論，以及「規範原則」（the regulative principle）。

小牛犢開路

一天，小牛犢穿過茂密的原始林，
踏上回家的路，就跟其他聽話的牛犢一樣；
不過，牠踩出了一條歪七扭八的小徑，
任何小牛犢都會踩出這樣的小徑。
轉眼間，三百年的光陰如飛而逝，
因此，我想，那條小牛犢已經死了。
但牠留下了一條小徑，
那麼，這就是我這寓言故事的關鍵。

隔天，一隻孤伶伶的狗從那裡經過，
看到小徑就走了下去；
接著一頭聰明的領頭羊
順著小徑走過溪谷與陡坡，
同時還有一大群羊跟在牠後面，
因為牠是善盡職責的領頭羊。
於是，從那時起一條穿山越嶺的小道，
就出現在那古老的森林。
許多人穿梭在小道上，
左彎右拐、上下起伏，
而且理直氣壯的抱怨
這真是條曲折難行的歪路。[1]

---

[1] 我們在這本書裡面，有時候會用「歪路」（the crooked path）稱呼制度化教會步入現狀的過程。這首一百多年前寫成的詩可說是非常貼切的比喻。

但，他們依舊跟著——不要笑——
牛犢當初的步伐，
往返在這條蜿蜒的路上，
就因為小牛犢步履蹣跚。
林裡的小徑變成小路，
左彎右拐，迂迴曲折；
然後，彎曲的小路變成大道，
許多可憐的馬匹馱著重負，
頂著烈日走在這條道路上，
甚至一小時只能走三里路。
就這樣，他們踏著牛犢的蹄印
走了一百五十年。
歲月如飛而去，
小徑已成為村鎮的街道；
然後，發展成城市的繁華大道；
不久後，成為著名都會的主要幹道；
此時，世人已經隨著牛犢的蹄印
走了兩百五十年。
每天都有幾十萬群眾
跟著牛犢搖擺的步伐往來；
順著這條彎曲的路徑
橫跨大陸板塊的交通網應運而生。
這頭已經死去約三百年的小牛犢，
每天領著幾十萬的人來來去去。
世人依舊走在牛犢的曲徑上，
每天虛耗一百年的光陰；
因為世人非常尊崇傳統。
如果一天蒙主呼召傳道，
這應該是我要傳的信息；

世人心性喜歡盲從，
日復一日隨波逐流。
世人習於苟且因循，
忙裡忙外，
鑽天探地，
競相爭逐在曲徑彎道之上，
亦步亦趨跟隨潮流不鬆懈。
羊腸小徑視為通天聖道，
一生心血完全耗盡於此。
牛犢踏徑之初，
唯有那古舊神像冷眼旁觀，
如今捧腹譏誚世人痴又愚！
啊！這則故事含義深遠又豐富，
只可惜吾未蒙召傳信息。

　　　　　　——山姆・福斯（Sam Walter Foss）

第 *1* 章

教會真把
聖經奉為圭臬？

「一個未經檢視的生命是不值得活的。」

——蘇格拉底（Socrates）

「我們一切作為都遵循上帝的話語！新約就是我們信仰跟行為的準則！我們為聖經而活，為聖經而死！」

法雷牧師在主日早堂證道時，如雷貫耳的說出這些話語。史君柏是法雷牧師牧養的教會會友，這些話他已經聽過不知道幾十遍。但這天有所不同。穿著藍色西裝的史君柏跟他太太楚迪正經八百的坐在後排，法雷牧師滔滔不絕的高談闊論「一切按照聖經而行」時，史君柏的兩隻眼睛一直瞪著天花板。

就在法雷牧師開始證道前一小時，史君柏跟楚迪之間爆發一場激烈的口角。對史君柏、楚迪和他們三個孩子菲利希、葛楚和桑諾比來說，這是主日早晨上教會前司空見慣的事。

他在心裡回想整件事的經過……

「楚──迪！怎麼孩子都還沒準備好？我們老是遲到！為什麼妳每次都不能按照時間把他們打扮好？」史君柏一邊嘶吼一邊焦急的盯著時鐘。

楚迪一如往常的應道：「如果你肯幫我忙的話就不會每次都這樣！

你幹嘛不動動手幫我做些家事？」兩人就這樣一來一往，直到史君柏遷怒到小孩身上：「桑諾比！……你就不能聽大人的話，早點準備？……菲利希，我告訴妳多少次了，九點前要關掉遊戲機！」葛楚聽到這陣騷動，扯開喉嚨嚎啕大哭起來。

　　史家人終於在這個主日穿著最體面的服裝坐上車，一路狂飆到教會。（史君柏不喜歡遲到，何況光是去年就已經接到三張超速罰單——全都是在主日早上！）

　　就在他們飆向教堂的時候，儘管車上一片沉默，每個人卻覺得心中的怒氣震耳欲聾，史君柏氣的七竅生煙，楚迪也滿肚子火，史家三個女兒都低著頭想盡辦法調整心態，以便面對自己痛恨的……整整一小時的主日學！

　　他們把車停在教會停車場後，史君柏和楚迪面露笑容，體態優雅的步出車外。他們互相挽著對方的手臂和教會的弟兄姊妹打招呼，發出輕微的笑聲，假裝一切都非常美好。下巴抬得老高的菲利西、葛楚和桑諾比默默的跟在父母親後面。

　　那個主日早晨，法雷牧師講道時，這些鮮活又痛苦的記憶就在史君柏的腦海中不斷迴旋。深感自責的史君柏逐漸在心中思索一些尖銳的問題：就在一個小時前，我的行為簡直跟異教徒沒有兩樣，那我穿著打扮的光鮮亮麗，像個正經的基督徒又有什麼意義？……不知今天早上究竟還有多少家庭經歷過同樣可憐的掙扎？但我們現在全都為了上帝而衣冠楚楚的展開笑容。

　　史君柏對自己竟然會產生這些念頭感到些許震驚。他腦海中從來沒出現過這些問題。

　　史君柏把目光轉向穿著整齊端坐在前排的法雷師母和幾位子女時，心中暗想：不知道法雷牧師今天早上有沒有對師母和孩子吼叫？嗯……

　　史君柏邊在心中繼續想著這一切，邊看著法雷牧師敲著講台吸引大家注意，並用右手舉起聖經：「我們第一新約聖經社區教會所做的每件事都是以這本聖經為依歸！**每件事！**這就是上帝的話語，我們絕不能偏離它……即使一公分也不行！」

　　突然間，史君柏的腦海中又閃過一個新念頭：我不記得聖經中有什麼地方提到過，基督徒應該穿著光鮮亮麗的上教會。這有聖經根據嗎？

　　這個念頭引發出一連串的尖銳問題。史君柏眼前有幾十個基督徒正經八百的坐在位子上，但他繼續思索著類似的新問題，這都是些基督徒不應該問的問題。例如：

　　坐在這硬梆梆的椅子上，瞪著前面十二排會友的後腦杓四十五分鐘，算是按照聖經行事嗎？我們為何要投入那麼大筆的經費，維護這個我們一星期只來兩次（譯註：指週間禱告會跟主日崇拜），加起來只不過幾個小時的建築物？為什麼法雷牧師證道的時候，半數的會眾幾乎都要睡著了？為什麼我的孩子那麼討厭主日學？為什麼我們每個主日早晨，都要舉行這種週而復始又引人哈欠連連的儀式？既然上教會讓我感到無聊至極，又對我的靈命毫無幫助，我幹嘛還要繼續參加？為何我在每個主日早上都要打著這麼不舒服的領帶，而且它的唯一作用似乎就是阻斷我腦部的血液循環？

　　史君柏對自己會想到這些問題感到不潔淨與褻瀆。然而，他內心的變化迫使他不得不質疑自己對教會的認知。這些想法已經潛藏在史君柏的下意識許多年。如今，它們已經浮上他的心頭。

　　有趣的是，大部分基督徒從來沒有想過史君柏那天提出的問題。然而，不爭的事實是史君柏已經茅塞頓開。

　　儘管這可能駭人聽聞，但不可諱言，當代教會的所有作為幾乎毫無聖經根據。當牧師站在講台上傳講要「遵守聖經」並要跟隨「上帝純正的話語」時，他們可說是在自打嘴巴。事實的真相是：當代基督教奉行的一切，幾乎跟新約教會毫不相干。

悶在心裡的問題

蘇格拉底（Socrates，主前470～399）[1] 被部分史學家視為哲學之父。他出生與成長的地方就在雅典，他習慣在城中四處遊走，毫不留情的提出各種問題，然後剖析當時流行的觀點。蘇格拉底認為發掘真理的方法就是針對問題展開廣泛的討論，並且毫不留情的提出質疑，這種方法就是所謂的辯證法（dialectics）或「蘇格拉底法」。他毫無避諱的針對雅典同胞認為已經定案的問題，提出他自己的想法。

蘇格拉底自由自在向對方提出尖銳的問題，迫使他們反省社會上既成的慣例並展開激辯，終於讓他賠上自己的性命。他不斷質疑社會大眾謹守奉行的傳統習俗，觸怒雅典的領袖以「敗壞年輕人」的罪名冠在他身上。結果，他們判處蘇格拉底死刑，這對雅典同胞來說，可說是一個明確的警告：凡質疑既定傳統的人都會遭遇同樣下場！[2]

蘇格拉底不是唯一因為不肯妥協而惹禍上身的人物：以賽亞被腰斬，施洗約翰被砍頭，而耶穌則被釘十字架。更不用提過去幾百年來，因為勇於挑戰制度化教會及其教導而慘遭酷刑凌虐，最後終於殉道的好幾百個基督徒。[3]

基督徒領袖教導我們要相信某些觀念並遵守某些行為準則，也鼓勵我們閱讀聖經，但同時也禁止我們從自己所屬宗派以外的觀點閱讀聖經。我們所接受的教導就是要順服自己所屬的教派（或者團體），並且絕對不可以質疑其教導。

（行文至此，想必所有心懷不滿的基督徒都會鼓掌叫好，並且準備好好利用上面幾段話在他們的教會興風作浪。親愛的不滿份子，如果你有這種念頭的話，就幾乎完全誤解我們的本意了。我們不會認同你這種

---

[1] 本書首次提到歷史人物（尤其對教會發展影響深遠的人物）時，通常會註記他們的生卒日期。也可參考附錄《教會歷史上的關鍵人物》中關於他們生卒日期以及個別影響的簡介。

[2] 關於蘇格拉底生平的簡介，請參閱史坦夫（Samuel Enoch Stumpf）*Socrates to Sartre* (New York: McGraw-Hill, 1993), 29–45。

[3] Ken Connolly, *The Indestructible Book* (Grand Rapids: Baker Books, 1996); *Foxe's Book of Martyrs* (Old Tappan, NJ: Spire Books, 1968)

作法。我們的忠告是：不是安靜的離開〔避免製造分裂〕你的教會，就是安分守己的留在你的教會。心懷不滿與堅守真理之間的分際有著天淵之別。）

　　說實話，基督徒似乎從來就不會追問教會裡各種活動的緣由。我們反而興高彩烈的遵守所有宗教傳統，絲毫不在意它們的根源。多數基督徒都表示自己高舉上帝的話語，卻從來沒有追究他們每個主日所做的一切是否有聖經根據。想知道我們怎麼對此這麼篤定嗎？因為如果他們這麼做的話，所得到的答案會讓他們感到心驚膽戰，而且下定決心永遠放棄他們目前所做的一切。

　　讓人感到訝異的是影響當代教會的思想與作為最深遠的不是新約的誡命與典範，而是後聖經時期的歷史事件（postbiblical historical events）。然而，大多數基督徒都對這種影響渾然不知。他們也不知道，許多在這種情形下形成僵化的人為傳統[4]都被基督徒視為瑰寶——這一切都被視為「基督教」遺產而流傳到我們手中。[5]

震撼教育

　　我們現在邀請你跟我們一起踏上一條人煙罕至的路徑，這是一趟石破天驚的旅程，你會不得不面對一些你腦海中從未出現過的問題。那些問題不但棘手、瑣碎，甚至讓你感到膽寒；接著，迎面而來的會是一些讓你驚心動魄的答案。然而，那些答案會引導你認識發現一些對基督徒來說，最真實可貴的真理。

　　在閱讀本書後面的部分時，可能會讓你感到意外的是，其實每主日早晨基督徒在教會所做的一切，大部分都不是出自耶穌基督、使徒或者聖經的教導，也不是出自猶太教的傳統。羅馬人在主後70年毀滅耶路撒

---

[4] 哈契（Edwin Hatch），*The Influence of Greek Ideas and Usages upon the Christian Church* (Peabody, MA: Hendrickson, 1895), 18。哈契要追溯的是，在社會文化影響教會而非教會影響社會文化的情形下，教會所承受的負面效應。

[5] 基督教哲學家祈克果（Søren Kierkegaard, 1813～1855）曾表示，現代基督教基本上只是贗品。見祈克果 Attack on Christendom，收於布雷塔爾（Robert Bretall）編輯之 *A Kierkegaard Anthology* (Princeton, NJ: Princeton University Press, 1946), 59ff., 117, 150ff., 209ff。

冷後，猶太基督教在人數與權勢上都已經式微，外邦基督教儼然位居主導地位，而這個新教派開始吸收希臘─羅馬哲學與儀式。猶太基督教藉著一個被稱為**依便尼**（Ebionim）的小型敘利亞基督徒團體延續了五百年，但他們的影響範圍相當有限。按照凱雪莉（Shirley J. Case）的說法是：「遠在一世紀末之前，不僅基督教運動所處的社會環境大部分都屬於外邦人，而且較早之前它跟巴勒斯坦猶太基督徒間原有的社會關係也幾乎完全斷絕……主後100年時，基督教基本上已經是一個外邦人的宗教團體……共同生活在同一個外邦社會環境。」[6]

讓人感到訝異的是許多「教會」的活動都是在後使徒時期直接從異教文化移植來的。（據傳說，最後一位使徒約翰死於主後100年左右）伯雷蕭（Paul F. Bradshaw）表示，四世紀的基督教「吸收各式各樣異教觀念與儀式，然後使之基督教化，並認為它本身就是以往各種宗教理想的實現。」[7]我們現在往往使用**異教徒**一詞形容沒有任何宗教信仰的人，然而，對初代基督徒來說，異教徒指的是那些信奉羅馬帝國各種神明的多神論者。主後四世紀前，異教思想稱霸整個羅馬帝國，而基督教在初代前半葉曾吸收許多異教的要素，特別是君士坦丁時期以及後君士坦丁時代初期（主後324～600年）。[8]許多現代教會習俗則源自另外兩個重要時期：宗教改革時期（十六世紀）以及宗教復興時期（十八與十九世紀）。

本書第二到第十章各追溯一個教會現存傳統習俗的根源。每一章都會敘述該習俗的起源。但更重要的是，各章內容也會逐一說明這些習俗妨礙耶穌基督真正成為教會元首，並阻撓祂的肢體自由自在運作的原

---

[6] 杜蘭（Will Durant）*Caesar and Christ* (New York: Simon & Schuster, 1950), 577. 並見卡斯（Shirley J. Case）*The Social Origins of Christianity* (New York: Cooper Square Publishers, 1975), 27–28。辛森（E. Glenn Hinson）補充道：「從初代末期開始，基督教裡外邦人的數目就勢必多過猶太人。他們巧妙的引進某些希臘和羅馬文化的觀念、態度與習俗。」("Worshiping Like Pagans?" *Christian History* 12, no. 1 [1993]: 17)。

[7] Paul F. Bradshaw, *The Search for the Origins of Christian Worship* (New York: Oxford University Press, 1992), 65; Durant, *Caesar and Christ*, 575, 599–600, 610–619, 650–651, 671–672.

[8] 早期的基督教護教士用**異教徒**一語泛稱非基督徒。就字根來說，「異教徒」（pagan）指的是鄉下人，也就是住在郊區的居民。由於城市是當時基督教的主要散佈地，因此鄉巴佬，也就是pagans就被視為那些繼續信奉舊神明的人。見泰勒（Joan E. Taylor）*Christians and the Places: The Myth of Jewish-Christian Origins* (Oxford: Clarendon Press, 1993), 301。

委。

　　警告：如果你不願意認真反省自己所信的基督教，請不要繼續閱讀此書，馬上把這本捐出去義賣！以免讓你的基督徒生活經歷一場天翻地覆的折騰。

　　然而，如果你願意「吞下紅藥丸」，然後看看「這個兔子洞通往何處」[9]……如果你願意瞭解你奉行的基督教傳統習俗的真正根源……如果你願意揭開當代教會的布幔，並鍥而不捨的追問其傳統思想的源頭……那麼你就會發現這本書不但會讓你焦躁不安、眼界大開，還可能轉變你的生命。

　　換句話說，如果你是制度化教會的會友，並認真看待《新約聖經》，那麼你即將閱讀的內容可能會讓你陷入一場良心危機。因為你即將面對的是鐵證如山的歷史事實。

　　另一方面，如果你恰好是在制度化教會圍牆外，跟其他基督徒一起聚會的話，你不但會再次確認《聖經》站在你這邊——同時還會發現歷史也站在你這一邊。

☑答客問

1. 我不認為史君柏家人上教會前的爭吵跟教會有什麼關聯——史君柏只不過是因為這一切爭吵感到心情沮喪，然後對教會裡的一切都看不順眼。為什麼你要用這個故事作為開場白？

　　你說的沒錯，史君柏在主日早晨遇到的種種難題，導致他對教會的例行聚會充滿質疑。如果是平常日子的話，他就會乖乖的坐著一點也沒

---

[9] 紅藥丸的想法來自意味深遠的賣座片《**駭客任務**》（The Matrix）。在影片中，莫菲斯要尼歐在虛幻的夢境與現實世界中做一選擇。他的台詞正好適用我們目前探討的主題：「此後，就沒有回頭路。服下藍藥丸，一切到此為止，你醒來後會發現自己躺在床上，並且能天馬行空的想像一切都是真的。服下紅藥丸……我就會讓你知道兔子洞究竟有多深。」我們希望所有上帝子民都能勇敢的服下紅藥丸。

怨言。這個故事只是用輕鬆的方式說明，許許多多基督徒在每個主日早晨只是行禮如儀的參加聚會，絲毫沒有思想過他們參加聚會的原因。

2. 你說當代教會的作法大多是受到後聖經時代歷史事件的影響，而不符合新約聖經原則；但福音書、使徒行傳和保羅書信對教會聚會並沒有太多詳細的規定，不是嗎？你認為聖經裡面有哪些地方曾表示，基督徒應該用什麼方式聚在一起敬拜？

　　新約聖經其實提到許多初代基督徒聚會的細節。例如，我們知道初代教會定期在信徒家中舉行聚會（徒二十20；羅十六3；林前十六19）。他們的主餐就是一套全餐（林前十一21-34）。他們的聚會是公開與共享的聚會（林前十四26；來十24-25）。每個信徒都具備屬靈恩賜（林前十二～十四）。他們確實認為他們就是一個大家庭，而且表現在一切言行上（加六10；提前五1-2；羅十二5；弗四15；羅十二13；林前十二25-26；林後八12-15）。他們任命許多長老監督整個群體（徒二十17，28-29；提前一5-7）。他們得到巡迴使徒同工的餵養與幫助（徒十三～廿一；所有的使徒書信）。他們完全合一，而且在同一個城市裡面不會分門別黨、各自為營（徒八1，十三1，十八22；羅十六1；帖前一1）。他們不會冠上顯赫的頭銜（太廿三8-12）。不會分階級（太二十25-28；路廿二25-26）。

　　一一列舉這些慣例的聖經根據，並說明今日應該延續這些作法的原因已經超出本書範圍。班克斯（Robert Banks）所寫的 *Paul's Idea of Community*（Peabody, MA: Hendrickson, 1994）一書就是以此為主題。我（法蘭克）也曾經在 *Reimagining Church*（Colorado Springs: David C. Cook；2008）一書中詳細探討此一議題。

第 2 章

教堂：代代相傳的聖堂情結

「基督教在取代舊宗教之際，本身也成為一種宗教。」

——舒梅曼（Alexander Schmemann），

20世紀東正教神父、教師與作家

「使徒時代的基督徒絕對不會建築一處敬拜專用的場地……世界救主降世時，誕生在馬廄，而且升天的地點是一座山頭，因此在三世紀前，祂的使徒及其後繼者傳道的場所是街頭、市場、山嶺、商店、墳場、屋簷下以及沙漠，還有信徒的家裡。但從那之後，世界各地已經興建起數不清的奢華教堂與禮拜堂，正在興建中的也不少，這些都為榮耀被釘十字架的救主而興建的，然而祂在世上最落寞的那段期間，卻連枕頭的地方都沒有！」

——薛弗（Philip Schaff），

十九世紀北美教會史學家與神學家

　　許多當代基督徒都愛上了磚瓦與灰泥。聖堂情結（edifice complex）深藏在我們腦海中，因此只要一群信徒開始聚會，首要目標就是要買房、買地、興建教堂。如果一群基督徒沒有一棟建築的話，怎麼配稱為教會呢？（各種想法從此應運而生。）

　　實體的「教堂」跟我們腦海中教會這個觀念非常緊密的聯繫在一起，因此我們不知不覺認為二者是一樣的。從基督徒之間平常的對話中就聽得出來：

「哇！老婆，有沒有看到我們剛經過的那間教會多漂亮？」

「天啊！這可是我看過最大間的教會了！真不知道它每個月的電費有多高？」

「我們的教會實在太小了，我都快得幽閉恐懼症了。我們得擴建二樓的座位區。」

「教會今天好冷喔，坐在那裡屁股都快凍僵了！」

「我們去年每個主日都上教會，只有蜜樂阿姨腳趾被微波爐壓傷的那個主日沒去。」

牧師是不是也會說：

「今天到上帝家中，是不是非常美妙？」

「我們進入主的聖殿一定要抱持一顆敬畏的心。」

另外，母親對正在興頭上的孩子說（音調要壓低）：

「在教會，不要嘻皮笑臉！在上帝家中要守規矩！」

坦白說，這些想法都跟新約時代的基督教毫不相干。這一切所反映的反而是其他的宗教思想，主要是猶太教和異教。

聖殿、祭司和獻祭

古猶太教的三個要素是：聖殿、祭司和獻祭。耶穌降世後，祂親自成全這三個要素，而讓它們告一段落。祂自己就是那用活石——「不是用人手」所造的嶄新又活潑的聖殿，祂就是設立新的祭司制度的祭司，而且祂就是那完美的最終獻祭。[1] 結果就是，猶太教的聖殿、專職祭司以及獻祭全都隨著耶穌基督的降臨而告一段落。[2] 基督成全這一切，同時也

---

[1] 基督就是聖殿，見約一14，「住」（譯註：和合本）希臘原文的字義就是「住在帳幕裡」（tabernacled），以及約二19–21。關於基督猶如活石建造的新屋，見可十四58；徒七48；林前五1，六16；弗二21–22；來三6–9，九11、24；提前三15。至於基督就是祭司，見來四14，五5–6、10，八1。彼前二9；啟一6都提到過新的祭司制度。聖經中表示基督就是最終獻祭的經文有來七27，九14、25–28，十12；彼前三18。《希伯來書》再三表示，耶穌「一次永遠」（once for all ti）獻上祂自己，這是要突顯祂不需要再次獻祭。

[2] 《使徒行傳》七章司提反的信息指出「聖殿只不過是所羅門時期完工的人為建築；它跟摩西按照上帝啟示的樣式建造，並一直延續到大衛時代的會幕沒有關聯。」見 Harold W. Turner, *From Temple to Meeting House: The Phenomenology and Theology of Places of Worship* (The Hague: Mouton Publishers, 1979)，116–117。並見可十四58，耶穌表示，所羅門（和希律）的聖殿是「人手」建造的，但祂將要興起的聖殿「不是人手」建造的。司提反在（徒七48）用的是相同的詞彙。換句話說，上帝不住在「人手所造的」殿。我們的天父不住在這殿裡！

是這一切的圓滿實現。[3]

希臘羅馬的異教信仰也有這三個要素：異教徒也有他們的殿宇、祭司與獻祭。[4]唯獨基督徒把這些要素全都拋在腦後。[5]我們可以理直氣壯的說，基督教是有史以來唯一不是以殿宇為基礎的宗教信仰。就初代基督徒來說，最神聖不可侵犯的是人，而不是建築。初代基督徒知道他們自己──整體──就是上帝的殿與上帝的家。[6]

讓人訝異的是新約聖經從來沒有用教會（ekklesia）、殿宇和上帝的家稱呼任何建築物。對初代基督徒來說，用ekklesia（教會）稱呼一棟建築就像是稱呼自己妻子為公寓，或者稱呼母親為摩天大樓！[7]

革利免（Clement of Alexanderia, 150～215）在主後190年左右寫作時，首先用ekklesia指稱基督徒聚會的場所。[8]革利免也是第一個使用「上教會」（go to church；對初代基督徒來說，這可是個未曾耳聞的觀念）這個詞彙的人。[9]（既然你自己就是教會，那要怎麼上教會？）整部新約聖經裡面ekklesia始終都是指聚集在一起的人群，而不是一處地方。Ekklesia在新約聖經中出現過114次，每次都是指齊聚在一起的人群。（英語的教會衍生自希臘文kuriakon，意思是「屬於主的」。隨著時間的遷移，

---

[3] 見西二16–17。《希伯來書》的中心主題就是，基督降臨是要實現猶太律法預表的一切。新約聖經作者一致證實上帝不需要任何聖潔的祭物，也不需要祭司為中保。一切都已經成就在耶穌身上──獻祭與擔任中保的祭司。

[4] 修特（Ernest H. Short）寫的 *History of Religious Architecture* (London: Philip Allan & Co., 1936) 第二章全章所討論的就是希臘神殿的結構。諾林敦（David Norrington）在他寫的 *To Preach or Not to Preach? The Church's Urgent Question* (Carlisle, UK: Paternoster Press, 1996) 第27頁指出，「不論如何，宗教建築都是希臘羅馬宗教不可分割的一環。」異教也有「聖」殿（"holy" shrine）。Michael Grant, *The Founders of the Western World: A History of Greece and Rome* (New York: Charles Scribner's Sons, 1991) 232–234頁。關於異教儀式的進一步資料，見福克斯（Robin Lane Fox）*Pagans and Christians* (New York: Alfred Knopf, 1987), 39, 41–43, 71–76, 206 等頁。

[5] John O. Gooch, Did You Know? Little-Known or Remarkable Facts about Worship in the Early Church, *Christian History* 12, no. 1 (1993): 3.

[6] 見林前三16；加六10；弗二20–22；來三5–6；提前三15；彼前二5，四17。上述所有經文都是指上帝的百姓，而非建築。瓦歷斯（Arthur Wallis）寫道：「在舊約裡，上帝為祂的百姓預備一個聖所；在新約裡，上帝以祂的百姓為聖所。」*The Radical Christian* (Columbia, MO: Cityhill Publishing, 1987), 83。

[7] 按照新約所說，教會是基督的新婦，世界上最美的女子：約三29；林後十一2；弗五25–32；啟廿一9。

[8] Clement of Alexandria, *The Instructor*, Book 3, ch. 11.

[9] 十九世紀教會歷史學家哈納克（Adolf von Harnack）表示，在初世紀和二世紀基督徒的「思想中，確實還沒有任何特殊的敬拜場所。基督教的上帝觀與敬拜觀不但不會孕育出這種想法，更與之相斥，此外，當時的現實環境也不允許這種想法存在。」*The Mission and Expansion of Christianity in the First Three Centuries*, vol.2 (New York: G. P. Putnam's Sons, 1908), 86。

也具有「上帝的家」的意義，同時也指一棟建築。）[10]

即使如此，革利免筆下的「上教會」並不是指前往特定建築參加敬拜，它指的反而是二世紀基督徒用來聚會的私人住家。[11]四世紀君士坦丁時期（the Constantinian era）之前，基督徒一直沒有為敬拜興建特定建築物。新約學者格雷東・施奈德（Graydon F. Snyder）表示，「沒有任何文字證據也沒有任何考古跡象顯示，這些住家後來轉變為現在所謂的教堂。同時也無法確定任何現存教堂早於君士坦丁時期。」他在另一部著作中寫道：「初代教會始終都是在私宅聚會。我們知道在主後300年之前，沒有任何建築是以教會的名義興建的。」[12]

他們也沒有為服事上帝而分別出來一個特殊的祭司階層。反之，所有信徒都知道自己就是服事上帝的祭司。初代基督徒也沒有任何獻祭。因為他們瞭解那真實與最終的獻祭（基督）已經來到世上。他們唯一需要獻上的祭物就是讚美與感恩的靈祭（見來十三15；彼前二5）。

羅馬天主教在四世紀到六世紀之間興起後，吸納許多異教信仰和猶太教的宗教儀式，設立專職的祭司（譯註：又作神父、司鐸、司祭）階層並興建各種聖堂。[13]然後把主的餐（the Lord's Supper）轉變為神祕的祭禮。

早期的天主教亦步亦趨的效法異教信仰，開始焚香並設立護火貞女（vestal virgins）。[14]新教徒（Protestants）雖然不再把主餐視為獻祭，停

---

[10] 索希（Robert L. Saucy），*The Church in God's Program* (Chicago: Moody Publishers, 1972), 11, 12, 16；羅伯森（A. T. Robertson），*A Grammar of the Greek New Testament in the Light of Historical Research* (Nashville: Broadman & Holman, 1934)，174。正如丁道爾（William Tyndale）在翻譯新約聖經時，沒有把ekklesia翻譯成教會（church），而是更精確的翻譯為會眾（congregation）。不幸的是，英文欽定版聖經（the King James Version）的譯者還是用教會翻譯ekklesia。他們反對正確的把ekklesia翻譯為會眾的原因在於，這是清教徒（Puritan）用語。1611年譯本序言 *The Translators to the Reader* 見布雷（Gerald Bray），*Documents of the English Reformation* (Cambridge: James Clarke, 1994), 435.

[11] 革利免在 *The Instructor* 卷三，11章寫道：「女士和男士穿著整齊地上教會。」

[12] Graydon F. Snyder, *Ante Pacem: Archaeological Evidence of Church Life Before Constantine* (Macon, GA: Mercer University Press, 1985), 67；*First Corinthians: A Faith Community Commentary* (Macon, GA: Mercer University Press, 1991), 3.

[13] 「根據正典律法（Canon Law）來說，教會就是專門敬拜上帝的神聖建物，所有信徒與大眾都可以在其中舉行宗教儀式。」安森（Peter F. Anson），*Churches: Their Plan and Furnishing* (Milwaukee: Bruce Publishing Co., 1948), 3。

[14] Fox, *Pagans and Chrisitans* 71，207，27，347，355。福克斯（Fox）表示，「現代基督教裡面有超過一千六百萬成人發誓終生守貞。」（355頁）。他們分別被稱為修女和神父。

止焚香也不再設立護火貞女，但還是保留祭司階層（神職人員）以及聖堂。

從家庭教會到大教堂

初代基督徒相信耶穌就是上帝的顯現。他們相信基督的身體（教會）就是殿堂。

主耶穌在世上時，曾經對猶太人的聖殿大加撻伐。[15]祂讓猶太人感到最惱怒的一件事，就是祂曾說如果聖殿被毀，祂能在三日內建造一座新的聖殿！（見約二 19–21）。儘管耶穌口中說的是具體的聖殿，其實祂指的是自己的身體。耶穌表示，這個聖殿被毀後，祂將在三日內重新建造，祂指的是真正的聖殿，也就是祂將在第三日藉著祂自己興起的教會（弗二 6）。

既然基督已經復活，那麼基督徒就已成為上帝的殿。基督復活時，祂就成為「叫人活的靈」（林前十五 45）。因此，祂得以住在信徒裡面，從而讓他們成為祂的殿、祂的家。這就是新約聖經總是保留教會（ekkle-sia）一詞專指上帝百姓的原因。新約聖經從來沒有用這個字眼指稱任何建築物。

耶穌潔淨聖殿不只是顯示祂對兌換銀錢那些人不敬畏聖殿（真正上帝的家的影子）感到忿怒，同時也意味著猶太人的「聖殿敬拜」將被祂自己所取代。[16]隨著耶穌降臨人世，敬拜天父上帝的地點不再是山上或者聖殿。祂將在靈裡接受敬拜。[17]

基督教初起之時，是世界上唯一沒有聖物、聖人與聖地的宗教。[18]儘

---

[15] 司提反也曾撻伐聖殿。有趣的是，耶穌和司提反兩人遭控的罪名都是褻瀆聖殿（見可十四 58；徒六 13–14）。

[16] 約二 12–22；可二 22。見庫爾曼（Oscar Cullmann），*Early Christian Worship* (London: SCM Press, 1969), 72–73, 117。

[17] 約四 24。聖經的教導是教會（信徒組成的團體）就是真正的聖殿（林後三 16；弗二 21），是上帝在世上的真正居所。因此，敬拜並不侷限在特定空間，也離不開人的整個生命。按照聖經的意思，基督教的「聖地」就跟他們已經升天的主一樣無處不在（omnipresent）。敬拜沒有特定的時間與特定的地點。敬拜是一種生活型態。敬拜具體的發生在上帝百姓的靈裡，因為那就是目前上帝所在之處。見 J. G. Davies, *The Secular Use of Church Buildings* (New York: The Seabury Press, 1968), 3–4。

[18] James D. G. Dunn, *The Responsible Congregation, 1 Corinthians 14:26–40*，見 *Charisma und Agape* (Rome: Abbey of St. Paul before the Wall, 1983), 235–236。

管初代基督徒的周遭環境充斥著猶太會堂和異教殿宇，他們依舊是世界上唯一沒有為敬拜而建造聖堂的宗教信徒。[19]基督教的成長環境是家裡、庭院以及路邊。[20]

　　就最初三個世紀來說，基督徒沒有任何特別建物。[21]正如一位學者所說，「征服羅馬帝國的基督教基本上是一個以家庭為中心的運動。」[22]部分人士認為，這是因為在位者不允許基督徒興建教堂造成的結果。但事實並非如此。[23]在住家聚會是初代基督徒刻意的選擇。隨著基督徒人數的增長，他們也著手改建自己的宅院以便接待日漸增加的會眾。[24]考古學上最重大的發現之一，就是在現代敘利亞發掘出的杜拉歐普羅斯住宅（the house of Dura-Europos）。這是目前所知最古老的基督徒聚會場所，它是一處在主後232年左右改建為基督徒聚會場地的私人住宅。[25]

　　這棟位在杜拉歐普羅斯的宅院，主要是把兩間臥房之間的隔牆拆

---

[19] 三世紀的基督教護教學家費利克斯（Minucius Felix）寫道：「我們沒有殿宇也沒有祭壇。」*The Octavius of Minucius Felix,* ch. 32. 亦見 Robert Banks, *Paul's Idea of Community* (Peabody, MA: Hendrickson Publishers, 1994), 8–14, 26–46。

[20] 見徒二46，八3，二十20；羅十六3、5；林前十六19；西四15；門一1–2；約貳一10。要注意的是，基督徒偶爾會因為特別與暫時的目的使用現存建築。例如所羅門的廊和推喇奴的學房（徒五12，十九9）。不過，他們平常聚會的地方總是私人住處。

[21] Snyder, *Ante Pacem,* 166. 羅賓森（John A. T. Robinson）寫道：「教會在最初三個世紀沒有任何建築。」見 *The New Reformation* (Philadelphia: Westminster Press, 1965), 89。

[22] 羅伯‧班克斯（Robert Banks）與茱莉亞‧班克斯（Julia Banks）*The Church Comes Home* (Peabody, MA: Hendrickson Publishers, 1998), 49–50。杜拉歐普羅斯（Dura-Europos）的房屋毀於主後256年。根據思恩（Frank Senn）的看法，「最初幾世紀的基督徒沒有異教信仰那麼出名。他們沒有神龕、殿宇、雕像與獻祭。他們不會公開舉行節慶、表演舞蹈、音樂，也沒有朝聖。他們主要的宗教儀式就是一頓從猶太教沿襲而來的家庭餐會。確實，起初三世紀的基督徒通常是在一處空間經過改裝、適合接待基督徒的私人住宅聚會……這表示世人不應該因為初代基督教敬拜沒有太多儀式，就認定這是原始粗糙的跡象，而應該認為這是一種突顯基督教敬拜的屬靈特性的方式。」*Christian Liturgy: Catholic and Evangelical* (Minneapolis: Fortress Press, 1997), 53。

[23] 有些人士主張君士坦丁時期之前的基督徒非常窮困，而且沒有自己的房產。但這是錯誤的看法。例如，在瓦倫里安皇帝（Emperor Valerian, 253～260）的迫害下，所有基督徒名下的財產都被沒收。見 Schaff, *History of the Christian Church* (Grand Rapids: Eerdmans, 1910), 2:62。懷特（L. Michael White）指出，初代基督徒跟社會經濟高層人士有密切關聯。另外，二、三世紀的希臘羅馬社會許多團體都抱持非常開放的態度，樂於提供私人建築給社區與宗教團體使用。*Building God's House in the Roman World* (Baltimore: Johns Hopkins University Press, 1990), 142–143。並見 Steve Atkerson, *Toward a House Church Theology* (Atlanta: New Testament Restoration Foundation, 1998), 29–42。

[24] Snyder, *Ante Pacem,* 67. 改建後的住家被稱為家庭教會（domus ecclesiae）。

[25] Everett Ferguson, *Early Christians Speak: Faith and Life in the First Three Centuries,* 3rd ed. (Abilene, TX: A.C.U. Press, 1999), 46, 74. White, *Building God's House* 16–25.

掉打通，然後改建成一間大客廳。[26] 這棟宅院在改建後能夠接待約七十
人。[27] 類似杜拉歐普羅斯這種改建的房屋不應該被稱為「教堂」。這些只
不過是重新裝修後能容納更多會眾的住家。[28] 此外，那些住宅也從來沒有
被稱為殿宇，這是異教徒和猶太人稱呼他們聖域（sacred spaces）的詞
彙。基督徒直到十五世紀才稱呼他們的建築為聖殿。[29]

聖堂與聖物的起源

　　二世紀末到三世紀曾興起一波改變的浪潮。基督徒此時開始擷取異
教徒景仰死者的觀點。[30] 他們把焦點放在悼念殉道者。於是，為（死去
的）聖徒禱告（後來演變成向他們禱告）就此開始。[31]

　　基督徒從異教儀式中引入紀念死者的餐會。[32] 基督教葬禮與輓歌都是
在三世紀從異教信仰直接抄襲來的。[33] 三世紀基督徒的聚會地點有二：他
們的住處以及墳場。[34] 他們在墳場聚會的原因是想親近死去的信徒。[35] 他們
相信在殉道者的墓上共享餐飲，不但能藉此緬懷殉道者，且能跟他們一

---

[26] John F. White, *Protestant Worship and Church Architecture* (New York: Oxford University Press, 1964), 54–55.

[27] *Converting a House into a Church,* Christian History 12, no. 1 (1993): 33.

[28] Norrington, *To Preach or Not,* 25。克萊德（Alan Kreider）表示，在改建私人住宅之外，「時至三世紀中葉，會眾
人數增加也逐漸富裕起來。因此，基督徒會在 insulae（包括店鋪與住家的多樓層建築）聚會，根據會眾的需要
默默的把私人空間改建為複合住宅，把牆壁打通讓空間連結在一起，然後隔出大大小小的房間，提供逐漸增長
的會眾使用。」*Worship and Evangelism in Pre-Christendom* (Oxford: Alain/GROW Liturgical Study, 1995), 5。

[29] Turner, *From Temple to Meeting House,* 195。文藝復興時代理論家艾貝提（Alberti）和帕拉迪歐（Palladio）曾潛
心研究古羅馬殿宇，並率先使用殿宇一詞指稱基督教的教堂。後來，加爾文稱呼基督教建築為殿宇，就此成為
改革宗用語（207頁）。關於導致基督徒開始使用殿宇一詞稱呼教堂的想法，並見 Davies, *Secular Use of Church
Buildings,* 220–222。

[30] Snyder, *Ante Pacem,* 83, 143–144, 167.

[31] Praying to the 'Dead' *Christian History* 12, no. 1 (1993): 2, 31.

[32] Snyder, *Ante Pacem,* 65；Johannes Quasten, *Music and Worship in Pagan and Christian Antiquity* (Washington DC: Na-
tional Association of Pastoral Musicians, 1983), 153–154, 168–169.

[33] Quasten, *Music and Worship,* 162–168。從特土良（Tertullian）可以看出當年基督徒曾竭力想方設法擺脫出殯這種
異教習俗。然而，基督徒最後還是不得不屈從這種習俗。就形式來說，主要抄襲自異教習俗的基督教葬禮始於
三世紀。見 David W. Bercot, ed., *A Dictionary of Early Christian Beliefs* (Peabody, MA: Hendrickson, 1998), 80；Ever-
ett Ferguson, ed., *Encyclopedia of Early Christianity* (New York: Garland Publishing, 1990), 163。基督徒為死者禱告
的習俗似乎始於二世紀。特土良表示，當時非常流行。見 Tertullian, de cor. 4.1, 以及 F. L. Cross and E. A. Living-
stone, eds., *The Oxford Dictionary of the Christian Church,* 3rd ed. (New York: Oxford University Press, 1997), 456。

[34] Snyder, *Ante Pacem,* 83.

[35] Haas, Where Did Christians Worship? *Christian History* 12, no. 1 (1993): 35; Turner, *From Temple to Meeting House,*
168–172.

起敬拜。[36]

　　既然許多「聖潔」的殉道者的遺體都埋葬在那裡，因此基督徒的墳場就被視為「聖境」（holy spaces）。接著，基督徒開始在那些聖境豎立小紀念碑——特別是知名殉道者的墳墓上。[37]在墳場興建神龕並視為神聖，也是異教的習俗。[38]

　　羅馬的基督徒開始用基督教符號裝飾墓穴。[39]就這樣，藝術跟聖域聯繫在一起。革利免是率先主張在敬拜時使用視覺藝術的人士之一。（有趣的是，在君士坦丁時期以前找不到任何用十字形表徵基督死亡的跡象。[40]以藝術手法用十字形象徵救主的十字架標誌，首見於五世紀。[41]用雙手畫出「十字形記號」的習俗，則可以回溯至二世紀。）[42]

　　大約二世紀時，基督徒開始尊崇死去聖徒的骨骸，認為那既神聖又純潔，結果引發收集聖徒遺物的習俗。[43]尊崇死者一直是羅馬帝國凝聚向心力的最有效方法。基督徒如今把這個習俗吸收進他們自己的信仰當中。[44]

　　二世紀後半，基督徒對主餐的觀點也逐漸有所轉變。主餐此時已經從完整的全餐，演變成被稱為聖餐（Holy Communion）的固定儀式（對

---

[36] Haas, *Where Did Christians Worship?* 35; Josef A. Jungmann, *The Early Liturgy: To the Time of Gregory the Great* (Notre Dame: Notre Dame Press, 1959), 141。

[37] White, *Protestant Worship and Music,* 60。那些紀念碑後來轉變成壯觀的教堂。

[38] Jungmann, *Early Liturgy,* 178；Turner, *From Temple to Meeting House,* 164–167.

[39] Schaff, *History of the Christian Church,* 2:292。「墓穴的使用延續大約三百年，也就是從二世紀末到五世紀末。」(Snyder, *Ante Pacem,* 84)。跟一般想法不同的是，我們沒有任何羅馬基督徒在墓穴逃避迫害的歷史證據。他們到那裡去是要親近死去的聖徒。見 *Where Did Christians Worship?* 35；*Early Glimpses* Christian History: 12, no. 1 (1993):30。

[40] Snyder, *Ante Pacem,* 27。「在君士坦丁之前的時期，並沒有以耶穌受難與死亡為主題的藝術品。當時沒有十字架標誌，也沒有任何類似作品。」(56頁) 薛弗（Philip Schaff）表示，隨著君士坦丁在主後312年征服馬辛帝斯（Maxentius，十字架標誌開始出現在頭盔、圓盾、皇冠等等物品上。(Schaff, *History of the Christian Church,* 2:270)。

[41] Snyder, *Ante Pacem,* 165.

[42] Schaff, *History of the Christian Church,* 2:269–70.

[43] 聖徒遺物不但包括聖徒死後的遺骸，還包括所有曾經跟他身體接觸過的物品。Relic 一語出自拉丁文的 reliquere，意思是「遺留下來的」。敬仰聖徒遺物最早的證據出現於主後156年左右的坡旅甲殉道紀念堂（Martyrium Polycarpi）。一份文獻表示，坡旅甲的遺物被視為比寶石與黃金更可貴。見 Cross and Livingstone, *Oxford Dictionary of the Christian Church,* 1379；Michael Collins and Matthew A. Price, *The Story of Christianity* (New York: DK Publishing, 1999), 91；Jungmann, *Early Liturgy,* 184–187。

[44] Snyder, *Ante Pacem,* 91；Turner, *From Temple to Meeting House,* 168–172.

演變過程更詳細的描述，見第九章）。四世紀時，基督徒對杯與餅的看法，已經籠罩著一層敬畏、戰兢又神祕的感覺。結果東方教會開始用布幔覆蓋放置杯與餅的祭壇（六世紀時，祭臺〔altar table〕的四周加上了圍欄。[45] 圍欄象徵祭臺是聖物，唯獨聖人，也就是神職人員才能接觸它[46]）。

就這樣，三世紀時，基督教不但有聖域也有聖物（不久後，就發展出神聖的祭司制度）。二世紀和三世紀的基督徒就在這整個過程中，逐漸吸收異教特有的神祕思想。[47] 所有這些因素湊合在一起，就孕育出基督教歷史上創建教堂的人物。

君士坦丁 —— 教堂之父

儘管君士坦丁皇帝（約主後285～337年）往往因為允許基督徒自由敬拜，並擴展他們的特權而備受稱讚，但他的作為也寫下基督教歷史上黑暗的一頁。他就是教堂的始作俑者。[48] 這整個過程可說是相當出人意料。

君士坦丁登基後，基督徒得以擺脫身為低賤少數族群窘境的機會越來越明顯。他們一心要得到世人認同的渴望實在太強烈了，而君士坦丁也迫不及待要發揮他的影響力。

君士坦丁在主後312年登上西羅馬帝國的王位，[49] 接著在主後324年

[45] 這就是放置聖餐的桌。祭臺象徵這些分別是獻給上帝的（祭壇）以及賜給人的（桌）。White, *Protestant Worship and Church Architecture*, 40, 42, 63。次祭壇（side altar）要到大貴格利時期才出現。Schaff, *History of the Christian Church*. 3:550。

[46] 四世紀時，平信徒被禁止到祭壇前面去。Edwin Hatch, *The Growth of Church Institutions* (London: Hodder and Stoughton, 1895), 214–215。

[47] Norman Towar Boggs, *The Christian Saga* (New York: The Macmillan Company, 1931), 209.

[48] Ilion T. Jones, *A Historical Approach to Evangelical Worship (New York: Abingdon Press, 1954), 103*；Schaff, *History of the Christian Church*, 3:542。薛弗的開場白非常生動：「基督教得到帝國的認可，並獲准擁有地產後，就在羅馬帝國各地興建敬拜場所。類似建築物在四世紀時的數量可能遠超過其他任何時期（或許除了十九世紀的美國）。」諾林敦（Norrington）指出，隨著四世紀和五世紀主教財富的增加，他們投入資金興建華麗的教堂（*To Preach or Not*, 29）。費古森（Ferguson）寫道：「直到君士坦丁時期我們才發現各種特殊建築，首先是儉樸的廳堂，接著是君士坦丁式大教堂。」在君士坦丁時期以前，所有教會舉行聚會的建物都是「經過改建後供教會使用的住家或者商業建築」。（*Early Christians Speak*, 74）。

[49] 君士坦丁那年在米爾維安橋（Milvian Bridge）擊敗西羅馬的馬新帝斯皇帝。君士坦丁在戰爭前夕宣稱，他看到天上出現的十字架標誌，然後就信靠基督（Connolly, *Indestructible* Book, 39–40）。

成為整個羅馬帝國的皇帝。不久，他就下令興建教堂。他此舉的用意是
要提高基督教的知名度，從而廣受百姓認同。如果基督徒能夠擁有他們
自己的聖堂——如同猶太人和異教徒——那麼他們的信仰就會被視為合
法宗教。

我們務必要體會君士坦丁的心態——因為這可以解釋他為何要非常
迫切的興建教堂。君士坦丁的思想深受迷信與異教法術的左右。甚至在
他成為皇帝後，還允許古老的異教機制一如往常繼續運作。[50]

君士坦丁在歸信基督教後，始終沒有放棄太陽崇拜。他印製的錢幣
依舊保留著太陽標誌，並在君士坦丁堡（他的新首都）廣場上豎立一
座刻著他自己形像的太陽神像。君士坦丁還興建一座母神（mother-god-
dess）西芭莉（Cybele）的雕像（不過，她的姿勢看似基督徒禱告）。[51]史
學家對於君士坦丁是否為真正的基督徒，一直爭論不休。儘管他曾經下
令處決他的長子、姪子以及小舅子，但依舊無法證實他信主。[52]然而，我
們不會在此深究此一問題。

君士坦丁在主後321年下令全國在星期日休息一天——法定假日。[53]
君士坦丁此舉似乎是要榮耀太陽神（Mithras；常勝日頭Unconquered
Sun）。[54]（他形容星期日猶如「太陽日」the day of the sun）。進一步證實君
士坦丁喜好太陽崇拜的證據，就是考古學者在發掘羅馬聖彼得教堂時，
發現一塊基督的鑲嵌圖卻看似常勝日頭。[55]

君士坦丁幾乎直到臨終前，「還在擔任異教大祭司。」[56]事實上，他

[50] 包括廟堂、祭司職分、高僧團、護火貞女以及至尊祭司（Pontifex Maximus）的頭銜（這是他為自己保留的）。見Louis Duchesne, *Early History of the Christian Church* (London: John Murray, 1912), 49–50；M. A. Smith, *From Christ to Constantine* (Downers Grove, IL: InterVarsity, 1973), 172。
[51] Paul Johnson, *A History of Christianity* (New York: Simon & Schuster, 1976), 68.
[52] 他還遭指控殺害第二任妻子，然而有史學家認為這是不實的謠言。Taylor, *Christians and Holy Places*, 297；Schaff, *History of the Christian Church*, 3:16–17; Ramsay MacMullen, *Christianizing the Roman Empire: AD 100–400* (London: Yale University Press, 1984), 44–58。
[53] Kim Tan, *Lost Heritage: The Heroic Story of Radical Christianity* (Godalming, UK: Highland Books, 1996), 84.
[54] 君士坦丁似乎認為常勝日頭（異教神明）在某方面能與基督相匹敵。Justo L. Gonzalez, *The Story of Christianity* (Peabody, MA: Prince Press, 1999), 1:122–123。
[55] Hinson, *Worshiping Like Pagans?*, 20; Jungmann, *Early Liturgy*, 136.
[56] Gonzalez, *Story of Christianity*, 123.

一直保有異教頭銜「Pontifex Maximus」，意思就是異教祭司之首！[57]（十五世紀時，同一頭銜成為羅馬天主教教宗的榮銜。）[58]

君士坦丁在主後330年5月11日把君士坦丁堡設立為他的新首都時，以取自異教廟堂的財寶裝飾這座城，[59]並且使用異教法術保護農作與治療疾病。[60]

此外，多方歷史證據顯示君士坦丁是個自大狂妄的人。他在君士坦丁堡興建使徒教堂（the Church of the Apostels）時，曾樹立十二使徒雕像。十二座雕像以一座墳墓為中心圍繞在四周。這是座預留給君士坦丁自己的墳墓——也使得他成為第十三位使徒，同時也是最大的一位。君士坦丁就這樣不但延續異教尊崇死者的習俗，還設法讓他自己擠身為備受尊崇的死者之一。[61]

君士坦丁還抄襲異教徒（不是猶太人）聖物與聖地的觀念。[62]教會販售聖物（relic）主要就是受到他的影響。[63]四世紀時，著迷於聖物的現象已經氾濫至極，因此有些基督教領袖大聲疾呼予以撻伐，稱之為「在敬虔掩護下潛入教會的異教習俗……那些拜偶像之人的傑作」。[64]

君士坦丁也因為把聖地觀念（仿效異教的神盦）引入基督教而惹人注目。在四世紀基督徒的眼中，巴勒斯坦籠罩著一層「神聖」的氛圍，時至六世紀，這片土地儼然成為知名的「聖地」。[65]

君士坦丁死後，被封為「神」（divine）。（所有在他之前的異教皇帝

---

[57] Fox, *Pagans and Christians*, 666; Durant, *Caesar and Christ*, 63, 656.

[58] Cross and Livingstone, *Oxford Dictionary of the Christian Church*, 1307.

[59] Robert M. Grant, *Early Christianity and Society* (San Francisco: Harper & Row Publishers, 1977), 155.

[60] Durant, *Caesar and Christ*, 656.

[61] Johnson, *History of Christianity*, 69; Duchesne, *Early History of the Christian Church*, 69。東正教確實把君士坦丁列為第十三位使徒，並尊崇他為聖人（Cross and Livingstone, *Oxford Dictionary of the Christian Church*, 405; Taylor, *Christians Holy Places*, 303, 316; Snyder, *Ante Pacem*, 93）。

[62] Taylor, *Christians and the Holy Places*, 308；Davies, *Secular Use of Church Buildings*, 222–237.

[63] 認為聖物具有法力的想法不應該歸咎猶太人，因為他們相信接觸死屍會玷污人。這完全是異教觀念（Boggs, *Christian Saga*, 210）。

[64] Johnson, *History of Christianity*, 106。這句話引自維吉蘭提（Vigilantius；譯註：高盧神學家與神學家，約370~406）。

[65] Taylor, *Christians and Holy Places*, 317, 339–341.

都依循這個慣例。）[66]元老院在他死後封他為異教神明，[67]而且沒有人阻止他們這麼做。

行文至此，應該稍微提及君士坦丁的母親海倫娜（Helena）。她最為人知的一件事就是非常著迷於聖物，海倫娜曾在主後326年前往巴勒斯坦朝聖。[68]主後327年她在耶路撒冷表示，她已發現用來釘死耶穌的十字架與釘子。[69]據說君士坦丁鼓吹基督十字架的碎片具有靈力的觀念。[70]君士坦丁大帝——教堂之父的腦海確實充滿著異教的魔幻思想。

君士坦丁的建築計畫

緊接著在主後327年海倫娜的耶路撒冷之旅後，君士坦丁開始在羅馬帝國各地興建第一批教堂，其中部分資金出自公帑。[71]此舉目的是要仿效異教的作法，建造廟堂榮耀上帝。[72]

有趣的是，他用聖徒的名字命名他建造的教堂，正如同異教徒用神明的名字命名他們的廟堂。君士坦丁在基督徒為死去的聖徒舉行餐宴的墓地搭造第一批教堂。[73]也就是說，他把這些建物建築在死去聖徒的遺體上面。[74]原因何在？因為早在一百年前，埋葬這些聖徒的地方就已經被認為是「聖域」。[75]

---

[66] Boggs, *Christian Saga*, 202.

[67] Gonzalez, *Story of Christianity*, 123.

[68] Cross and Livingstone, *Oxford Dictionary of the Christian Church*, 1379。海倫娜在君士坦丁的兒子遭處決及其妻子「自裁」後，立即前往聖地朝聖。（Fox, *Pagans and Christians*, 670–671, 674）。

[69] Oscar Hardman, *A History of Christian Worship* (Nashville: Parthenon Press, 1937)。海倫娜把其中兩根釘子送給君士坦丁：一個被安置在他的王冠上，另一個被打造成他坐騎的嚼口。（Johnson, *History of Christianity*, 106; Duchesne, *Early History of the Christian Church*, 64–65)。「據說那座十字架有神奇的力量，而且帝國各地都有人宣稱發現它的碎片。」（Gonzalez, *Story of Christianity*, 126）。海倫娜發現十字架的傳說始於四世紀後半葉的耶路撒冷，隨即傳遍整個帝國。

[70] Taylor, *Christians and Holy Places*, 308; Boggs, *Christian Saga*, 206–207.

[71] Fox, *Pagans and Christians*, 667–668.

[72] Taylor, *Christians and Holy Places*, 309.

[73] Snyder, *Ante Pacem*, 65。這些地方被稱為 Martyria（見證）。

[74] 同前，92；Haas, Where Did Christians Worship? *Christian History*, 35。

[75] Taylor, *Christians and Holy Places*, 340–341。正如戴維斯（Davies）所說：「既然初代基督徒沒有神龕，因此沒有封聖的需要。一直要到第四世紀，隨著教會安定下來，才開始形成獻堂的習俗。」（Davies, *Secular Use of Church Buildings*, 9, 250）。

許多大型建築都建造在殉道者的墳墓上。[76]這種習俗的成因是，他們以前認為異教神明具有龐大的力量，如今他們則認為殉道者具有這種力量。[77]基督徒就這樣全盤接收了這種觀念。

最著名的基督教「聖域」就是梵諦岡山（Vatican Hill）的聖彼得教堂（建造在傳說中彼得的墳墓上）、外牆的聖保羅教堂（建造在傳說中保羅的墳墓上）、耶路撒冷金光閃閃的聖墓教會（Church of the Holy Sepulcher；建造在傳說中基督的墳墓上）以及伯利恆的主誕堂（Church of the Nativity；建造在傳說中耶穌誕生的洞穴上）。君士坦丁在羅馬建造了九座教堂，也在耶路撒冷、伯利恆以及君士坦丁堡建造許多教堂。[78]

首座教堂探幽

既然教堂被視為神聖不可侵犯，因此會眾在進入之前必先要經過潔淨的儀式；於是在四世紀時，教堂庭院中設有噴泉，好讓基督徒進入教堂前得以淨身。[79]

君士坦丁建造的教堂是非常寬敞壯觀的巨型建築，因此一般人都認為那「跟皇帝相稱」。這些建築非常華麗，當時的異教徒都看得出來這些「宏偉建築是仿效」異教廟堂建造的。[80]君士坦丁甚至採用異教藝術裝飾新建的教堂。[81]君士坦丁完全按照古羅馬會堂（the balisca）的樣式建造

---

[76] Short, *History of Religious Architecture*, 62.

[77] Johnson, *History of Christianity*, 209.

[78] Snyder, *Ante Pacem*, 109。根據哈斯（Haas）所說，聖彼得教堂的長度約254公尺，"Where Did Christians Worship?" 35。關於聖彼得教堂的詳細資料，見 Cross and Livingstone, *Oxford Dictionary of the Christian Church*, 1442；關於聖墓教堂，見 Edward Norman, *The House of God: Church Architecture, Style, and History* (London: Thames and Hudson, 1990), 38–39；關於主誕堂，見同前 31；關於另外九座教堂，見 John White, *Protestant Worship and Church Architecture*, 56; White, *Building God's House*, 150; Grant, *Early Christianity and Society*, 152–155。

[79] Turner, *From Temple to Meeting House*, 185.

[80] 這句話引自反基督教作家柏弗睿（Porphyry）（Davies, *Secular Use of Church Buildings*, 8）。柏弗睿表示，基督徒表裡不一，因為他們一方面批評異教信仰，另方面卻仿效他們建造異教殿堂！（White, *Building God's House*, 129）。

[81] Gonzalez, *Story of Christianity*, 122。按照約德（Harvey Yoder）教授的說法，君士坦丁最初是在一座異教廟堂的原址上面建造聖智教堂（Hagia Sophia），又跨越整個帝國進口427座異教雕像裝飾它。*From House Churches to Holy Cathedrals* (lecture given in Harrisburg, VA, October 1993)。

雄偉的教堂。[82] 羅馬會堂原本只是以希臘異教廟堂為藍本 [83] 所建造的普通
政府建築物。[84] 古羅馬會堂的功能跟今日的高中體育館相仿，為能讓被動
順服的群眾舒適的坐著觀賞表演，這就是君士坦丁選擇古羅馬會堂為教
堂樣式的原因之一。[85]

　　他喜歡這種設計的另一個原因就是他著迷於太陽崇拜。古羅馬會堂
設計之初就是要讓陽光照在面對群眾的講員身上，[86] 而基督教的會堂跟希
臘與羅馬的神殿一樣都是面向西方。[87]

　　且讓我們仔細觀察基督教會堂的內部，它的內部跟羅馬行政官與公
務員使用的羅馬會堂一模一樣。基督教會堂有一塊高於地面的平台專供
神職人員使用。這個平台通常高出地面好幾個階梯。同時，還有一道欄
杆或者布幕隔開神職人員與平信徒。[88]

　　整棟建築的中心就是祭壇。它不是一張桌子（祭臺）就是一個有蓋
的箱子。[89] 祭壇之所以被認為是整個建築中最神聖的地方，其原因有二，
其一，它裡面往往收藏著殉道者的遺物。[90]（五世紀後，教會祭壇裡收藏

[82] Grant, *Founders of the Western World*, 209。第一座大教堂是主後314年由皇宮改建的聖約翰拉特蘭教堂（the Church of St. John Latern），White, *Building God's House*, 18。「君士坦丁在挑選史無前例的聖約翰拉特蘭教堂的樣式時，選擇了古羅馬會堂的模式，於是這就成為羅馬基督徒敬拜場所的標準。」Lionel Casson, *Everyday Life in Ancient Rome* (Baltimore: Johns Hopkins University Press, 1998), 133。

[83] White, *Protestant Worship and Church Architecture*, 56。一位天主教學者曾說：「早在基督教時代之前，各種異教宗派和團體就按照古羅馬會堂的形式建造敬拜場所。」（Jungmann, *Early Liturgy*, 123）；並見 Turner, *From Temple to Meeting House*, 162–163。此外，主後320～330年間君士坦丁在耶路撒冷和伯利恆建造的教會都是以敘利亞的異教廟堂為藍本。Gregory Dix, *The Shape of the Liturgy* (London: Continuum International Publishing Group, 2000), 26。

[84] Hinson, *Worshiping Like Pagans?*, 19; Norman, *House of God*, 24; Jungmann, *Early Liturgy*, 123. Basilica 的字源是希臘文 basileus，意思是「王」。「基督教建築師採用異教藍圖，在建物遠端接近寬敞拱形的凹壁（或說壁龕 apse；也就是國王或者法官的座處）附近，設立一座祭壇；這樣一來，主教就得以取代異教權貴的地位。」Collins and Price, *Story of Christianity*, 64。

[85] Michael Gough, *The Early Christians* (London: Thames and Hudson, 1961), 134.

[86] 同前。

[87] Jungmann, *Early Liturgy*, 137.

[88] White, *Protestant Worship and Church Architecture*, 57, 73–74。「從這個觀點看來，教堂不再是上帝百姓平常敬拜的場所，而是上帝的家，他們獲准帶著敬畏的心進入其中。他們必須停留在中殿（nave；會眾或坐或站的地方），並且不可以擅入專為詩班保留的聖壇所（chancel；神職人員的平台），也不可進入專為神父保留的禮拜堂。」Turner, *From Temple to Meeting House*, 244; Hatch, *Growth of Church Institutions*, 219–220。

[89] 祭壇最初是木製的。六世紀後，材質就演變成大理石、寶石、銀或者黃金。Johnson, *History of Christianity*，卷三：550。

[90] Snyder, *Ante Pacem*, 93; White, *Protestant Worship and Church Architecture*, 58; William D. Maxwell, *An Outline of Christian Worship: Its Developments and Forms* (New York: Oxford University Press, 1936), 59.

的遺物，就是它得以言正名順的被稱為教會的重要關鍵。）[91]其次，祭壇上擺設的則是聖體（Eucharist，譯註：又作聖餐或者餅與杯）。聖體此時已被視為神聖祭物而被獻在祭壇上。除了被視為「聖者」（holy men）的神職人員外，沒有其他人可以在祭壇的圍欄內領受聖體。[92]

祭壇前方是被稱為「教座」（cathedra）的主教座椅。[93]Ex cathedra 一語就是從這把座椅衍生出來的，意思就是「從寶座而出」。[94]主教座椅（也被稱為「主教寶座」throne）是整棟建築中最寬敞最華麗的座位，它取代了古羅馬會堂的判官座，[95]同時它旁邊還圍繞著兩排保留給長老的座椅。[96]證道就是從主教的座位裊裊傳出，[97]能力與權柄都在那把蓋著白色細麻布的座椅上，長老和執事坐在它兩旁圍成一個半圓形。[98]羅馬會堂建築清楚明確的透露出階級意識。

有趣的是，多數現代教堂還是會為牧師及其同工在平台上的講壇後方擺設特別座椅（好像主教的寶座一樣，牧師座通常是其中最大的一張座椅），這一切顯然都是延續異教會堂的作法。

除了上述種種，君士坦丁既沒有大規模的毀壞異教廟宇，也沒有關閉它們。[99]某些地方現存的異教廟宇在除盡偶像後，就被改建為基督教堂，[100]基督徒利用從異教廟堂取得的材料，在異教廟堂的原址建造新的教堂。[101]

---

[91] Kenneth Scott Latourette, *A History of Christianity* (New York: Harper and Brothers, 1953), 204.

[92] Johnson, *History of Christianity*, 3:549–550, 551. 在新教的教堂中，講壇位在前方，而祭臺則被安置在後方。

[93] Short, *History of Religious Architecture*, 64.

[94] Cross and Livingstone, *Oxford Dictionary of the Christian Church*, 302.

[95] White, *Protestant Worship and Church Architecture*, 57.

[96] Davies, *Secular Use of Church Buildings*, 11; Dix, *Shape of the Liturgy*, 28.

[97] White, *Protestant Worship and Church Architecture*, 59.

[98] Dix, *Shape of the Liturgy*, 28.

[99] Grant, *Early Christianity and Society*, 155.

[100] Norman, *House of God*, 23–24.

[101] Hinson, *Worshiping Like Pagans?*, 19. 大貴格利（Gregory the Great，主後 540～604 年）是想出使用聖水與基督徒遺物潔淨異教廟宇，以便供基督徒使用的第一人。Bede, *A History of the Christian Church and People*, trans. Leo Sherley-Price (New York: Dorset Press, 1985), 86–87 (bk. 1, chapter 30)。這些著作內容包括大貴格利關於如何潔淨異教廟宇供基督徒使用的種種指示。並見 John Mark Terry, *Evangelism: A Concise History* (Nashville: Broadman and Holman, 1994), 48–50; Davies, *Secular Use of Church Buildings*, 251。

對敬拜造成的重大影響

教堂的出現對基督徒敬拜造成劇烈改變。既然皇帝是教會裡的頭號「平信徒」，因此簡單的儀式顯然不能與其地位相稱。為了要讓他增添光彩，於是他們就把皇宮裡華麗莊嚴的要素加入基督教禮儀。[102]

羅馬皇帝歷來的習慣就是，每當他們在大眾面前現身時，一定會有燈光在前面照明。緊跟在這些燈光後面的是一個裝滿香料的火砵。[103]君士坦丁因為這個習俗而靈機一動，把蠟燭和焚香加入教會崇拜的程序中。當神職人員入場的時候，蠟燭和焚香也伴隨著他們一起進場。[104]

在君士坦丁統治時期，原本穿著日常服裝的神職人員開始穿著特製的衣袍。那些是什麼樣的特殊服裝呢？就是羅馬官員的制服。此外，向神職人員表達敬意的手勢（類似向羅馬官員敬禮的手勢）也開始出現在教會。[105]

羅馬人在典禮開始前演奏進行曲的慣例，也在此時被引入基督教。為達此一目的，詩班逐漸成形並被引入教會（關於詩班起源的進一步資料見第七章）。敬拜逐漸演變得更專業、更激情也更講究儀式。

所有這些特色都是取自希臘—羅馬文化，然後一成不變的引入教會。[106]四世紀的基督教深受希臘異教思想與羅馬帝國主義的影響，[107]最嚴重的後果就是失去親密感以及欠缺開放式的參與感。專業的神職人員在台上負責敬拜，而平信徒只能像觀眾一樣在台下欣賞。[108]

正如一位天主教學者所寫，隨著君士坦丁的到來，「各式各樣的古羅馬文化習俗湧入基督教禮儀……甚至連古代把皇帝奉為神明那種俗不

---

[102] Hinson, "Worshiping Like Pagans?" 20; White, *Protestant Worship and Church Architecture*, 56.

[103] Jungmann, *Early Liturgy*, 132.

[104] Richard Krautheimer, *Early Christian and Byzantine Architecture* (London: Penguin Books, 1986), 40–41. 克羅代默（Krautheimer）在書中把羅馬的帝國儀式和君士坦丁時期的基督教儀式清楚明白的加以對比。

[105] Jungmann, *Early Liturgy*, 129–133.

[106] Gonzalez, *Story of Christianity*, 125.

[107] 拉圖艾特（Kenneth Scott Latourette）曾詳細追溯希臘—羅馬異教思想對基督教的深遠影響，見拉氏著 *A History of Christianity*, 201–218.

[108] White, *Protestant Worship and Church Architecture*, 56.

可耐的儀式也被摻入教會的敬拜。」[109]

　君士坦丁為所有基督徒帶來平安，[110]在他統治下，基督教得到官方認可。事實上，當時基督教的地位已經凌駕在猶太教與異教信仰之上。[111]

　基於上述原因，基督徒認為君士坦丁登基乃上帝的作為。他就是上帝拯救他們的器皿。此時，基督教與羅馬文化已經融為一體。[112]

　教堂的出現顯示，不論教會是否滿心樂意，教會都已經跟異教文化結為盟友。[113]正如杜蘭（Will Durant；《文明的故事》The Story of Civilization 作者，此書共有十一卷的世界史鉅著，為他贏得一座普利茲獎Pulitzer Price）所說：「儘管基督教如潮湧般擴散，異教島嶼依舊屹立不搖。」[114]對耶穌基督當初所看到的那純樸教會來說，這是種令人扼腕的轉變。

　初代基督徒不但竭力抵擋世俗體制，也避免接觸任何異教思想。教會在四世紀搖身一變成為世界上的公共機構，並開始「吸收異教信仰，又把異教宗教思想和習俗基督教化」時，這一切就徹底改變了。[115]正如一位歷史學家所說：「廟宇轉變為教堂；廟宇的地產與基金轉變為教會財產。」[116]在君士坦丁統治下，所有教會產業都享有免稅優惠。[117]

　這一切導致的結果就是，教堂的歷史就是基督教沿襲異教思想，然後使得基督教的面貌歷經一場巨變的悲慘故事。[118]坦白說，君士坦

[109] Jungmann, *Early Liturgy*, 130, 133.
[110] 歷史學家稱呼君士坦丁統治時期是「太平時期」（the Peace）。太平時期其實是因為主後311年的伽勒力諭令（Edict of Galerian；也被稱為寬容令the Edict of Toleration）造成的。然後，由主後313年的米蘭諭令（the Edict of Milan）加以普及化。這些諭令阻止戴克里先（Diocletian）在主後303年開始對基督徒發動的嚴厲迫害繼續進行。就在米蘭諭令發佈後11年，第一位基督徒君主君士坦丁登基成為羅馬帝國獨尊的皇帝。Gonzalez, *Story of Christianity*, 106–107; Durant, *Caesar and Christ*, 655。
[111] 哈納克（Adolf von Harnack）估計君士坦丁登基之初，整個帝國的基督徒人數已經達到三到四百萬。*Mission and Expansion of Christianity*, 325. 其他人估計當時基督徒只佔帝國人口百分之4到5。Taylor, *Christians and Holy Places*, 298。
[112] Johnson, *History of Christianity*, 126; Hinson, "Worshiping Like Pagans?" 19.
[113] Jungmann, *Early Liturgy*, 123.
[114] Will Durant, *The Age of Faith* (New York: Simon and Schuster, 1950), 8.
[115] Bradshaw, *Search for the Origins of Christian Worship*, 65.
[116] Grant, *Early Christianity and Society*, 163.
[117] Durant, *Caesar and Christ*, 656.
[118] "Inside Pagan Worship" *Christian History* 12, no. 1 (1993): 20.

丁時期以及後君士坦丁時期的教堂，基本上已經可以說是神廟（holy shrines）。[119]基督徒欣然接受實體殿宇的想法，他們吸收異教思想中，認為上帝以特殊的方式，居住在世界上一處特別的地方的觀念，而且那個地方是「人手所造的」。[120]

隨著其他各種異教習俗被吸收到基督教（例如禮儀、證道、神職服裝以及階層式領導結構），三世紀和四世紀的基督徒誤把舊約聖經視為教堂興建的起源。[121]然而，這是錯誤的想法。

教堂是從異教文化剽竊來的。「隆重莊嚴的儀式透過神祕思想（異教信仰）進入教會，而且跟其他許多事物一樣都是打著舊約的旗號為掩護。」[122]

引用舊約作為興建教堂的理由，不但錯誤而且自相矛盾。古老摩西律法下神聖的祭司、建築、儀式以及器皿等等，已經被耶穌基督的十字架永遠終結。此外，這一切已經被那稱為 ekklesia（教會），沒有階層之分、沒有任何繁文縟節的有機體取而代之。[123]

教堂的演變

君士坦丁時期過後，教堂歷經數次變化（過程複雜無法在此詳述）。一位學者曾表示：「教堂數次改變可說是突變的結果，而非一系列先後相承的演變。」這些突變對整個建築的主要特色沒有造成太大的改變，依舊營造出神職人員唱獨腳戲，而會眾卻毫無生氣的氛圍。[124]

---

[119] Turner, *From Temple to Meeting House*, 167, 180。君士坦丁在聖經的歷史地標上建造的是基督教的廟宇。（Fox, *Pagans and Christians*, 674）。

[120] 把這個觀念跟可十四58；徒七48；林後五1；來九11、24加以對比。

[121] Norrington, *To Preach or Not*, 29。戴維斯（J. D. Davies）寫道：「基督徒開始建造自己的宏偉會堂時，他們轉向聖經尋求指引，不久就把關於耶路撒冷聖地的一切應用到他們的新殿宇上，似乎不知道此舉正好跟新約聖經的教導相左。」戴維斯接著表示，膜拜聖徒（尊崇死去的聖徒）逐漸生根並亦步亦趨的瀰漫在教堂（的裝飾），終於導致基督徒把教會視為聖地，「基督徒對教堂抱持的態度跟猶太人對耶路撒冷聖殿，以及異教徒對他們的廟宇所抱持的態度是一樣的。」（*Secular Use of Church Buildings*, 16–17），哈德曼（Oscar Hardman）寫道：「羅馬帝國的行政體制及其寬敞龐大的房屋與公共廳堂的建築樣式就是教會制訂階層、劃分教區，以及建造其敬拜場所的靈感來源。」（*History of Christian Worship*, 13–14）。

[122] Boggs, *Christian Saga*, 209.

[123] 可十四58；徒七48，十七24；加四9；西二14–19；來三～十一；彼前二4–9。

[124] White, *Protestant Worship and Church Architecture*, 51, 57.

教堂演變的大致情形如下：

君士坦丁時期結束後，基督教建築從會堂（basilica）階段演變
到拜占庭（Byzantine）階段。[125]拜占庭式教堂的正中央是一個寬
廣的圓拱頂，並裝飾著各種聖像以及鑲嵌圖案。[126]

緊接著拜占庭建築之後出現的是羅馬式建築（Romanesque）。[127]
羅馬式建築的特色是高達三層的樓房，支撐圓拱的巨柱以及色
彩斑斕的裝飾。[128]查理曼（Charlemagne）在主後 800 年聖誕節
登基為神聖羅馬帝國皇帝後不久，這種建築形式就蔚為風尚。

羅馬時期之後就是十二世紀的歌德時期（Gothic era）。歌德式
建築讓迷人的歌德式大教堂連同其十字形拱頂、尖形拱門，以
及飛拱盛極一時。[129]大教堂（cathedral）一詞就是衍生自cathe-
dra，就是有幸安放 cathedra（主教座）的那棟建築。[130]

彩繪玻璃是在六世紀由圖爾斯的貴格利（Gregory of Tours，主
後 538～594）率先引進教會。[131]這種玻璃安裝在部分羅馬式教
堂的狹窄窗戶上。聖德尼（St. Denise）修道院的舒革（Suger
，主後 1081～1151）院長把彩色玻璃的運用提升到更高階層，
他把聖像繪製在玻璃上，因此，他就成為第一個把彩繪玻璃安
裝在教堂（他的歌德式大教堂）上的人。[132]

歌德式教堂的牆面上安裝著大片畫著圖案的玻璃，讓多彩明亮的光

---

[125] Krautheimer, *Early Christian and Byzantine Architecture*.

[126] Norman, *House of God*, 51–71. 主後 360 年落成並在主後 415 年重建的聖智教堂，被東正教譽為教堂建築的完美
傑作。

[127] Short, *History of Religious Architecture*, ch. 10.

[128] Norman, *House of God*, 104–135.

[129] 細節見 Short, *History of Religious Architecture*, ch. 11–14, 以及 Otto von Simson 的經典之作 *The Gothic Cathedral:
Origins of Gothic Architecture and the Medieval Concept of Order* (Princeton: Princeton University Press, 1988)。

[130] Krautheimer, *Early Christian and Byzantine Architecture*, 43.

[131] Durant, *Age of Faith*, 856.

[132] von Simson, *Gothic Cathedral*, 122. 思恩（Frank Senn）寫道：「樑柱之間有更多的空間可以安裝大片窗戶，讓陽
光照亮這些嶄新的建築，而這正是舊的羅馬式建築所欠缺的。窗戶上可以安裝彩繪玻璃，圖案則是以往繪製在
牆壁上的聖經故事和神學符號。」（*Christian Liturgy*, 214）

線射入室內。[133] 色彩鮮明層次豐富的顏色，也被用來營造出新耶路撒冷的氣氛。就美觀和品質來說，十二世紀和十三世紀的彩繪玻璃窗可說是無與倫比。彩繪玻璃窗的炫目色彩確實能製造出一種莊嚴華麗的感覺，能讓人感受到自己所敬拜的是一位全能、可畏的上帝。[134]

歌德式大教堂的屋頂跟君士坦丁會堂的屋頂一樣，也是完全仿效異教廟堂。歌德式建築非常倚重希臘異教哲學家柏拉圖（Plato）的思想。柏拉圖認為聲音、色彩與光線都帶有崇高的神祕意義，能夠引發出各種情緒，幫助世人更接近「永恆的善」（Eternal Good）。[135] 歌德派建築師運用磚塊與石頭把柏拉圖的理論落實在現實世界，他們構想出一套讓人嘆為觀止的照明方式，讓人心中不由自主的生出一股莊嚴肅穆的敬拜感。[136]

色彩是世上最能夠有效製造出各種情緒的媒介之一。因此，歌德式彩繪窗戶就被巧妙的用來製造出一種神祕又超越的感覺。歌德式建築從古埃及的巨型雕像和高塔得到靈感，企圖藉著超高設計重新喚起一種景仰的感覺。[137]

一般人都認為歌德式建築「從整體看來，似乎擺出要從地表一飛沖天，卻受到鎖鍊羈絆的架勢……看起來像是要從地裡鑽出來一樣……沒有任何建築比它更能表現出那種飄渺、精緻以及空靈向上的氣勢。」[138] 它就是天堂在人間的最高象徵。[139]

因此，歌德式大教堂巧妙的運用採光、色彩與超高設計營造出一種

---

[133] Durant, *Age of Faith*, 856.

[134] Norman, *House of God*, 153–154; Paul Clowney and Teresa Clowney, *Exploring Churches* (Grand Rapids: Eerdmans, 1982), 66–67.

[135] von Simson, *Gothic Cathedral*, 22–42, 50–55, 58, 188–191, 234–235. 辛姆森（Von Simson）在文中說明柏拉圖的形上學塑造出歌德建築的過程。歌德式彩繪窗戶把光線與照明發揮到極致。建築裡的所有元素都因為比例完美而非常協調。光線與和諧象徵天堂；它們是創造萬物的最高原則。柏拉圖認為光線是最重要的自然現象——最接近純粹形式（pure form）。新柏拉圖學派（NeoPlatonists）認為光線就是最超驗的實體，能夠啟發我們的智慧認識真理。歌德式的設計基本上就是柏拉圖、奧古斯丁和偽亞略巴古學派的丹尼司（Denis the pseudo-Areopagite；知名的新柏拉圖學者）的混合體。

[136] White, *Protestant Worship and Church Architecture*, 6.

[137] 卡特（Neil Carter），"The Story of the Steeple"（未出版手稿，2001）。全文及相關文獻，見 http://www.christiny-all.com/steeple.html。

[138] Turner, *From Temple to Meeting House*, 190.

[139] 十七世紀與十八世紀的巴洛克式建築跟隨歌德式建築的腳步，想要用協調的華麗色彩與裝飾營造出同樣的感覺。（Clowney and Clowney, *Exploring Churches*, 75–77）。戴維斯（J. G. Davies）表示，中世紀的西方世界認為歌德式大教堂就是宇宙的縮影。（Davies, *Secular Use of Church Buildings*, 220）。

神祕、超越與敬畏的感覺。[140]所有這些特色都取材自柏拉圖的思想，然後被基督徒接收而相傳下去。[141]

　　希臘會堂、羅馬式建築以及歌德式教堂都是人類努力效法屬天與屬靈樣式的成果。[142]說實在的，歷史上所有教堂都是人類用自己的感官竭力體驗上帝而獲致的成果。雖然浸淫在美裡面能引導人心轉向上帝，但上帝對祂教會的期待不只是對美的體驗而已。四世紀時，教會已經對感官無法體驗的屬天事物，和眼不能見的屬靈事物失去興趣，而只對人所能領受的一切感到興趣（見林前二9-16）。

　　歌德式建築所傳達出的主要信息就是：「上帝是超越而無法觸及的——因此要敬畏祂的威嚴。」但這種信息跟福音（上帝就在我們左右——甚至就住在祂百姓裡面）相抵觸。

新教的教堂

　　六世紀時，改教人士繼承上述教堂的傳統。在很短的時間內，他們就擁有數千棟中世紀大教堂，原因在於那些握有房地產的地方權貴紛紛投入宗教改革的行列。[143]

　　多數改教人士都曾經擔任神父。因此，他們已經在不知不覺中受到中世紀天主教思想的左右。[144]所以，即便改教人士重新裝修他們剛取得的教堂，但整個建築的功能卻沒有什麼改變。[145]

　　即使改教派企圖急遽改變教會習俗，大眾也還沒有預備好。[146]馬

---

[140] White, *Protestant Worship and Church Architecture*, 131.

[141] 關於歌德式建築歷史發展的詳細討論，見 Durant, *Age of Faith*, ch. 32。儘管歌德式建築相當古老，但十九世紀中葉時，還是能夠在新教領域再度掀起一陣浪潮。不過，在第二次世界大戰後歌德式建築就銷聲匿跡。（White, *Protestant Worship and Church Architecture*, 130–142; Norman, *House of God*, 252–278）。

[142] Senn, *Christian Liturgy*, 604.

[143] White, *Protestant Worship and Church Architecture*, 64。新教的第一棟教堂是一五四四年在托爾高（Torgua）堡壘建造的信義宗教堂，裡面沒有聖壇所，而祭壇也只是一張簡單的桌子。（Turner, *From Temple to Meeting House*, 206）。

[144] White, *Protestant Worship and Church Architecture*, 78.

[145] Jones, *Historical Approach to Evangelical Worship*, 142–143, 225。有趣的是，十九世紀和二十世紀所有新教宗派都曾大舉恢復中世紀建築模式（White, *Protestant Worship and Church Architecture*, 64）。

[146] White, *Protestant Worship and Church Architecture*, 79.

丁‧路德清楚知道，教會不是建築也不是機構。[147]然而，他也無力扭轉這個已經混淆一千年的議題。[148]

改教派對建物進行的主要改變，反映出他們的神學思想。他們安放在整棟建築最中心位置的不是祭臺而是講壇。[149]宗教改革的最重要觀念就是除非世人能夠聽道，否則就無法認識上帝，而靈性也無法成長。因此，當宗教改革派接手各處教堂時，就以此為重新裝修的依歸。[150]

尖塔

自從巴別的居民矗立一座「通天」高塔，各文明世界就紛紛效尤建造尖頂高塔。[151]巴比倫人和埃及人建造的方尖碑（obelisks）和金字塔，反映出他們在心中認為自己正邁向永垂不朽的思想。隨著希臘哲學與希臘文化的來臨，建築的趨勢也從垂直向上的發展轉變成水平向下的擴展。這一切顯示出希臘人相信的是民主、人性素質以及世俗化的神明。[152]

不過，隨著羅馬天主教的興起，在建築物頂端蓋尖塔的習慣也開始風行。這是天主教教宗在拜占庭時代末期，從古希臘方尖碑得到的靈感。[153]宗教建築進入羅馬時期後，羅馬帝國各地興建的大教堂牆面和角落全都採取尖形造型。這種趨勢的極致表現應該就是歌德式建築時期舒革

---

[147]「在所有基督教偉大的導師當中，馬丁‧路德最瞭解新約聖經裡的教會與制度化教會之間的區別，而且對後者的互惠行為反對最力。因此，他堅決反對容忍『教會』一語：他認為這是一個語意不清模稜兩可的詞彙。他在翻譯聖經的時候，把ecclesia翻譯為『會眾』……他明白新約聖經裡的ecclesai不只是一個『它』、一件『器具』或者一個『機構』，而是一群人、一個族群、一個團體。儘管路德非常厭惡對這個詞彙，歷史的洪流卻更強大。宗教改革時期以及後宗教改革時期都必須接受當時已經發展成熟的教會觀念，結果就是，所有因為這個『語意不清模稜兩可』的詞彙製造出的混淆思想全都湧入改教神學。我們無法逆轉時光1500年。儘管歷經1500年的變化，『教會』這個觀念依舊如故。」Emil Brunner, *The Misunderstanding of the Church* (London: Lutterworth Press, 1952), 15–16。

[148] Martin Luther, *Luther's Works* (Philadelphia: Fortress Press, 1965), 53–54.

[149] White, *Protestant Worship and Church Architecture*, 82.

[150] Clowney and Clowney, *Exploring Churches*, 72–73。祭臺從「祭壇」的尊位，被移動到聖壇所（神職人員服事的平台）的階層下，此位置沒有從前明顯。講壇被移動到更接近會眾座位的中間位置，使得講道成為敬拜的固定程序之一。

[151] 見創十一3–9。Carter, "The Story of the Steeple"。

[152] Zahi Havass, *The Pyramids of Ancient Egypt* (Pittsburgh: Carnegie Museum of Natural History, 1990), 1; Short, *History of Religious Architecture*, 13, 167.

[153] Norman, *House of God*, 160.

修道院長建造的聖德尼大教堂。

　　跟希臘建築不同之處在於，歌德式建築的特色是垂直的，表現出竭力向上的氣勢。此時，義大利各地教堂的入口附近開始出現塔樓，塔樓裡面安置著召喚百姓前來敬拜的鐘。[154]這些塔樓也象徵著天堂與世間的接觸點。[155]

　　隨著歲月的流逝，歌德式建築師（及其對垂直的強調）開始在他們建造的塔樓加建高聳的尖頂。[156]尖塔（steeples；英國／聖公會稱為spires）象徵人類渴望與創造主合一的理想。[157]在往後幾百年間，塔樓越來越高細。這些塔樓最後終於成為整棟建築的視覺焦點。它們的數目也逐漸減少，從遠本雙塔「西向建築」（westwork）演變成單一的尖塔，這也就成為諾曼地（Normandy）和不列顛（Britan）教堂的特色。

　　1666年發生一件扭轉塔樓建築趨勢的大事。倫敦市爆發一場蔓延全城的大火，城裡87座大教堂多數都遭受毀損。[158]克里斯多夫雷恩爵士（Sir Christopher Wren, 1632～1723）奉命重新設計倫敦所有的教堂。雷恩運用他改建法國和德國歌德式塔樓時發揮的個人風格，創造出現代尖塔。[159]從那時起，尖塔就成為盎格魯—不列顛（Anglo-British）建築的主要特色。

　　清教徒後來建造的教堂遠比前輩天主教和聖公會所建造的教堂更儉樸，但依舊保有尖塔，並且把它一路帶到新世界——美國。[160]

　　然而，尖塔透露的信息跟新約的信息相抵觸。基督徒不需要攀升到

---

[154] Charles Wickes, *Illustrations of Spires and Towers of the Medieval Churches of England* (New York: Hessling & Spielmeyer, 1900), 18.

[155] Clowney and Clowney, *Exploring Churches*, 13.

[156] Durant, *Age of Faith*, 865.

[157] Clowney and Clowney, *Exploring Churches*, 13.

[158] Gerald Cobb, *London City Churches* (London: Batsford, 1977), 15ff.

[159] Viktor Furst, *The Architecture of Sir Christopher Wren* (London: Lund Humphries, 1956), 16. 因為倫敦的教堂都被四周的建築物緊密的包圍，所以建築空間無多，只有發展尖塔的餘地。結果，雷恩掀起的教堂建築潮流就是，教堂四周的牆面相當樸素，但有一座出奇的高卻美輪美奐的尖塔。Paul Jeffery, *The City Churches of Sir Christopher Wren* (London: The Hambledon Press, 1996), 88。

[160] Peter Williams, *Houses of God* (Chicago: University of Illinois Press, 1997), 7–9; Colin Cunningham, *Stones of Witness* (Gloucestershire, UK: Sutton Publishing, 1999), 60.

天上就能遇見上帝。祂就在這裡！隨著以馬內利的降臨，上帝與我們同在（見太一23）。隨著祂的復活，我們的主就在我們裡面。尖塔的意義正好與這一切相反。

講壇

　　起初教堂裡面牧長證道的位置是主教座椅或所謂主教座，當時它位在祭壇的後方。[161] 接著，讀經台（ambo；聖壇所 chancel 旁邊一張高起的桌子，專供朗讀經課使用）出現，於是這就成為證道的位置。[162] 讀經台沿襲自猶太會堂，[163] 不過，更早的起源是希臘—羅馬古代的書桌與平台。屈梭多模（John Chrysostom, 347～407）就曾因為使用讀經台證道而出名。[164]

　　早在主後250年，讀經台就被講壇取代。迦太基的居普良（Cyprian of Carthage, 200～258）曾提到在講台（pulpitum）[165] 上任命教會領袖擔任公職。我們現今說的講壇衍生自拉丁文的 pulpitum，意思是「表演台」。[166] 講台或者講壇（pulpit）都是一處突出在會眾當中最高的位置。[167]

　　隨著時間流轉，「站上講壇」（to ascend the platform，ad pulpitum venire）已經成為神職人員的宗教用語。主後252年，居普良把分隔神職人員與平信徒的高台稱為「神職人員神聖不可侵犯的禁臠」（the sacred and venerated congestum of the clergy）。」[168]

　　中世紀末時，講壇已經常見於各個教區禮拜堂（parish

---

[161] Arthur Pierce Middleton, *New Wine in Old Wineskins* (Wilton, Connecticut: Morehouse-Barlow Publishing, 1988), 76.

[162] 讀經台是拉丁語的講壇。它是從 *ambon* 衍生來的，意思是「山頂」。多數讀經台都高出地面相當的距離，且需要踏上數級階梯才能到達。(Ferguson, *Encyclopedia of Early Christianity*, 29; Peter F. Anson, *Churches: Their Plan and Furnishing*, 154; Middleton, *New Wine in Old Wineskins*, 76).

[163] Gough, *Early Christians*, 172; Ferguson, *Encyclopedia of Early Christianity*, 29. 讀經台的前身是會堂的 migdal，其希伯來文意義是「塔」。

[164] Ferguson, *Encyclopedia of Early Christianity*, 29.

[165] 拉丁文的「講壇」。White, *Building God's House*, 124。

[166] Christian Smith, *Going to the Root* (Scottdale, PA: Herald Press, 1992), 83.

[167] White, *Building God's House*, 124.

[168] 同前。

churches）。[169]隨著宗教改革浪潮到來，講壇也成為教堂建築中最重要的物件。[170]講壇的興起意味著，原本居於中心位置的禮儀（彌撒），已經被神職人員的口頭教導（證道）取代。[171]

信義宗教會把講壇移到祭壇前方。[172]講壇一直都位居改革宗教會的中樞位置，直到祭壇終於消失並被「主餐桌」（Communion table）所取代，才有所改變。[173]

講壇始終都是所有新教教會的中心。一位知名牧師甚至在葛理翰佈道團（Billy Graham Evangelistic Association）舉辦的研討會上表示：「講壇存，教會存；講壇亡，教會亡。」[174]

講壇把神職人員提升到非常崇高的地位。它確確實實把傳道人安置在「舞台」中央──讓他高高在上，遠離上帝的百姓。

講壇與樓座

靠背長椅（pew）應該是面對面團契的最大障礙。它是當代教會沉悶被動的象徵，並且讓會眾的敬拜猶如觀賞一場表演。[175]

Pew這個字衍生自拉丁文的podium，意思是高於地板的座位或者「樓座」（balcony）。[176]基督教歷史的最初一千年裡，教堂裡一直沒有靠背長椅這個東西。在希臘會堂時期，整個敬拜的過程中，會眾一直站立著。[177]（許多東正教教會依舊維持這種作法。）[178]

十三世紀時，英國的教區教堂逐漸開始擺設無背長椅。[179]這些長椅是

---

[169] Middleton, *New Wine in Old Wineskins*, 76.

[170] Clowney and Clowney, *Exploring Churches*, 26.

[171] Frank C. Senn, *Christian Worship and Its Cultural Setting* (Philadelphia: Fortress Press, 1983), 45.

[172] Owen Chadwick, *The Reformation* (London: Penguin Books, 1964), 422。十六世紀時，講壇與讀經台（lectern）結合為一體，也就是雙層臺（two decker）。讀經台位在講壇的下方。（Middleton, *New Wine in Old Wineskins*, 77）。

[173] Senn, *Christian Worship and Its Cultural Setting*, 45.

[174] Scott Gabrielson, "All Eyes to the Front: A Look at Pulpits Past and Present," *Your Church*, January/February 2002, 44.

[175] James F. White, *The Worldliness of Worship* (New York: Oxford University Press, 1967), 43.

[176] Cross and Livingstone, *Oxford Dictionary of the Christian Church*, 1271; Smith, *Going to the Root*, 81.

[177] Davies, *Secular Use of Church Buildings*, 138。偶爾會為年長者與身體不適者預備幾把木椅或者石椅。

[178] Middleton, *New Wine in Old Wineskins*, 73.

[179] 同前，74。中世紀末時，這些長椅都裝飾著聖徒和珍禽異獸的華麗圖像。Norrington, *To Preach or Not*, 31; J. G. Davies, *The Westminster Dictionary of Worship* (Philadelphia: Westminster Press, 1972), 312。

用石材沿著牆壁砌造的，後來它們被移動到建築物內部（所謂中殿的區域）。[180] 這些長椅的擺設方式起初是圍繞著講壇形成半圓形，後來才被固定在地板上。[181]

現代的靠背長椅是十四世紀才開始出現的，但要到十五世紀才常見於各地教會。[182] 當時，長條木椅已經取代石椅。[183]

十九世紀時，箱型長椅逐漸盛行。[184] 箱型長椅的演變非常有趣，它們原本還搭配著椅墊、地毯以及其他附件，主要是供給整個家庭使用，並被認為屬於私人所有物。[185] 箱型長椅的主人盡可能把它們裝修的非常舒適。

有些人用窗簾、軟墊、扶手椅、壁爐裝飾它們——甚至還專為寵物狗預備一個位置。不少人還會為箱型長椅上鎖以確保安全，經過神職人員嚴厲批評後，這些美輪美奐的長椅就被開放式長椅所取代。[186]

由於箱型長椅四周的側板往往較高，因此講壇必須高出地面，會眾才看得到講員。於是「酒杯形」講壇就在殖民地時期應運而生。[187] 十八世紀時，家庭箱型椅被長板椅取代，好讓所有會眾都看得到牧師主持敬拜的新式高聳講壇。[188]

到底什麼是靠背長椅呢？這個詞彙的意義道盡一切。那是一個低層的「樓座」——專供觀賞舞台（講壇）上表演節目的獨立座位。它讓會眾靜止不動的乖乖坐在位子上，就像一群沉默的觀眾，而且能阻止會眾面對面的交談互動。

包廂（galleries；或所謂教堂樓座 church balconies）是十六世紀德國

---

[180] Doug Adams, *Meeting House to Camp Meeting* (Austin: The Sharing Company, 1981), 14.

[181] Clowney and Clowney, *Exploring Churches*, 28.

[182] Senn, Christian Liturgy, 215; Clowney and Clowney, *Exploring Churches*, 28.

[183] Davies, *Secular Use of Church Buildings*, 138.

[184] White, *Protestant Worship and Church Architecture*, 101.

[185] Clowney and Clowney, *Exploring Churches*, 28.

[186] 同前；Davies, *Secular Use of Church Buildings*, 139。部分神職人員譴責長椅的裝飾太過奢華。一位傳道人曾因為傳講一篇悼念長椅的證道而出名，他表示，會眾「只不過是想躺在床上聆聽上帝的話語而已」。

[187] Middleton, *New Wine in Old Wineskins*, 74.

[188] Adams, *Meeting House to Camp Meeting*, 14.

人的發明。十八世紀時，在清教徒的推廣下盛極一時。從那時開始，包廂就成為新教教堂的標誌，目的是要讓會眾更接近講壇。同樣，確保會眾能夠清楚聽到傳道人的話語，這一直都是所有新教教堂設計的重點。[189]

當代教堂

過去兩百年來，新教教堂採用的兩個主要建築模式，分別是聖壇所形式（以禮儀為主的教堂）以及表演舞台形式（以佈道為主的教會）。[190]聖壇所就是神職人員（有時候是詩班）主持敬拜的地方。[191]聖壇所形式的教堂仍然會用一道圍欄或者布幔，把神職人員和平信徒隔開。表演舞台形式的教堂深受十九世紀復興主義（revivalism）的影響，[192]基本上它就是一個表演廳，整棟建築的結構就是要突顯傳道人和詩班的精彩演出。[193]它的結構間接告訴會眾，詩班（或敬拜團）在會眾面前表演的用意，不是要激發他們敬拜就是要娛樂他們。[194]當然也可以讓會眾的眼光專注在或站或坐的傳道人身上。

舞台形式的教會可能會把一張小主餐桌擺在講壇下方的地板上。主餐桌的裝飾往往是銅燭台、十字架以及鮮花。主餐桌上擺設的一對蠟燭，已成為當前多數新教教堂表示自己正統地位的標記。蠟燭就跟教會中其他的敬拜元素一樣，也是沿襲自羅馬帝國宮殿的儀式。[195]

儘管有上述這些不同變化，所有新教教堂都能製造出君士坦丁式會堂那種枯燥乏味的效果。它們依舊違背聖經教導的隔離神職人員與平信徒，而且鼓勵會眾扮演旁觀者的角色。整棟建築的格局與氣氛讓全體會眾習慣處在被動地位，高高的講壇猶如舞台，而下方的會眾猶如坐在戲

[189] White, *Protestant Worship and Church Architecture*, 85, 107. Clowney and Clowney, *Exploring Churches*, 74.
[190] White, *Protestant Worship and Church Architecture*, 118.
[191] Clowney and Clowney, *Exploring Churches*, 17.
[192] White, *Protestant Worship and Church Architecture*, 121ff.
[193] Turner, *From Temple to Meeting House*, 237, 241.
[194] White, *Protestant Worship and Church Architecture*, 140.
[195] 同前，129, 133, 134。部分教堂會在祭壇與詩班席後面建造一座浸禮池（baptistries）。就天主教傳統來說，蠟燭要到十一世紀才經常出現在祭臺上。（Jungmann, *Early Liturgy*, 133）。

院裡的觀眾一樣。[196] 簡言之，自從四世紀開始出現教堂後，它就一直讓上帝的百姓毫無發揮的餘地。

剖析教堂

行文至此，讀者可能會想：這有什麼大不了？誰在乎初代基督徒有沒有教堂？或者教堂是抄襲自異教的思想與習俗？或者中世紀天主教的大教堂是按照異教理念設計建造的？這些跟我們現代人有什麼關係？

細想下面這句話：教會舉行聚會的場地不但能彰顯教會的特質，聚會的場所也會反過來影響教會。[197] 如果讀者認為，教會的聚會地點只不過是方便與否的問題，那就大錯特錯。這種觀點對人性基本的現實面視而不見。我們遇到的每一棟建築都會引起我們的反應。建築物能透過其內部設計與外觀，清楚告訴我們教會的本質及其功能。

借用列裴伏爾（Henri Lefebvre；譯註：法國新馬克思主義空間理論家，1901～1991）的話說：「空間絕對不是空虛的；它始終都會體現出某種意義。」[198] 建築界的座右銘也透露出這個原則：「功能決定形式。」（form follows function）這也就是說，建築的形式反映出建築的特殊功能。[199]

教會的聚會場所能清楚透露出，該教會如何解讀上帝為祂身體所定的旨意。教會聚會場所的社交氛圍能讓會眾知道聚會的方式、聚會的優先順序，也能讓會眾瞭解彼此對話的內容是否恰當。

這一切都是從我們聚會的場所學來的——不論是宏偉的教堂還是私人住家。這一切絕對不是中立的。隨意走入一棟教堂，仔細研究整個內部結構，接著再辨識各個物件位置的高低與前後。然後想一想這樣的陳

---

[196] White, *Protestant Worship and Church Architecture*, 120, 125, 129, 141.

[197] 正如戴維斯所說：「教堂跟教會及其在現代世界的功能密切相關。」（*Secular Use of Church Buildings*, 208）。

[198] Leonard Sweet, "Church Architecture for the 21st Century," *Your Church*, March/April 1999, 10. 史威特（Sweet）在這篇文章中想要從突破舊式建築（以營造被動氣氛為宗旨）的角度觀察後現代教堂。諷刺的是，史威特的寫作基礎仍然脫離不了認為教堂是一種神聖空間這種舊式範型的窠臼。他寫道：「當然，我們在建造教堂的時候，不只是打造一棟建築而已；我們所建造的是一處神聖空間。」他腦海中這種思想相當根深蒂固。

[199] Senn, *Christian Liturgy*, 212, 604。表演廳形式的教堂把會眾變成一群被動的觀眾，而歌德式的教堂則把會眾趕散在既長又窄的中殿，以及各個角落。

設是否能默默「左右」聚會的方向，再想一想會友在自己的座位上發言的時候，是否能毫不費力的讓所有人都聽到並看到他。

如果讀者在觀察教堂的布置後，再思考這些問題（以及其他類似的問題），自然能瞭解當代教會特色的根源。但如果讀者針對一間客廳思考同樣的問題，就會得到完全不一樣的答案。讀者能瞭解在住家聚會的教會（如同初代基督徒一般）為何會表現出他們獨具的特色。

教會的社會場所是教會生活重要的一環。我們不能認為這只不過是「歷史洪流裡的偶發真理」。[200]社會場所能夠灌輸良善敬虔的百姓一些非常不良的習慣，然後讓他們的生命窒息枯萎。留心教會（不論是私宅還是教堂）社會場所的重要性，能幫助我們瞭解社會場所能夠產生的巨大力量。

進一步的說，隱藏在教堂背後的愚昧觀念就是：敬拜跟日常生活毫不相關。當然，每個人對這種疏離程度的要求各不相同。有些團體堅決主張，敬拜的場所一定要經過特別設計，好讓會眾產生跟日常生活迥異的感覺。

敬拜與日常生活相隔離就是西方基督教的特色。敬拜被視為跟整個人生毫不相關，而且要以集體的方式進行。幾百年來歌德式建築一直在灌輸我們什麼才算是真正的敬拜。幾乎所有踏入宏偉的大教堂的人都能感受到空間的力量。

大教堂內部的採光間接又柔和，天花板高聳，色彩俗豔濃厚，而聲音的回響別具特色。這種種交織在一起讓我們產生一種敬畏驚奇的感覺。這一切在設計之初就是要刻意刺激我們的感官，然後營造出「敬拜的氣氛」。[201]

有些宗派還會額外增加嗅覺效果。不過最終目的始終都一樣：透過感官跟周遭空間的交互作用，讓靈魂進入一種特殊狀態——一種敬畏、

[200] 引自 Gotthold Lessing (*Lessing's Theological Writings*)。
[201] White, *Protestant Worship and Church Architecture*, 5.

神祕又超越的狀態——可說是讓我們脫離日常生活。[202]

　　新教徒用特殊的音樂取代華麗的建築裝飾，希望能達成同樣目的。結果就是，新教徒認為「優秀」的敬拜領袖應該能夠運用音樂，製造出一種類似其他宗派運用空間製造出的效果，尤其是那種發自內心的敬拜感。[203]但這種作法不但跟日常生活脫節，也沒有任何根據。愛德華滋（Jonathan Edwards）說得好：情緒起伏不定，因此不能用它來衡量我們跟上帝的關係。[204]

　　區分俗世與聖地的最明顯例證就是，會眾必須登上階梯或者穿過前廳，才能「魚貫」進入傳統教堂。此舉讓會眾更明確感覺到自己正從日常生活領域進入另一種領域。這就是需要一段過渡的原因。不過，一到星期一這些感覺全都煙消雲散。不論星期日有多美好，我們的敬拜還是得經歷星期一早晨的試煉。[205]

　　仔細觀察教會敬拜中穿著詩班袍的詩班。開始前，他們面帶微笑，發出笑聲，甚至會互相開玩笑。但敬拜一開始，他們就完全不一樣了。他們不再面帶微笑，也不發出笑聲。這就是當著真理與現實的面，虛偽的區分世俗與神聖，真可說是星期日早晨教會「彩繪玻璃發出的魔力」。

　　此外，教堂也沒有私人住家（初代基督徒充滿生趣的聚會場所）那麼溫暖、充滿人情味又友善。[206]教堂的設計目的不是要促進人際關係或者團契。多數教堂的座椅都是牢牢固定在地板上的長條木椅。長條椅（或者單張椅）井然有序的排列著，全都面向講壇。講壇位在高起的平台上，神職人員往往也坐在平台上（羅馬會堂的舊習）。

　　按照這種方式排列的座位讓會眾幾乎無法面對面交談，反而會營造出一種端坐靜聽的敬拜形式，讓活潑的基督徒成為「座上冰」。換句話說，這種建築所強調的是，上帝與祂百姓之間的團契，需要靠牧師為中

[202] White, *Worldliness of Worship*, 79–83.
[203] 柏拉圖擔心年輕人接觸某些型態的音樂，可能會激發出不良情緒。（The Republic, 3:398）。
[204] White, *Protestant Worship and Church Architecture*, 19.
[205] 這些洞見應該歸功於法蘭克的朋友密勒（Hal Miller）。
[206] 索默（Robert Sommer）用「社交窒息空間」（sociofugal space）表示一處每個人都互相避免接觸的場所。現代教堂就非常符合索默的敘述。"Sociofugal Space," *American Journal of Sociology* 72 (1967): 655。

間人！儘管如此，我們這些基督徒還是把這棟建築當做聖地一樣看待。

雖然某些讀者可能會反對教堂神聖的觀念，但（對多數人來說）我們外在的言行卻違背我們內心的信仰。姑且聽聽基督徒口中的教堂。讀者是否聽到有人稱它是「教會」？是否有人稱它「神的殿」？各宗派基督徒一致認為，「教會主要是指專為敬拜而分別出來的地方。」[207] 過去一千七百年始終都是這樣。君士坦丁依舊生氣蓬勃的活在我們腦海裡。

鉅額的成本

多數當代基督徒都誤以為教堂是敬拜不可或缺的一環，因此，他們一直毫不猶疑的為這棟建物的建築經費及其維護費用，慷慨解囊。

教堂需要耗費龐大的資金。單就美國來說，目前制度化教會擁有的地產總值超過兩千三百億美金。教堂的貸款、水電費與維護費，至少消耗掉所有教會每年五百到六百億美金，這佔了什一奉獻的百分之十八。[208] 重點是：當代基督徒在他們建築上花費的金錢已經達到天文數字。

所有認定基督徒確實「需要」教堂的傳統理由，全都經不起仔細的檢驗。[209] 我們輕易忘記初代基督徒根本不需要這些建物就翻轉了整個世界（見徒十七6）。他們在沒有教堂的幫助（或者攔阻）下，連續三百年快速增長。

成本是商業界的殺手。成本是公司跟顧客進行「實際」交易之外的支出。成本就是辦公室、紙筆以及會計人員等等開銷。進一步說，教堂（以及支薪的牧師和行政人員）需要大筆經常支出，而不是單筆單次支出。這些預算錢坑不只消耗教會目前的奉獻收入，還包括下個月、來年，無止無盡。

我們不妨比較傳統教會（包括支薪人員和教堂）的成本和家庭教會的成本。家庭教會的營運支出僅佔預算非常小的比例，不但低於奉獻總

---

[207] Davies, *Secular Use of Church Buildings*, 206.

[208] Smith, *Going to the Root*, 95。根據喬治・巴拿的研究顯示，基督徒每年奉獻五百到六百億美金給教會。

[209] 霍華・施奈德一舉推翻大多數認為基督徒「需要」教堂的理由。見*Radical Renewal: The Problem of Wineskins Today* (Houston: Touch Publications, 1996), 62–74。

額的百分之五十到八十五，而且百分之九十五的一般經費都可以運用在實際的服務上，例如各種事工、佈道以及海外宣教。[210]

我們可以對抗傳統嗎？

身為基督徒的我們著手建造一處敬拜的專用場地時，大多數人都毫不知道這其實對我們自己有損。基督教是在信徒家中流傳的，然而每個星期日早晨，許多基督徒都坐在從異教沿襲而來，又反映著異教思想的建築物裡面。

教堂根本沒有任何聖經基礎。[211]然而，許多基督徒每年奉獻鉅額金錢昇華這些磚頭石塊。就此而言，他們為建物的資助其實會讓他們停滯不前，並攔阻他們跟其他信徒建立自然親密的關係。[212]

我們已經淪為自己歷史的受害者。一直以來餵養我們的是君士坦丁，他讓我們認為擁有一棟建築物是一種殊榮。我們一直被羅馬人和希臘人蒙蔽，他們迫使我們接受階級分明的會堂式建築。我們被歌德征服，因此我們欽佩柏拉圖式的建築思想。我們被埃及人與巴比倫人綁架，從他們那裡學會建造神聖的尖塔。此外，我們還曾經被雅典人誘拐，欣然採用他們的陶立克圓柱（Doric columns）。[213]

我們已經在不知不覺中被調教到，覺得置身「上帝家中」就感覺比較聖潔，並且代代相傳如同上癮般必須依賴雄偉的建築才能敬拜上帝。事實上，教堂讓我們對教會本質及其功能產生錯誤的認知。建築物當初設計的理念就是要否認信徒皆祭司，這種想法完全違背ekklesia的本質

---

[210] 關於初代基督徒在私宅聚會的原因，以及大型教會如何轉變為家庭教會，見法蘭克‧威歐拉，*Reimagining Church* (Colorado Springs: David C. Cook, 2008)。

[211] 耶路撒冷聖殿及其獻祭體系就是耶穌基督的教會的預表與影子。因此，聖殿不能做為我們興建教堂的理由，如同現今也不能以宰殺羔羊為獻祭的理由一樣。耶路撒冷教會在特別的節日會因為要滿足他們的需要，聚集在聖殿庭院和所羅門的廊下（徒二46，五12）。保羅在以弗所的時候，曾暫時租用學園做為使徒的據點（徒十九1–10）。就此看來，建築本身並沒有對錯。我們可以使用它們榮耀上帝。然而，本章裡面所說的「教堂」的存在理由，跟這裡所說的聖經原則相抵觸。

[212] 一位英國天主教作家這麼寫著：「挽回教會使命的最簡單方法可能就是，下定決心捨棄教堂，因為它們根本就是刻意的人為創作……而且跟日常生活的一切格格不入。」（Turner, *From Temple to Meeting House*, 323）。

[213] Richard Bushman, *The Refinement of America* (New York: Knopf, 1992), 338. 一八二〇年到一八四〇年間，陶力克圓柱（希臘古典主義的餘緒）以及拱門（古羅馬的舊習），開始出現在美國教會。（Williams, *Houses of God*, 12）。

（反文化團體 countercultural community）。教堂讓我們無法完全理解與落實，教會就是基督活潑的身體，應該在祂的直接帶領下生活與呼吸的真理。

現在正是基督徒覺悟資助教堂既不合乎聖經也不屬靈的最佳時機。此外，我們把人手所造的建築稱為「教會」，更會深深傷害新約真理。如果世上每個基督徒從此不再稱呼任何建築為教會，那麼單單這件事就足以革新我們的信仰。

約翰・牛頓（John Newton；譯註：詩歌《奇異恩典》作者，1725～1807）說得好：「在尖塔下敬拜的，不要譴責在煙囪下敬拜的。」就此而言，基督徒必須反省在尖塔下聚會這種觀念，所根據的權柄到底是聖經的、屬靈的，還是歷史的？

☑答客問

1. 教堂能夠讓許多人聚集在一起敬拜。初代教會人數眾多而且分散在不同私宅敬拜，那麼他們為何依舊認為自己都屬於同一個基督徒團體？就實際上來說，目前人數不斷增長的有機教會，如何讓每一個肢體都能發揮作用？

現代基督徒往往認為初代教會就像許多當代制度化教會一樣龐大。然而，事實並非如此。初代基督徒是在私人住宅舉行聚會的（徒二46，二十20；羅十六3、5；林前十六19；西四15；門2）。以二十世紀住宅的面積為基準，從今日的眼光看來，初代基督徒的教堂相當小。新約學者班克斯（Robert Banks）在他寫的 *Paul's Idea of Community* 一書中表示，一般大小的教會能夠容納三十五人。[214] 某些初代的教會，例如耶路撒冷教

---

[214] Robert Banks, *Paul's Idea of Community* (Peabody, MA: Hendrickson, 1994), 35.

會就非常龐大。路加告訴我們,供耶路撒冷教會聚集的家庭散佈全城各角落(徒二46)。然而,每個家庭都不會認為自己是一個獨立的教會或者宗派,而是整個城市中獨一教會的一環。因此之故,路加總是稱呼這個教會為「耶路撒冷的教會」(the church at Jerusalem),而從來沒有稱呼「耶路撒冷眾教會」(churches at Jerusalem;徒八1,十一22,十五4)。整個教會因為特別目的而需要全員聚集時(例如徒十五),就會在面積足以容納所有成員的現成場地聚會。聖殿外面所羅門的廊就曾舉行過這種聚會(徒五12)。

現在,有機教會人數太多,無法聚集在同一個家庭時,通常會分散到城市各處不同的家庭聚會。然而,彼此依舊認為自己屬於在不同地點聚會的單一教會。如果基於特別原因各家庭需要聚集在一起,他們就會租借一個能夠容納所有成員的場地。

2. 我不確定自己是否確實瞭解教堂的問題。你的意思是不是說,教堂之所以不恰當,是因為最初的教堂不是抄襲大型公共建築,就是出自神學思想有問題的皇帝的鼓吹?聖經裡面是否有任何地方禁止基督身體在這些建築聚會?

第一個問題的回答是否定的,這不是我們的意思。然而,深究教堂的起源就能瞭解,教堂並不是出自聖經的命令,這跟某些基督徒的想法不一樣。此外,我們相信教堂會讓基督徒無法清楚認識教會其實是指整體信徒這個真理。

儘管聖經從來沒有刻意探討這個議題,但教堂卻灌輸給我們許多抵觸新約原則的錯誤觀念。它們會侷限信徒之間的交往與團契。它們往往會讓信徒感覺距離上帝相當遙遠,而不是提醒他們基督就住在每個信徒裡面。正如邱吉爾所說:「先是我們建造房子。然後,它們會反過來塑造我們。」教堂就跟他說的一模一樣。

認為教堂就是「上帝的殿」並稱呼它「教會」,不但不符合聖經教導,還違背新約聖經中ekklesia的真義。我們相信這就是在君士坦丁時期

之前，初代基督徒一直沒有興建這種建築的原因。

　　教會史學家史塔克（Rodney Stark）表示：「長久以來，史學家一直認為君士坦丁皇帝（約主後285～337年）信主導致基督教興旺。事實恰好相反，他毀掉基督教最吸引人也最活潑的特質，把熱情洋溢生氣盎然的草根運動，轉變成由粗暴懶散的菁英掌控的高壓組織。

　　……君士坦丁的『貢獻』就是他決定把異教廟堂賴以生存的大筆國家資金轉給基督徒。一夜之間，基督教搖身一變成為『帝國龐大資源的最大受益人』。原本在簡陋房舍中聚會的宗教團體，突然間坐擁各種宏偉的公共建築——羅馬新建的聖彼得大教堂就是以皇帝觀見室（throne room）的會堂形式為藍圖。」[215]

3. 雖然首先認為聲音、光線和色彩會影響人的情緒，並讓人產生莊嚴、敬畏與敬拜感的人是異教哲學家柏拉圖，但教會在設計建築物的時候，為何不應設法把這些因素的效用發揮到極致？難道基督徒在敬拜時，不應善用這一切嗎？畢竟，聖經也清楚表示，我們要思想上帝的聖潔與公義。

　　我們在文中簡短討論柏拉圖的用意只是要說明，廟堂在建造之初就受到異教思想左右，目的是要在異教信徒心中製造心理作用。我們絕對不能把心理作用跟屬靈經驗混為一談。

4. 既然信徒每星期上教會的時間只有兩三個小時，我們怎麼能說那些建築會癱瘓上帝的百姓？

　　多數基督徒都會把在教堂舉行的敬拜和「教會」混為一談。教會領袖經常會引用《希伯來書》十25：「你們不可停止聚會」勸告會眾應該在星期日早晨「上教會」。這更讓我們誤以為新約作者在提到教會時，所指

---

[215] Rodney Stark, *For the Glory of God: How Monotheism Led to Reformations, Science, Witch-Hunts, and the End of Slavery* (Princeton, NJ: Princeton University Press, 2003), 33–34.

的就是每星期在特定場所乖乖坐著參加敬拜。

但事實上，新約聖經所勾勒出的基督徒聚會是每個成員都各有所用並積極參與的聚會。正如我們所論證，教堂的樣式已經違背這個宗旨。

舉例言之，許多我（法蘭克）認識的牧者都深信新約聖經教導我們，聚會的形式是公開參與。那些牧者在領悟這件事後就「開放」他們教會的敬拜，讓會眾盡情發揮。這種作法未必無往不利。會眾可能依舊抱持被動的態度。關鍵就在於建築的樣式。例如，長條椅和高台就不利於公開分享，反而會成為分享的阻礙。相較之下，當同一群會眾開始在私宅聚會時，他們就會分工合作而且每個人都會積極參與。

從另一個角度看：如果我們認為教會就是消極被動的坐在長條椅上，那麼教堂就會非常適合（不過，我們還是不能認為這種作法合乎聖經教導，因為新約根本沒有提到教堂。）

另方面，既然我們相信上帝為教會聚會所定的旨意就是，每個信徒都要在靈裡互相服事，那麼目前的教堂就會成為很大的障礙。

5. 「聖地」的觀念不是猶太人與異教徒的觀念嗎？

沒錯，猶太人相信世界上確實存在著聖域（聖殿）、神聖的祭司族群（利未人），以及神聖的禮儀（舊約的獻祭）。

然而，上述種種都已經因為基督的死告一段落，而且新約基督徒的腦海中毫無這種觀念。後來，基督徒從異教徒（不是猶太人）那裡抄襲來這些觀念。本章內容所敘述的就是這一切的證據。

6. 一群基督徒專為敬拜或者推動事工而使用一棟建築，是錯誤的嗎？

一點也沒錯。保羅在以弗所時，就曾租借一棟房屋（推喇奴學房），而耶路撒冷教會也曾利用聖殿的外院舉行特別聚會。

我們在本章裡的主張有五個重點：（1）稱呼一棟建築「教會」、「上帝的居所」、「上帝的殿」、「主的聖所」或者其他名稱，並不符合聖經教

導；（2）典型的教堂樣式有礙教會舉行開放式聚會；（3）把一棟建築視
為神聖之地並不符合聖經教導；（4）教會所有的聚會不應該都集中在典
型的教堂舉行，因為一般建築不是為面對面的團契而設計的；以及（5）
認為所有教會都應該為聚會而擁有或租借場地是非常錯誤的觀念。我們
認為在這個議題上，每個教會都應該尋求上帝的帶領，而不應該認為建
築物是教會必備的要件。追溯「教堂」這個建築物的發展過程，能幫助
我們更清楚的知道自己為何與如何運用這些建築。

第 *3* 章

敬拜程序：
一成不變的主日早晨

「不是建立在真理上的習俗就是根深蒂固的錯誤。」

——特土良（Tertullian），三世紀神學家

「人子啊，你要將這殿指示以色列家，使他們因自己的罪孽慚愧。」

——《以西結書》四十三章 10 節

　　如果你是固定參加聚會的基督徒，那麼每次你上教會的時候，所遵循的極可能是一成不變又沉悶乏味的敬拜程序。不論你屬於新教的哪一個宗派——浸信會、循道會、改革宗、長老會、自由福音派、基督教會（Church of Christ）、基督門徒會（Disciples of Chirst）、CMA、五旬節派、靈恩派還是無宗派——主日崇拜幾乎跟其他任何新教教會一模一樣。[1] 即使所謂新銳宗派（例如葡萄園〔Vineyard〕或加略山禮拜堂〔Calvary Chapel〕）也沒有太多變化。

---

[1] 這裡有三個例外。普利茅斯弟兄會（the Plymouth Brethren；開放派與封閉派）有一套自己的固定儀式，在聚會剛開始的時候，會有一小段會眾公開分享的時間。不過，每星期的崇拜程序還是一樣的。傳統貴格會（Oldschool Quakers）會舉行開放式聚會，會眾先安靜的坐在位置上，直到有人「得到啟示」，然後大家就會一起分享。第三個例外就是新教裡的「重儀派教會」（high church），依舊保留天主教彌撒的各種「繁文縟節」，自然包括固定的敬拜程序。

　　儘管如此，部分教會採用的是當代詩歌，其他教會則繼續使用傳統聖詩。某些教會會眾高高舉起雙手，其他教會會眾的雙手卻從來沒有高過臀部。某些教會每星期都會舉行主餐，其他教會則每三個月舉行一次。某些教會把禮儀（敬拜程序）印在週報上，[2]其他教會沒有把禮儀的程序寫成白紙黑字，但依舊能夠按部就班的敬拜毫無失誤。雖然彼此間存在著這些細微的差異，幾乎所有新教教會的敬拜程序基本上都是一樣的。

主日早晨的敬拜程序

　　挪去每個教會敬拜程序表面上的差異，就會發現其實儀式都一樣。不妨回想上星期你參加的敬拜裡面包含多少下列要素：

　　歡迎（Greeting）進入教堂的時候，總是會有滿臉堆著笑容的招待或者特定人員迎接你，然後遞給你一份週報或者程序單。（注意：如果你參加的是較新潮的宗派，在入座前還可以喝杯咖啡吃個甜甜圈。）

　　禱告或讀經（Prayer or Scripture Reading）主領的人通常是牧師或者領唱。

　　詩歌敬拜（The Song Service）由專門的領唱、詩班或敬拜團隊帶領。就靈恩派教會來說，這個的部分通常會不中斷的進行30～45分鐘。教會其他就比較簡短，而且可能會分為幾個段落。

　　報告（Announcements）教會即將舉行的各種活動的消息。通常是由牧師或者教會其他領袖宣布。

　　奉獻（Offering）有時又稱為「獻金」（offertory），過程中通常伴隨著由詩班、敬拜團或獨唱等特別音樂。

　　證道（Sermon）一般來說，牧師證道的時間大約是20～45分鐘

---

[2] Liturgy（禮儀）衍生自希臘文 leitourgia，指的是古雅典公民應該遵行的公眾事務；換句話說就是履行公民義務。基督徒沿用它，指稱公開服事上帝。因此，禮儀的意思就是敬拜或者一套敬拜程序的規範。White, *Protestant Worship and Church Architecture*, 22; Ferguson, *Early Christians Speak*, 83. 亦見 J. D. Davies, *The New Westminster Dictionary of Liturgy and Worship* (Philadelphia: Westminster Press, 1986), 314.

的。[3] 目前的平均時間是32分鐘。

　　接下去的崇拜可能還包括一兩項下面列舉的崇拜後活動：

　　　　證道後的牧師禱告，

　　　　呼召（Altar Call），

　　　　由詩班或敬拜團帶領的詩歌，

　　　　主餐（the Lord's Supper），

　　　　肢體代禱。

　　祝福（Benediction）形式可能是崇拜結束前牧師的祝禱或者唱一首詩歌。

　　這就是全球三億四千五百萬新教徒永無止息、週復一週、虔誠遵守的禮儀，其間僅有程序安排上些微的差異。[4] 而且，過去五百年來，只有極少數人對此表示質疑。

　　仔細觀察整個敬拜程序，就會發現其中包括三層結構：（1）詩歌，（2）證道以及（3）結束禱告或者詩歌。在許多現代基督徒心目中，這套敬拜程序是神聖不可侵犯的。但，原因何在？同樣，這一切只是出於具有無上權威的傳統。這套傳統已經牢牢規定星期日早晨的敬拜程序五百年……絕對不能改變。[5]

新教敬拜程序的起源

　　坦白說，那些不斷告訴會眾「一切都要按照聖經來」，卻依舊遵行這套嚴格禮儀的牧師都錯了（替他們說句話，這其實是出於無知而不是刻意欺瞞）。

　　我們翻遍整本聖經也找不到關於我們這套敬拜程序的蛛絲馬跡，這是因為初代基督徒根本沒有這套東西。事實上，新教的敬拜程序跟羅馬

---

[3] 關於證道的起源見第四章。

[4] 據估計全球新教徒人數大約有345,855,000：其中70,164,000在北美，77,497,000在歐洲。*The World Almanac and Book of Facts 2003* (New York: World Almanac Education Group, 2003), 638。

[5] 一位學者為傳統所下的定義是「代代相傳一貫不變的敬拜習俗與信仰」（White, *Protestant Worship and Church Architecture*, 21）。

天主教的彌撒一樣，都沒有什麼聖經根據。[6] 二者跟新約聖經之間沒有什麼共通點。

初代教會聚會的特徵就是所有成員都各有執掌、自動自發、自由自在、充滿活力又開放參與（例如林前十四1–33；來十25）。[7] 初代教會的聚會屬於動態的聚會，而不是靜態的禮儀，而且往往不可預期，這跟當代教會的敬拜不一樣。

此外，初代教會的聚會並不如近來某些作家所說，是仿效猶太會堂的集會。反之，[8] 這是當時文化環境中絕無僅有的現象。

那麼，新教敬拜程序的起源是哪裡？最初的根源是中世紀的天主教彌撒。[9] 重點在於，彌撒並不是出自新約，它是古代猶太教與異教信仰的產物。[10] 杜蘭認為天主教彌撒的「根源部分來自猶太聖殿崇拜，部分來自希臘人神祕的潔淨、代贖與入會的儀式。」[11]

大貴格利（主後540～604，第一位被任命為教宗的僧侶）就是中世

---

[6] 中世紀彌撒是羅馬、高盧和西歐各種元素的混合體。詳情見艾德蒙（Edmund）主教的論文 "The Genius of the Roman Rite"，刊於 *Studies in Ceremonial: Essays Illustrative of English Ceremonial*, ed. Vernon Staley (Oxford: A. R. Mowbray, 1901) 以及杜士納（Louis Duchesne）的 *Christian Worship: Its Origin and Evolution* (New York: Society for Promoting Christian Knowledge, 1912), 86–227。彌撒裡面的儀式，例如焚香、蠟燭以及教堂的格局全都取自羅馬皇帝的典禮廳（ceremonial court；Jungmann, *Early Liturgy*, 132–133, 291–292; Smith, *From Christ to Constantine*, 173）。

[7] 今日效法新約教會聚會方式的基督徒越來越多。雖然這種聚會往往被主流宗派視為激進創新，但不會比新約教會更激進創新。關於學者對初代教會聚會的討論，見 Banks, *Paul's Idea of Community*, ch. 9–11; Banks and Banks, *Church Comes Home*, ch. 2; Eduard Schweizer, *Church Order in the New Testament* (Chatham, UK: W. & J. Mackay, 1961), 1–136。

[8] 見 Banks, *Paul's Idea of Community*, 106–108, 112–117; Bradshaw, *Origins of Christian Worship*, 13–15, 27–29, 159–160, 186。伯雷蕭反對部分學者認為初代基督徒承襲猶太教禮儀的說法。他指出，這種觀點始於十七世紀左右。諾林敦（David Norrington）表示，「沒有任何證據顯示初代基督徒企圖推廣會堂的運作方式」(*To Preach or Not*, 48)。此外，猶太會堂是人為的機制。某些學者認為這是在巴比倫被擄時期（主前六世紀），因為不可能前往耶路撒冷聖殿崇拜而出現的變通之法；另有學者認為這是主前三到二世紀之間，隨著法利賽崛起而出現的作法。儘管耶路撒冷在主後70年被毀後，會堂便成為猶太人日常生活的中心，但舊約（以及上帝的作為）裡面並沒有這種機制的先例。Joel B. Green, ed., *Dictionary of Jesus and the Gospels* (Downers Grove, IL: InterVarsity, 1992), 781–782; Alfred Edersheim, *The Life and Times of Jesus the Messiah* (Mclean, VA: MacDonald Publishing Company, 1883), 431。此外，興建會堂的靈感是來自異教（Norrington, *To Preach or Not*, 28）。

[9] 彌撒（Mass）一詞的原意是「解散」(dismissal) 會眾 (mission, dismissio)，後來在四世紀末被用來稱呼紀念聖餐（Eucharist）的敬拜 (Schaff, *History of the Christian Church* 3:505)。

[10] 彌撒的起源已超出本書範圍。我們只需要知道，彌撒基本上是四世紀時，外邦人對會堂崇拜重新燃起好奇心，再加上受到異教思想影響而形成的混合體即可 (Senn, *Christian Liturgy*, 54; Jungmann, *Early Liturgy*, 123, 130–144)。

[11] Durant, *Caesar and Christ*, 599.

紀彌撒的始作俑者。[12]儘管一般人都認為貴格利的個性非常寬宏大量，
又具備高超的行政能力與外交手腕，杜蘭卻注意到貴格利同時是個非常
迷信，思想深受異教魔法觀念影響的人。他把異教信仰、魔法和基督教
融合成中世紀思想。難怪杜蘭會稱貴格利「第一個徹頭徹尾的中世紀
人」。[13]

　　中世紀彌撒反映出始作俑者的心態。它是異教與猶太禮儀的混合
體，又夾雜著天主教神學與基督教用語。[14]杜蘭指出，彌撒深深植根於異
教魔法思想以及希臘戲劇。[15]他寫道：「逐漸枯萎的希臘思想在教會神學
與禮儀的沃土裡得以重生，主導哲學數百年的希臘文，演變為傳遞基督
教文學與禮儀的載具，希臘的神祕儀式則演變為奧秘的彌撒。」[16]

　　實際上，六世紀開始出現的天主教彌撒，基本上屬於異教信仰。基
督徒沿用異教祭司的外袍、潔淨儀式上使用的香料與聖水、崇拜時的
燃燭、建造教堂的羅馬會堂結構、以羅馬法為基礎制訂「教規」（canon
law），稱呼首席主教「**至尊教長**」（Pontifex Maximus），並在天主教彌撒
裡使用異教禮儀。[17]

　　彌撒在制訂後一千多年，始終沒有什麼改變。[18]但馬丁・路德（Mar-
tin Luther, 1483～1546）出現後，不變的禮儀就開始經歷第一次修訂。隨

---

[12] 貴格利的大幅改革，讓天主教彌撒貫穿整個中世紀一直延續到宗教改革時期。Schaff, *History of the Christian Church*, 4:387–388。

[13] Durant, *Age of Faith*, 521–524.

[14] 薛弗曾勾勒出把貴格利制訂的禮儀發揮到極致的各種天主教禮儀。貴格利的禮儀在拉丁教會領導風騷好幾百年，並且受到天特會議的庇護（Schaff, *History of the Christian Church*, 3:531–535）。貴格利也首創天主教教義中的「煉獄」（purgatory）論並大加推廣，不過這是他根據奧古斯丁的揣測之詞推演出來的教義（Gonzalez, *Story of Christianity*, 247）。就現實來說，貴格利使得奧古斯丁的思想成為西方教會的基礎神學。強森（Paul Johnson）表示，「奧古斯丁是基督教帝國的黑暗才子（dark genius），政教一體（Church-State alliance）的理論家以及中世紀思想的推手。他是繼保羅奠定神學基礎後，對塑造基督教貢獻最多的人」（*History of Christianity*, 112）。杜蘭表示，十三世紀前奧古斯丁的神學一直主導著天主教的哲學思想。奧古斯丁也讓它染上新柏拉圖思想的色彩（Durant, *Age of Faith*, 74）。

[15] Durant, *Caesar and Christ*, 599–600, 618–619, 671–672; Durant, *Age of Faith*, 1027.

[16] Durant, *Caesar and Christ*, 595.

[17] 同前，618–619。

[18] 自從主後1500年現代彌撒定案後，一直沒有什麼變化。（James F. White, *Protestant Worship: Traditions in Transition* [Louisville: Westminster/ John Knox Press, 1989], 17）。現行的儀式源自1970年頒佈的羅馬彌撒書、聖禮書與經文選（the Roman Missal, Sacramentary, and Lectionary of 1970）（Senn, *Christian Liturgy*, 639）。即使這樣，六世紀的彌撒還是非常類似當代的彌撒（Jungmann, *Early Liturgy*, 298）。

著新教各宗派紛紛興起,他們也對天主教禮儀的重整貢獻良多。儘管本書無法詳述這次錯綜複雜的轉變,但可以略述其梗概。

路德的貢獻

路德在1520年對羅馬天主教的彌撒發起激烈攻擊。[19]天主教彌撒的最高潮一直都是聖餐(Eucharist),[20]又稱Communion或者「主餐」。

神父擘開餅,然後遞給百姓的那一刻就是一切的中心與目的。對中世紀天主教徒來說,獻上聖餐就是再次獻上耶穌基督。天主教藉著彌撒重新獻上耶穌基督的教導,可以回溯到大貴格利身上。[21]

路德竭力反對(用詞往往相當粗俗)羅馬天主教領導階層穿戴的冠冕與權杖,以及關於聖餐的教導。[22]路德表示,彌撒的最嚴重錯誤就在於,這是因為誤解基督的獻祭而產生的人為「功德」。[23]於是路德在1523年著手編修他自己的天主教彌撒程序。[24]這套經過修訂的程序就是多數新教教會敬拜的依據。[25]這一切的核心就是:路德讓講道而非聖餐成為聚會的焦點。[26]

---

[19] 路德在情詞激烈的 *The Babylonian Captivity of the Church* 一書中,曾敘述這次攻擊。對羅馬天主教體制來說,這本書就像顆震撼彈一樣,激烈質疑天主教彌撒背後的核心神學。路德在 *The Babylonian Captivity* 一書中譴責彌撒的三個要點:(1)禁止平信徒領受杯;(2)質變說(transubstantiation;認為杯與餅確實會變成基督身體與血)以及(3)彌撒是人向上帝獻祭之工,就如同基督的獻祭。儘管路德反對質變說,他卻相信基督的身體與血就在餅與杯裡面,隱藏其中並與之一起(in, with and under the elements of bread and wine)「真實出現」。這就是所謂的「同質說」(consubstantiation)。路德也在書中否認聖禮(sacraments)有七,而只承認其中三個:洗禮、悔改禮與聖餐(Senn, *Christian Liturgy*, 268)。路德後來把悔改禮排除在聖禮之外。

[20] 聖餐(Eucharist)一字衍生自希臘文eucharisteo,意思是:「獻上感謝」。它出現的經文(林前十一23–24)中提到,耶穌拿起餅來,獻上感謝,然後擘開它。後使徒時期的基督徒稱呼主餐為「Eucharist」。

[21] 路德把他對禮儀的修訂寫在 *Form of the Mass* 一書裡面(Gonzalez, *Story of Christianity*, 247)。值得注意的是,過去七十年來,多數天主教神學家都表示,彌撒是獻祭的象徵,而不是新的獻祭,這跟中世紀天主教會的說法不同。

[22] 冠冕與權杖都是主教穿戴的象徵性飾物,代表他們的權柄以及有別於平信徒的地位。

[23] 三世紀到五世紀時,「聖餐」往往帶有「奉獻」(oblation)或者「獻祭」的意思。James Hastings Nichols, *Corporate Worship in the Reformed Tradition* (Philadelphia: Westminster Press, 1968), 25。並見 Senn, *Christian Liturgy*, 270–275。伯特納(Loraine Boettner)對中世紀天主教彌撒的批評見所著 *Roman Catholicism* (Phillipsburg, NJ: The Presbyterian and Reformed Publishing Company, 1962)第8章。

[24] 拉丁文名稱是「彌撒規程」(Formula Missae)。

[25] White, *Protestant Worship*, 36–37。

[26] 同前,41–42。儘管路德非常重視聖餐,他還是徹底解除掉彌撒中所有獻祭元素,只保留聖餐。他堅信上帝的話語與聖禮。因此他的德文版彌撒保留著聖餐與證道。

　　因此之故，當代新教敬拜的中心要素是講壇而非祭臺[27]（祭臺就是天主教、聖公會與長老會放置聖餐的地方）。路德應該是讓證道成為新教敬拜最高點的功臣。[28]下面就是他的話：「即使簡短的基督徒聚會也絕對不能夠缺少傳講上帝的道與禱告，……傳講與教導上帝的話語就是服事上帝時最重要的一環。」[29]

　　路德認為敬拜的特點就是以證道為中心的觀念，一直延續到今日，不過，把證道擺在教會聚會的中心位置並沒有聖經先例。[30]正如一位史學家所說：「講壇就是新教牧師的寶座。」[31]因此正式任命的新教神職人員向來被稱為「傳道人」（preachers）。[32]

　　除了這個改變，路德的禮儀跟天主教彌撒沒有太大區別，[33]因為路德想要保留天主教原本的程序中他認為屬於「基督教」的要素。[34]結果就是，相較之下路德的敬拜程序跟貴格利的禮儀，幾乎一模一樣。[35]他把整個儀式都保留下來，因為他相信這是正確的作法。[36]

---

[27] 新教裡面重禮儀的宗派依舊會在講壇附近放一張祭臺。

[28] 中世紀之前，證道和聖餐在基督教禮儀中佔據著重要的地位。然而，講道的地位在中世紀時期急遽下滑。許多神父因為教育程度不足而無法證道，於是其他要素就把傳講聖經排擠在外。Maxwell, *An Outline of Christian Worship*, 72。大貴格利曾企圖恢復證道在彌撒中的地位。不過，最後還是功虧一簣。直到宗教改革時期，證道才重新成為敬拜的中心（Schaff, *History of the Christian Church*, 4:227, 399–402）。

[29] 引自"Concerning the Order of Public Worship," *Luther's Works*, LIII, 11 以及"The German Mass," *Luther's Works*, LIII, 68。路德在星期日早晨安排三場敬拜，都伴隨著一篇證道（Schaff, *History of the Christian Church*, 7:488）。Roland Bainton 統計出路德一生共傳講過2,300篇證道。*Here I Stand: A Life of Martin Luther* (Nashville: Abingdon Press, 1950), 348–349。

[30] 徒二42表示：「〔信徒〕都恆心遵守使徒的教訓。」路加在這節經文中所敘述的是使徒的聚會，時間長達四年多，而且用意是要為耶路撒冷教會建立基礎。因為教會人數眾多，所以這些聚會是在聖殿的庭院舉行的。不過，信徒也在私人住家舉行一般的開放參與式的敬拜（徒二46）。

[31] Schaff, *History of the Christian Church*, 7:490.

[32] White, *Protestant Worship*, 20.

[33] 路德依舊遵循歷史悠久的西方彌撒禱告曆（Western Ordo）。主要差異在於路德刪掉三聖哉頌（Sanctus）後面，關於奉獻的奉獻禱告（offertory prayer）和典文禱告（the prayers of the Canon）。總而言之，路德把彌撒裡面帶有「獻祭」意味的一切因素全部刪掉。他以及其他改教人士一舉刪除彌撒裡面許多中世紀末時已經式微的元素。他們的作法就是讓禮儀更平易近人，包括加入會眾齊唱（信義宗的詠唱與合唱；改革宗的韻律聖詠 [metrical psalms]），以證道為中心並讓會眾參與聖餐（Senn, *Christian Worship*, 84, 102）。

[34] Schaff, *History of the Christian Church*, 7:486–487。德國改教家卡斯塔特（Carlstadt，1480～1541）比路德更激進。他趁著路德不在場的時候，一舉取消整個彌撒，毀掉祭壇以及相關圖像。

[35] 法蘭克‧辛則早期的天主教禮儀也收錄他的書中（*Christian Liturgy*, 139）。路德甚至保留彌撒一詞，意思指的是整個敬拜聚會（p. 486）。

[36] 路德指著王宮中的儀式表示，他相信這應該被運用到敬拜上帝（Senn, *Christian Worship*, 15）。四世紀時，隨著君士坦丁登基，皇室儀節被納入基督教禮儀的原委，見本書第二章。

例如，路德保留天主教彌撒中最重要的儀式：舉起餅與杯讓它們成為聖，這是始於十三世紀的習俗，而且基本上這一切的起源都是世俗迷信。[37]路德只不過是賦予這個儀式不同的意義，他認為表達的是基督恩典已經賜給上帝的百姓。[38]然而，現在還有許多牧師依舊遵守這個儀式。

同樣，路德巨幅修改聖餐的禱告，僅保留「祝聖禱文」（words of institution）[39]，也就是林前十一23及其後——「主耶穌被賣的那一夜，拿起餅來……說：『拿去，吃，這是我的身體。』」（譯註：按原書中譯）直到今日，新教牧師在進行聖餐前依舊會虔誠的朗誦這節經文。

最後，路德的禮儀只不過是精簡版的天主教彌撒。[40]因此，路德的敬拜程序依舊存在著同樣的問題：會眾還是被動的旁觀者（儘管他們現在可以開口唱詩），而且主持整個禮儀的依舊是按立的神職人員（牧師取代了神父）。這種情形跟新約聖經所描述，由元首耶穌基督帶領，充滿榮耀、自由流暢、開放參與、每個肢體各展所長的基督徒聚會（見林前十四26；來十24–25）大相逕庭。

路德自己表示：「從過去到現在，我們的意思從來都不是要徹底廢除敬拜上帝的禮儀，而是要濯除目前禮儀中腐敗的外來成分。」[41]不幸的是，路德不瞭解新酒不能裝進舊皮囊的道理。[42]路德（以及其他主流改教家）從來就沒有想要恢復初代教會原則的意思。這些人一開始就只想要改革天主教神學。

總而言之，路德對天主教彌撒進行的主要長遠變革如下：（1）把舉行彌撒時使用的拉丁語改為方言，（2）把聚會的焦點轉移為證道，（3）首創會眾齊唱，[43]（4）徹底根除認為彌撒就是獻上基督為祭物的觀念，以

---

[37] Senn, *Christian Worship*, 18–19.

[38] 天主教神父舉起聖禮就是要開始獻祭的意思。

[39] White, *Protestant Worship*, 41–42; Maxwell, *Outline of Christian Worship*, 75.

[40] 路德把中世紀彌撒的基本程序，連同儀式的採光、焚香和服裝都一起保留下來。（Maxwell, *Outline of Christian Worship*, 77）。

[41] Luther, *Luther's Works*, LIII, 20.

[42] 諷刺的是，路德堅持不能強迫推行他制訂的德國彌撒，並表示一旦它不能與時俱進而落伍，就應該被廢棄（*Christian Worship and Its Cultural Setting*, 17）。事實卻非如此。

[43] 深愛音樂的路德把音樂提升為敬拜的重要環節（White, *Protestant Worship*, 41; Hinson, "Worshiping Like Pagans?"

及（5）允許會眾領受餅與杯（而不是像天主教的舊習，只有神父能夠獨享）。除了這些差異，路德可說是原封不動的保留天主教彌撒的其餘敬拜程序。

更糟的是，儘管路德暢言「信徒皆祭司」，卻從未放棄按立神職人員的習俗。[44]事實上，他堅持主張按立神職人員，因此寫道：「公開傳講上帝話語的事工應該由按立的神職負責，因為這是教會最崇高最偉大的功能。」[45]

在路德的影響下，天主教神父只不過是被新教牧師所取代，而且大體上來說，兩種職位的實際功能並沒有什麼差別。[46]其中依舊問題重重，我們會在第五章討論這一點。

緊接著我們要探討路德制訂的敬拜程序。[47]這套程序大致上應該跟讀者教會的程序差不多──因為它就是多數新教宗派主日早晨敬拜的始祖。[48]

詩歌
禱告
證道
勸言（Admonition）
主餐
詩歌[49]

Christian History 12, no. 1 1993: 16–19）。路德是個音樂天才。他的音樂天分非常高，因此耶穌會認為路德的詩歌，「感動靈魂的程度遠超過他的文章和演講」。難怪教會史上最偉大的音樂家之一是出自信義宗，那就是巴哈（Johann Sebastian Bach）。關於新教禮儀中路德在音樂方面的貢獻，詳見 Senn, *Christian Liturgy*, 284–287; White, *Protestant Worship*, 41, 47–48; Will Durant, *Reformation* (New York: Simon and Schuster, 1957), 778–779。

[44] White, *Protestant Worship*, 41.

[45] "Concerning the Ministry," *Luther's Works*, XL, 11.

[46] 天主教神父主持七項聖禮，而新教牧師只主持兩項（洗禮與聖餐禮）。不過，神父和牧師都被認為是傳講上帝話語的唯一權柄。對路德來說，禱告是否要穿著牧師袍、祭壇上的蠟燭以及牧者的態度都無關緊要（Schaff, *History of the Christian Church*, 7:489）。雖然他並不在意這些，卻主張要保留這一切（Senn, *Christian Liturgy*, 282）。因此，就一直流傳到現在。

[47] 這套禮儀發表於1526年出版的德國彌撒與敬拜程序（*German Mass and Order of Service*）。

[48] Senn, *Christian Liturgy*, 282–283.

[49] 要注意的是證道前後都會唱詩歌與禱告。路德相信在證道前後唱詩會讓證道更有力，而且能讓會眾產生敬虔的

聖餐後禱告

祝福

慈運理（Zwingli）的貢獻

隨著古騰堡印刷術的發明（約1450年），大量印製的禮儀書讓改教派推動的禮儀變革進行的更加快速。[50]此時，這些變革能藉著活字排版大量印行。

瑞士改教家慈運理（Ulrich Zwingli, 1484～1531）也提出幾項他自己的改革，而目前的敬拜程序也深受其影響。他把祭台改為分領餅與酒的「聖餐台」（the Communion table）。[51]他也首創用木盤和木杯把餅和杯分給坐在長條椅上的會眾。[52]

多數新教教會仍然保留這張桌子。桌子上面通常會放置兩支蠟燭——直接承襲自羅馬皇宮儀節的習慣。[53]同時，多數教會也把餅和杯分送到坐在長條椅上的會眾。

慈運理也主張每季舉行一次主餐（每年四次）。這跟其他改教派主張每週一次的想法不同。[54]現在有許多新教教會每季舉行一次主餐，有些則每個月舉行一次。

慈運理也是提倡從「紀念」觀點看待主餐的功臣。這是美國主流新教宗派的觀點。[55]持這種觀點的人認為，杯與餅只是基督的身體與血的象

感覺（Senn, *Christian Liturgy*, 306）。路德的德國彌撒所唱的大部分詩歌都是改寫（Versification，也就是把散文編為歌詞）自拉丁禮儀的聖詠與信經。路德譜寫過36首讚美詩（*Luther's Works*, LIII），而且他擅長用基督教歌詞轉化當代歌曲。他覺得「為何讓那惡者霸佔所有悅耳的旋律？」Marva J. Dawn, *Reaching Out without Dumbing Down: A Theology of Worship for the Turn-of-the-Century Culture* (Grand Rapids: Eerdmans, 1995), 189。（要注意的是，這句話也曾被認為出自其他人之口，其中一人就是救世軍的威廉・布特[William Booth]。）

[50] Senn, *Christian Liturgy*, 300.

[51] Hardman, *History of Christian Worship*, 161。對於這件事，法蘭克・辛寫道：「在改革宗教會裡，講壇遠在祭壇之上，因此祭壇隨著時光流轉而消失，取而代之的是一張每年僅供聖餐使用幾次的聖餐台。敬拜的重心是傳講上帝的話語。這就是所謂重新認識聖經（rediscovery the Bible）的結果。但重新認識聖經是印刷術的產物，而印刷術其實是一種文化現象」（*Christian Worship*, 45）。

[52] Senn, *Christian Liturgy*, 362; White, *Protestant Worship*, 62.

[53] Jungmann, *Early Liturgy*, 132–133, 291–292; Smith, *From Christ to Constantine*, 173.

[54] Senn, *Christian Liturgy*, 363.

[55] White, *Protestant Worship*, 60.

徵。[56]即使如此，除了這些觀點上的不同，慈運理的禮儀跟路德的禮儀沒有太大區別。[57]慈運理跟路德同樣強調講道的重要性，甚至他跟他的同工每星期要講道十四場。[58]

加爾文及其同儕的貢獻

改教家加爾文（John Calvin, 1509〜1564）、諾斯（John Knox, 1513〜1572）和布塞珥（Martin Bucer, 1491〜1551）為禮儀增加不同的樣式。這些人在1537到1562年間創作出他們自己的禮儀程序。儘管這些禮儀各自盛行於世界上的不同角落，但它們基本上是一樣的，[59]只是對路德的禮儀稍有調整，最明顯的地方就是在證道後收取奉獻。[60]

加爾文跟路德一樣強調敬拜要以講道為中心。他相信傳講上帝的道比聖餐更能讓信徒接近上帝。[61]就他的神學天賦來說，日內瓦加爾文教會的證道非常重視神學與學術，同時也帶有濃厚的個人色彩，這一直是新教主義的特色。[62]

日內瓦加爾文教會被高舉為所有宗教改革教會的典範。因此，其敬拜程序流傳各地、遠播四方。這就是目前多數新教教會（尤以改革宗與

---

[56] 慈運理的觀點還要更複雜一點。不過，他對聖餐的觀點沒有加爾文與路德那麼「崇高」（Maxwell, *Outline of Christian Worship*, 81）。慈運理是現代新教的主餐觀點之父。當然，他的觀點並不能代表新教中「重禮儀」派的看法，他們每星期都歡慶上帝的道與聖禮。

[57] 慈運理的敬拜程序，見 Senn, *Christian Liturgy*, 362–364。

[58] White, *Protestant Worship*, 61.

[59] 採用這些禮儀的地方包括德國的史特拉斯堡（Strasbourg, Germany；1537）瑞士的日內瓦（1542）和蘇格蘭（1562）。

[60] 這些是為窮人募集的奉獻（Senn, *Christian Liturgy*, 365–366）。加爾文寫道：「舉凡教會的聚會都應該傳講上帝的道、獻上禱告、舉行主餐以及奉獻。」（Nichols, *Corporate Worship*, 29）。儘管加爾文希望每星期都舉行主餐，他的改革宗教會卻依循慈運理每季舉行一次的作法。（White, *Protestant Worship*, 65, 67）。

[61] Stanley M. Burgess and Gary B. McGee, eds., *Dictionary of Pentecostal and Charismatic Movements* (Grand Rapids: Zondervan, 1988), 904。「道」（Word）在改革宗的意義是聖經以及傳講的話語（因其傳達的就是成為肉身的道）。證道與讀經緊密相繫，而且都被認為是「道」（Nichols, *Corporate Worship*, 30）。認為傳講聖經其實就是「上帝的話語」的觀念首見於1566年的《瑞士第二信條》（the Confessio Helvetica Posterior）。

[62] 文藝復興粗糙的個人主義深深影響宗教改革派的信息。這些都是時代的產物。他們傳講的福音著重個人需要以及個人發展。不像初代基督徒的信息那麼重視共享。這種個人色彩被清教徒、敬虔主義（Pietists）以及復興主義（Revivalists）所承襲，並且滲透到美國人生活與思想的各個角落（Senn, *Christian Worship*, 100, 104; Terry, *Evangelism*, 125）。

長老會為甚）格外重視理性的原由。[63]

因為新約沒有明確提到樂器，所以加爾文就廢除管風琴和詩班，[64]所有詩歌都是無伴奏的清唱，（某些當代新教宗派，例如基督會仍然遵守加爾文嚴格的無樂器路線）。自從十九世紀中葉改革宗教會開始採用器樂與詩班後，一切就改觀了。[65]不過，清教徒（英格蘭加爾文派）依舊延續加爾文精神，繼續譴責器樂與詩班演唱。[66]

加爾文禮儀最糟糕的一面應該就是，他親自在講壇上主持大部分的敬拜程序。[67]基督教並沒有擺脫這種習俗。就目前來說，牧師身兼星期日教會崇拜的司儀與執行長——就跟神父是天主教彌撒的司儀與執行長沒有兩樣。這跟聖經裡面教會聚會的情景形成明顯對比。根據新約記載，主耶穌基督就是教會聚會的領袖、總監與執行長。保羅在《哥林多前書》十二章告訴我們，基督說話的方式是透過祂整個身體而不是單一肢體。在這樣的聚會中，祂的身體在祂帶領下（直接領導）藉著祂聖靈的運行自在的發揮功能。《哥林多前書》十四章所勾勒的就是這種聚會的模式，這種聚會對上帝百姓靈性的成長，以及讓祂愛子得以完全彰顯在世上來說，非常重要。[68]

加爾文對敬拜程序的另一個顯著貢獻就是，鼓勵基督徒進入教堂時，要保持莊嚴肅穆的態度。這種氛圍就是面對至高無上又嚴峻的上帝時，心裡油然而生的自慚形穢感覺。[69]

對鼓吹這種態度來說，布塞珥同樣居功厥偉。每次敬拜一開始，他就會誦讀十誡以便營造出敬畏感。[70]一些非常危險的作法順著這種心態衍

---

[63] White, *Protestant Worship*, 65.

[64] 同前，66。身為音樂家的慈運理贊成加爾文的見解，認為教會崇拜不應該出現音樂與詩班（p. 62）.

[65] 同前，76。對加爾文來說，所有歌曲都必須包括舊約經文，於是讚美詩就被排除在外（p. 66）。

[66] 同前，126。

[67] 同前，67。這也是加爾文的同儕，布塞珥的作法（White, *Protestant Worship and Church Architecture*, 83）。

[68] 要注意，新約呈現在我們面前的是一種不同的聚會。部分聚會的特色是由一個主要講員（例如使徒或者佈道家）在群眾面前傳道。但這類聚會是偶發與臨時的聚會，不是初代基督徒日常的聚會。然而，「教會聚會」就是基督徒定期齊聚一堂，其特色就是每個信徒在元首耶穌基督的領導下，自由自在又自動自發的互相服事、開放參與。

[69] Horton Davies, *Christian Worship: Its History and Meaning* (New York: Abingdon Press, 1957), 56.

[70] White, *Protestant Worship*, 74.

生而出。舉世皆知新英格蘭地區清教徒會懲罰在教會掛著笑臉的孩童！此外，他們還設置「糾察隊」（tithingman）用帶著沉重圓頭的手杖戳醒打盹的會眾。[71]

這種思想可以回溯至中世紀末的敬虔觀。[72]然而，加爾文與布塞珥卻願意接受這一點而且讓它歷久不衰。儘管許多當代五旬節派與靈恩派都捨棄這個傳統，目前還是有許多教會依舊不假思索的遵循這個習俗。他們所傳達的信息就是：「保持肅靜，這裡可是上帝的居所！」[73]

改教派保留的另一個彌撒習俗就是，崇拜開始，牧師步上他們的專屬座位時，坐在位子上的會眾要唱詩歌。這是始於四世紀，主教步入壯觀的會堂式教堂時的作法，這種習俗完全抄襲自異教徒的皇宮儀節，[74]羅馬行政長官進入官府時，百姓要站著唱歌。現在許多新教教會依舊遵守這個習俗。

隨著當加爾文主義席捲歐洲，多數新教教派也採用加爾文的日內瓦禮儀並被移植到許多國家並在當地生根。[75]下面就是其輪廓：[76]

禱告
認信
詩歌（詩篇）
為證道得著聖靈啟示禱告

---

[71] Alice Morse Earle, "Sketches of Life in Puritan New England," *Searching Together* 11, no. 4 (1982): 38–39.

[72] 中世紀認為表情嚴肅就是聖潔，孤僻陰鬱就是敬虔。與之形成對比的初代基督徒卻充滿歡樂與喜悅。見徒二46，八8，十三52，十五3；彼前一8。

[73] 相對比之下，《詩篇》認為上帝百姓進入祂的大門時，應該喜悅、讚美與感恩（見詩一〇〇）。

[74] Senn, *Christian Worship*, 26–27。這種所謂「入場儀式」（entrance rite）包括初詠（入祭文Introit），連禱（祈憐Kyrie）以及一首讚美詩（榮耀頌Gloria）。這是抄襲皇宮儀式的作法（Jungmann, *Early Liturgy*, 292, 296）。既然君士坦丁認為他自己就是上帝在塵世的代理人，而上帝就是天界的皇帝，於是彌撒就被轉變成一場在上帝面前，也就是在代表祂的主教面前舉行的儀式——正如一場在皇帝及其行政長官面前舉行的儀式。穿著最高行政長官外袍的主教，在燭光的引領下肅穆的步入教堂，接著他就坐在自己的專屬寶座（羅馬長官的高座 sella curulis）上。四世紀教會的崇拜儀式與氣氛都是抄襲自羅馬官府。（Krautheimer, *Early Christian and Byzantine Architecture*, 184）。

[75] 日內瓦禮儀是「改革宗一成不變的禮儀，不但適用於聖餐，平常的主日崇拜也同樣適用」（White, *Protestant Worship*, 69）。

[76] James Mackinnon, *Calvin and the Reformation* (New York: Russell and Russell, 1962), 83–84。關於更繁瑣版本的日內瓦禮儀，見 Senn, *Christian Liturgy*, 365–366。

參雜異教的基督信仰?

證道

收取奉獻

禱告

邊唱詩歌邊領聖餐（特定日期）

祝福

　　我們應該注意的是，加爾文努力按照早期教會教父——尤其是三世紀到六世紀之間的教父的著作編排他的崇拜程序[77]。[78]這就是他對新約教會的聚會不甚瞭解的原因。三世紀到六世紀的早期教父非常重視禮儀與聖禮。[79]他們的心態跟新約基督徒不一樣，[80]他們比較像是理論家而非實踐家。

　　換句話說，這段時期的教會教父所代表的是初期的天主教思想，而且就是加爾文建立新的崇拜程序時主要的參考模式，[81]難怪所謂宗教改革並沒有為教會習俗帶來什麼革新。[82]如同路德制訂的敬拜程序一般，改革宗教會的禮儀「並沒有意思要改變〔天主教〕正式禮儀的架構，而只想維持舊禮儀並增加一些額外的靈修活動」。[83]

---

[77] Hughes Oliphant Old, *The Patristic Roots of Reformed Worship*（Zurich: Theologischer Veriag, 1970), 141–155。加爾文也參考後使徒時期教父的著作製訂他的教會體制。因此，他主張單一牧師制（Mackinnon, *Calvin and the Reformation*, 81）。

[78] Nichols, *Corporate Worship*, 14.

[79] 教會教父深受希臘羅馬文化的影響。事實上，他們當中許多人在成為基督徒前都是異教哲學家與辯士。如前所述，這就是他們所制訂的教會崇拜之所以會成為異教文化和猶太會堂的混合體的原因。此外，近來的學者已經證明，教父著作中關於基督教崇拜部分的寫作日期，比以往的推斷更晚，同時也被不同的傳統重新塑造過（Bradshaw, *Origins of Christian Worship*, ch. 3）。

[80] 教會教父深受異教信仰與新柏拉圖主義的影響，Will Durant, *Caesar and Christ*, 610–619, 650–651。並見杜蘭的 *Age of Faith*, 63, 74, 521–524。

[81] 既然本書探討的焦點是改教派不符合聖經之處，因此列舉他們符合聖經之處不屬於本書範圍。不過，要說明的是，作者清楚知道路德、慈運理等人對基督教的習俗與信仰提供許多正面貢獻。儘管如此，他們依舊無法把改革貫徹到底。

[82] 新教的宗教改革主要是一場知識革命（White, *Protestant Worship*, 37）。儘管神學思想跟羅馬天主教天差地別，卻沒有觸及教會習俗。那些更進一步把改革的層面延伸到教會習俗的人士，都被冠上「激進改革派」（Radical Reformation）的稱呼。關於激進改革派的探討，見布洛班（E. H. Broadbent）的 *The Pilgrim Church*（Grand Rapids: Gospel Folio Press, 1999）；凡杜恩（Leonard Verduin）的 *The Reformers and Their Stepchildren* (Grand Rapids: Eerdmans, 1964)；威廉斯（George H. Williams）的 *The Radical Reformation*（Philadelphia: Westminster Press, 1962）；甘迺迪（John Kennedy）的 *The Torch of the Testimony*（Bombay: Gospel Literature Service, 1965）。

[83] Old, *Patristic Roots of Reformed Worship*, 12.

清教徒的貢獻

清教徒就是英格蘭的加爾文派。[84]他們嚴格依循聖經主義（bibli-cism），並努力恪遵新約的敬拜程序。[85]清教徒覺得加爾文的敬拜程序不夠符合聖經。結果，當牧師大聲疾呼「一切按照上帝話語而行」時，他們投射出的就是清教徒的情操。但清教徒想要恢復新約教會聚會模式的努力並不成功。

清教徒留給我們的積極貢獻就是廢止牧師袍、圖像與裝飾，以及要求神職人員撰寫自己的證道稿（而不是宣讀講章 homilies）。然而，正因為清教徒強調「自發性」（spontaneous）禱告，他們也把證道前冗長的牧師禱告流傳給我們。[86]在星期日早上清教徒的崇拜裡，這段禱告經常會持續一個小時，甚至更久！[87]

美國清教徒把證道提升到至高無上的地位。他們覺得講道幾乎是屬於超自然領域，因為他們把講道視為上帝向祂百姓說話的主要途徑；而且他們會懲罰錯過星期日早上證道的會友。[88]新英格蘭居民星期日崇拜缺席得接受罰款或者被架上枷鎖公開示眾。[89]（下次讀者的牧師用上帝的烈怒提醒讀者不可忘記「上教會」時，要記得感謝清教徒。）

值得注意的是，部分清教徒宗派允許平信徒在崇拜末尾時發言。緊接在證道結束後，牧師會坐下來答覆會眾提出的問題，教會也允許會友發表見證。但隨著十八世紀邊疆復興主義（Frontier-Revivalism）的崛起，這個習俗逐漸消逝，基督教的主流從此再也沒有實行這個措施。[90]

---

[84] Senn, *Christian Liturgy*, 510.

[85] White, *Protestant Worship*, 118.

[86] White, *Protestant Worship*, 119, 125; Senn, *Christian Liturgy*, 512. 清教徒也容許會眾在牧師結束講道後，質疑他對經文的解釋與應用（White, *Protestant Worship*, 129）。

[87] Cassandra Niemczyk, "Did You Know? Little-Known Facts about the American Puritans," *Christian History* 13, no. 1 (1994): 2.

[88] 一位清教徒領袖寫道：「傳講上帝的道是基督國度的權杖，國家的榮耀以及載著生命與救恩的馬車。」清教徒一生聽過的證道可能超過一萬五千小時。

[89] Niemczyk, "Did You Know?" 2; Allen C. Guelzo, "When the Sermon Reigned," *Christian History* 13, no. 1 (1994): 23.

[90] White, *Protestant Worship*, 126, 130. Adams, *Meeting House to Camp Meeting*, 13, 14.

　　總而言之，就新教禮儀的塑造來說，清教徒對釋放上帝百姓，讓他們在元首基督的帶領下自由發揮，並沒有什麼貢獻。就跟以往的禮儀改革一樣，清教徒的崇拜程序可說是一成不變，並被詳細的寫為文字，而且所有教會都要一致遵守。[91]

　　接著出現的就是清教徒禮儀。[92]在跟路德與加爾文的禮儀相較後，就會發現其中的主要特色並沒有改變。

宣召

禱告

讀經

詩歌

證道起始禱告

證道

證道結束禱告

（舉行主餐時，牧者先勸勉會眾、為餅與杯祝福、然後分給會眾。）

　　隨著時光流轉，清教徒衍生出許多支派。[93]其中有部分屬於「自由教會」（Free Church），[94]自由教會創作出所謂的「讚美詩三明治」（hymn-sandwich）[95]，這種敬拜程序跟目前多數福音派教會的程序非常相近。下面就是其輪廓：

三首讚美詩

讀經

詩班

---

[91] White, *Protestant Worship*, 120, 127.

[92] Senn, *Christian Liturgy*, 514–515。清教徒的基本禮儀都收錄在1644年出版的 *A Directory of the Public Worship of God* 裡面（White, *Protestant Worship*, 127；這本手冊是改編自1549年起草的《聖公會禱告書》（*Anglican Book of Common Prayer*）。英格蘭（不是蘇格蘭）長老會和公理會都採用這本手冊。

[93] 從清教徒分流出來的有浸信會、長老會以及公理會（White, *Protestant Worship*, 129）。

[94] 十七與十八世紀時的「自由教會」，包括清教徒、分離主義、浸信會、貴格會，後來，循道會和門徒會分別在十八世紀末與十九世紀初加入他們的行列（Adams, *Meeting House to Camp Meeting*, 10）。

[95] White, *Protestant Worship*, 133.

齊聲禱告

牧師禱告

證道

奉獻

祝禱

這一切看起來是不是很眼熟？放心，新約裡面看不到這套程序。

循道會與邊疆復興主義的貢獻

十八世紀的循道會在清教徒的敬拜程序中加入激情的元素。他們鼓勵會眾積極熱情的大聲唱歌。循道會就這樣成為五旬節派的先驅。

循道會跟清教徒一樣特別著重主日早晨證道前的牧師禱告。循道會牧師的禱告不但時間冗長，而且內容廣泛；其中涵蓋各種禱告，包括一系列的懺悔、代禱以及讚美。不過更重要的是，整個過程始終用的是伊麗莎白時代的英語（例如，Thee, Thou, Thy, 等等）。[96]

即使現今已步入二十一世紀，伊麗莎白式禱告依舊隨處可見。[97] 目前許多牧師在禱告時依舊使用這種過時的語言──即使這種方言已經廢棄四百多年也毫不在乎！原因何在？這就是傳統的威力。

循道會也極力鼓吹在星期日舉行晚崇拜。照明用白熱燈的發明，讓約翰‧衛斯理（John Wesley, 1703～1791）把這項創舉普及化。[98] 目前，許多新教教會都會在星期日舉行晚崇拜──即使出席人數往往寥寥無幾也一樣。

美國新教在十八與十九世紀遭遇一個新難題。那就是迫於壓力，必須像風行一時的美國邊疆復興派崇拜低頭妥協。這種崇拜模式深深影響許多宗派的敬拜程序。即使時至今日，它們為美國新教各宗派帶來的種

---

[96] 同前 153, 164。

[97] 同前，183。《西敏寺敬拜手冊》（the *Westminster Directory of Worship*）對「證道前的牧師禱告」有詳盡的描述。

[98] Horton Davies, *Worship and Theology in England: 1690–1850* (Princeton: Princeton University Press, 1961), 108。天主教從四世紀開始盛行夜間禱告會。數百年來，星期日的晚崇拜（vespers）一直是大教堂與教區禮儀生活中固定不變的一環。不過，眾人皆知把星期日晚崇拜引入新教的就是循道會。

種變革依舊明顯可見。[99]

　　邊疆復興派的首要作為就是改變講道的宗旨。他們講道的目標只有一個：向失喪的靈魂傳福音。對邊疆復興派來說，上帝的計畫不外乎救恩。[100]這種觀點的源頭就是懷特菲德（George Whitefield, 1714～1770）銳意創新講道的作法，[101]懷特菲德是現代第一位在野地向戶外群眾講道的傳道人，[102]他把講道的重點從上帝為教會所定的旨意，轉移到上帝為個人所定的旨意。「上帝愛你，並為你一生預備了完美的計畫」，這個通俗觀念就是從懷特菲德開始盛行的。[103]

　　其次，邊疆復興派的音樂能夠穿透人心，進而對救恩的信息產生情緒性反應，[104]因此，所有重要的復興派團隊都帶著一位樂手同行。[105]從此開始，崇拜基本上被認為屬於個人、主觀與情緒化的活動。[106]這個轉變由循道會承接下去，並逐漸滲入其他新教的次級文化層面。教會的主要目

---

[99] White, *Protestant Worship*, 91, 171; Iain H. Murray, *Revival and Revivalism: The Making and Marring of American Evangelicalism* (Carlisle, PA: Banner of Truth Trust, 1994).

[100] 美國復興主義（American revivalism）在十九世紀末首創「宣教會」（missionary society），包括浸信會宣教會（the Baptist Missionary Society，1792）、倫敦宣教會（the London Missionary Society，1795），循道總會宣教會（the General Methodist Missionary Society，1796）以及教會宣教會（the Church Missionary Society，1799）。Tan, *Lost Heritage*, 195。

[101] 懷特菲德被稱為「美國復興派之父」（the father of American revivalism）。懷特菲德所傳講信息的重點就是基督徒個人的「新生」。他以此掀起新英格蘭地區第一波的大復興（the First Great Awakening；在1740年代初達到最高點）。懷特菲德在45天的時間內，講了175場證道。他是位非常卓越的演說家，即使在場的聽眾有3000人也都能聽到他的聲音。奇妙的是，傳說懷特菲德可以不假任何幫助把聲音傳送到將近1.5公里遠的地方。他非常能言善道，甚至單憑語調的變化就能讓聽眾痛哭流涕。從正面看來，懷特菲德對恢復失傳已久的巡迴傳道（itinerant ministry）可說是居功厥偉。同時，他可說是跟清教徒聯手振興即席禱告與傳道。（Yngve Brilioth, *A Brief History of Preaching* [Philadelphia: Fortress Press, 1965], 165. 亦見 *Christian History 12*, no. 2 1993），該期是懷特菲德專刊；"The Great Awakening," *Christian History* 9, no. 4 (1990): 46; J. D. Douglas, *Who's Who in Christian History* (Carol Stream, IL: Tyndale House, 1992), 716–717; Terry, *Evangelism*, 100, 110, 124–125。

[102] Davies, *Worship and Theology in England*, 146; "The Great Awakening," *Christian History* 9, no. 4 (1990): 46; "George Whitefield," *Christian History* 8, no. 3 (1989): 17.

[103] Mark A. Noll, "Father of Modern Evangelicals?" *Christian History* 12, no. 2 (1993): 44專訪；"The Second Vatican Council," *Christian History* 9, no. 4 (1990): 47. 懷特菲德掀起的大復興，為美國新教的復興烙上個人主義的印記，此後一直無法擺脫。

[104] Senn, *Christian Liturgy*, 562–565; White, *Protestant Worship and Church Architecture*, 8, 19.

[105] 跟芬尼（Finney）隨行的是哈斯丁（Thomas Hastings），跟著慕迪（Moody）的是山凱（Ira D. Sankey）。葛理翰遵循此一慣例，而跟他隨行的是巴爾洛（Cliff Barrows）和席雅（George Beverly Shea, Senn, *Christian Liturgy*, 600）。對達成復興運動的目標來說，音樂是個極其重要的工具。懷特菲德和衛斯理率先運用音樂感化人認罪並接受福音（Terry, *Evangelism*, 110）。

[106] White, *Protestant Worship and Church Architecture*, 11.

標從集體經歷與彰顯主耶穌基督，逐漸轉變成帶領個人信主。

這樣一來，教會大致上就把基督贖罪的意義，侷限在領人歸正以及重建人與上帝的關係，但這不是祂的唯一目的，上帝還預備了一個超越救恩的永恆計畫。這個永恆計畫就是要延展祂與愛子間的關係，並在世人面前彰顯這計畫。復興運動神學沒有觸及上帝的永恆計畫，同時也不重視教會。[107] 循道會詩班的曲目是以軟化罪人的鐵石心腸為目的，歌詞逐漸反映出個人的得救經驗以及個人的見證。[108] 查爾斯‧衛斯理（Charles Wesley, 1707～1788）是第一個撰寫邀請詩歌（invitational hymns）的人。[109]

那些認為星期日早晨的證道應該針對慕道友而發的牧師，就是受到復興運動影響的結果，[110] 這種情形充斥著今日大多數的電視佈道與廣播佈道節目。許多新教宗派（不只是五旬節派與靈恩派而已）在崇拜一開始就高唱激昂的詩歌，為的是要調整會眾的心態以便聆聽充滿激情的證道。但沒有幾個人知道，這是僅僅一百年多前才由邊疆復興運動建立的傳統。

第三，循道會和邊疆復興派首創「呼召」。這是循道會在十八世紀建立的慣例，[111] 邀請那些需要禱告的人站起來，然後走到台前領受禱告，是一位名叫羅倫佐‧竇依（Lorenzo Dow）的循道會佈道家首先發明的。[112]

之後，1807年循道會在英格蘭首創所謂的「懺悔椅」（mourner's

---

[107] 關於上帝永恆計畫的詳細討論，見 Viola, *From Etenity to Here* (Carolado springs: David C. Cook 2009)。

[108] White, *Protestant Worship*, 164–165, 184–185.

[109] R. Alan Streett, *The Effective Invitation* (Old Tappan, NJ: Fleming H. Revell Co., 1984), 190。查爾斯‧衛斯理總共寫了6,000首讚美詩。查爾斯是第一個為會眾齊唱寫歌的讚美詩作家，這些曲目所表達的是基督徒個人的感覺與思想。

[110] 浸信會的特色之一就是，認為星期日早崇拜的目標就是贏得失喪的靈魂。復興主義呼籲慕道友要「決志」（personal decision）信靠基督，所反映與仰仗的就是美國個人主義文化的意識型態，正如查爾斯‧芬尼的「新身量」（new measures）所反映與仰仗的是美國實用主義（Terry, *Evangelism*, 170–171）。

[111] Murray, *Revival and Revivalism*, 185–190.

[112] Streett, *Effective Invitation*, 94–95。詹姆斯‧泰勒牧師（Reverend James Taylor）在1785年首先在他田納西州的教會，呼召有需要的人走上前來。在有跡可尋的記錄中，首度把祭壇和公開呼召連結在一起的場合是1799年在肯德基州舉行的循道會露天營會。並見 White, *Protestant Worship*, 174。

bench）。[113] 此時，焦急的罪人在回應呼召的邀請，並走下鋪著木屑的通道後，終於有個地方可以為自己的罪行痛悔。短短幾年的功夫，這種作法就傳到美國而且被查爾斯·芬尼（1792～1875）稱為「憂慮座」（anxious bench）。[114]「焦慮椅」就位在傳道人站立的高台前方。[115]罪人以及有需要的聖人都被呼召領受牧者的禱告。[116]

芬尼的方法就是要求那些渴望得救的人站起來走向前。芬尼大力鼓吹這個方法，以至於「1835年以後，這成為各種現代復興運動中不可或缺的一環」。[117]

後來，芬尼不再使用憂慮椅，而只是邀請罪人走到前面，然後跪在台前領受基督。[118]芬尼除了鼓吹呼召，同時也是首創提名禱告、動員同工進行家庭探訪，並以週間晚上的特會取代教會固定聚會的傳道人。

後來，戶外營會的「憂慮椅」逐漸被教堂裡的「祭壇」取代；「木屑道」則被教堂的走道取代。接著，著名的「呼召」就問世了。[119]

芬尼無意中留給當代基督教最深遠的影響應該就是實用主義（pragmatism）。實用主義認為任何方法只要能達到目的就好，不必計較是非對錯。芬尼相信新約沒有教導我們任何固定的敬拜模式。[120]

他認為講道的唯一目的就是傳講福音。任何有助於完成這個目標的

---

[113] 芬尼是贏得靈魂燃起復興運動的創始人。他採用的就是他所謂的「新身量」方法，他認為新約裡沒有任何崇拜的範例。凡是能順利帶領罪人相信基督就是可取的 (Senn, *Christian Liturgy*, 564; White, *Protestant Worship*, 176–177)。

[114] Streett, *Effective Invitation*, 95。芬尼在1830年紐約羅徹斯特的佈道會結束後，就開始運用這種獨門方法。史上第一個使用「焦慮椅」一詞的是查爾斯·衛斯理：「啊，有福的焦慮椅。」對焦慮椅的批判，見 J. W. Nevin's *The Anxious Bench* (Chambersburg, PA: German Reformed Church, 1843)。

[115] White, *Protestant Worship*, 181; James E. Johnson, "Charles Grandison Finney: Father of American Revivalism," *Christian History* 7, no. 4 (1988): 7; "Glossary of Terms," *Christian History* 7, no. 4 (1988): 19.

[116] "The Return of the Spirit: The Second Great Awakening," *Christian History* 8, no. 3 (1989): 30; Johnson, "Charles Grandison Finney," 7; Senn, *Christian Liturgy*, 566.

[117] Murray, *Revival and Revivalism*, 226, 241–243, 277.

[118] Streett, *Effective Invitation*, 96.

[119] Burgess and McGee, *Dictionary of Pentecostals*, 904。更詳盡的相關研究，見霍爾（Gordon L. Hall）*The Sawdust Trail: The Story of American Evangelism*（Philadelphia: Macrae Smith Company, 1964）。「木屑道」後來演變成佈道大會帳幕中鋪著沙土的走道。「走上木屑道」（hit the sawdust trail）就是比利桑戴（Billy Sunday, 1862–1935）。見Terry, *Evangelism*, 161。

[120] White, *Protestant Worship*, 177.

機制都是可行的。[121] 在芬尼帶領下，十八世紀的復興運動變成一種科學並廣為主流宗派採納。[122]

當代基督教依舊表現出這種意識型態。實用主義有違屬靈原則，不單單因為它把道德列為次要，更因為它達成目標所倚靠的是各種技巧而不是上帝。真正的屬靈就是，我們清楚知道，就一切屬靈事物來說，我們必須完全仰仗上帝。想一想主所說的「若不是耶和華建造房屋，建造的人就枉然勞力」（詩一二七1）以及「離了我，你們就不能做什麼」（約十五5）。不幸的是，既不合乎聖經教導又不屬靈的實用主義（「只要行的通就好」）卻是當前許多教會活動的主導原則。（許多「佈道取向」seeker sensitive 的教會亦步亦趨的跟隨芬尼的腳印。）實用主義的害處在於它主張的是「為達目的可以不擇手段」。只要目的是「聖潔的」，幾乎任何「手段」都可以派上場。

實用主義思想大開人為操控之門，並且完全倚靠我們自己而不是上帝。要注意的是，我們出於善意的使用自己的力量、智慧和才能服事上帝，跟上帝透過我們做工，二者之間有著天淵之別。[123]

由於查爾斯‧芬尼造成非常深遠的影響，因此被稱為「美國歷史上禮儀改革的頭號人物」。[124] 芬尼相信讓他的營會得以成功的復興技巧，可以運用在各個新教教會並帶來復興。他的這種想法不但廣為流傳，並透過他在1835年寫的《復興演講集》（Lectures on Revival）灌輸給新教徒。對當代新教思想來說，任何教義一定要先通過聖經的檢驗才能被接受。但是，在教會的實際運作上，只要能領人歸主，幾乎任何行得通的手段都大受歡迎。

在那段時期，美國邊疆復興運動把教堂轉變為佈道站，這就是把活

---

[121] *Pastor's Notes: A Companion Publication to Glimpses* 4, no. 2 (Worcester, PA: Christian History Institute, 1992), 6.

[122] White, *Protestant Worship and Church Architecture*, 7.

[123] 兩本說明二者間區別的著作：倪柝聲，《正常的基督徒生活》（Watchman Nee: *The Normal Christian Life* (Carol Stream, IL: Tyndale House, 1977) 以及 *The Release of the Spirit* (Indianapolis: Sure Foundation, 1965)）。關於實用主義有違基督教本質的詳細討論，見 Ronald Rolheiser 寫的 *The Shattered Lantern: Rediscovering God's Presence in Everyday Life* (London: Hodder & Stoughton, 1994), 31–35。

[124] White, *Protestant Worship*, 176; *Pastor's Notes* 4, no. 2: 6。慕瑞（Iain Murray）指出，循道會的露天營會可說是芬尼各種巧妙的佈道法的先驅（*Revival and Revivalism*, 184–185）。

生生的ekklesia簡化為宣教。[125]此舉不但成為芬尼復興運動的制式方法，同時把講員推升為教會最耀眼的人物。這也讓教會成為個人私事而非團體事務。

換句話說，邊疆復興運動的目標就是，帶領個別的罪人，做出個人決志並接受屬於個人的信仰。[126]結果就是，初代教會的目標——互相造就以及每一個成員各司其職，並在君王權貴面前集體彰顯耶穌基督——完全消失的無影無蹤。[127]諷刺的是，早期復興運動家約翰・衛斯理清楚瞭解復興運動隱藏的危險，他寫道：「基督教基本上是群體宗教（social religion）……要是把它轉變為個人宗教（solitary religion）必定會扼殺它。」[128]1884年迪克（Albert Blake Dick）發明油印機後，教會就開始印製發行敬拜程序單。[129]著名的「主日崇拜程序」就此誕生。[130]

慕迪帶來的深遠影響

「復興運動福音」（revivalist gospel）的種子藉著慕迪（D. L. Moody, 1837～1899）無遠弗屆的影響力，傳遍整個西方世界。他跋涉的旅程超過一百六十萬公里，聽過他講道的人數超過一億——當時還是沒有飛機、麥克風、電視，也沒有網路的時代。慕迪傳的福音信息就跟懷特菲德傳的福音信息一樣，只有一個中心——罪人的救恩。他傳講福音的時候以個人為焦點，而他教導的神學可以歸納為三點：罪的敗壞、基督的救贖以及聖靈的重生。儘管這些確實都是信仰的關鍵要素，但慕迪顯然不瞭解上帝的永恆計畫其實遠超過救贖之恩。[131]

---

[125] 正確的說，講道的目的不是拯救靈魂，為教會催生才是目的。正如一位學者曾說：「領人歸主只是手段；目標是擴展世上的教會。」Karl Muller, ed., *Dictionary of Mission: Theology, History, Perspectives* (Maryknoll, NY: Orbis Books, 1997), 431。學者提波（D. J. Tidball）曾表示類似的想法：「保羅的主要興趣不在於領人歸主，而在於建立各個基督徒團體。」*Dictionary of Paul and His Letters* (Downers Grove, IL: InterVarsity, 1993), 885。邊疆復興運動根本對 ekklesia 一無所知。

[126] White, *Protestant Worship and Church Architecture*, 121–124.

[127] 見林前十二～十四；弗一～三。

[128] John Wesley, "Sermon on the Mount IV," *Sermons on Several Occasions* (London: Epworth Press, 1956), 237.

[129] 同前，132。見迪克（Dick）發明的油印機，詳見 http://www.officemuseum.com/copy_machines.htm。

[130] Ferguson, *Early Christians Speak*, 84。禮儀的文字稿首見於四世紀。但要到十九世紀才演變為程序單。

[131] *Christian History* 9, no. 1 (1990); Douglas, *Who's Who in Christian History*, 483–485; Terry, *Evangelism*, 151–152;

　　慕迪的講道只有單一主題那就是：個人救恩。他在牧師證道後安排一首讚美詩。呼召時的讚美詩始終都是由一位歌手獨唱，直到葛理翰在席雅鼓勵下，才在慕道友走向前接受基督時，安排詩班演唱諸如《照我本相》等歌曲。[132]

　　慕迪首創挨家挨戶（door-to-door）佈道法，並運用行銷宣傳／手法佈道。[133] 他是「福音歌曲」（gospel song）以及「福音詩歌」（gospel hymn）的始祖，[134] 並極力推廣厄爾（Absalom B. Earle, 1821～1895）發明的「決志卡」（decision card）。[135]

　　此外，慕迪還是第一個要求願意領受救恩的慕道友，從座位上站起來，然後帶領他們做「決志禱告」（sinner's prayer）的人。[136]

　　大約五十年後，葛理翰把慕迪的方法提升到更高境界。他開始要求在場所有人低頭、閉目（「大家不要四處觀望」），然後舉起手回應救恩信息 [137]（所有這些方法都遭到那些認為這是運用心理操控技巧的人士的嚴厲反對）。[138]

　　對慕迪來說，「教會就是由得救的人自願組成的社群」。[139] 他的影響力極其深遠，因此1874年時，教會已經不再被認為是一個龐大的群體（cor-

H. Richard Niebuhr and Daniel D. Williams, *The Ministry in Historical Perspectives* (San Francisco: Harper & Row Publishers, 1956), 256。雖然上帝確實渴望世人藉著基督得贖，但這只是祂達成最終目標的第一步。我們不反對佈道，不過，要是我們把整個焦點都放在佈道上，那就會成為責任，而不是基督徒被基督充滿後自然流露的服事。初代基督徒全然以基督為焦點，這就是為什麼我們的佈道的策略與樣式跟他們非常不一樣的原因。關於上帝永恆計畫的詳盡探討，見 Viola, *From Eternity to Here*。

[132] Streett, *Effective Invitation*, 193–194, 197.

[133] Terry, *Evangelism*, 153–154, 185.

[134] David P. Appleby, *History of Church Music* (Chicago: Moody Press, 1965), 142.

[135] Streett, *Effective Invitation*, 97。「每個上前來的人都要在卡上簽名表示他們願意過著基督徒生活，並寫下他們喜好的教會。卡片的一半由同工保留，以便進一步跟進。卡片的另一半由初信者保留，做為基督徒生活的指引」（97～98頁）。

[136] 同前，98。關於「決志禱告」的進一步資料，見第9章。

[137] 同前，112–113。在葛理翰45年的服事期間，他曾在85個不同國家向一億人傳道。（*Pastor's Notes* 4, no. 2: 7）。

[138] Iain H. Murray, *The Invitation System* (Edinburgh: Banner of Truth Trust, 1967)。慕瑞把真正出於上帝的靈，自然流露毫無矯飾的「復興」（revival），和利用人為方法營造出認罪、悔改與重生等跡象（至少表面上如此）的「復興運動」（revivalism）加以區別。「復興運動」的部分機制就是運用心理與社會壓力讓人歸正（pp. xvii–xix）。並見 Jim Ehrhard, "The Dangers of the Invitation System" (Parkville, MO: Christian Communicators Worldwide, 1999), http://www.gracesermons.com/hisbygrace/invitation.html。

[139] Niebuhr and Williams, *Ministry in Historical Perspectives*, 256.

porate），而是個人（individuals）的集合。[140] 在他以後出現的復興運動家都非常重視這一點，[141] 最後，這終於成為基督教福音派的精髓。

另外值得注意的是，慕迪的末世觀念深受普利茅斯兄弟會（Plymouth Brethren）的影響。他們認為在大災難降臨之前，基督隨時會再來（這就是所謂的「災前降臨時代論」pretribulation dispensationalism）。[142]

災前降臨時代論讓基督徒認為，自己必須在世界結束前盡量拯救世人。[143] 莫特（John Mott）在1888年發起學生自願運動（the Student Volunteer Movement）後，與之緊密相連的「在這個世代把福音傳遍全世界」的想法也應運而生。[144]「這個世代」的想法依舊活躍在目前的教會。[145] 然而，這跟初代基督徒的思想格格不入，他們並沒有急著要在自己這個世代拯救全世界。[146]

五旬節派的貢獻

從1906年左右開始，五旬節派掀起一股比較激情的會眾齊唱模式。這包括舉起雙手、在原地舞蹈、拍手、說方言以及使用鈴鼓。五旬節派這種作法跟它重視聖靈狂喜互為表裡。

沒有幾個人瞭解，若把五旬節教會敬拜裡面激情的部分挪走，其實

---

[140] Sandra Sizer, *Gospel Hymns and Social Religion* (Philadelphia: Temple University Press, 1978), 134.

[141] 慕迪以及其他大復興佈道家（例如懷特菲德）都積極訴諸情緒。他們深受浪漫派哲學（Romanticism；強調意志與情緒的學派）的影響。因為較早時期的基督教思想受到啟蒙運動影響而注重理性，於是才醞釀出這種反應（David W. Bebbington, "How Moody Changed Revivalism," *Christian History* 9, no. 1 (1990): 23）。大復興講員強調的是個人內心對上帝的熱情回應。歸正被認為是上帝一切作為的最終極目標。正如蘭恩（J. Stephen Lang）與諾爾（Mark A. Noll）指出：「因為大復興時期的傳道，個人內心的信仰意識逐漸強烈。個人抉擇從此深植在美國新教思想之中，當前的福音派以及其他宗派依舊明確表現出這種現象。」(J. Stephen Lang and Mark A. Noll, "Colonial New England: An Old Order, A New Awakening," *Christian History* 4, no. 4 [1985]: 9–10)。

[142] 這個理論的創始人就是達祕（John Nelson Darby）。災前論的起源相當引人入勝。見 Dave MacPherson, *The Incredible Cover-Up* (Medford, OR: Omega Publications, 1975)。

[143] Bebbington, "How Moody Changed Revivalism," 23–24.

[144] Daniel G. Reid, *Concise Dictionary of Christianity in America* (Downers Grove, IL: InterVarsity, 1995), 330.

[145] 例如，公元2000運動（The AD 2000 and Beyond movement）等等。

[146] 正如耶穌所言，使徒在「直到地極」之前，曾逗留在耶路撒冷許多年。他們沒有急急忙忙的把福音傳遍全世界。同樣，耶路撒冷教會在初成立的頭四年並沒有向任何人傳福音。他們也沒有急著把福音傳遍全世界。最後，新約書信裡面也沒有隻字片語提到，使徒吩咐教會去傳福音的原因是「時刻已晚，日子無多」。簡言之，基督徒認為自己要在特定時間內，盡量拯救靈魂的想法並沒有錯，但就聖經的教導以及上帝以往的作為看來，並不是每個基督徒都要扛起這特別的負擔。

跟浸信會禮儀沒有兩樣。因此，即使五旬節派大聲疾呼他們遵循的是新約模式，但典型的五旬節派與靈恩派的敬拜程序跟其他許多新教宗派其實是一樣的。唯一差異就只不過是在座位上更自由自在的表達內心的情緒。

另一個五旬節崇拜的特色就是詩歌敬拜（song service）。有時候詩歌中會穿插方言、翻譯方言或者「預言」。但這些不會超過一兩分鐘。這種蜻蜓點水的公開參與不能算是「肢體互相服事」。[147] 五旬節派也首創在收奉獻時，伴隨著獨唱或者詩班（往往標題為「特別音樂」special music）。[148]

如同所有新教宗派一樣，證道也是五旬節派聚會的焦點。不過，在一般的五旬節派教會中，牧師有時會「感受到聖靈正在運行」。這時候，他就會把講道延到下個星期，剩下的敬拜時間就由會眾一起唱歌禱告。對許多五旬節會友來說，這就是一場最精彩的教會敬拜。

會眾對這種特殊敬拜的敘述，令人嘆為觀止。他們通常會表示：「聖靈在帶領我們這星期的聚會，因此崔斯華牧師沒有講道。」我們一聽到這種說法，就不禁要問：「聖靈不是應該帶領所有教會的聚會嗎？」即使如此，在邊疆復興運動餘暉中誕生的五旬節敬拜，依舊非常主觀又偏向個人主義。[149] 在五旬節派以及其他許多新教宗派的心目中，敬拜上帝不是團體的共同活動，而是個人的經驗。[150]

僅微調無革新

我們從信義宗（十六世紀）、改革宗（十七世紀）、清教徒（十七世紀）、循道會（十八世紀）、邊疆復興運動（十八到十九世紀）以及五旬節派（二十世紀）禮儀的發展過程中，清楚明確的發現一件事：過去五

---

[147] 所謂「蜻蜓點水」指的是非常有限的意思。就目前來說，五旬節派和靈恩派的敬拜還無法完全開放讓會眾參與服事，也不能讓他們毫無拘束的自由分享。

[148] White, *Protestant Worship*, 204.

[149] White, *Protestant Worship and Church Architecture*, 129.

[150] 十八世紀的大復興把信仰定位在個人層面，但初代教會從來沒有這種想法。美國當時迅速發展成為個人主義至上的國家，因此跟這個趨勢一拍即合（Terry, *Evangelism*, 122–123）。

百年來，新教宗派的敬拜程序僅有微幅改變。[151]

最後，新教所有宗派的敬拜程序中，不符合聖經教導的地方都一樣：由神職人員主持與帶領，以證道為中心，並且會眾只能被動參與而無法投入服事。[152]

宗教改革大幅改變了羅馬天主教神學。但在現實層面上，僅對敬拜進行微幅調整，而沒有恢復新約模式。結果就是：上帝的百姓始終沒有掙脫從羅馬天主教承襲下來的禮儀枷鎖。[153]

正如一位作家所說：「改教家在基本上願意接受天主教古老的敬拜模式[154]……他們敬拜的基本架構幾乎原封不動的採自各種近古的敬拜模式。」[155]

最後，宗教改革對天主教禮儀只進行些微的改革。他們的主要貢獻就是改變禮儀的焦點。套句一位學者的話說：「天主教加快跟隨〔異教〕信仰的腳步，讓儀式成為一切活動的中心，而新教宗派則跟隨猶太會堂的腳步，讓聖經成為敬拜的焦點。」[156]不幸的是，天主教和新教都無法讓耶穌基督成為他們聚會的焦點與元首。他們也無法如新約所說，釋放與

---

[151] 法蘭克‧辛（Frank Senn）寫的 Christian Liturgy 一書，把歷史上各種不同的禮儀互相比較。一經比較就能輕易看出其間的共同點。

[152] 法蘭克‧辛並排比較現代五種禮儀手冊（羅馬天主教彌撒、信義宗的敬拜書、公禱書、循道會敬拜程序以及公共敬拜書 Roman Catholic Missal, Lutheran Book of Worship, Book of Common Prayer, the Methodist order of worship, and Book of Common Worship）發現它們非常雷同。（Christian Liturgy, 646–647）。

[153] 部分學者企圖從教會教父的著作中，挑選出一套所有教會都遵循的禮儀準則。但學術界近來已經證明這些著作中，沒有任何一本廣泛到足以代表當時所有教會一致遵行的規範。（Bradshaw, Origins of Christian Worship, 67–73, 158–183）。此外，考古學上的發現也顯示，這些身為神學家的教會教父的著作，並沒有忠實反映當時一般基督徒的信仰與習俗。新約教授施奈德的 Ante Pacem 一書所研究的是，駁斥教父筆下所描述君士坦丁時期之前基督徒生活型態屬實的負面考古證據。一位神學院作家表示：「施奈德所提出的問題是：初代基督徒知識份子的著作是否真實呈現當時教會的模樣？顯然，這個問題的唯一答案是否定的。有任何時代的知識份子能夠確實的描繪出當時街頭巷尾的情景嗎？巴特（Barth）、田立克（Tillich）或者甚至尼布爾（Niebuhrs）能勾勒出二十世紀美國通俗巷尾的真實樣貌嗎？我們都知道他們沒辦法，但是我們卻假定新約學者以及所謂『教父時期』神學家能夠準確敘述基督教最初三百年的樣貌。我們之所以會有這種想法的部分原因，當然是因為這些是我們手邊僅有的史料，就禮儀文獻來說，大致上的情形確實如此。」（Robin Scroggs, Chicago Theological Seminary Register 75, no. 3 [Fall 1985]: 26）。

[154] Nichols, Corporate Worship in the Reformed Tradition, 13.

[155] 同前，13。「許多傳統〔亦即天主教〕神學詞彙與觀念，可說是橫跨信義宗以及天主教兩個領域。」Kenan B. Osborne, Priesthood: A History of the Ordained Ministry in the Roman Catholic Church (New York: Paulist Press, 1988), 223。

[156] Banks, Paul's Idea of Community, 108; Hatch, Influence of Greek Ideas and Usages, 308–309.

推動基督的身體，讓信徒在聚會時彼此服事。

宗教改革過後，聖經取代聖餐的地位，牧師取代神父的地位，但帶領上帝百姓的依舊是讓他們成為無聲觀眾的人。他們一直把默示聖經的那位復歸於中心位置。就這樣，改教家始終沒有觸及最核心的問題：敬拜由神職人員帶領，平信徒只是被動的觀禮。[157]難怪改教家會認為自己是天主教裡的改革派。[158]

問題在哪裡？

我們清楚知道新教敬拜程序的起源不是主耶穌、不是使徒也不是新約聖經。[159]這還不至於推翻整個敬拜程序，而是只表示它毫無聖經根據，基督徒聚會時，使用座椅與絨毛地毯都沒有聖經根據，而且這二者都是異教的產物。[160]不論如何，誰會因為座椅和地毯是後聖經時代異教徒的發明，而認為不該在聚會的場地使用它們呢？

事實上，我們環境中有許多事物都是異教徒的發明。例如我們慣用的日曆，每個週日與月份都是以異教神明命名的，[161]但使用約定俗成的月曆並不會讓我們成為異教徒。[162]

既然如此，我們看待星期日早上敬拜程序的角度，為何跟敬拜場所

---

[157] 第二章探討的主題是在神職人員主動以及會眾被動的形成過程中，四世紀教會建築扮演的角色。戴維斯（Horton Davies）針對這方面表示：「基督教的敬拜在過去三、四百年間發生非常重大的變革……四世紀時，敬拜的場所不是私人住宅，而是在宏偉的聖堂或者華麗的教堂；敬拜的模式不再自由自在簡單純樸，而是中規中矩井然有序。」（*Christian Worship: History and Meaning*, 26）。

[158] Nichols, *Corporate Worship*, 155.

[159] 某些禮儀學者（例如聖公會的迪克斯〔Gregory Dix〕）曾竭力主張，新約裡面含藏著彌撒的雛形。不過，只要仔細檢視他們的論證就可知道，他們只是把當時的通俗傳統讀入聖經（Bradshaw, *Origins of Christian Worship*, ch. 2）。

[160] 目前已知的最古老座椅源自埃及。數千年來，只有皇室、貴族、祭司與富豪能夠使用。座椅要到十六世紀才被一般大眾普遍使用。1999年版 *Encarta Encyclopedia*，"Chairs" 條目。絨毛地毯是十一世紀印度的發明，然後傳遍東方各地。1998年版 *Encarta Encyclopedia*，"Floor and Floor Coverings" 條目。

[161] 每週七日的起源是古美索不達米亞，然後在主後321年被羅馬曆採納。一月 January 是羅馬神明 Janus；三月是羅馬神明 Mars；四月源自 Aprilis，神聖的維納斯 Venus；五月是女神 Maia；而六月是女神 Juno。星期日 Sunday 是膜拜太陽神的日子；星期一 Moday 是月亮女神的日子；星期二 Tuesday 是戰神 Tiw；星期三 Wednesday 是條頓神明 Wotan；星期四 Thursday 是北歐的雷神索爾 Thor；星期五 Friday 是北歐女神 Frigg；星期六 Saturday 是羅馬的農業神 Saturn（見 *Months of the Year* at www.ernie.cummings.net/calendar.htm）。

[162] 本書沒有提到聖誕節、復活節以及基督徒在星期日聚會的緣由，對這些感到好奇的讀者，請見作者在這方面詳盡的評論 at http://www.ptmin.org/answers.htm。

使用的座椅和地毯有所不同？這是因為傳統的敬拜程序不但不符合聖經，而且深受異教思想的影響（這跟經常在講壇上傳講的信息背道而馳），也不能帶來合乎上帝心意的屬靈成長。[163] 試想下列問題：

首先，新教的敬拜程序會壓抑基督徒的參與以及整個團體的成長。它封住基督身體中所有肢體的口，以致無法發揮應有的功能，沒有任何人可以勉勵肢體，分享心得、主動領唱或者介紹新歌或者主動發起禱告。會友的嘴巴被封住，乖乖的坐在椅子上！不但無法造就其他肢體，同時也得不到其他肢體的幫助。

你就跟其他「平信徒」一樣，只有在會眾唱詩和同聲禱告的時候才可以開口（如果你參加的恰好是典型的五旬節派或者靈恩派教會，也許能發出一分鐘的狂喜。然後就得坐下來保持安靜）。

雖然在教會的聚會中公開分享完全合乎聖經教導，[164] 但要是任何人膽敢嘗試這種舉止，簡直就是搗蛋攪局！大家會認為這是「失序」之舉，而要求當事人守規矩，否則就會被請出場。

其次，新教的敬拜程序僭越耶穌基督的元首地位。[165] 整個敬拜程序都是由一個人主導，所有會眾的知識、恩賜與經驗，全都由身體中單獨一個肢體——牧師所左右。這樣的話，我們的主耶穌怎能隨意透過祂的身體說話？整個過程裡面，可曾留下任何讓上帝把話語賜給弟兄姊妹，然後跟整個會眾分享的餘地？

敬拜程序不容這類事情發生。既然耶穌基督無法擁有透過祂的身體隨意表達祂旨意的自由，那麼祂也同樣會成為被動的旁觀者。

即使基督可以透過一兩位會友（通常是牧師與詩班長）表達祂的旨意，但他們能夠表達的內容也非常有限。主耶穌還是無法透過其他肢體

---

[163] 諾林敦（David Norrington）指出，儘管教會吸收周遭文化的各種觀念，基本上是無可厚非的事情，但因為它們出自異教思想，往往違反聖經信仰；於是教會經常受到文化融合（syncretism）與互滲（acculturation）的傷害（*To Preach or Not*, 23）。

[164] 林前十四26。新約教導所有基督徒，每當聚集在一起的時候，要運用自己的恩賜，發揮祭司的功能彼此造就（羅十二3–8；林前十二7；弗四7；來十24–25，十三15–16；彼前二5、9）。

[165] 套用華歷斯（Arthur Wallis）的話：「不論是古代還是現代、是成文還是不成文，凡禮儀都是人為的機制，目的是要用習慣成自然的方式培養宗教情操，而不是藉著聖靈的同在與運行，活出信心。」

表達祂的旨意。結果就是，新教禮儀導致基督的身體無法正常運作，簡直就是把整個基督身體變成一張大嘴巴（牧師）和許許多多小耳朵（會眾），這違反保羅為基督身體勾勒出的樣式——聚會時，每個肢體都能發揮作用造就基督的身體（見林前十二）。

其三，許多基督徒都覺得星期日早上的崇拜異常沉悶，毫無變化又缺乏活力。整個過程非常拘謹、馬虎又死板，既沒生氣又沒創意。過去五百年來始終如此。直言無諱的說，敬拜程序本身帶有行禮如儀的弊病，行禮如儀很快就會變成照章行事，接著變成毫無意義的敷衍了事，最後就只是形同虛設。

慕道友至上教會（seeker-sensitive churches）知道當代教會敬拜的特徵就是單調乏味，於是針對這一點，把各種現代化的媒體和劇場設備融入禮儀當中。這種作法的用意無非是要吸引非基督徒上教會。慕道友至上教會因為運用最先進的電子科技而順利增長。結果，一舉奪下一大片原本屬於北美新教的版圖。[166]

雖然以市場為導向的慕道友至上敬拜裡面已經增加娛樂成分，依舊受到牧師管控，三層式的「讚美詩夾心」絲毫未改，而且會眾依然是沉默的旁觀者（唯一不同的地方就是他們能享受較多的娛樂）。[167]

其四，新教禮儀要求會眾年復一年，每逢星期日都得安靜的坐著，其實會妨礙他們靈命的成長。原因在於這種方式會（1）增強消極被動的態度，（2）限制會友發揮自己才能，以及（3）暗示會眾這每星期六十分鐘的時間就是基督徒過著得勝生活的關鍵。

基督徒每個星期日參加敬拜的目的就是要療傷止痛與重振旗鼓，就跟其他傷兵一樣。然而，他們往往得不到所需的照料與鼓舞。原因很簡單，新約聖經從來沒有表示，全程參加被我們誤稱為「教會」的僵化禮儀，就能轉變我們的靈性。我們的成長所倚靠的是起而行的實際操練，

---

[166] 整個過程詳見 Gary Gilley, *This Little Church Went to Market: The Church in the Age of Entertainment* (Webster, NY: Evangelical Press, 2005)。
[167] 關於這方面，請參考作者（法蘭克）寫的 *Reimagining Church*。

而不是消極的旁觀與聆聽。

我們要坦白面對這件事，新教的敬拜程序大都不是出自聖經、不切實際也跟靈性背道而馳，並沒有任何新約根據。

反之，其根源是人類墮落後的文化環境。[168] 它把原始基督教不拘泥於形式，而且沒有任何禮儀的核心連根拔起。宗教改革五百年後，新教的敬拜程序依舊跟天主教的彌撒相去不遠，還是一套由異教與猶太教交織成的宗教禮儀。

正如一位禮儀學者所說：「基督教的敬拜史就是信仰與文化互相妥協的故事。宣教士在不同的時空中傳講福音時，也隨之散播他們自己所熟悉的敬拜形式與風格。」[169]

我（法蘭克）不是信口開河的空談禮儀。我筆下所寫在基督元首帶領下的開放式聚會，不是掛在嘴邊的理論而已。過去十九年間我一直都在參加這種聚會。

這種聚會最出眾的地方就是千變萬化，不會侷限在由一人主導、以講壇為中心的敬拜模式。這些聚會散發出多采多姿的自發性、創意性與新鮮感。這些聚會最重要特徵就是，明顯以基督為元首，但基督的身體依舊能秩序井然的自由運作。不久前我才參加過類似的聚會，且讓我敘述當時的情景。

我們大約有三十人聚集在一戶住家，起先彼此問安，然後我們當中有幾個人走到客廳中央開口清唱，馬上整個教會就互相搭著手臂開始齊聲高唱，接著另一個人開始唱另一首歌，其餘的人就一起加入。每首歌之間的空檔會有不同的人開口禱告。我們唱的歌曲中有些是會友自己寫的；有些歌曲我們唱了好幾遍；有些人把歌詞轉變為禱詞。有幾次，幾位會友透過我們剛唱完的歌曲勸誡勉勵整個教會。

我們在喜樂的歌唱、自發的禱告以及互相勸勉後，坐了下來。接

---

[168] 初代教會的目的不是佈道、證道、敬拜或者團契，而是要藉著整個團體共同彰顯基督，達到彼此造就的果效（Viola, *Reimagining Church*, ch. 2）。

[169] Senn, *Christian Worship and Its Cultural Setting*, 38, 40.

著，馬上有一位女士站起來，告訴大家過去這個星期主耶穌向她啟示的一切。她總共說了約三分鐘，就在她坐下後，一位男士站起來，他先分享一段經文，然後藉著這段經文讚美主。

緊接著，另一位男士站起來針對他說的話補充幾句造就的話。然後，一位女士開口唱一首新歌，跟前面兩位男士的分享非常貼切的相互輝映。整個教會都開口跟她一起唱。後來，另一位女士站起來朗讀一篇主耶穌在上星期賜給她的詩……而且跟前面幾個人的分享非常吻合。

在基督裡的弟兄姊妹依序站起來，告訴大家那個星期他們與主耶穌基督之間的關係。一個接著一個的勸勉、教導、鼓勵、詩詞、歌曲以及見證。彼此之間的共通主題逐漸浮現，那就是彰顯耶穌基督的榮耀。有些參加聚會的人甚至流下淚來。

這整個過程都沒有經過任何預演、安排或者計畫。然而，整個聚會充滿活力。這次的聚會不但內容豐富，而且榮神益人，任何人都看得出必定有一位在帶領整個聚會。但祂是肉眼看不到的那位，也就是主耶穌基督！祂的百姓彰顯出祂就是元首。這一切確實提醒我們祂實實在在的活著……能夠活活潑潑的領導祂的教會。

新約聖經對於基督徒聚會的方式並沒有沉默不語。那麼，當人因傳統違背上帝為祂教會所定的旨意時，我們還應該固執己見嗎？我們還要繼續忽視基督的元首地位，而高舉自己制訂的禮儀嗎？耶穌基督的教會應該是真理的柱石與根基，還是人類傳統的護衛（提前三15）？

或許融化上帝百姓冰凍的心唯一方法就是，徹底廢棄星期日早上的禮儀。但願我們不至於如主所說：「你們誠然是廢棄神的誡命，要守自己的遺傳。」[170]

---

[170] 可七9。並見太十五2–6；可七9–13；西二8。

☑答客問

1. 就聖經對教會聚會的敘述看來，我們似乎能夠相當自由的設計敬拜的模式，不是嗎？我的教會的敬拜程序幾乎包括《哥林多前書》十四章提到的所有環節。那麼，建立一套標準的敬拜程序有何不妥？

制度化教會的大部分聚會確實包括唱詩歌與教導；然而，這些場合的氣氛跟《哥林多前書》十四章的敘述完全不一樣。這段經文敘述的是開放肢體參與的聚會，每一個肢體都能開口教導、發出啟示、領唱、勸勉等等（26節）；在其他人說話的時候，隨時可以插嘴（30節）；而且任何人都可以主動作先知講道（24、30節）。

如果貴教會的聚會涵蓋所有這些要素，那就太美好了。我們不稱之為「標準敬拜程序」，因為這不是目前流行的標準作法。

2. 保羅在《哥林多前書》十四章勸勉信徒凡事都要按著次序。有機教會如何才能避免敬拜淪為任意妄為，或者被一兩個人操縱？有機教會的作風不是很容易導致失序嗎？

這是很好的問題。保羅勸勉信徒聚會時要按著次序，且清楚告訴我們開放式聚會未必非要百無禁忌。保羅認為開放式聚會還是能夠有條不紊的進行。如果上帝的百姓在經過教導後，都知道在基督元首的帶領下如何行事，那麼開放式聚會就會彰顯出和諧與條理，而讓榮耀倍增。

且讓我們捫心自問：保羅在看到哥林多教會一團混亂的場面時，他是如何處理的？使徒保羅並沒有打斷聚會，然後分發敬拜程序單。他也沒有開始設立人為儀式，他反而提供教會許多一般性的規範，讓聚會逐漸井然有序的進行，同時能發揮造就信徒的作用（見林前十四）。

此外，保羅有把握教會能遵行這些規範，這是一個重要原則。初代的每個教會都能得到巡迴各地的使徒同工的幫助，指引處理一般問題。

　　有時候這些幫助是來自一封書信，有時候這些同工會親自拜訪他們。這些外來的幫助讓有機教會在以基督為中心和避免聚會失焦這兩方面獲益良多。

3. 你質疑教會的焦點是否應該放在帶領失落的靈魂信靠基督。然而，除非世人相信基督，否則他們就不能參與保羅在《以弗所書》一章所提上帝那偉大的永恆計畫。因此，教會的首要之務豈不就是傳福音嗎？

　　這話說的沒錯。事實上，我們相信在日常中活出福音，並用話語傳揚福音，就是健全的有機教會應當自然流露出的生命。如果上帝的百姓學會全心全意愛他們的主並且彼此相愛，那麼他們自然就會用自己的話語和行為跟別人分享祂。

4. 你們暗指芬尼和其他復興派人士之所以運用呼召等等技巧，純粹是因為他們贊成實用主義，才會設計各種伎倆爭取信徒。但我們怎知道那些人是否因為聖靈的帶領，才採用新穎的方法幫助世人瞭解他們確實需要基督？

　　我們提到芬尼的目的只是想要說明，復興派把救恩視為上帝最重要的旨意。一旦救恩被切割出來自成一格，往往就會被孤立在基督徒的群體生命之外，因此許多創新作法的用意只是要吸引人信主，而不是要培養全備的基督徒。這種作法其實沒有顧及到上帝的永恆旨意。

　　至於現代實用主義，基督徒應該自行分辨哪一種作法是出於聖靈，或者只是人類的巧智，我們把這件事留給讀者判斷。

5. 你對於慕迪專注於帶領失喪的靈魂信靠基督，似乎非常不以為然。但，就佈道家來說，這本來不就是他的職責所在嗎？

　　我們當然樂見慕迪帶領人信靠基督。然而，我們認為就他把救恩視

為上帝最終及目的看來，他無法表達上帝整個計畫的全貌。

新約裡面沒有任何傳道人與使徒認為，帶領人信靠基督的唯一目的就是讓他們脫離地獄。初代基督徒根本沒有這種想法。初代基督徒領人歸主的目的是要帶領他們加入上帝的團體，也就是教會。

在初代基督徒的心目中，得救就是加入 ekklesia。信主與群體是不可分割的，是緊密交織在一起的。套用 Gilbert Bilezikian 的話說：「基督為我們死，不單是要拯救我們脫離罪，更要帶領我們成為一個群體。我們在信靠基督後，下一步就是要參與群體。缺乏群體感的教會無異於一場兒戲、笑柄。」[171]

從這方面看來，福音派主流最嚴重的錯誤就是把救恩論（soteriology；救贖）和教會論（ecclesiology；教會運作）切割開來。這樣一來，他們傳達的信息會讓人誤以為救恩論是不可或缺的必修課程，而教會論則是可有可無的選修課程。

因此，教會的運作無關緊要。但這種想法不符合上帝的旨意，教會不是福音的註腳，教會位於上帝旨意的核心。

事實上，一旦教會正常運作，就會成為人類歷史上最強大的佈道機制。當上帝百姓凝聚為一個群體時，他們的共同生活就會在世人眼中，成為上帝未來統治的標記。[172]

6. 你表示，天主教和新教都沒有讓耶穌基督成為聚會的中心與元首，我必須表示反對。就我們教會來說，我們唱的詩歌，我們朗讀的聖經，以及傳講的信息全都是以耶穌為中心。此外，我們也接受切合實際的教導，讓基督成為我們日常生活的主。

我們在這裡探討的主要議題不是「我們敬拜時，是否傳講耶穌與高舉耶穌？」我們同意許多制度化教會都這樣做。我們現在所探討的議題

---

[171] John McNeil, " 'Denatured' Church Facing Extinction," ASSIST News Service, February 19, 2006.

[172] 亦見 Stanley Grenz, *Created for Community* (Grand Rapids: Baker Books, 1998)。

是：「我們聚會時，耶穌基督是否確實居於首位？」讓耶穌成為肉眼看不見的貴賓，跟讓祂成為聚會的真正元首之間有著天淵之別。

姑且假設本書作者前往貴教會參加崇拜，然後，再假設主耶穌基督把一些事情放在我們心裡，要透過我們跟祂身體上的其餘肢體分享。那麼，我們能夠自由自在的這麼做嗎？是否每個人都能這麼做呢？如果不是的話，那麼我們就會質疑貴教會的敬拜是否真的以基督為元首。

要知道，以基督為元首的聚會意味著祂可以透過任何肢體在聚會中說話。這就是《哥林多前書》十二～十四章論述的重點。在這段經文中，保羅一開始就表示，耶穌基督不會像哥林多信徒以往膜拜的偶像那樣不發一語。那麼基督會透過什麼人說話呢？祂藉著祂的身體，運用聖靈應許的各種恩賜與職事（林前十二章）說話。保羅在下一章表示，信徒要用愛心發揮恩賜與職事，因為愛渴望造就所有其他的人（而不是尋求自己的益處）。保羅接著提到基督徒聚會時，「各人」都有不同的恩賜，並且「你們都可以一個一個的作先知講道」（林前十四章）。

就這一點來說，如果你參加符合新約模式的有機教會的聚會，就能在聖靈帶領下，理直氣壯的分享主放在你心中的任何話語。你不但可以這樣做，而且大家都期待你這樣做。換句話說，耶穌基督就是那場聚會中真正的元首。

7. 你常用「元首基督」表示基督在教會裡的領袖地位與權柄。我記得某本書提到，新約裡面的元首指的是「源頭」（source）而不是「權柄」（authority）。你有何看法？

它兼具這兩種意義。我們用**基督元首**表示，耶穌基督不但掌握教會的權柄，同時也是教會的源頭。學界非常支持這種用法。[173]

[173] F. F. Bruce, *The Epistles to the Colossians, to Philemon, and to the Ephesians* (Grand Rapids: Eerdmans, 1984), 68–69, 274–275; Francis Foulkes, *Ephesians* (Grand Rapids: Eerdmans, 1989), 73–74.

8. 初代教會不是在猶太會堂舉行敬拜嗎？我記得曾經讀到使徒在會堂講道，而且保羅和彼得傳道的對象，不就是一些被動的群眾嗎？

　　眾使徒以及那些像司提反一樣領受恩賜的人，前往會堂的目的是要佈道傳福音。不過，那些聚會不是教會裡的聚會。那些不是信徒的聚會，那些反而是使徒向猶太人傳福音的機會（當時，拜訪會堂的客人可以向群眾發表演講）。保羅和彼得確實曾在那些場合講道，但要記得那些不是教會裡的聚會。他們是在使徒性聚會（apostolic meetings）上講道，其用意不是向非信徒傳福音，就是要裝備與鼓勵當時的教會。使徒聚會以及佈道聚會都是暫時與偶發的，而教會裡的聚會則是固定與長久的。

9. 你們的意思是說，就因為初代教會曾經實施開放式參與聚會，所以我們也應該照辦——即使我們活在二十一世紀也一樣？

　　不。我們的意思是，開放式參與聚會的根源是新約神學，主要內容就是信徒皆祭司，以及基督身體的所有肢體都應該發揮作用。我們也認為基督徒在靈裡都具備跟其他信徒分享上帝啟示的一切，而讓對方得到造就的本能。因此，我們提出三個關鍵問題：（1）在瞭解過現代新教敬拜程序的源頭後，你認為它是否確實能有效的轉變信徒並彰顯耶穌基督？（2）開放式的教會聚會是否比新教的敬拜程序更符合上帝為祂教會所定的旨意？（3）我們是否應該花點時間嘗試更新我們在教會聚會以及傳揚基督的方式？

第 *4* 章

證道：新教最崇高的領域

「基督教並沒有消滅異教，而是兼容並蓄。」

——威爾・杜蘭（Will Durant），二十世紀美國史學家

「我說的話、講的道，不是用智慧委婉的言語，乃是用聖靈和大能的明證，叫你們的信不在乎人的智慧，只在乎神的大能」

——大數的保羅,《哥林多前書》二章 4–5 節

　　現在我們要探討的是教會裡最神聖不可侵犯的環節：證道。如果挪去證道的話，那麼新教的敬拜就會成為一場歌唱大會串。如果挪去證道的話，參加星期日早崇拜的人數一定會銳減。

　　證道就是新教禮儀的根基。過去五百年來，它就像時鐘一樣按時間準確的運作。每個星期日早晨，牧師都會站到講壇上，對著那些穩穩坐在長條椅上一動也不動的聽眾，發表一篇振奮人心的講章。[1]證道在許多基督徒的心目中佔據著極重要的地位，因此，這甚至成為他們上教會的唯一目的。事實上，他們往往認為整個敬拜的品質取決於證道的優劣。每當我們詢問上星期崇拜的情形時，對方多半會告訴我們信息的內容。

---

[1]「新教宗派最明顯的特徵應該就是他們對證道的重視。」Niebuhr and Williams, *Ministry in Historical Perspectives*, 110。

簡言之，在當代基督徒的心目中，證道就等於是星期日早晨的崇拜。[2]但這一切還不止於此。

對許多基督徒來說，取消證道就等於是切斷他們屬靈餵養的最重要源頭，一般人也都這麼認為。然而，讓人訝異的是，目前許多證道的內容根本不是以聖經為根基。反之，這些證道取材異教思想，然後把它消化融入基督教思想。這可真駭人聽聞，不是嗎？還沒結束呢。

證道其實會干擾上帝為教會聚會所定的旨意，而且跟真正的屬靈成長沒有太大的關係……我們會在後面的篇幅中證明這個論點沒有錯。

證道與聖經

顯然某些人在讀過前面幾段文字後，會反駁說：「整本聖經都提到有人講道。證道當然符合聖經教導！」

即使聖經裡面確實記載有不少男男女女在講道。然而，聖經裡面所說，經由聖靈默示的講道與教導，跟當代的證道大不相同。因為我們已經不明究裡的養成用現代思維強解聖經的習慣，所以幾乎無法察覺二者間的差異。於是，我們誤以為目前這種講壇至上的思想確實符合聖經教導。且讓我們更進一步追究下去。目前教會的講道有下面幾個特徵：

➤ **定期舉行**——至少每星期都會在講壇上忠心的傳講一篇證道。

➤ **同一個講員**——最常見的就是牧師或者夠格的外請講員。

➤ **被動的聽眾**——基本上是一篇獨白。

➤ **優雅的講章**——具備特定的架構。

通常包括前言，三、五個重點以及結論。

我們不妨把這種講章和聖經裡的講道相對照。舊約裡面有不少敬虔的人講道與教導，但他們的講詞跟當代講道不一樣。下面就是舊約講道與教導的特徵：

➤ 聽眾經常主動發言並在中途打斷講道。[3]

---

[2] 法國的新教教會把敬拜稱為 aller à sermon（「去聽道」go to a sermon）（White, *Protestant Worship*, 20）。

[3] Norrington, *To Preach or Not*, 3.

➤ 先知和祭司是針對當前的困境發表即席演講，而沒有事先寫好講稿。

➤ 舊約裡面沒有任何先知或者祭司定期對上帝百姓講道的記載。[4]

反而，舊約講道的特性是偶發、不定又開放聽眾參與。古時猶太會堂的講道也依循類似的模式。[5]

現在我們要看看新約。主耶穌並沒有定期向同一批群眾講道。[6]祂講道和教導的樣式與風格變化多端，而且祂會向各式各樣的對象傳講信息（當然，祂多數的教導都是以祂的門徒為對象。不過，祂對他們傳講的信息都是即席與非正式的）。

依循同樣的模式，《使徒行傳》裡面記載的使徒講道具有下面這些特徵：

➤ 是即席的證道。[7]

➤ 是在特殊場合為因應特殊難題而發表的演講。[8]

➤ 是臨時的演講，因此沒有修辭結構可言。[9]

➤ 在形式上多半是對話（也就是說，包括聽眾的回應與插嘴）而不是獨白（單方發言）。[10]

同樣的，新約書信也顯示，上帝話語的職事是在定期聚會時，由整個教會共同參與的。[11]從《羅馬書》十二6–8，十五14；《哥林多前書》十

---

[4] 先知發言是要回應特殊事件（申一1，五1，二十七1、9；書二十三1～二十四15；以賽亞；耶利米；以西結；但以理；阿摩司；哈該；撒迦利亞等等。）Norrington, *To Preach or Not*, 3。

[5] Norrington, *To Preach or Not*, 4。猶太會堂講道的唯一不同之處就是，他們會定期按照經文傳講信息。即使這樣，多數會堂依舊容許有意願的會友向眾人講道。這當然跟只容許宗教「專家」向會眾傳講信息的現代證道相抵觸。

[6] 奧古斯丁是第一個在書中把《馬太福音》五～七章稱為「登山寶訓」（大約在主後392～396年之間）的人。但要到十六世紀大家才普遍把這段經文稱為登山寶訓（Green, *Dictionary of Jesus and the Gospels*, 736; Douglas, *Who's Who in Christian History*, 48）。儘管冠上這個稱呼，登山訓眾在風格和修辭上還是跟現代證道相去甚遠。

[7] Norrington, *To Preach or Not*, 7–12。諾林敦在書中分析新約裡的證道，並用以跟現今的證道相比較。

[8] 《使徒行傳》二14–35，十五13–21、32，二十7–12、17–35，二十六24–29。Norrington, *To Preach or Not*, 5–7。

[9] 仔細觀察後，更能夠清楚看出《使徒行傳》裡面使徒信息自然流露而毫無矯飾的特性。例如，徒二14–35，七1–53，十七22–34。

[10] Jeremy Thomson, *Preaching As Dialogue: Is the Sermon a Sacred Cow?* (Cambridge: Grove Books, 1996), 3–8。用來形容初代講道與教導的希臘文是 dialegomai（徒十七2、17，十八4、19，十九8–9，二十7、9，二十四25）。這個字的意思是雙向溝通。英文的dialogue就是從它衍生出來的。簡言之，就傳道來說，使徒的職事比較偏向對話而非單向獨白。William Barclay, *Communicating the Gospel* (Sterling: The Drummond Press, 1968), 34–35。

[11] 林前十四26、31；羅十二4以下；弗四11以下；來十25。

四26以及《歌羅西書》三16可以看出，其中涵蓋教導、勉勵、先知講道、詩歌以及勸誡。這種「每個肢體」發揮功能的作法也具有會話的形式（林前十四29），而且隨時可以打斷（林前十四30）。同樣，當地長老的勉勵通常也是即席的。[12]

簡言之，今日基督徒所聽到的證道是舊約與新約中所無的。聖經裡面沒有任何初代基督徒聚會曾經出現過這種證道的跡象。[13]

基督教證道的起源

基督教文獻中關於定期證道的最早記載出現在二世紀末。[14]亞歷山太的革利免曾因為證道無法徹底改變基督徒而感到悲傷。[15]不過，儘管如此，時至四世紀證道已經成為基督徒的標準習俗。[16]

這就形成一個棘手的問題。既然證道並沒有盛行於初代基督徒之間，那麼後使徒時代的基督徒是從哪裡學來證道的？這個問題的答案顯而易見：基督教證道的起源是異教薈萃的希臘文化！

要探尋證道的起源，就必須回溯主前五百年一群被稱為辯士（sophists）的流浪教師。這些辯士就是修辭學（雄辯的藝術）的發明人。他們廣招弟子，並向聆聽他們演講的聽眾收取費用。[17]

這些辯士的專長就是辯論。他們善於利用情緒、外表以及語言「推銷」他們的辯術。[18]後來，世人對這些辯士的風格、形式以及口才的重視遠勝過真理，[19]於是孕育出一批「巧言令色」的能言善道之士。他們傳講

---

[12] Kreider, *Worship and Evangelism in Pre-Christendom*, 37.

[13] Norrington, *To Preach or Not*, 12.

[14] 同前，13。基督教證道的最古老文獻是主後100年到150年之間的《革利免二書》（*Second Letter of Clement*）。Brilioth, *Brief History of Preaching*, 19–20。

[15] Norrington, *To Preach or Not*, 13.

[16] Hatch, *Influence of Greek Ideas and Usages*, 109.

[17] Douglas J. Soccio, *Archetypes of Wisdom: An Introduction to Philosophy* (Belmont, CA: Wadsworth/ITP Publishing, 1998), 56–57.

[18] 同前。

[19] 英文中的sophistry 和 sophistical 都衍生自sophist。Sophistry 指的是似是而非的錯誤論證（Soccio, *Archetypes of Wisdom*, 57）。希臘人對演說者的風格和形式的重視，遠勝過對其內容真實性的重視。因此，優秀的演說家能夠用他的口才左右聽眾，讓他們相信他自己明知虛假之事。對希臘人來說，贏得辯論是比釐清真相更高的美德。不幸的是，基督教一直沒有擺脫這種辯才無礙的觀念（Norrington, *To Preach or Not*, 21–22; Hatch, *Influence of Greek Ideas and Usages*, 113）。

的是抽象真理，而不是他們在日常生活中實踐的真理。他們是一批虛有
其表卻毫無實質內容之士。[20]

一般人從辯士所穿著的特殊服裝一眼就可以認出他們。他們有些人
會在固定場地定期向同一批聽眾發表演講，其他辯士則旅遊各地發表他
們精心撰寫的講稿（此舉能讓他們獲得高額收入）。有時候希臘演說家
在進入演講場地前「先披掛上講袍」，接著他會一步步登上他的專屬座
椅，然後坐在那裡等候發表演講的時間到來。

他會引用荷馬（Homer）的話語，證明自己所言不假（某些演講家
把荷馬研究的非常透徹，甚至可以倒背如流）。辯士都深具魅力，因此
時常在演講過程中，鼓勵聽眾拍手鼓掌。如果聽眾非常喜歡他的演講，
有些人就會表示他的演講「來自天啟」（inspired）。

辯士是當時最突出的一群人，他們當中有些人士甚至能得到社會大
眾的供養。社會大眾還會為其中某些人樹立雕像。[21]

大約一百年後，希臘哲學家亞里斯多德（Aristotle，主前384～322）
創立三段論修辭法。亞里斯多德表示：「完整的論述必須包括前提、中
論與結論。」[22]後來，希臘演說家把亞里斯多德的三段論法應用在他們的
論辯中。

希臘人著迷於修辭學而無法自拔，[23]因此，辯士在其中可說是如魚得
水。羅馬人佔領希臘後，也沉溺在論辯之中。[24]結果，希臘─羅馬文化發
展出一種對伶牙俐齒的辯士樂此不疲的嗜好。這股風潮使得邀請專業哲
學家發表短講（sermonett）成為晚餐後常見的餘興節目。[25]

古希臘人和羅馬人都把修辭學視為最偉大的藝術形式之一。[26]因此，
辯士在羅馬帝國的地位，就跟電影明星和職業運動員在美國人心目中的

[20] Hatch, *Influence of Greek Ideas and Usages*, 113.
[21] 同前 54, 56, 91–92, 96, 97–98, 112。
[22] Aristotle, *On Poetics*, ch. 7. 儘管亞里斯多德在文中討論的是「小說情節」與「寓言故事」，他提出的原則依舊適用於演講。
[23] 喜好論辯可說是希臘人的第二本性。「他們是論辯的民族」（Hatch, *Influence of Greek Ideas and Usages*, 27）。
[24] Norrington, *To Preach or Not*, 21.
[25] Hatch, *Influence of Greek Ideas and Usages*, 40.
[26] Brilioth, *Brief History of Preaching* 26.

地位一樣崇高，他們就是當時的耀眼明星。

辯士單單藉著他們的口才就能煽動群眾的情緒。每座主要城市最引以為傲的就是其中的修辭學（當時的顯學）教師。[27]他們培養出的辯士都能擠身名流之列。簡言之，希臘人和羅馬人都沉迷在異教的論辯中──就跟許多沉溺在「基督教」講道的當代基督徒一樣。

一條蜿蜒的濁流

希臘的講演到底是怎麼進入基督教的呢？大約三世紀左右，基督的身體逐漸不再彼此服事後，就出現一種真空的狀態。[28]此時，教會歷史上那些肩負著先知講道的負擔，並具有捨我其誰的信念而周遊各地的基督工人已成絕響；[29]於是為填補他們遺留的空缺，神職人員逐漸浮現。開放式的聚會逐漸被人遺忘，而教會的聚會越來越著重儀式。[30]「教會的聚會」逐漸淪為「禮拜」（service）。

隨著階層制度的生根，「宗教專家」（religious specialist）的觀念也逐漸出現。[31]在面對這些轉變的時候，原本活潑的基督徒難以參與這種結構的教會，[32]他們沒有發揮自己恩賜的餘地。時至四世紀，教會已經徹底制度化。

正當此時，許多異教演說家與哲學家信主成為基督徒。結果，許多異教的思想觀念就這樣在不知不覺中侵入基督教。[33]他們當中許多人都搖身一變而成為初代教會的神學家與領袖，他們就是知名的「教會教父」（church fathers），而且他們的部分著作流傳至今。[34]

---

[27] Robert A. Krupp, "Golden Tongue and Iron Will," *Christian History* 13, no. 4 (1994): 7.

[28] Norrington, *To Preach or Not*, 24.

[29] Hatch, *Influence of Greek Ideas and Usages*, 106–107, 109.

[30] Norrington, *To Preach or Not*, 24–25.

[31] 同前；見本書第五章。

[32] 同前，25頁。

[33] 同前，22; Smith, *From Christ to Constantine*, 115。

[34] 其中包括特土良 Tertullian、居普良 Cyprian、亞挪比烏 Arnobius、拉克單丟 Lactantius 以及奧古斯丁 Augustine (Norrington, *To Preach or Not*, 22)。並見 Hatch, *Influence of Greek Ideas and Usages*, 7–9, 109; Richard Hanson, *Christian Priesthood Examined* (Guildford, UK: Lutterworth Press, 1979), 53。

　　異教文化中訓練有素，並靠演講賺取收入的專業講員，就這樣長驅直入基督教的血脈。要注意的是，「收費的教育專家」（paid teaching specialist）這個概念是來自希臘，而不是猶太教。猶太拉比的慣例是要自立謀生，以便提供免費的教導。[35]

　　這個典故的重點在於，那些曾經信奉異教（如今歸信基督教）的演說家，開始運用他們得自希臘羅馬文化的辯論技巧，完成基督教的宗旨。他們坐在自己的辦公椅上，[36]「著手闡釋聖經，就跟辯士為那些被視為聖典的荷馬著作撰寫註釋書一樣。」[37]只要把三世紀的異教講章和任何一位教會教父的講章兩相對照，就會發現二者的架構和用語其實非常雷同。[38]

　　一種新的溝通風格就這樣出現在教會——這種風格強調的是修辭典雅、文法正確、結構流暢以及滔滔不絕的獨白。這種風格旨在娛樂大眾，以及炫耀講員的口才。這是一種屬於希臘—羅馬風格的修辭術，[39]唯有那些接受過這種訓練的人才能夠在群眾面前發表演說！[40]（這些聽起來是否有些耳熟？）

　　一位學者曾表示：「最初傳講基督教信息時，採用的方式是雙向對話……但自從西方世界的辯論學派掌控基督教信息後，他們就急遽改變基督教的講道。辯術逐漸取代對話，辯士的口才取代耶穌基督的神蹟奇事。講員與聽眾之間的對話也退化為獨白。」[41]

　　簡言之，希臘—羅馬式的講章取代先知講道、公開分享以及聖靈所

---

[35] F. F. Bruce, *Paul: Apostle of the Heart Set Free* (Grand Rapids: Eerdmans, 1977), 220。著名的猶太拉比希列（Hillel）曾說：「凡靠妥拉賺取財富的，終將衰落。」（107–108）

[36] Hatch, *Influence of Greek Ideas and Usages*, 110.

[37] Norrington, *To Preach or Not*, 22。註釋就是解釋與說明一段聖經裡的文字。

[38] Hatch, *Influence of Greek Ideas and Usages*, 110.

[39] 鑽研修辭的學生的畢業考就是要能夠臨時針對眼前的主題侃侃而談。研究修辭學通常都需要學習邏輯（論辯的形式）。每個學者都要學習辯論的技巧，而且要達到熟練的地步。對希臘思想來說，邏輯是本然的天性。但這種邏輯是脫離現實的純抽象論證。這種心態很早就潛入基督教（Hatch, *Influence of Greek Ideas and Usages*, 32–33）。

[40] 同前，108。哈契寫道：「隨著教會機制的增長，不但教導與勸勉融為一體，而且在會眾面前發表言論的權利也逐漸限縮於教會裡的高階人士。」

[41] Wayne E. Oates, *Protestant Pastoral Counseling* (Philadelphia: Westminster Press, 1962), 162.

默示的教導。[42]證道變成教會高層菁英（尤其是主教）的特權。這些人必須在修辭學院接受演講技巧的訓練，[43]凡是沒有經過這種訓練的基督徒，都不能向上帝的百姓發表言論。

最早在三世紀時，基督徒就開始稱呼他們的證道是homilies，這個字也就是希臘演說家稱呼他們講章的同樣字眼。[44]目前，我們可以在神學院選修一門叫做講道學（homiletics）的課程，以鑽研講道的技巧。講道學被視為一門「把修辭規則付諸實踐的科學，其源頭可以追溯到希臘與羅馬」。[45]

換句話說，homilies（講章）與講道學（講道技巧）都不是基督教固有的元素，而是抄襲自異教的習俗。一股侵入基督教的濁流，已污染它的清流。然而，這股濁流在今日的強度就跟四世紀一樣未嘗稍減。

屈梭多模與奧古斯丁（CHRYSOSTOM AND AUGUSTINE）

屈梭多模是他那個時代最偉大的基督教講員之一。[46]（Chrysostom 的意思就是「金口」"golden-mouthed"。）[47]在君士坦丁聽過的證道中，就屬屈梭多模的證道最「震撼人心、充滿智慧又坦白直率」。[48]屈梭多模的證道非常具有說服力，因此不少人為要聽得更清晰而爭相擠到講台前方。[49]

天生就能言善道的屈梭多模，跟隨四世紀最傑出的辯士利巴烏斯

[42] 同前，107。

[43] Brilioth, *Brief History of Preaching*, 26, 27.

[44] Hatch, *Influence of Greek Ideas and Usages*, 109; Brilioth, *Brief History of Preaching*, 18.

[45] J. D. Douglas, *New Twentieth Century Encyclopedia of Religious Knowledge* (Grand Rapids: Baker Book House, 1991), 405.

[46] 屈梭多模臨終前，他的異教徒老師利巴烏斯（Libanius）表示，「要不是基督教把他給偷走」，否則他最有資格繼承恩師志業的（Hatch, *Influence of Greek Ideas and Usages*, 109）。

[47] Tony Castle, *Lives of Famous Christians* (Ann Arbor, MI: Servant Books, 1988), 69; Hatch, *Influence of Greek Ideas and Usages*, 6。約翰的暱稱就是金口，因為他辯才無礙而且講起道來一點也不馬虎（Krupp, "Golden Tongue and Iron Will," *Christian History*, 7）。

[48] Durant, *Age of Faith*, 63.

[49] Kevin Dale Miller, "Did You Know? Little-Known Facts about John Chrysostom," *Christian History* 13, no. 4 (1994): 3。屈梭多模的講章中，流傳至今的超過600篇。

（Libanius）學習演講術。[50]他的口才非常出眾，甚至他的講道經常被會眾的鼓掌叫好聲打斷。

　　屈梭多模曾在一篇講章中表示，在上帝的殿中不適宜鼓掌，而加以譴責。[51]但會眾非常喜愛他的講道，所以在他講道結束後，依舊報以掌聲。[52]這個故事足以說明希臘辯術令人難以抗拒的力量。

　　講壇上的證道得以融入基督教，應該歸功於屈梭多模以及奧古斯丁（Augustine, 354～430；他曾經是修辭學教師[53]）兩人。[54]希臘講章在屈梭多模手中發展到最高峰。希臘講章的風格可說是把焦點完全放在舞文弄墨、引經據典以及語出驚人。屈梭多模再三表示，「講員必須絞盡腦汁準備講章，才能發揮雄辯的威力」。[55]

　　拉丁講章則在奧古斯丁手中發展到頂點。[56]拉丁講章的風格比希臘風格踏實，焦點放在「凡夫俗子」身上，而且只闡釋一條道德教訓。慈運理的講道是以屈梭多模為典範，而路德則以奧古斯丁為典範。[57]逐節註釋以及意譯（paraphasing）都是拉丁風格和希臘風格的特色。[58]

　　即使如此，屈梭多模和奧古斯丁依舊屬於希臘辯士學派。在他們帶領下，基督教的修辭變得華麗。在他們帶領下，才有所謂「基督教」證道：內容雖然符合聖經教導，但在形式上則屬於希臘風格。[59]

改教派、清教徒以及大復興

　　中世紀時期，聖餐是羅馬天主教彌撒的主軸，而講道則敬陪末座。

---

[50] Krupp, "Golden Tongue and Iron Will," 7; Schaff, *History of the Christian Church*, 3:933–941; Durant, *Age of Faith*, 9。屈梭多模不但曾跟隨利巴烏斯學習演講術，也曾鑽研異教哲學與文學（Durant, *Age of Faith*, 63）。

[51] 聽眾對辯士的講道報以熱情掌聲是希臘的習慣。

[52] Schaff, *History of the Christian Church*, 3:938.

[53] Durant, *Age of Faith*, 65.

[54] Norrington, *To Preach or Not*, 23.

[55] Niebuhr and Williams, *Ministry in Historical Perspectives*, 71.

[56] Brilioth, *Brief History of Preaching,* 31, 42.

[57] Senn, *Christian Liturgy*, 366。信義宗與改革宗的講道都偏好逐節解經。這就是屈梭多模和奧古斯丁等等早期教父的特徵。

[58] 合一神學院（Union Theological Seminary）初代教會歷史教授麥古根（John McGuckin）在2002年9月29日寫給法蘭克‧威歐拉的電子郵件。

[59] Norrington, *To Preach or Not*, 23.

但從馬丁‧路德開始，證道就在敬拜中居於顯要地位。[60]路德認為教會猶如一群聆聽上帝話語的人。因此，他曾經稱呼教堂為Mundhaus（講堂）![61]

在路德的啟迪下，加爾文認為講員就是「上帝的喉舌」[62]（諷刺的是，他們兩人都竭力駁斥認為教皇是基督代理人的觀念）。難怪許多改教家不但鑽研修辭學，也深受奧古斯丁、屈梭多模、俄立根和大貴格利等人希臘─羅馬式講章的影響。[63]

就這樣，改教派及其打造出的各種新教宗派，紛紛重蹈教會教父的覆轍。[64]事實上，當代福音派講道傳統最晚近的根源就是十七世紀的清教徒運動，以及十八世紀的大復興。

清教徒的講道法沿襲自加爾文。那是什麼模樣的講道法呢？就是每星期按部就班的闡釋聖經。這是早期教會教父採用的方式，後來在文藝復興時期大行其道。文藝復興時期的學者慣於逐句詮釋古典文學作品。加爾文是這種方式能手，他在信主前，曾用這種方式為異教作家塞尼加（Seneca）的一部作品撰寫註釋書。他信主後開始撰寫講章，把同樣的分析手法應用在聖經上。

清教徒跟隨加爾文的腳步，把教會敬拜的全副焦點放在有系統的教導聖經上。清教徒企圖把新教傳遍英格蘭（也就是除掉聖公會的餘跡）時，他們把教會敬拜的全副焦點放在結構嚴謹、條理分明的逐節解經上。他們強調新教是一個「聖書」至上的宗教（諷刺的是，「聖書」裡面一點也沒提到這種證道方式）。

---

[60] White, *Protestant Worship*, 46–47.

[61] Niebuhr and Williams, *Ministry in Historical Perspectives*, 114.

[62] Thomson, *Preaching as Dialogue*, 9–10.

[63] Old, *Patristic Roots of Reformed Worship*, 79ff.

[64] 追溯證道從宗教改革時期一直到目前為止的變遷過程，已超出本書的範圍。我們在這裡只需要說的是，證道在啟蒙時期已經沒落為以改善人類社會為宗旨的枯燥說敎。在清教徒的努力下，教會教父首創的逐節釋經證道又死灰復燃。社會公義在十九世紀成為循道會的首要主題。隨著邊疆復興運動的崛起，福音派教會的證道也以救恩呼召為主軸。清教徒對現代的講道修辭也貢獻良多，他們在講道前會先按照四段式大綱（朗讀經文、神學宗旨、教義的論證與說明以及生活應用）詳細撰寫結構分明的講章。White, *Protestant Worship*, 53, 121, 126, 166, 183; Allen C. Guelzo, "When the Sermon Reigned," *Christian History* 13, no. 1 (1994): 24–25。

清教徒還發明所謂「簡明」（plainstyle）講道法。這種方式的精髓就是一目了然易於記誦的講章大綱。這種層層剖析經文的作法，把證道提升為一種精密科學。[65] 目前仍然有數不盡的牧師採用這種方法。此外，清教徒首創的作法還包括一小時證道（不過某些清教徒講道長達一個半小時）、會眾抄寫證道筆記、四段式講章大綱，以及牧師帶著小抄證道。[66]

受到大復興運動而興起的另一種證道法，不但常見於早期循道會，而且目前依舊盛行在五旬節派。一陣陣驟然爆發的激情，以及在講台上呼喊與來回奔跑，都是這種傳統造成的餘波。[67]

就當代證道的起源整體看來，我們可以說：基督教沿襲希臘—羅馬的辯術，然後根據自己的需要改造它、轉化它，然後再用一層層的服飾包裝它。希臘的演講術在二世紀左右潛入基督教。在四世紀的講壇上達到最高峰——主要人物就是屈梭多模與奧古斯丁。[68]

證道在基督教的地位從五世紀開始就一落千丈，直到宗教改革才又受到重視，並被供奉為新教崇拜的核心。然而，過去五百年來，多數基督徒從未懷疑過它的起源及其果效。[69]

證道對教會造成的傷害

儘管五百年來傳統證道一直備受重視，但它對教會已經造成許多負面的影響。

首先，證道讓講員成為教會例行聚會的常駐大師。結果，會眾因此無法盡情參與，而更遭的是根本就無法參與。證道把教會轉變為講堂，會眾退縮成一群欣賞表演的沉默觀眾。講員在台上滔滔不絕的獨白時，根本沒有插嘴或者發問的餘地。證道讓基督的身體僵硬的無法動彈。這

[65] Meic Pearse and Chris Matthews, *We Must Stop Meeting Like This* (E. Sussex, UK: Kingsway Publications, 1999), 92–95.

[66] White, *Protestant Worship*, 53, 121, 126, 166, 183; Guelzo, "When the Sermon Reigned," 24–25。清教徒講道的方式依舊盛行今日。每當你聽到新教牧師證道時，都會發現它背後隱藏著師法異教辯術的清教徒證道風格。

[67] Pearse and Matthews, *We Must Stop Meeting Like This*, 95.

[68] Brilioth, *Brief History of Preaching*, 22.

[69] 十九世紀史學家哈契（Edwin Hatch）是率先質疑證道的人士之一。

種作法讓牧師週復一週的掌控教會的聚會，因此培養出一批溫順的祭司。[70]

其次，證道經常會阻礙靈命的成長，因為它是單向溝通，所以會導致對方處於被動狀態。證道讓教會無法發揮原本的功能，使得基督徒無法彼此互相服事，且會阻礙開放式參與，使得上帝百姓的靈命直線下墜。[71]

我們既然身為基督徒，就必須發揮一己恩賜才能長大成熟（見可四24–25；來十24–25）。每星期坐在位子上一動不動的聽講，不會讓我們成長。事實上，新約型態的證道與教導的目標之一，就是讓每個人都發揮自己的功能（弗四11–16），[72]鼓勵我們在教會的聚會中開口說話（林前十二～十四章）。[73]傳統證道讓這一切窒礙難行。

第三，證道會讓我們對神職人員產生不符合聖經的認知。會導致我們過度又病態的依賴神職人員，證道讓傳道人成為宗教大師——只有他們才能說出金玉良言，其餘的人都被視為次等基督徒——坐在長條椅上暖屁股，（儘管沒有人明說，但這一切盡在不言中）。[74]

如果教會中其他肢體都沉默不言，那麼牧師怎麼向他們學習呢？如果會眾無法在牧師發言時提問，他們怎麼能充分吸收牧師的教導呢？[75]如果弟兄姊妹在聚會時，不能開口說話，他們怎能互相造就呢？

證道讓人覺得「教會」既遙遠又冷漠。[76]它剝奪牧師從教會取得靈糧的能力，又剝奪會眾在靈裡互相餵養的機會。這一切使得證道成為建立祭司國度的最大障礙之一！[77]

第四，證道不但無法裝備聖徒，反而讓他們退縮不前。即使傳道人聲嘶力竭的呼喊要「裝備聖徒完成事工」，事實卻告訴我們，就裝備上

---

[70] 一般人往往認為證道是基督徒成長的主要推手。但這是錯誤又錯亂的觀念。

[71] 關於這方面更深入的探討，見 Viola, *Reimagining Church*。

[72] 這段經文同時指出，發揮功能是靈命成熟必備的要件。

[73] 這段經文所敘述的聚會顯然是教會的聚會。

[74] 某些牧師始終認同「羊群只會咩咩叫和吃草」這種蠢話。

[75] Reuel L. Howe, *Partners in Preaching: Clergy and Laity in Dialogue* (New York: Seabury Press, 1967), 36.

[76] George W. Swank, *Dialogical Style in Preaching* (Valley Forge: Hudson Press, 1981), 24.

[77] Kevin Craig, "Is the Sermon Concept Biblical?" *Searching Together* 15, no. 1–2 (1986), 22.

帝百姓各盡其職完成聖工來說，當前每個星期傳講的證道幾乎毫無幫助。[78] 不幸的是，許多上帝百姓都聽道上癮，就跟許多牧師講道上癮一樣。[79] 相較之下，符合新約的講道與教導則能夠裝備會眾，即使沒有神職人員也能充分發揮功能。[80]

例如，我（法蘭克）最近曾參加一個研討會：一位當代的植堂工人跟好幾個家庭教會的同工共度一整個週末。植堂工人每天都讓這幾個教會浸潤在耶穌基督的啟示裡，但他也傳授他們一些非常實際的方法，讓他們能親身體驗講道的內容。

接著，他就放任他們自由發展，而他可能好幾個月後才會回來。經過一整個週末的裝備後，這些教會已經能夠自己舉行聚會，讓每個肢體在聚會中都能藉著勸勉、鼓勵、教導、見證、撰寫歌曲、詩詞等方式彰顯基督。基本上，這就是新約的使徒事工。

第五，當代講道往往不切實際。數不盡的傳道人只是紙上談兵，根本沒有經歷過自己口中所說的一切。不論講道的旨趣是抽象／理論、靈修／勵志、訓示／規範，還是娛樂／消遣，都無法讓會眾直接體驗講道的內容。因此，典型的講道猶如旱地教游泳！毫無實際價值可言，內容雖然豐富，但多半經不起考驗，許多講道都只著重思想。一般來說，當代講壇上的講員都只不過是在傳遞資訊，無法真正裝備聖徒，落實他們聽到的一切，然後充分發揮在日常生活中。

就這方面來說，講道確實忠實反映它們的始祖——希臘羅馬的辯術。希臘羅馬的辯術徹底浸潤在抽象思考裡面，[81] 其「宗旨是提供娛樂以及展現巧智，而不是要教導與啟發對方的才能」。[82]

---

[78] 儘管許多牧師高談闊論要「裝備聖徒」並「讓平信徒大展身手」，但放手這些讓積弱的平信徒參與服事以及裝備會眾完成事工的應許，始終都只是空談。只要牧師繼續用證道主導教會的敬拜，上帝的百姓就無法在聚會中自由揮灑。因此，「裝備聖徒」通常都只是一句空話。

[79] 我們這些認為講道枯燥乏味的人都瞭解「聽道聽到生不如死」的滋味。十九世紀英國作家兼牧師 Sydney Smith 一語道破這種情緒：「應該懲罰他聽野雞牧師講道，聽到生不如死！」。

[80] 想一想保羅在新成立的教會講完道後，就任由其長期獨自運作的方式。詳見 Frank Viola, *Finding Organic Church* (Colorado Springs: David C. Cook, 2009)。

[81] Craig, "Is the Sermon Concept Biblical?" 25.

[82] Norrington, *To Preach or Not*, 23.

當代精彩絕倫的證道其長處就是感動人心、提振士氣以及刺激思想，但無法告訴聽眾如何起而行。儘管當代證道有許多優點，但無法實現它所應許的屬靈成長。最後，只會讓教會已經衰落的情景每況愈下。[83]證道猶如興奮劑一樣，它的效果往往非常短暫。

讓我們打開天窗說亮話。許多基督徒聽了幾十年道，依舊無法成為長大成熟的基督徒。[84]我們基督徒生命的轉變不是每星期上教會聽道就辦得到的，我們生命轉變所靠的是在日常生活與主耶穌基督相遇。[85]因此，那些傳道人蒙召是要傳講基督，而不是傳講關於祂的訊息，他們也蒙召腳踏實地的完成他們的事工，他們蒙召不但要用口中的話語啟示基督，更要親身成為他們聽眾經歷祂、認識祂、跟隨祂與服事祂的榜樣。當代的講道往往欠缺這些至關緊要的環節。

如果傳道人無法帶領他的聽眾活出他所傳講的屬靈生命，那麼他的信息就無法帶來長久的果效。所以，教會目前亟需的不是口若懸河的講員，而是屬靈導師，目前迫切需要的就是那些能夠傳講基督的人，並知道如何引導上帝的百姓經歷他所傳講的基督。[86]更重要的是，基督徒需要知道與其他肢體分享這位活生生的基督，而互相得到造就的方法。

由此可知，基督教這個大家庭需要恢復聖經中互相勸勉與互相服事的操練，[87]因為這就是新約聖經裡面靈命更新的兩個主軸。[88]雖然，教會有教導的恩賜，但參與教導的信徒不僅包括那些領受特殊教導恩賜的信徒（弗四11；雅三1），也包括所有信徒（林前十四26、31）。一旦我們

---

[83] Clyde H. Reid, *The Empty Pulpit (New York: Harper & Row Publishers*, 1967), 47–49.

[84] Alexander R. Hay, *The New Testament Order for Church and Missionary* (Audubon, NJ: New Testament Missionary Union, 1947), 292–293, 414.

[85] 我們不論是在榮耀裡，還是在苦難裡，都能與基督相遇（林後三18；來十二1以下）。

[86] 徒三20，五42，八5，九20；加一6；西一27–28。不論是向非信徒傳道（kerygma）還是教導（didache）信徒，向非信徒與信徒傳講的信息內容都是耶穌基督。C. H. Dodd, *The Apostolic Preaching and Its Developments* (London: Hodder and Stoughton, 1963), 7ff。格林（Michael Green）曾經對初代教會這麼寫道：「他們傳講的是一個人。他們的信息就是以基督為中心。確實，福音所說的就只是耶穌，或說基督：『他傳講耶穌……耶穌這個人，受難的耶穌、復活的耶穌、坐在高天寶座上的耶穌……同時也在聖靈裡與祂百姓同在的耶穌……復活的基督就是他們信息最明確的核心。」Green, *Evangelism in the Early Church* (London: Hodder and Stoughton, 1970), 150。

[87] 欲深入瞭解這個層面，見 Viola, *Reimagining Church*。

[88] 來三12–13，十24–26。要注意這些經文裡面所強調的「彼此」。作者所指的就是彼此勸勉。

把教導侷限在傳統的講道形式，以及一批專業講員的身上時，就會遠遠偏離聖經的意思。

總結

傳講與教導上帝的話語是否合乎聖經？是的，絕對要合乎聖經。然而，當代講壇上的證道跟聖經裡面說的傳道與教導並不一樣。[89]它不見於舊約的猶太教、耶穌的事工以及初代教會的生命，[90]更甚的是，保羅告訴那些他帶領信主的希臘人，他不願受到當時異教宣傳模式的影響（林前一17，22，二1–5）。

但保羅在《哥林多前書》九章22節表示：「向什麼樣的人，我就作什麼樣的人。無論如何，總要救些人。」這又該如何解釋？我們會說這不包括讓講道成為每星期敬拜的焦點，因為這會成為信徒生命轉變以及彼此造就的攔阻。

講道是希臘修辭學的產物。在異教徒成為基督徒後，逐步把他們的演講引入教會後，講道才開始出現在教會。三世紀時，講道已成為基督教領袖的習慣性作法。四世紀時，更已然成為固定的習俗。[91]

基督教不斷吸收周遭的文化習俗。[92]當牧師穿著牧師袍站上講壇發表神聖的證道時，他其實是在不知不覺中扮演著古希臘辯士的角色。

然而，儘管當代講道毫無聖經根據，但在今日大部分的基督徒心目中依舊佔據著崇高的地位。它已經深植在基督徒心目中，多數相信聖經的牧師與平信徒只是跟隨傳統，而堅守與推廣這種習俗，卻不知道這一切其實不符合聖經。講道已經根深蒂固的融入這套跟新約教會生活相去甚遠的複雜機制之中。[93]

---

[89] Craig A. Evans, "Preacher and Preaching: Some Lexical Observations," *Journal of the Evangelical Theological Society* 24, no. 4 (December 1981), 315–322.
[90] Norrington, *To Preach or Not*, 69.
[91] 同前。
[92] George T. Purves, "The Influence of Paganism on Post-Apostolic Christianity," *The Presbyterian Review* 36 (October 1888): 529–554.
[93] 並見第5章。

就我們對當代講道探索所得的結果，思考下列問題：

傳講以忠於上帝話語為題的講章，豈不是在自打嘴巴？

基督徒應該消極被動的坐在椅子上，宣告信徒皆祭司這個觀念嗎？進一步說，基督徒怎能一方面表示自己贊成新教唯獨聖經（sola scriptura）的教義，另方面卻支持牧師在講壇上講道的作法？

一位作家說的好：「事實上，講道無可厚非，它已經成為最終目的，神聖的目的——這是盲目尊崇『先人傳統』的結果……那些爭相表示聖經就是上帝的話語，也是『信仰與生活的最高指導原則』的人，竟然率先支持先人的『破池子』（耶二13）而反對聖經的方式，似乎顯得表裡不一。」[94]

就本章探討的主題看來，教會豈會有多餘的空間容得下像是講道等這些聖牛？

☑答客問

1. 你認為不該把傳講上帝的話語放在教會聚會的中心位置。不過，保羅在教導提摩太的時候，似乎相當強調講道的重要。他在《提摩太後書》四章2節告訴提摩太：「務要傳道，無論得時不得時，總要專心，並用百般的忍耐、各樣的教訓責備人，警戒人，勸勉人。」

提摩太是使徒同工。他的職責是裝備上帝百姓各司其職，以及認識主。建造教會也是贏得失喪靈魂的宗旨之一。（保羅在提後四5教導提摩太「作傳道的功夫。」）

因此，傳講上帝的話語屬於使徒呼召的一環。提摩太當然要以此為

[94] Norrington, *To Preach or Not*, 102, 104.

職志，正如保羅在雅典的市集以及以弗所的推喇奴學房一樣。那些是使徒性聚會，旨在帶領人信靠基督，然後裝備教會造就基督徒。

相較之下，教會的一般聚會應該是所有會友都聚集在一起分享自己對基督的認識（林前十四26；西三16；來十24–25）。所有會友都能自在的教導、傳道、作先知講道、禱告以及帶領詩歌。

2. 即使希臘人和羅馬人曾經用辯術取悅大眾；不過，我們在解經時，為何不該運用修辭原理，也不該逐節釋經？畢竟，上帝告訴我們不但要盡心盡性愛祂，也要「盡意」（all our mind）愛祂。

我們主張的重點是，講道的起源是希臘—羅馬的異教文化，而不是耶穌或者使徒。希臘—羅馬式的講道是否得當，應該由讀者自行決定——應該把它昇華為使徒講道，還是應該離棄它。

3. 你在敘述植堂工人時表示，他「每天都讓這幾個教會浸潤在耶穌基督的啟示裡」。這到底是什麼意思，此外，你為何覺得這種經驗會影響教會聚會的方式？

初代教會的植堂工人對耶穌基督有非常深入又深刻的認識（或洞見）。他們不但認識祂，而且對祂非常熟識。祂就是他們的生命、氣息以及人生目標。他們轉而把同樣的啟示傳給他們拓植的教會。《約翰壹書》一章1–3節就是這股活力的典範。

大數的保羅非常深刻的傳講基督的信息，在短短幾個月內就讓淫亂、嗜血的異教徒改頭換面，成為深愛耶穌基督的基督徒（彼西底的安提阿、以哥念、路司得、特庇、腓立比、帖撒羅尼迦以及庇哩亞的教會就是由那些新信徒組成的〔徒十三～十七〕）。保羅跟他們分享基督長闊高深的愛，讓他們知道自己在祂眼中是聖潔的，而且他們可以親密的認識祂，因為基督就住在他們裡面。對內住的基督這種深刻、親密的認識，深深影響他們聚會的方式以及聚會的內容。

此外，保羅慣於跟新信徒相處幾個月的時間，然後任由他們自行運作一段時期，有時甚至長達數年。後來他回來時，他們仍然聚集在一起，仍然彼此相愛而且仍然跟隨著他們的主。

保羅傳講的是哪一種福音，才能造成這麼奇妙的果效？他稱之為「基督那測不透的豐富」（弗三8）。換句話說，他把他們浸潤在耶穌基督的啟示裡面。

4. 這一切聽起來好像是在反對講道與教導。這就是你們的論點嗎？若否，你們的論點是什麼？

我們非常支持傳道、教導、先知講道、鼓勵以及各種分享上帝話語的方式。我們所說的只是，當代講道，也就是每個星期、每個月、每一年都由同一個人（通常是神職人員）向同一批會眾滔滔不絕的演講，不但不符合聖經教導，也毫無果效。我們希望讀者查考關於這個論點的經文以及歷史證據，然後自行判斷我們的分析是否正確。事實上，巴拿集團（Barna Group）進行的研究顯示，就提升敬拜品質、吸引眾人親近上帝，以及向會眾傳遞更新生命的信息來說，講道可說是毫無貢獻。

牧師：信徒成長的障礙

「基督教以及許多其他宗教都會出現的普遍現象之一就是，為歷史上迫於設立的機構提出神學理論，然後把這些理論回推到這些機構的草創時期，其實，當時的人根本沒有這種想法。」

——韓森（Richard Hanson），二十世紀教父學學者

「我唸大學時，主修聖經。我在神學院時，主修的就是他們傳授的唯一學科：專業教牧。畢業時，我可以說拉丁文、希臘文和希伯來文，因此，這世上我唯一適任的職位就是教宗。不過，已經沒有空缺了。」

——匿名牧師

牧師乃新教宗派最重要的人物。牧師在多數基督徒心目中的地位非常崇高，他的聲望、地位、得到的讚許以及備受倚賴的程度，往往超過耶穌基督祂自己！

挪走牧師的話，多數新教教會就會陷入一片慌亂；挪走牧師的話，我們所知的新教就會消蹤匿跡。牧師就是當代教會的焦點、支柱與核心。他就是新教的化身。

但這一切都非常諷刺。整本新約聖經裡面沒有任何一節經文提到現代的牧師！初代教會根本沒有此職的蹤影。

要注意的是，我們在這一章裡面所提到的**牧師**，指的是當代牧師的職務與職位，而不是擔任這個職位的人。大致上來說，擔任牧師職位

人都是非常優秀的人才，他們都是非常高尚、正直而且往往身懷恩賜又愛主的基督徒，滿腔熱情的要服事祂的百姓。但他們擔任的職務跟聖經與教會歷史大相逕庭。[1]

聖經裡面確曾提到牧師？

牧師一詞確實出現在新約聖經：

祂所賜的，有使徒，有先知，有傳福音的，有牧師和教師。（弗四11）

我們可以從這節經文裡面看出下面幾個重點：

➤ 這是整本新約聖經中唯一提到**牧師**的經文。[2]新教把信仰建立在單獨一節經文上面，其證據顯然非常薄弱！就這方面來說，以手握蛇顯然比當代的牧師更具有聖經權威（見可十六18；徒二十八3–6）。羅馬天主教對**祭司**（priest；譯註：又作司鐸、神父、司祭）一詞也犯下同樣的錯誤。**祭司**一詞在新約聖經中共出現過三次，每次都是指全體基督徒。[3]

➤ 這個字是複數，它的意思是**牧師們**（pastors）。這一點非常重要，不論這些「牧師們」是誰，他們在教會裡都是複數而不是單數。因此，單一牧師（sola pastora）的作法並沒有聖經根據。

➤ 牧師們的希臘原文是poimenas。字義是牧羊人們（shepherds，Pa-sotor是拉丁文裡的牧羊人）。因此，**牧師**是用來說明教會所具備的某種特定功能的比喻，它既不是職位也不是頭銜。[4]初代的牧者

---

[1] 目前那些覺得自己蒙召服事地方教會的基督徒，往往認為他們服事的範圍僅限於擔任牧師或者敬拜領袖。雖然他們確實蒙召從事主工，但初代時並沒有這些職位。儘管如此，他們的職位毫無聖經根據，牧師確實經常幫助眾人，但他們助人是出於自願，而非出於職位的要求。

[2] 這個字是從poimen（徒二十28；彼前五2–3）衍生出來的。

[3] 啟示錄一6，五10，二十6。R. Paul Stevens, *The Other Six Days: Vocation, Work, and Ministry in Biblical Perspective* (Grand Rapids: Eerdmans, 1999), 173–181。

anks, *Paul's Idea of Community*, 131–135。新約聖經從來沒有指稱公職或者宗教領袖的希臘用語稱謂教會同工。
外，即使多數新約作者都非常熟悉舊約的猶太祭司體系，也從來沒有使用hiereus（祭司）指稱基督教裡的聖

根本沒有當代基督教賦予它的獨特、專業的意義。因此，《以弗所書》四章11節的牧師，指的不是職位而僅僅是教會的眾多功能之一。牧者就是那些自然而然就會餵養與照顧上帝羊群的那些人。因此，今日常見認為牧者是一種職位或者頭銜的觀念，是非常嚴重的錯誤。[5]

➤ 充其量，我們也只能說《以弗所書》四章11節語意不明。這節經文絕對不是在界定或者解釋牧師們的身分，這節經文只是提到他們。遺憾的是，我們用我們西方人的牧師觀念解釋這個詞彙，我們把自己腦海中當代牧師的觀念強加於新約聖經。初代基督徒的腦海中，絲毫沒有類似當代牧師的觀念！

韓森看出來，「對我們來說，主教、長老與執事等詞彙已經存在兩千多年。對起初使用這些詞彙的人來說，這些職位的頭銜只不過就是指監督、長者以及幫手。只因為這些詞彙被後人賦予不當的神學意義，基督教的事工才漸漸被扭曲。」[6]

初代的牧者都是地方上教會的長老（presbyters）[7]與監督（overseers）。[8]他們的功能跟當代牧師的角色不一樣。[9]

牧師的起源

既然初代教會沒有當代所謂的牧師一職，那他們是怎麼出現的？他們怎麼會在基督教佔據這麼顯著的地位？這個典故的起源非常錯綜複雜，可以一路追溯到人類墮落之初。

人類墮落後就渴望出現一位能夠帶領他們回到上帝面前的領袖。因此，人類歷史上就不斷出現各種崇高的宗教領袖階層。自從亞當犯罪

職。按立聖職意味著教會領袖是一個靜態又權責分明的職位，這是使徒教會所無的現象。Marjorie Warkentin, *Ordination: A Biblical-Historical View* (Grand Rapids: Eerdmans, 1982), 160–161, 166。

[5] 這讓我想到約伯所說：「我必不看人的情面，也不奉承人。」（約伯記三十二21）

[6] Hanson, *Christian Priesthood Examined*, 34–35.

[7] 這個詞彙的英文是從希臘文的「長老」（presbuteros）演變來的。

[8] 監督與僕役（servant）在教會裡演變成主教與執事（Smith, *From Christ to Constantine*, 32）。

[9] Christian Smith, *Going to the Root*, ch. 2–3; Jon Zens, *The Pastor* (St. Croix Falls, WI: Searching Together, 1981); Jor Zens, "The 'Clergy/Laity' Distinction: A Help or a Hindrance to the Body of Christ?" *Searching Together* 23, no. 4 (1995)

後，人類社會就不斷出現各種巫師、僧侶、吟唱詩人（rhapsodist）、術士、巫醫、占卜師、智者、以及祭司。[10]而這些人的特色就是受過特殊訓練、穿著特殊服裝、口說特殊用語並過著與眾不同的生活。[11]

我們可以從古以色列史看到這種直覺崛起的過程，它在摩西的時代首度現身。耶和華的兩個僕人，伊利達和米達在領受上帝的靈後，開始說預言。匆忙中，一位血氣方剛的年輕人慫恿摩西「禁止他們」（民十一26–28），摩西斥責那年輕人，表示他希望所有上帝的百姓都能說預言。摩西所對抗的就是企圖壓抑上帝百姓的神職意識。

摩西登上何烈山的時候，我們再次看到相同情形。百姓渴望摩西成為他們與上帝之間的中保，因為他們不敢親近全能神（出二十19）。

這種墮落後的直覺在撒母耳時代再次浮現。上帝希望祂的百姓在祂直接的帶領下生活。但以色列人寧願要一個屬世的君王（撒上八19）。

當代牧師觀念的種子甚至也出現在新約時代。教會中「好為首的」丟特腓蠻橫的獨攬大權（約參9–10）。此外，有些學者認為耶穌在《啟示錄》二章6節譴責的尼哥拉黨，就是新興的初代神職人員。[12]

人類墮落後，除了渴望出現世俗的屬靈領袖，還著迷於階層式領導。所有古文化的社會結構都屬於階層式，只是程度深淺不同而已，遺憾的是，後使徒時代的基督教也採用這架構建立他們的教會生活，我們稍後就會討論這一點。

單一主教制的誕生

第二世紀以前的教會始終沒有正式的領導階層。當時的教會確實有

---

[10] 「基督教……從異教抄襲來的思想就是，如果沒有中間人的幫助，多數人都無法認識或者接近上帝，那些中間人可說是上帝的代表，也就是祂的代言人，他們覺得自己蒙受呼召全心投入這個為上帝代言的事工」（Hanson, *Christian Priesthood Examined*, 100）。

[11] Walter Klassen, "New Presbyter Is Old Priest Writ Large," *Concern* 17 (1969): 5。並見 Klassen, J. L. Burkholder, and John Yoder, *The Relation of Elders to the Priesthood of Believers* (Washington, DC: Sojourners Book Service, 1969)。

[12] F. W. Grant, *Nicolaitanism or the Rise and Growth of Clerisy* (Bedford, PA: MWTB, n.d.), 3–6。希臘文 nicolaitane 的意思就是「征服百姓」。Nikos 的意思是「征服」而 laos 的意思是「百姓」。格蘭認為尼哥拉黨就是興起「神職」階層，使上帝的百姓淪為「平信徒」而加以掌控的那些人。並見 Alexander Hay, *What Is Wrong in the Church?* (Audubon, NJ: New Testament Missionary Union, n.d.), 54。

一批領袖，這是無用置疑的。但這些領袖是非正式的，因為當時並沒有所謂宗教「職位」或者社會地位可言。新約學者對這一點說明的非常清楚明確。[13]

　　就此來說，初代的教會確實可說是個異數。他們是個沒有祭司、廟堂與祭祀的宗教團體。[14]基督徒以基督為元首帶領教會，領袖階層不僅靈活而且沒有任何頭銜，他們受到尊敬不是因為頭銜或者職稱，而是他們熱心的服事與成熟的靈命。

　　長老（牧者或監督）跟羊群共處一堂，他們的身分地位都是平等的，他們之間沒有上下之分。[15]另外還有從事植堂的草根同工（extra-local workers），他們被稱為「受差遣的一群」（sent ones）或使徒。然而，他們不會長久留在自己服事的教會，他們也不會掌控教會。[16]新約聖經裡指稱領袖的用語不帶任何階層的意味，反而是一種平行關係，並帶有以身作則的意味。[17]

　　教會的領袖階層大約是第一代使徒同工（植堂同工）辭世之後才出現。一世紀末與二世紀初時，各地教會開始出現一些長老不但以使徒同工的駐堂「傳人」自居，並且接續其領導地位，此舉成為教會中單一領袖制的起源。[18]一旦沒有草根同工（他們曾經接受過新約使徒的培訓）的指引，教會就逐漸隨著世俗文化漂流而形成組織化的模式。[19]

---

[13] 見 Banks, *Paul's Idea of Community*, 131–135。希臘文的新約聖經中，沒有任何使用職位一語指稱基督教領袖的例子。這種作法是把人類社會組織的概念強加在新約聖經。

[14] James D. G. Dunn, *New Testament Theology in Dialogue* (Philadelphia: Westminster Press, 1987), 123, 127–129.

[15] 在早期教父的著作中，牧者（shepherds）、監督（overseers）以及長老（elders）這幾個字始終都可以互換，就跟新約聖經一樣。布魯斯（F. F. Bruce）表示：「新約聖經裡面的用語並沒有嚴格劃分希臘文中被翻譯成『主教』的 episkopos 以及被翻譯成『長老』presbyteros 這兩個字的界線，乃是不需多辯的事實。保羅曾稱呼以弗所教會的長老是那些接受聖靈指派擔任主教的人。後來，在教牧書信（寫給提摩太和提多的書信）中這兩個字似乎依舊可以互換。」（*The Spreading Flame* [Grand Rapids: Eerdmans, 1958] 65）。事實上，在《革利免一書》（1Clement）、《使徒遺訓》（the Didache）、《黑馬牧人書》（*The Shepherd of Hermas*）裡面主教、長老以及牧者（始終都是複數）都被視為一樣的。在第二世紀前它們一直都被視為同等。並見 Mackinnon, *Calvin and the Reformation*, 80–81; Ferguson, *Early Christians Speak*, 169–173。

[16] 詳見 Viola, *Reimagining Church*。

[17] 林前十一 1；帖後三 9；提前四 12；彼前五 3。

[18] Ferguson, *Early Christians Speak*, 172.

[19] 諾林敦曾在他的 *To Preach or Not to Preach?* 一書中深入探討教會中出現階層結構以及聖職專家的過程（pp. 24–25）。

　　安提阿的伊格那丟（Ignatius of Antioch, 35～107）就是這個轉折的推手。他是教會史上第一個朝向教會單一領袖制這個陡坡邁出第一步的人，他可說是當代牧師觀念和教會階層制的始作俑者。伊格那丟在每個教會拔擢一位長老，並賦予高出其他同儕的地位。那些被拔擢的長老從此被稱為主教，所有原本由全體長老共同擔負的職責，就此由這位主教一肩扛起來。[20]

　　主後107年，伊格那丟在前往羅馬殉道的路上寫下一系列書信。這七封書信裡面，六封信的內容都大同小異，他在信中強調的是主教職位的權威與重要性。[21]

　　按照伊格那丟的想法，主教擁有至高權力，應該絕對順服。參考下面這些文字摘錄自他的書信：

　　「坦白說，我們應該把主教視為主祂自己……你們跟隨主教猶如耶穌基督跟隨天父……主教在哪裡，百姓就應該在哪裡；就如同耶穌親在一樣……除了主教以外任何人都不可以施洗或者主持愛宴；然而，凡他許可的一切，也同樣蒙上帝喜悅……承認上帝與主教都是可喜的。榮耀主教就是榮耀上帝……不可離開主教行事……因此，正如與天父合一的主，不論是獨處時還是與使徒同在時，凡事都不離開天父，你們在一切事上也不可離開主教與長老……你們應該把你們的主教視為天父的化身。」[22]

　　對伊格那丟來說，主教就是上帝，而長老就是十二使徒。[23]主餐、洗禮、諮商、訓練會友、證婚以及證道的責任都落在主教一人身上。[24]

　　主餐時，長老跟主教坐在一起，但由主教主持整個程序，他負責帶

[20] Ferguson, *Early Christians Speak*, 173.

[21] Bruce, *Spreading Flame*, 203–204.

[22] Epistle to the Ephesians, 6:1; Epistle to the Smyrnaeans, 8:1–2; Epistle to the Philadelphians, 7:1; Epistle to the Magnesians, 7:1; Epistle to the Trallians, 3:1。伊格那丟的書信裡面充滿這種語言。見 *Early Christian Writings: The Apostolic Fathers* (New York: Dorset Press, 1968), 75–130。

[23] Edwin Hatch, *The Organization of the Early Christian Churches* (London: Longmans, Green, and Co., 1895), 106, 185; *Early Christian Writings*, 88。哈契的書顯示，教會組織以及各個環節的緩慢演變都是以希臘羅馬社會為借鑑。

[24] Robert M. Grant, *The Apostolic Fathers: A New Translation and Commentary*, vol. 11 (New York: Thomas Nelson & Sons, 1964), 58, 171.

領會眾公禱以及整個流程。[25]平信徒在沒有主教的情形下領受主餐可說是絕無僅有。[26]伊格那丟表示，主教必須「主理」儀式並分送杯與餅。

　　在伊格那丟心目中，主教就是戳穿錯誤教義以及促使教會合一的關鍵。[27]伊格那丟認為，如果教會要在異端的攻訐下繼續存活，就必須迅速仿效羅馬的中央集權制度發展出一套權力架構。[28]單一主教制就是拯救教會脫離異端與內部鬥爭的上上之策。[29]

　　這就是歷史上知名的「單一主教制」（monoepiscopate）或者「唯一主教制」（the monarchical episcopacy）。在這種型態的組織裡，主教不但有別於長老，而且地位高過他們。

　　伊格那丟時代的其他宗教還沒有實施單一主教制。[30]但時至二世紀中葉，這已經成為多數教會的固定模式。[31]時至三世紀，單一主教制已遍布各地。[32]

　　最後，主教就成為教會財產的主要管理人與分配者。[33]他是負責傳授信仰並且熟知基督教一切事務的人物。[34]曾經相當活躍的會眾如今轉為被動，上帝的百姓只能在一旁觀賞主教的表演。

　　事實上，主教此時已成為教會獨一無二的牧師[35]——主領敬拜的專家。[36]他被視為會眾的代言人與首領，掌控教會所有活動的人物。簡言

[25] R. Alastair Campbell, *The Elders: Seniority within Earliest Christianity* (Edinburgh: T. & T. Clark, 1994), 229.

[26] Hatch, *Organization of the Early Christian Churches*, 124.

[27] 同前 100。

[28] Kenneth Strand, "The Rise of the Monarchical Episcopate," in *Three Essays on Early Church History* (Ann Arbor, MI: Braun-Brumfield, 1967); Warkentin, *Ordination: A Biblical-Historical View*, 175.

[29] Hanson, *Christian Priesthood Examined*, 69; *Early Christian Writings*, 63–72.

[30] Bruce, *Spreading Flame*, 66–69; Niebuhr and Williams, *Ministry in Historical Perspectives*, 23–25。伊格那丟寫這些書信的時候，亞西亞各城，例如以弗所、非拉鐵拉、馬格尼西亞（Magnesia）和示每拿的教會都已經實施單一主教制。但希臘以及西方各城市還沒有實施，羅馬就是其中之一。單一主教制似乎是從敘利亞往西散佈到歐洲各地。

[31] Hanson, *Christian Priesthood Examined*, 67; Bruce, *Spreading Flame*, 69。法蘭克認為萊弗特（J. B. Lightfoot）的 "The Christian Ministry" in *Saint Paul's Epistle to the Philippians* (Wheaton, IL: Crossway, 1994)是解釋起初長老為何會發展出主教的最可靠歷史證據。

[32] Niebuhr and Williams, *Ministry in Historical Perspectives*, 25.

[33] S. L. Greenslade, *Shepherding the Flock* (London: SCM Press, 1967), 8.

[34] Hanson, *Christian Priesthood Examined*, 68.

[35] Hatch, *Growth of Church Institutions*, 35.

[36] White, *Protestant Worship and Church Architecture*, 65–66.

之，他就是當代牧師的先鋒。

從長老到神父

羅馬的革利免（Clement of Rome；約歿於100年）是第一個在文字中表示，基督教領袖和非領袖的地位截然不同的基督徒作家。他率先用平信徒（laity）區別一般信徒和傳道人，[37]革利免主張教會應該實踐舊約的祭司制度。[38]

特土良是首先使用神職（clergy）指稱一種特殊等級的基督徒。[39]特土良和革利免都在他們的著作中推廣神職一詞。[40]

另一方面，新約聖經裡面根本沒有神職和平信徒這兩個用語，而且也沒有區分提供服事的（神職）和接受服事的（平信徒）。[41]因此，新約認為所有基督徒的地位一律平等的觀點，就在特土良和革利免的時候戛然而止。三世紀中葉時，主教的權威具體化為固定的職位。[42]

接著，迦太基的居普良（Cyprian of Carthage）出現後，這種情形變本加厲。居普良原本是信奉異教的辯士與修辭教師。[43]他在成為基督徒後開始積極寫作。然而，居普良始終沒有捨棄他的異教思想。

在居普良的影響下，舊約的祭司、聖殿、祭壇與獻祭等作法逐漸捲

---

[37] 1 Clement 40:5。並見 Ferguson, *Early Christians Speak*, 168; R. Paul Stevens, The Abolition of the Laity (Carlisle, UK: Paternoster Press, 1999), 5。

[38] Warkentin, *Ordination: A Biblical-Historical View*, 38.

[39] Tertullian, *On Monogamy*, 12.

[40] Stevens, *Abolition of the Laity*, 28.

[41] 平信徒一語衍生自希臘文的 laos，意思是「百姓」（見彼得前書二9–10）。神職一詞衍生自希臘文的 kleros，意思是「配給、額度或者一筆產業」（a lot, a share or an inheritance）。新約從未使用 kleros 指稱領袖，反而用它指稱全體上帝百姓，因為上帝的百姓就是上帝的產業（見弗一11；加三29；西一12；彼前五3）。就這一點來說，諷刺的是彼得曾在《彼得前書》五章3節勸勉教會長老不要轄制 kleros（「神職」）！重申一次，kleros 和 laos 都是指整個上帝的羊群。

[42] J. G. Davies, *The Early Christian Church: A History of Its First Five Centuries* (Grand Rapids: Baker Books, 1965), 92。關於神職人員崛起的過程梗概，見 Stevens, *Other Six Days*, 39–48。

[43] "Come and See" Icons, Books, and Art, "St. Cyprian of Carthage," http://www.comeandseeicons.com/c/phm12.htm.

土重來。[44]主教從此被稱為祭司，[45]這在三世紀時已成為通行的習俗，[46]有時候這些人也被稱為牧師。[47]三世紀時，每個教會都有自己的主教，[48]（此時，主教已經成為各地教會的主要領袖。他們跟現今羅馬天主教的主教不同之處在於，他們不是教區的監督）。於是，主教和長老就被統稱為「神職人員」。[49]

不符合聖經的「遮蓋」（covering）教義，也應該歸咎居普良。[50]居普良認為唯一比主教地位更高的就是上帝，他單單向上帝負責，任何脫離主教的人就是脫離上帝。[51]居普良也認為主把自己的羊群分配給各個牧羊人（主教）照顧。[52]

尼西亞會議（325年）結束後，主教把主餐的責任授權給長老。[53]長老的地位略勝於主教助手，也就是在他餵養的教會代行他的權柄。

既然長老負責主理主餐，於是他們從此被稱為祭司。[54]更令人訝異的是，主教此時被視為可以赦罪的大祭司！[55]這種種作法讓新約聖經中信

---

[44] Nichols, *Corporate Worship*, 25.

[45] Ferguson, *Early Christians Speak*, 168。居普良通常稱呼主教為sacerdos（司鐸；譯註：又譯神父、司祭），也就是拉丁文的「祭司」。借用舊約的詞彙稱呼教會職位的作法很快就通行各地。（Warkentin, *Ordination: A Biblical-Historical View*, 177; Smith, *From Christ to Constantine*, 136）。萊弗特寫道：「從神職的角度看待事工是教會歷史上最驚人與最重要的現象」"Christian Ministry," 144。

[46] Hanson, *Christian Priesthood Examined*, 35, 95。沒有任何證據顯示，在主後200年之前基督教的傳道人曾被視為祭司。特土良是第一個用祭司稱呼主教和長老的人。他在所有的著作裡面，用sacerdos（祭司們）稱呼主教與長老，並用sacerdos summus（大祭司）稱呼主教。他的書裡面沒有任何解釋，這顯示他的讀者都已經熟悉這些稱呼（p.38）。亦見Hans von Campenhausen, *Tradition and Life in the Church* (Philadelphia: *Fortress Press*, 1968), 220。認為主教等於舊約大祭司的始作俑者也是居普良（Smith, *From Christ to Constantine*, 136）。歷史學家優西比烏（Eusebius）在他鉅著中稱呼神職人員是「祭司們」（Hanson, *Christian Priesthood Examined*, 61）。

[47] 「因此，主教就是地方教會的主要牧師，也就是一切事工的代表。他是先知、教師、敬拜的主理以及基督教『會堂』監督委員會的主席（Niebuhr and Williams, *Ministry in Historical Perspectives*, 28）。大貴格利在主後591年寫的《教牧原則》（*The Book of Pastoral Rule*）就是在探討主教的職責。在貴格利眼中，主教就是牧師，而講道就是他最重要的職責之一。貴格利的書是基督教經典，當今新教神學院依舊採用它訓練牧師。亦見Philip Culbertson and Arthur Bradford Shippee, *The Pastor: Readings from the Patristic Period* (Minneapolis: Fortress Press, 1990)。

[48] 關於整個發展過程的討論，見Ferguson, *Early Christians Speak*, 13–14。

[49] Niebuhr and Williams, *Ministry in Historical Perspectives*, 28.

[50] 關於這個教義及其錯誤的詳細討論，見Viola, *Reimagining Church*。

[51] Stevens, *Other Six Days*, 41–42.

[52] 居普良表示：「每個牧師都被分配一批羊群，由他負責帶領與管理，而他所做的一切都要向上帝交帳。」（*Letter to Cornelius of Rome*, LIV, 14）。並見Hatch, *Organization of the Early Christian Churches*, 171。

[53] Niebuhr and Williams, *Ministry in Historical Perspectives*, 28–29.

[54] Campbell, Elders, 231; Niebuhr and Williams, *Ministry in Historical Perspectives*, 29.

[55] Davies, *Early Christian Church*, 131; *The Apostolic Tradition of Hippolytus*, trans. Burton S. Easton（Cambridge: Cam-

徒皆祭司的教導，逐漸銷聲匿跡。

時至四世紀，上下分明的階層制度籠罩整個基督教，[56]神職階層制度就此成形。位在教會最頂端的是主教，在他下面的是全體長老，在他們之下的是執事，[57]然後其他人都屬於平信徒。單一主教制度成為羅馬帝國各地教會公認的治理模式，（這段期間，部分教會逐漸插手管轄其他教會——這使得階層制度更變本加厲）。[58]

時至四世紀末，主教已經得與皇親貴戚平起平坐。正如第二章所說，君士坦丁是第一位授與他們如此崇高尊榮的君王。此時他們開始參與政治，這進一步擴大他們與長老之間的距離。[59]居普良為鞏固主教的地位，主張主教的傳承可以一路綿延的追溯回彼得，[60]這就是眾人皆知的「使徒統緒」（apostolic succession）。[61]

居普良為替這種作法樹立權威，因此在所有的作品中都採用舊約祭司制度的語言。[62]居普良跟他的前輩特土良（Tertullian, 160～255）和希坡律陀（Hippolytus, 170～236）一樣，採用sacerdotes稱呼長老與主教。[63]但他還要更上一層樓。

不符合新約的司祭主義（sacerdotalism）——認為上帝指派一個人擔任上帝與世人之間的中保——創始人就是居普良。他主張既然基督教的

---

bridge University Press, 1934）。希坡律陀明確劃分主教的權力和長老的權力。他在著作中賦予主教赦免罪過以及裁量贖罪善功（penance）的權力（Hanson, *Christian Priesthood Examined*, 39–40）。長老和執事只能夠代行主教的權柄為人施洗（Campbell, *Elders*, 233）。

[56] Davies, *Early Christian Church*, 187。君士坦丁在主後318年授與主教行政裁判權。主後333年，主教被提升到能夠跟羅馬行政官平起平坐的地位（p.188）。

[57] Hans Lietzmann, *A History of the Early Church*, vol. 2 (New York: The World Publishing Company, 1953), 247.

[58] 根據尼西亞會議訂定的法規，亞歷山太、羅馬和安提阿可以對周遭教會行使特殊管轄權（Smith, *From Christ to Constantine*, 95）。

[59] Hanson, *Christian Priesthood Examined*, 72。韓森在書中說明，因為羅馬帝國在五世紀衰落，而使得主教的地位益形鞏固的原因（72–77頁）。

[60] Ann Fremantle, ed., *A Treasury of Early Christianity* (New York: Viking Press, 1953), 301.

[61]「使徒統緒」一語最先出現在羅馬的革利免和愛任紐的著作中，也曾出現在希坡律陀的著作中。但居普良把它轉變成一套融貫的教義。Grant, *Early Christianity and Society*, 38; Norman Sykes, *Old Priest and New Presbyter* (London: Cambridge University Press, 1956), 240。

[62] G. S. M. Walker, *The Churchmanship of St. Cyprian* (London: Lutterworth Press, 1968), 38。許多教會父都認為舊約聖經涵蓋教會所有事務的規範。早在二世紀時，一般人就已經用舊約指稱祭司的用語稱呼教會神職（Warkentin, *Ordination: A Biblical-Historical View*, 50, 161；Hanson, *Christian Priesthood Examined*, 46, 51）。

[63] Hanson, *Christian Priesthood Examined*, 59; Warkentin, *Ordination: A Biblical-Historical View*, 39.

神職就是獻上神聖祭物（聖餐）的祭司，因此他們自己也就分別為聖了
（sacrosanct）。[64]

認為祭司獻上聖餐時，所獻上的其實就是為會眾而死的基督這種觀
點，也應該歸功於居普良。[65]在居普良心目中，基督的身體與血藉著聖餐
再次成為獻祭，[66]結果，居普良就這樣撒下中世紀天主教彌撒的種子。[67]這
個觀念使得神職人員與平信徒之間的差距更擴大，這也使得平信徒過度
仰賴神職人員。

祭司的職責

中世紀之前，長老（現在通稱「祭司」）一直都是主教的左右手。
但時至中世紀情形有所轉變，長老逐漸總責祭司的事務，而主教則逐
漸插手政治事務。[68]教區（地方上）的祭司取代主教成為教會生活的中
心，[69]此時，祭司成為上帝的代理，並獨攬所有聖禮。

在拉丁文成為四世紀的共同語言後，祭司開始使用 hoc est corpus
meum 這句話。這幾個拉丁字的意思是「這是我的身體」。

隨著這幾個字的出現，祭司在一般人眼中成為天主教彌撒裡各種奧
秘的總管。米蘭的安波羅修（Ambrose of Milan）應該就是認為，只要說
出 hoc est corpus meum（這是我的身體）這幾個字，就可以用超自然力
量把餅與酒變成主的身體與血這個觀念的始作俑者。[70]（某些學者認為，

---

[64] Hanson, *Christian Priesthood Examined*, 54.
[65] 同前，58。《使徒遺訓》和《革利免一書》裡面，聖餐都被形容為主教獻上的「祭物」與「獻禮」（von Campen-hausen, *Tradition and Life in the Church*, 220）。
[66] 首先在禮儀中使用獻祭一詞的就是《使徒遺訓》（von Campenhausen, *Tradition and Life in the Church*, 220）。
[67] 司祭主義（sacerdotalism）就是認為祭司藉著聖餐獻上基督為祭的觀念。韓森對這個觀點提出嚴厲批判：「司祭觀念似乎會混淆，乃至全盤抹滅信徒皆祭司的教義。它把信徒的祭司位份全都轉移到神職人員身上」（Hanson, *Christian Priesthood Examined*, 98）。
[68] 同前 79。
[69] 三世紀時，每個祭司會挑選一位主教監督與協調他的職責。四世紀時，整個情況更加複雜。主教需要接受監督。因此就設立大主教（archbiships）和省區主教（metropolitans）負責管理省區內的教會（Durant, *Age of Faith*, 45, 756–760）。
[70] *Concering the Mysterious*, 9:52, 54。東正教用禱告祈求聖靈行出這些奇事。西方教會則認為不需要禱告，單單說出這幾個字就足夠了（Dix, *Shape of the Liturgy*, 240–241, 275; Josef A. Jungmann, *The Mass of the Roman Rite*, vol. 1 [New York: Benziger, 1951], 52）。

hocus pocus這個咒語就是從hoc est corpus meum演變來的。）根據安波羅修的看法，祭司具有特殊的能力可以呼召上帝從天上進入餅裡。

基於這種禮儀功能，presbyteros這個字就帶有「sacerdos」（祭司，譯註：又做司鐸或司祭）的意思。結果，拉丁文presbyter這個字被吸收進英文後，其意義就變成「祭司」而非「長老」。[71] 祭司一詞就這樣成為羅馬天主教稱呼各地方教會persbyter（長老）的通用語。

希臘—羅馬文化的影響

初代基督徒在希臘—羅馬文化的包圍下，上下分明的階層制度逐漸侵入教會。希臘—羅馬文化在本質上就是一個階級嚴明的社會。新信徒帶著自己的文化包袱加入教會時，這種衝擊也隨之越演越烈。[72]

人為階級以及「專業」事工使得耶穌基督的教會逐漸制度化。四世紀時，這一切使得上帝原本活潑又充滿生氣的ekklesia（其事工的特性是分工合作、由聖靈帶領、相互呼應並且由所有信徒參與）開始僵化。

五世紀時，信徒皆祭司的觀念已經徹底從教會消失。此時，信徒與上帝間的聯繫完全掌握在神職人員手中，神職人員開始守貞，不常舉行的主餐成為所謂平信徒的固定習慣。教堂裡面此時瀰漫著燻香和煙霧，神職人員緊閉在密室禱告，教堂裡面開始架設一道面積不大卻意義重大的屏幕區隔神職人員與平信徒。

主教的職責也有所變化，他的地位被提升為地方教會的元首，並成為特定地區裡面所有信徒的代表。[73] 主教管理教會一如羅馬帝國的省長管理他們轄下的省分。[74] 最後，羅馬主教被授與至高權柄，而他的地位也終於攀升為教皇。[75]

---

[71] Campbell, *Elders*, 234–235。就字根來說，priest其實是「presbyter」的簡化。在古英語時代末期，priest成為現代英語中表示「presbyter」與「sacerdos」的詞彙（Cross and Livingstone, *Oxford Dictionary of the Christian Church*, 1325）。

[72] Hatch, *Organization of the Early Christian Churches*, 30–31.

[73] Hanson, *Christian Priesthood Examined*, 71.

[74] Robert F. Evans, *One and Holy: The Church in Latin and Patristic Thought* (London: S.P.C.K., 1972), 48.

[75] 在君士坦丁之前，羅馬主教的管轄範圍僅限於羅馬。儘管備受禮遇，但他在教會的權威還沒有達到頂點（Bruce Shelley, *Church History in Plain Language* [Waco, TX: Word, 1982], 151）。教皇一詞衍生自papa這個頭銜，意思

君士坦丁與羅馬階級制度

　　階層式的領導結構首先出現在古埃及、巴比倫與波斯，[76]接著傳到希臘與羅馬，並臻於完美之境。史學家德魯曼（D. C. Trueman）寫道：「波斯人對古代世界有兩大傑出貢獻：帝國與宗教的組織結構。二者都對西方世界造成非常深遠的影響。帝國的行政系統由亞力山大帝接手，然後應用在整個羅馬帝國，最後遺留給現代歐洲。」[77]

　　基督教散布在一個由單一君主，也就是皇帝統治的世界。君士坦丁在四世紀初登基，不久之後教會就成為一個全面徹底階層化的團體。[78]

　　哈契（Edwin Hatch）寫道：「大致上來說，教會本身跟羅馬帝國已經緊密接軌。」不但領導階層採取上下分明的階層制度，連教會本身也按照教區、省分以及都會劃分為不同等級，並且由高高在上的領導階層統御一切。哈契補充道：「教會的組織架構按部就班的展開，而整個組織可說是按照世俗社會現存的各種要素拼湊而成的。」[79]

　　杜蘭也發表過類似見解，他注意到基督教「藉著吸收異教信仰與禮儀而成長：它因為繼承羅馬的組織型態與巧思而崛起……正如基督教以往承接猶太的倫理學以及希臘的哲學，此時它承接的是羅馬的組織架構；這一切以及與之伴隨的十來種或相容或敵對的信仰都融入基督教裡

是指主教如慈父般的照顧信徒。下面是羅馬天主教教皇起源的概述：第二世紀末，羅馬的主教們備受尊崇。司提反一世（Stephe I，約歿於247年）率先引用彼得經文（Petrine text，太十六18）主張羅馬主教具有顯赫的地位，但這主張並沒有受到普遍認同。現代教皇的興起可以追溯到440到441年擔任主教的大利奧（Leo the Great），他率先根據神學與聖經主張羅馬主教具有最高權威，在他鼓吹下，羅馬的最高地位終於得以鞏固。隨著大貴格利（540～604）就位，「教皇寶座」（papal chair）益形擴張與鞏固，（此外，貴格利成為義大利最大的地主，此後的教皇在財富與權力上皆步其後塵）。時至三世紀中葉，羅馬教會已經擁有三萬會友，150位神職人員，以及1,500位寡婦與貧戶（Gonzalez, *Story of Christianity*, 1:242; Schaff, *History of the Christian Church*, vol:212, 218–219; Shelley, *Church History in Plain Language*, 150–151; Davies, *Early Christian Church*, 135–136, 250; Durant, *Age of Faith*, 521; Hanson, *Christian Priesthood Examined*, 76ff.）。貴格利也創始「上帝眾僕之僕」一語（the servant of the servants of God; Schaff, *History of the Christian Church*, 3:534; 4:329）。

[76] Durant, *Caesar and Christ*, 670–671.

[77] D. C. Trueman, *The Pageant of the Past: The Origins of Civilization* (Toronto: Ryerson, 1965), 105.

[78] Grant, *Early Christianity and Society*, 11–12。「教會仿效帝國的政治型態與地理分區改造它本身的架構」（Schaff, *History of the Christian Church*, 3:7）。

[79] Hatch, *Organization of the Early Christian Churches*, 185, 213。正如雪萊（Bruce Shelley）所說：「教會成長的同時，相當自然而然的採取了帝國的架構。」*Church History in Plain Language*, 152。

面。」[80]

時至四世紀，教會效法羅馬帝國的榜樣。君士坦丁大帝按照羅馬帝國轄區劃分教會的教區（dioceses，Diocese是世俗用語，指的是羅馬帝國最大的行政單位）。後來，貴格利教皇按照羅馬法規劃整個教會的事工。[81]

杜蘭補充道：「當基督教征服羅馬之際，異教信仰的宗教架構、大祭司的頭銜與服裝……以及耀眼的古老儀式，就像母親的血液一樣注入這個新興宗教，於是羅馬的征服者反倒成為羅馬的階下囚。」[82]

所有這一切都違背上帝為祂教會所定的旨意。因此，當耶穌降世為人時，祂一舉掃除所有神職偶像以及階層式領導制度。[83]初代教會承接基督的本性與使命，成為史上第一個「平信徒發起的」（lay-led）運動。但隨著使徒及其傳人的過世，一切逐漸改變。[84]

從那時起，耶穌基督的教會開始學習周遭世俗社會的組織架構——儘管我們的主曾提醒說，祂發起的是一個性質獨特的嶄新團體（太二十三8–11；可十42以下），事情依舊如斯發展。耶穌跟保羅都沒有為新以色列設立固定的組織模式，這跟舊約中上帝在西乃山的吩咐形成強烈的對比。

君士坦丁與神職人員的尊榮

在主後313～325年這段期間，基督教不再是一個必須奮力跟羅馬政府周旋才得以倖存的宗教。它得以享受帝國主義的一切好處，不僅財富充裕而且地位崇高。[85]在君士坦丁統治期間，基督徒不再受到歧視，反而得以享受各種好處。加入帝國宗教已變成一種時尚，而成為神職人員則

---

[80] *Caesar and Christ*, 575, 618。杜蘭寫道：「羅馬教會追隨的是羅馬帝國的腳蹤」（p. 618）。

[81] Stevens, *Other Six Days*, 44; Trueman, *Pageant of the Past*, 311; Fox, *Pagans and Christians*, 573; Cross and Livingstone, *Oxford Dictionary of the Christian Church*, 482.

[82] Durant, *Caesar and Christ*, 671–672.

[83] 太二十五25–28，二十三8–12；加二十二25–27。

[84] 保羅訓練許多人接續他的地位。其中包括提摩太、提多、該猶、特羅非摩、推基古等。詳見 Viola, *So You Want to Start a House Church?*

[85] Hanson, *Christian Priesthood Examined*, 62.

能享受到最大的利益。[86]

　　神職人員能得到跟羅馬帝國最高行政官員，甚至跟皇帝本身同等的禮遇。[87]事實上，君士坦丁授與羅馬主教團的權力，勝過他授與羅馬各地省長的權力。[88]他也下令給付神職人員固定的年度津貼（神職薪資）！

　　他在主後313年免除基督教神職人員的稅賦——這是異教祭司一直都在享受的特權。[89]他也豁免他們接受徵召擔任公職以及從事其他公務的責任，[90]他們也免於接受民事法庭的審判（主教法庭可以審判主教，但一般法庭則否）[91]，也不需入營服役。[92]

　　神職人員因為這一切優惠而被視為特殊階級。君士坦丁是第一個用clerical 和 clerics（神職相關／神職）指稱社會上層階級的人。[93]他也覺得基督教神職人員理當得到跟公務員同等待遇，因此，主教就跟世俗法官一樣可以坐在審判座上。[94]

　　這一切造成出人意料的後果：神職人員享有教會公職的威望、各種特殊階層的特權並能掌握富豪菁英的權力。他們成為一個獨特的階級，具有專屬的公民地位與生活方式（這也包括神職守貞）。[95]

---

[86] 此時，神職人員的範圍已經擴及所有教會同工（Niebuhr and Williams, *Ministry in Historical Perspectives*, 29）。並見 Boggs, *Christian Saga*, 206–207。

[87] Jungmann, *Early Liturgy*, 130–131.

[88] Durant, *Caesar and Christ*, 618–619.

[89] Hanson, *Christian Priesthood Examined*, 62; Durant, *Caesar and Christ*, 656–657, 668.

[90] Duchesne, *Early History of the Christian Church*, 50; Johnson, *History of Christianity*, 77; Fox, *Pagans and Christians*, 667.

[91] 這種豁免權以往僅限於醫生與教授等專業人士才得以享受。David Andrews, *Christi-Anarchy* (Oxford: Lion Publications, 1999), 26。

[92] Collins and Price, *Story of Christianity*, 74.

[93] Johnson, *History of Christianity*, 77。一世紀後，判道者猶利安（Julian the Apostate）賦予這兩個字（clerical 和 clerics）負面意義。

[94] Fox, *Pagans and Christians*, 667.

[95] Hatch, *Organization of the Early Christian Churches*, 153–155, 163。基督教創始之初的三百年，祭司不需要守貞。就西方教會來說，要求神職人員守貞首見於主後306年舉行的西班牙艾維拉會議（the Spaish Council of Elvira）。主後386年西利修斯教宗（Pope Siricius）重申這項要求。凡是結過婚或者繼續與妻子同居的祭司一律免職。就東方教會來說，祭司和執事在按立前可以結婚，但按立後則否。主教必須守貞。大貴格利費盡心思鼓吹當時許多神職人員相應不理的守貞原則。神職守貞的唯一功能就是擴大神職與所謂「普通」的上帝百姓之間的鴻溝（Cross and Livingstone, *Oxford Dictionary of the Christian Church*, 310; Schaff, *History of the Christian Church*, 1:441–446; Durant, *Age of Faith*, 45）。

甚至連他們的服裝和髮型都跟一般人民不同。[96]主教和祭司都要剃光頭，這種所謂削髮（tonsure）的習俗源自古羅馬的收養儀式。凡是剃髮的人都被稱為修士或神職，[97]他們還要穿著羅馬公務員的制服（見第六章）。

難怪在君士坦丁時代有許多人都突然領受到「聖職的呼召」。[98]在他們心目中，投入教會事工比較像是事業而非呼召。[99]

錯誤的二分

在君士坦丁統治期間，基督教得到國家的認可與尊崇，這使得教會與世俗之間的界線模糊不清。基督教不再是少數人的信仰，反之，它受到皇帝的庇護。結果就是，教會成員迅速增加——許多信仰不清的人紛紛加入教會，這些人把各式各樣的異教觀念帶入教會。套用杜蘭的話說就是：「正當基督教征服世界之際；世界征服了基督教，並且表現出人性中本然的異教思想。」[100]

正如本書第三章所說，各種神祕宗教的儀式逐漸出現在教會的敬拜裡，聖俗二分的異教觀念也在此時進入基督教思想。[101]我們可以說，把神職／平信徒視為兩種不同階級就是基於這種二分思想。基督徒的日常生活被分為兩部分：屬世與屬靈——世俗與神聖。

時至三世紀，神職／平信徒之間的鴻溝已經達到無法逾越的地步。[102]神職人員就是受過專業訓練的教會領袖（正統信仰的衛士），同時也是百姓的統治者與導師。他們所領受的恩賜與恩惠不是較低等的凡夫俗子所能得到的。

平信徒屬於次等階級，是未經訓練的基督徒。偉大的神學家卡爾‧

---

[96] 主教的服裝就是古羅馬行政官的外袍。神職人員不可以跟異教哲學家一樣蓄長髮（Hatch, *Organization of the Early Christian Churches*, 164–165）。

[97] Collins and Price, *Story of Christianity*, 74.

[98] Hanson, *Christian Priesthood Examined*, 62.

[99] Niebuhr and Williams, *Ministry in Historical Perspectives*, 29.

[100] Durant, *Caesar and Christ*, 657.

[101] Senn, *Christian Worship and Its Cultural Setting*, 40–41.

[102] Norrington, *To Preach or Not*, 25.

巴特（Karl Barth）說得好：「『平信徒』一語是宗教信仰中最惡劣的稱呼，應該禁止基督徒使用這個字眼。」[103]

　　這種錯誤的二分思想在一般人心目中產生一種非常錯誤的觀念，也就是誤以為職業有神聖職業（蒙召「服事」）與普通職業（蒙召從事世俗工作）之分。[104]史學家薛弗一針見血的把這一切形容為「教會世俗化」的肇端，而「基督教的清流」就此遭受污染。[105]要注意的是，許多當代基督徒的心目中還是抱有這種錯誤的二分思想。然而，這種思想原本屬於異教而非基督教，這種想法徹底推翻新約聖經中，日常一切都蒙上帝潔淨的教導。[106]

　　隨著這種心態而來的是一個新字眼。基督徒開始採用異教禮儀的詞彙。**教宗**（Pontifex，異教的頭銜）在四世紀成為稱呼基督教神職的常用語，另外，還有Master of Ceremonies與Grand Master of the Lodge這兩個稱呼。[107]神職人員已經被視為上帝奧秘的守護者，而這一切讓這種觀念更加神祕隱晦。[108]

　　簡言之，四世紀末即將進入五世紀之際，神職人員已經形成一個僧侶階層——由「聖者」組成的屬靈菁英團體。[109]接著我們就順勢進入按立這個棘手的主題。

---

[103] Karl Barth, *Theologische Fragen und Antworten* (1957), 183–184，引自R. J. Erler and R. Marquard, eds., *A Karl Barth Reader*, trans. G. W. Bromiley (Grand Rapids: Eerdmans, 1986), 8–9。

[104] 凡事都應該為榮耀神而行，因為祂已經化俗為聖（林前十31）。基督已經一勞永逸的廢止錯誤的聖俗二分。這是屬於異教與古猶太教的思想。對基督徒來說，「凡物本來沒有不潔淨的」，而且「神所潔淨的，你不可當作俗物」（羅十四14；徒十15）。對聖俗之分的謬誤更進一步的探討，見Davies, *Secular Use of Church Buildings*, 222–237。

[105] Schaff, *History of the Christian Church*, 3:125–126.

[106] Dunn, *New Testament Theology in Dialogue*, 127.

[107] Hanson, *Christian Priesthood Examined*, 64。例如 coryphaeus（Master of Ceremonies）和 hierophant（Grand Master of the Lodge）這些字眼都是隨意的取自異教儀式，然後套用在基督教神職人員身上。大約在主後218年，特土良率先在他寫的 *On Chastity* 裡面用大主教（bishop of bishops）稱呼羅馬主教。不過，特土良的用意是要諷刺當時的情形（Bruce, *Spreading Flame*, 322）。

[108] Hanson, *Christian Priesthood Examined*, 64.

[109] 同前，65–66；von Campenhausen, *Tradition and Life in the Church*, 222–223。

按立的錯謬

時至四世紀，祭司已經獨霸神學與服事兩個領域。工作與戰爭則是平信徒的領域。什麼是進入祭司這個神聖領域必經的大典？就是：按立。[110]

在我們省察按立的歷史根源之前，要先一窺初代教會設立領袖的程序。初代的使徒同工（植堂先驅）在建立教會一段時間後，會回頭探訪他們建立的教會。這些同工會在某些教會公開任命長老，其實，任何地方的長老在公開接受任命前都已經「就位」。[111]

教會成立一段時間後，會眾中就會自然而然的浮現出長老。他們不是接受任命擔任分外的職務，[112]這些人反而是因為他們德高望重以及在教會敬虔服事，而成為眾望所歸。按照新約的說法，辨識具有特定恩賜的會友是一種本能與有機特性，[113]所有信徒都有辨識力，能看出自己教會中那些具備恩賜能夠完成各種事工的弟兄姊妹。

讓人訝異的是，新約聖經中只有三處提到公開任命長老的經文。加拉太教會曾選立長老（徒十四23）；保羅吩咐提摩太在以弗所教會選立長老（提前三1以下）；他又吩咐提多在革哩底設立長老（多一5以下）。

按立（ordain）一語在這些經文裡面都不是指授與職位，[114]反而帶有贊成、認可，以及表彰既有事實的意義，[115]也帶有祝福的意味。[116]使徒同工在公開設立長老以及其他傳道人時，通常都會把手放在他們身上（就

---

[110] Warkentin, *Ordination: A Biblical-Historical View*, 40, 167.

[111] 見徒十三～十九；哥林多前書；哥林多後書。我（法蘭克）在威歐拉寫的 *The Untold Story of the New Testament Church: An Extraordinary Guide to Understanding the New Testament*（Shippensburg, PA: Destiny Image, 2004）書中，追溯使徒拜訪他們建立的教會以及他們任命長老的時機。

[112] 根據聖經註釋家普魯默（Alfred Plummer）所說，新約聖經中被翻譯成「按立」（ordain）的各種希臘文並沒有跟教會相關的特殊意義。它們都不是指按立的儀式或者特殊典禮。W. Robertson Nicoll, ed., *The Expositor's Bible*（New York: Armstrong, 1903）之教牧書信部分，219–221頁。

[113] 徒十六2；林前十六18；林後八22；腓二22；帖前一5，五12；提前三10。

[114] Warkentin, *Ordination: A Biblical-Historical View*, 4. 英文欽定本的譯者用ordain這一個字來翻譯二十一個各不相同的希伯來文與希臘文。十七世紀教會的錯誤觀念導致譯者翻譯錯誤。

[115]《使徒行傳》十四章23節裡cheirotoneo這個希臘文的字義是「伸手」，猶如投票一般。因此，使徒很可能是把手放在那些在多數會友眼中已經實際擔負監督之責的人身上。

[116] Campbell, *Elders*, 169–170.

差派同工前往外地來說，按手的是會眾或者長老）。[117]

　　初代時，按手只不過意味著認同或者贊成一項工作，既不是任命職位也不是授與特殊地位。遺憾的是，時至二世紀末與三世紀初，它開始帶有後者的意義。[118]

　　三世紀時，按立的意義已經跟過去完全不一樣，而成為教會的正規儀式。[119] 四世紀時，按立已經成為一場布置著各種象徵性飾品的莊嚴典禮。[120] 按立製造出一個顛覆信徒皆祭司的聖職階層。

　　基督教按立模式的源頭為何？這些按立典禮所仿效的是羅馬任命公職官員的習俗。整個流程，從頭到尾每個細節都是直接抄襲羅馬公職體系。[121]

　　時至四世紀，羅馬任命公職的用語，跟基督教按立的用語已成為同義語。[122] 君士坦丁把基督教訂為國教時，教會領導階層的地位已經因為得到當權者的庇護更加鞏固。舊約聖經裡的祭司制度跟希臘階層制度合而為一，[123] 可悲的是，教會對這種新型態感到相當自在——現在也一樣。不久之後，按立就被視為獲得永不動搖的地位的儀式。[124] 奧古斯丁主張，按立會在祭司身上留下「永不磨滅的烙印」，讓他能夠完成祭司的職責。[125]

　　這樣一來，基督教的按立就成為神職人員與平信徒之間的重要分界線。神職人員因為接受按立而得以主持各種聖禮。一般認為，負責主持

---

[117] 徒十三 2；提前四 14。較年長的保羅也曾按手在較年輕的提摩太身上（提後一 6）。

[118] Warkentin, *Ordination: A Biblical-Historical View*, 104, 111, 127, 130。華登廷（Warkentin）在書中第 9 到 11 章，徹底研究新約聖經中「按手」的意義。她的結論是：「按手跟教會例行任命職務毫無關係，不論是長老、執事、牧師或者宣教士都一樣。」（156 頁）

[119] 按立儀式的最早文字記錄出現在 *Apostolic Tradition of Hippolytus*。四世紀時，它已隨處可見（Warkentin, *Ordination: A Biblical-Historical View*, 25, 41）。

[120] Warkentin, *Ordination: A Biblical-Historical View*, 104.

[121] Hatch, *Organization of the Early Christian Churches*, 129–133。猶太教早在一世紀就已經興起這股潮流。善於解釋妥拉與口述傳統的猶太文士會在猶太公會舉行按立典禮。那些接受按立的人被視為把上帝旨意傳遞給所有以色列人的中保。接受猶太公會「按立」的人握有非常強大的力量，因此二世紀初時，羅馬當局曾下令處決所有主持猶太按立典禮的人！Warkentin, *Ordination: A Biblical-Historical View*, 16, 21–23, 25。

[122] Warkentin, *Ordination: A Biblical-Historical View*, 35。從《使徒憲章》（*Apostolic Constitutions*；主後 350–375）可以清楚看出這一點。

[123] 同前，45。

[124] Niebuhr and Williams, *Ministry in Historical Perspectives*, 75.

[125] von Campenhausen, *Tradition and Life in the Church*, 224.

神聖崇拜的祭司,應該就是最完美也最聖潔的基督徒。[126]

　　拿先斯的貴格利(Gregory of Nazianzus, 329～389)與屈梭多模非常重視那些擔任祭司的人,因此,認為一旦他們無法活出跟他們聖職相稱的聖潔,就會讓神職階層陷入重重危機。[127]〔屈梭多模〕看出來,祭司要不斷接受教區的檢視,他猶如天使一般,而不是跟其他人一樣同為脆弱的凡夫俗子。[128]

　　祭司要如何活出聖潔的生命呢?他要如何才能配跟「各種等級的天使」一起服事?答案就是按立。上帝的恩典透過按立注入祭司,讓他成為適合上帝使用的器皿。這個也被稱為「祭司澆灌」(sacerdotal endowment)的觀念,首見於女撒的貴格利(Gregory of Nyssa, 330～395)的著作。

　　貴格利主張按立使得祭司「在不知不覺中,確實成為煥然一新的人」,而把他提升到平信徒之上。[129]貴格利寫道:「話語同樣的能力讓祭司高貴又尊榮,獨樹一幟……儘管昨天他還是會眾之一,普通的信徒,驟然間轉變為嚮導、首領、公義教師、傳授隱密之事的夫子。」[130]

　　一份四世紀的文獻這麼記載著:「主教就是服事那道的人、知識的守護者、在神聖的敬拜中擔任上帝與你之間的中保……他就是你的統治者與長官……他的地位僅次於上帝也就是你在世上的神,他理當受到你的尊榮。」[131]結果祭司被視為「上帝在世上的代言人」。

　　為進一步顯示祭司的地位與眾不同,因此他們的生活型態與服飾都跟平信徒不一樣。[132]可惜的是,基督教始終沒有擺脫這種按立觀念。事實上,如果讀者想知道現代牧師被高舉為「上帝的聖者」的緣由與來歷的

[126] 同前,227。
[127] 同前,228。
[128] Niebuhr and Williams, *Ministry in Historical Perspectives*, 71, 128.
[129] von Campenhausen, *Tradition and Life in the Church*, 229.
[130] *On the Baptism of Christ: A Sermon for the Day of Lights* by St. Gregory of Nyssa。亦見 Niehbur and Williams, *Ministry in Historical Perspectives*, 75。一般認為按立就是賦予接受按立者一種無法磨滅的特質。也就是說他從此具有一股神聖特質(Warkentin, *Ordination: A Biblical-Historical View*, 42; Schaff, *History of the Christian Church* 3:489)。
[131] *Apostolic Constitutions* II.4.26.
[132] David D. Hall, *The Faithful Shepherd* (Chapel Hill: The University of North Carolina Press, 1972), 6.

話，其根源就在這裡。

施瓦澤（Eduard Schweizer）在他的經典著作 *Church Order in the New Testament* 裡面主張，保羅心中根本沒有藉著按立把服事或者說擔任神職的能力，傳遞給其他基督徒的念頭。[133] 初代的牧者（長老、監督）並沒有接受過任何類似現今所謂的按立儀式。他們的地位並沒有高於群羊，他們就是服事群羊的人（見徒二十28；彼前五2–3）。

初代的長老僅僅因為照顧整個教會，而受到巡迴使徒同工公開的認可。這種認可只不過是嘉許他們所做的一切，而不是傳遞特殊的能力，也不是恆久不變的。

目前通行的按立會在基督徒中製造出一種特殊階級。不論是天主教的祭司（神父）還是新教的牧師，結果都一樣：最重要的聖工全都掌握在幾位「特殊」信徒手中。

這種觀念不但不符合聖經也具有破壞性。新約聖經絲毫沒有把講道、施洗以及分授主餐的聖工，侷限在「接受過按立」的信徒身上。知名學者丹恩（D. G. Dunn）一針見血的表示，神職／平信徒二分的傳統蔑視新約的程度，遠超過大多數異端。[134]

既然唯有接受按立才能在教會服事，那麼主導按立的權力就成為掌握宗教大權的關鍵。聖經裡面沒有提到這種情形，於是當時的人就採用望（經）文生義的方式，為神職／平信徒二分的階級架構找尋藉口。最知名的例子應該就是早期天主教引用《馬太福音》十六章，以證明教宗體制以及使徒統緒的正當性。結果就是：未受過教育又無知的一般信徒任由專業神職人員宰割。[135]

---

[133] Schweizer, *Church Order in the New Testament*, 207.

[134] Dunn, *New Testament Theology in Dialogue*, 138ff., 126–129.

[135] Warkentin, *Ordination: A Biblical-Historical View*, 45, 51; Hatch, *Organization of the Early Christian Churches*, 126–131。按立逐漸成為整合神職人員權力的機制。神職人員可以透過按立掌控上帝的百姓以及世俗的權力機構。其後果就是，現代的按立體制在基督徒之間製造出一堵人為的圍籬，讓他們無法相互服事。

宗教改革

十六世紀的改教派嚴厲質疑天主教的祭司制度。他們駁斥認為祭司擁有把水變成血的特殊能力的想法，他們反對使徒統緒，他們鼓勵神職人員結婚，他們修改禮儀的結構，增加會眾參與的程度，他們也廢止主教一職，並且把祭司的地位恢復為長老。[136]

然而，不幸的是，改教派把羅馬天主教神職／平信徒二分的架構原封不動的引進新教運動，他們也保留天主教按立的觀念。[137] 儘管他們廢除主教一職，卻用新瓶裝舊酒的方式讓單一主教制死灰復燃。

宗教改革的主要號召就是恢復信徒皆祭司。不過，只是部分恢復而已。路德、加爾文以及慈運理都表示，信徒的祭司地位取決於信徒跟上帝之間的個人關係。他們認為每個基督徒都能夠不需經過第三人而直接親近上帝的教導非常正確，這是絕佳的重建之舉，但只是片面的。

改教派功敗垂成之處就是他們沒有恢復信徒皆祭司的整體性。他們只是從救恩論層面恢復信徒皆祭司這個教義——也就是說，僅恢復跟救恩相關的環節。但他們沒有從教會論的層面恢復它，也就是它跟教會相關的環節未被恢復。[138]

換句話說，改教派只恢復個別信徒（單數）的祭司身分，他們提醒我們，每個基督徒都可以各自直接親近上帝，這雖然聽起來很美妙，他們卻沒有恢復所有信徒（集體複數名詞）皆祭司的觀念。這是充滿祝福的真理，那就是教會裡每個基督徒都能互相分享上帝的話語（重洗派〔Anabaptists〕曾恢復這個作法。遺憾的是，新教和天主教就是為此撻伐重洗派）。[139]

---

[136] Hanson, *Christian Priesthood Examined*, 82.

[137] 儘管路德反對按立能夠讓接受按立者裡外更新的想法，他依舊十分看重這件事。在路德心目中，按立是教會的禮儀之一。而且這是履行教牧職務不可或缺的特殊典禮（Senn, *Christian Liturgy*, 297）。

[138] 「信徒皆祭司的意義不只如路德所說，僅涵蓋每個人跟上帝的關係並成為鄰舍的祭司；它的意義還包括，就教會的正式功能來說，所有信徒都是平等的。」John Dillenberger and Claude Welch, *Protestant Christianity: Interpreted through Its Development* (New York: The Macmillan Company, 1988), 61。

[139] Hall, *Faithful Shepherd*, 8。關於重洗派歷史的生動描述，見胡佛（Peter Hoover）的 *The Secret of the Strength: What Would the Anabaptists Tell This Generation?*（Shippensburg, PA: Benchmark Press, 1998）。

　　儘管改教派反對教宗以及宗教階層制度，他們依舊執著於他們繼承
的狹隘服事觀。他們相信「聖職」是專為少數「蒙召」與「接受按立」
的信徒設立的機制，[140]因此，改教派還是固守神職／平信徒二分的思想。
他們只是在口頭上主張所有信徒皆祭司與傳道，在現實中卻否認這一
切，於是在宗教改革塵埃落定後，我們所得到的卻是天主教帶給我們的
一切──選擇性的祭司制度！

　　路德堅守凡講道的人都需要經過特別訓練的觀念。改教派就跟天主
教一樣認為唯有「經過按立的教牧」才能講道、施洗以及主理主餐。[141]結
果，按立使得教牧享有一種絕對不容置疑的特殊神聖光環。

　　可悲的是，路德以及其他改教家都堅決反對重洗派讓每個信徒都參
與教會服事的作法。[142]重洗派相信每個基督徒都有在聚會中站起來發言的
權利，這不是神職人員獨佔的領域。路德非常反對這種作法，因此他表
示，這是來自「地獄深淵」的作為，而那些幫凶都應該處死。[143]

　　簡言之，改教派依舊認為按立就是掌握教會權力的關鍵。經過按立
的牧師其職責就是把上帝的啟示傳達給祂百姓，[144]而且他擔任的還是有給
職。

　　新教牧師就跟天主教祭司一樣，也被教會視為「屬神的人」──上
帝與祂的百姓之間領薪水的中保。[145]他不是赦罪的中保，而是傳達上帝旨
意的中保，[146]因此，在新教中的這個老問題只是穿上一件新衣，術語行話

---

[140] J. L. Ainslie, *The Doctrines of Ministerial Order in the Reformed Churches of the 16th and 17th Centuries* (Edinburgh: T. & T. Clark, 1940), 2, 5.

[141] Warkentin, *Ordination: A Biblical-Historical View*, 57–58, 61–62.

[142] 重洗派不但相信保羅在林前十四 26、30–31 表示，所有信徒都能在教會聚會中隨時參與服事的吩咐，同時也付諸實踐。在路德的時代，這種作法被稱為 Sitzrecht──「在座者的權力」（the sitter's right；Hoover, *Secret of the Strength*, 58–59）。

[143] 路德宣布「Sitzrecht 是來自地獄深淵的作法」，而且「會顛覆公眾秩序……讓人蔑視權威」。在二十年內，德國通過超過 116 條法律，通令全歐洲處死觸犯「重洗異端」的人（Hoover, *Secret of the Strength*, 59, 198）。此外，路德認為如果任由整個教會公開主理主餐，會導致一場「令人扼腕的混亂」。在路德心目中，這項事工應該由一個人負責，那就是牧師。Paul Althaus, *The Theology of Martin Luther* (Philadelphia: Fortress Press, 1966), 323。

[144] Warkentin, *Ordination: A Biblical-Historical View*, 105.

[145] 同前。新教現在把「聖職」視為整個基督身體的中保，而不是所有信徒共同發揮的功能。

[146] 如同羅馬天主教的神職人員被視為救恩的守門人，新教的神職人員也被視為上帝啟示的受託人。根據 1530 年奧斯堡信條（the *Augsburg Confession* of 1530），教會裡最高的職位就是負責講道的位份。在古猶太教中，為百姓解釋妥拉的是拉比。在新教中，守護上帝奧秘的則是牧長（Warkentin, *Ordination: A Biblical-Historical View*, 168）。

有所改變，但錯誤卻絲毫未改。

十七世紀時，清教徒作家歐文（John Owen, 1616～1683）和古德溫（Thomas Goodwin, 1600～1680），跟路德和加爾文一樣也認為牧者就是上帝殿中永恆不變的機制。歐文和古德溫引導清教徒把所有權柄都集中在牧師一職。在他們心目中，牧師握有「權力之鑰」，唯獨他是經過按立可以講道、主持聖禮、[147]公開朗誦聖經[148]並接受過聖經原文以及邏輯與哲學的訓練。

新教與清教徒都認為，服事上帝的傳道人必須是堪當重任的專業人員。因此，牧師必須經過嚴格的學術訓練才能適任他們的職務。[149]

從祭司到牧師

約翰‧加爾文不喜歡用祭司稱呼傳道人，[150]他喜歡牧師這個稱呼。[151]在加爾文心目中，牧師就是稱呼聖職的最敬語，他喜歡這個頭銜是因為聖經稱耶穌是「群羊的大牧人」（來十三20）。[152]諷刺的是，加爾文相信他是藉著牧師恢復新約聖經裡的主教（episkopos）！[153]

路德也不喜歡用祭司指稱剛崛起的新教傳道人。他寫道：「我們既不能也不應該用祭司稱呼上帝百姓中負責上帝話語與聖禮的那些人。他們一直被稱為祭司的原因，不是異教徒的習慣就是猶太族的遺跡。其結果對教會造成非常嚴重的傷害。」[154]因此他也使用傳道人（preacher），教士（minister）以及牧師（pastor）稱呼這個職位。

慈運理和布塞珥（Martin Bucer）也喜歡使用牧師一詞。他們寫過不

---

[147] John Owen, *The True Nature of a Gospel Church and Its Government, ed. John Huxtable* (London: James Clarke, 1947), 41, 55, 68, 99; Ainslie, *Doctrines of Ministerial Order*, 37, 49, 56, 59, 61–69; Thomas Goodwin, *Works*, 11:309.

[148] Jon Zens, "Building Up the Body: One Man or One Another," *Baptist Reformation Review* 10, no. 2 (1981): 21–22.

[149] Hall, *Faithful Shepherd*, 28–29.

[150] John Calvin, *Institutes of the Christian Religion* (Philadelphia: Westminster Press, 1960), bk. 4, ch. 8, no. 14.

[151] Pastor（牧師）源自拉丁文，被用來翻譯「牧羊人」。丁道爾（William Tyndale）在翻譯聖經的時候喜歡使用牧師一語。丁道爾曾經跟莫爾（Sir Thomas More）辯論牧師與祭司的優劣。屬於新教陣營的丁道爾認為，就釋經來說「牧師」是正確的用語（見 *The Parker Society Series on the English Reformers*）。

[152] Hall, *Faithful Shepherd*, 16.

[153] Sykes, *Old Priest and New Presbyter*, 111.

[154] Luther, "Concerning the Ministry," *Luther's Works*, 35, 40.

少文章推廣這個稱呼。[155] 結果，這個稱呼就逐漸瀰漫改教時期教會。[156] 不過，由於新教人士著迷於講道，他們最喜歡的稱呼還是**傳道人**（Preacher），而一般人通常也就以此稱呼他們。[157]

直到十八世紀**牧師**才成為常用的稱呼，使得**傳道人**和**教士**相形失色。[158] 這是受到信義宗敬虔派（Pietist）的影響所致，從那時起，這個詞彙就在基督教主流廣為流傳。[159]

即使如此，改教派還是認為牧師就是教會的實際元首。根據加爾文的說法，「就生命來說，牧師對世上教會的重要性遠勝過陽光、食物與飲水對滋養與延續我們生命的重要性」。[160]

改教派認為牧師擁有神聖的能力與權柄。他不是憑自己的名發言，而是以上帝的名發言。加爾文為進一步鞏固牧師的地位，而把對聖職人員的輕蔑與嘲笑，被視為嚴重的公開侮辱。[161]

只要瞭解加爾文心目中聖職的典範就不會對此感到意外。他不是以使徒時代的教會為榜樣，反而是以第二世紀的單一主教制為楷模。[162] 其他

---

[155] 宗教改革期間最具影響力的一本書就是布塞珥的 *Pastorale*。慈運理也基於同樣的理念出版過一本名為《牧師》的小冊。

[156] 由日內瓦的長老團管理的加爾文教派，乃宗教改革時期最具影響力的模式，後來發展為法國、荷蘭、匈牙利和蘇格蘭的新教宗派，以及英國清教徒及其後代的模式（Niebuhr and Williams, *Ministry in Historical Perspectives*, 115–117, 131）。加爾文也主張《以弗所書》四 11–12 所提，教會裡面僅僅有牧師與教師兩個「普通」職位，而且不斷倡導這個觀念（Hall, *Faithful Shepherd*, 28）。十七世紀時，清教徒在他們出版的部分書籍裡面曾使用牧師這個稱呼。十七世紀的聖公會和清教徒在探討教牧關懷的著作分別以「牧者」（parsons）和「牧師」稱呼教區（地方上）的神職人員（George Herbert, *The Country Parson and the Temple*〈Mahwah, NJ: Paulist Press, 1981〉以及 Richard Baxter, *The Reformed Pastor*〈Lafayette, IN: Sovereign Grace Trust Fund, 2000〉）。

[157] Niebuhr and Williams, *Ministry in Historical Perspectives*, 116。「德國的改教派也沿襲中世紀的用語稱呼傳道人 Pfarrer，亦即教士（衍生自 parochia—教區以及 parochus—教士）。」雖然在美國的信義宗傳道人被稱為牧師，德國的信義宗傳道人依舊被稱為 Pfarrer（教區之首）。既然天主教祭司轉變為新教牧師的過程相當緩慢，因此一般人通常還是沿用舊的天主教頭銜，例如祭司等稱呼新教傳道人。

[158] 牧師一語從教父時期起就一直出現在神學文獻中。選擇這個用語的原因在於作者強調的重點：牧師就是道德與靈性的導師。祭司則是負責主持聖禮的人。即使如此，牧師一詞在改教時期過後才成為通用語。

[159] Niebuhr and Williams, *Ministry in Historical Perspectives*, 116。祭司一詞是天主教／聖公會的用語，教士是改革宗的用語，而牧師則是信義宗與福音派的用語（viii）。改教派不會稱呼他們的教士為牧師，但最常稱呼他們為傳道人。牧師一詞後來成為基督教裡面稱呼這個職位的主要用語，這是因為這些團體裡面的主流派想要跟「重儀派」（high church）用語劃清界限。不從國教派（Nonconformist）和不滿國教人士（Dissenter）逐漸把教士一語引進英語世界。他們想要明確劃分新教「聖職」（ministry）跟聖公會神職（clergy）之間的界線。

[160] Calvin, *Institutes of the Christian Religion*, IV: 3:2, p. 1055.

[161] Niebuhr and Williams, *Ministry in Historical Perspectives*, 138.

[162] 「對他〔加爾文〕來說，聖職的典範應該回溯到二世紀初的教會而非使徒時代。如他所說，使徒時代負責帶領各地教會的不是單一牧師，而是許多可以交互替代的同工，例如長老與主教等。時至二世紀後，教會才出現單

改教人士的情形也一樣。[163]

　　這裡的反諷就是，加爾文因為羅馬天主教的作法是出於「人為巧思」，而非按照聖經教導感到悲哀，[164]但他自己的作法也如出一轍。就此而言，新教跟天主教一樣有罪在身，這兩個宗派的作法都是以人的傳統為基礎。

　　加爾文主張純正教會的特徵就是傳講上帝的話語以及奉行聖禮。[165]在他心目中，負責講道、洗禮以及聖餐的應該是牧師，而非全體會眾。[166]對所有改教家來說，神職人員最重要功能就是講道。最能突顯講道重要地位的應該就是路德制訂的日耳曼彌撒（German Mass），其中規劃每星期日要舉行三場崇拜。早晨五點到六點要講一篇以新約書信為主題的證道，傳道人要在上午八點到九點的主要崇拜以當天的福音書經文為主題講道，下午的晚崇拜（Vesper service）要傳講的是舊約。[167]

　　路德跟加爾文一樣認為牧師是獨特又崇高的職位。雖然路德主張天國的鑰匙屬於所有信徒，卻把鑰匙的使用權侷限於在教會任職的信徒。[168]路德表示：「就基督徒來說，我們所有人都是祭司，但那些被稱為祭司的人，是從我們當中蒙揀選代替我們服事的，而他們擔負的祭司職分也就是我們的聖職。」[169]

一主教或者牧師，正如伊格那丟的書信所說……加爾文視為聖職榜樣的是發展到二世紀初的教會」（Mackinnon, *Calvin and the Reformation*, 81–82）。

[163] 尼科斯（James H. Nichols）寫道：「改教派普遍接受第二世紀以牧師或者主教領導平信徒敬拜的聖工制度……他們沒有意願恢復使徒時代的作法」（*Corporate Worship*, 21）。

[164] Niebuhr and Williams, *Ministry in Historical Perspectives*, 111.

[165] Calvin, *Institutes of the Christian Religion*, IV: 1:9, p. 1023.

[166] John H. Yoder, "The Fullness of Christ," *Concern* 17 (1969): 71.

[167] Niebuhr and Williams, *Ministry in Historical Perspectives*, 131, 133, 135; "Powerful Preaching: A Sample of How Luther Could Bring Bible Characters to Life," *Christian History* 12, no. 3 (1993): 27。路德用語非常直接、強烈又充滿激情。他的講道充分表現出他的個性，但不至於因為他個人特色而掩蓋所傳的信息。他是一個能言善道的傳道人，一生講過大約4,000篇證道。他的信息發人深省、充滿想像又具有創意。慈運理講起道來，直接又自然，然而一般人都認為他太過理性。加爾文始終都鉅細靡遺的闡釋經文的意義，但總是讓人感到有點冷漠。布塞珥的講道不但冗長而且往往雜亂無章。儘管如此，新教初期的講道非常重視教義，著迷於「正確又純粹的教義」。因此，改教時期的傳道人基本上可算是聖經教師。

[168] Hall, *Faithful Shepherd*, 8.

[169] Niebuhr and Williams, *Ministry in Historical Perspectives*, 112。改教派用聖職取代祭司。Jones, *Historical Approach to Evangelical Worship*, 141。

這跟司祭主義沒有兩樣。路德就是因為反對獨佔的祭司制度所以才脫離天主教陣營，但他卻轉而相信分享上帝的話語應該是專屬一個特殊階級的事工。[170]

下面這些是路德經常用來抬高牧師職位的說詞：「上帝透過傳道人說話……基督教的傳道人就是上帝分別出來服事祂的人，是的，他就上帝的天使，上帝差派的主教，眾人的恩人（savior），基督國度的君王……此世此生最尊貴的，莫過於真實又忠心的牧師與傳道人。」[171]

路德說：「我們不應該讓牧師自己一個人傳講基督的話語，就好像他是靠自己的力量傳講這些話一樣；他反而應該是我們所有人的代言人，我們每個人在心中跟他一起傳講這些話……每個牧師的口都是基督的口，這是多麼美好的一件事，因此在聆聽牧師的話時，不應該認為那是出自人而應該認為那是出自上帝。」[172]讀者可以從這番話裡聽到伊格那丟的回音。

這種觀念反映出一種錯誤的教會觀。路德認為教會基本上就是傳道的場所。路德表示：「基督徒聚會的唯一原因就是，傳講上帝的話語以及禱告，即使非常短暫也無妨，此外就沒有其他聚會的理由。」[173]路德相信教會只是聚集在一起聽道的群眾，因此之故，他稱呼教會建築為Mundhaus，意思就是講堂。[174]他也語出驚人的表示：「基督徒唯一的器官就是耳朵。」[175]以上這些就是新教思想的根源。

醫治靈魂（The Cure of Souls）

加爾文、路德以及布塞珥認為牧師的兩個主要功能就是傳講上帝的話語（傳道）與主持聖餐。不過，加爾文和布塞珥又添加第三個要

[170] B. A. Gerrish, "Priesthood and Ministry in the Theology of Luther," *Church History* 34 (1965), 404–422.
[171] Niebuhr and Williams, *Ministry in Historical Perspectives*, 114–115.
[172] Althaus, *Theology of Martin Luther*, 326.
[173] "Concerning the Ordering of Divine Worship in the Congregation," *Works of Martin Luther*, C. M. Jacobs, ed. (Philadelphia: Muhlenberg Press, 1932), VI, 60.
[174] Niebuhr and Williams, *Ministry in Historical Perspectives*, 114.
[175] *Luther's Works*, 29:224.

素，他們強調照顧與醫治會眾也屬於牧師的職責。[176] 這就是所謂「醫治靈魂」。布塞珥在1538年以此為主題寫過一本名著，書名就是《靈魂得醫治》(*True Cure of the Souls*)。

「醫治靈魂」的根源可以追溯回四五世紀之交。[177] 我們發現在拿先斯的貴格利的教導中，他稱呼主教為「牧師」——靈魂的醫師，可以診斷病患的疾病，並且能開藥方以及動手術。[178]

路德早期的跟隨者也會醫治靈魂。[179] 但加爾文的日內瓦教會把它提升到藝術的境界。每個牧師和一位長老都必須到會眾的家中探訪，也會定期探訪病人以及坐監的犯人。[180] 對加爾文和布塞珥來說，牧師不只兼為傳道人與聖禮的主持人，他也是「靈魂的醫治者」或「良醫」(curate)。他的職責就是診療、醫治以及探訪受傷的上帝百姓。[181]

今日的新教依舊抱持這種觀念。當代的教牧關顧、教牧諮商以及基督教心理學，清楚明白的透露出這種觀念。就今日的教會看來，這些責任全都落在一個人身上，那就是牧師（初世紀時，這些責任由整個教會以及一群稱之為『長老』的老練信徒共同分擔）。[182]

牧師導向的教會

簡言之，新教的宗教改革針對羅馬天主教的司祭主義施予痛擊。然而，這不是致命的一擊，而只是換個招牌而已。改教家依舊沿襲單一主教制，如今是由牧師擔負主教的職責。主教導向（bishop-driven）的教

---

[176] John T. McNeill, *A History of the Cure of Souls* (New York: Harper and Row, 1951).

[177] 拿先斯的貴格利（Gregory of Nazianzus）、屈梭多模、奧古斯丁以及大貴格利都寫過許多關於「醫治靈魂」的作品（McNeill, *History of the Cure of Souls*, 100）。主後591年，大貴格利寫過一篇題為 *The Book of Pastoral Rule* 的論文。現在的神學院仍然使用這本書為教科書，這本書的完成應該歸功於拿先斯的貴格利（109頁）。對西方教會來說，大貴格利是所有教宗中最像牧師的一位。

[178] McNeill, *History of the Cure of Souls*, 108。拿先斯的貴格利在主後362年寫的Second Oration曾提到這些事情。

[179] 同前，177。

[180] Niebuhr and Williams, *Ministry in Historical Perspectives*, 136。1150年曾頒佈命令，要求牧師每年至少應該探訪每位會眾的家庭一次。

[181] 這本書有德文版與拉丁文版（McNeill, *History of the Cure of Souls*, 177）。

[182] 見 Viola, *Reimagining Church*。教會肢體間緊密的連接會帶來醫治。見 Larry Crabb, *Connecting: Healing Ourselves and Our Relationships* (Nashville: W Publishing, 2004)。

會演變為牧師導向（pastor driven）的教會，牧師被視為教會的地方首領——眾長老之首。[183] 正如某位作家所言，「就新教來說，傳道人幾乎就是教會的發言人與全權代表，而教會往往被視為傳道人的教會。對基督教來說，這是教權主義（clericalism）導致的嚴重危機。」[184]

改教家在口頭上斥責神職與平信徒的二分。但在實際作法上，他們原封不動的把它保留下來。正如吉爾斯（Kevin Giles）所說：「在現實中與神學上，天主教神職與新教神職之間的差異已經模糊不清。在這兩派教會中，神職人員都是獨特的階層；在二者中，他們的特殊地位都是上帝賜予的（各自透過不同的媒介）；而且二者都要擔負特定的職責。」[185]

歷史悠久的後使徒時代單一主教（現已演變為牧師）制，現在盛行於新教宗派的教會。錯綜複雜的心理因素讓平信徒覺得，事奉是屬於牧師的職責，那是他的責任。他們往往認為他就是專家。

新約聖經裡面稱呼牧師的用語是 *diakonos*，意思是「僕人」，但這個字的意義因為聖工的專業化而被曲解。儘管沒有聖經根據，我們卻把聖職跟牧師劃上等號。同樣，我們誤認為講道和聖工就是在講壇證道，而這也是沒有聖經根據的想法。

教牧有損肢體生活

既然我們已經發掘出當代牧師鮮為人知的根源，接著我們就要把焦點轉移到牧師對上帝百姓造成的實際影響。

這種違反聖經的神職／信徒二分思想，對基督身體造成難以言喻的

[183] 許多改革宗教會把長老區分為「教導」長老與「管理」長老。教導長老所擔負的是傳統主教或者教士的職位，而管理長老則處理跟行政與管教相關的事宜。這種教會的型態從歐洲逐漸傳往新英格蘭（Hall, *Faithful Shepherd*, 95）。最後，由於管理長老的職位不受歡迎，於是被廢棄，而教導長老則一直延續下來。這種情形也同樣出現在十八世紀與十九世紀的浸信會教會。這些教會往往缺乏經費來源，無法支持額外的「教士」。因此，十九世紀末時，福音派教會開始採行「單一牧師」制。Mark Dever, *A Display of God's Glory* (Washington, DC: Center for Church Reform, 2001), 20; R. E. H. Uprichard, "The Eldership in Martin Bucer and John Calvin," *Irish Biblical Studies Journal* (June 18, 1996): 149, 154。所以，福音派的單一牧師制是從改革宗的多數長老制演變來的。
[184] Niebuhr and Williams, *Ministry in Historical Perspectives*, 114。所謂「帶職傳道」（lay-preacher）始於十九世紀的福音派復興運動（206頁）。
[185] Kevin Giles, *Patterns of Ministry among the First Christians* (New York: HarperCollins, 1991), 195–196.

傷害,這會把信徒劃分為頭等與次等基督徒。神職/信徒二分造成一種非常可怕的錯誤觀念,那就是讓我們覺得部分基督徒比其他基督徒更有資格服事上帝。

新約聖經裡面根本沒有一個人唱獨腳戲的服事,但我們卻接受這個事實,並任由它扼殺我們的服事。我們都是活石不是頑石,但牧師一職已經把我們轉變為一動也不動的石塊。

容我們說些心裡的話。我們相信牧師一職已經在不知不覺中,壓抑信徒發揮基督肢體各種功能的權利。它已經扭曲整個身體的狀況,讓牧師成為一張無比的大嘴,而把信徒轉變成一個個小耳朵。[186]這會讓信徒成為善於聽道、寫筆記以及傳遞奉獻袋的沉默觀眾。

但事情還不止於此。當前的牧師一職已經推翻《希伯來書》的要旨——舊的祭司制度已告結束。《哥林多前書》十二~十四章已經明明將之廢棄,每個肢體都有權利與資格參與教會聚會的服事。該職卻違背了《彼得前書》二章所說,每個弟兄姊妹都擔負著祭司職責的信息。

擔負起祭司的職責不只是狹隘的意味,你可以在座椅上唱詩歌、在敬拜時舉起雙手、準備投影設備以及教導主日學。這可不是新約聖經所說的服事!這些只是從旁協助牧師服事。正如一位學者所說:「直到今日,許多新教的敬拜依舊認為,敬拜是專屬牧師(或許再加上詩班)的領域,而大多數平信徒唯一能做的就是唱幾首讚美詩以及敬虔專注的聽道。」[187]

我們都希望醫生和律師會幫助我們,而不是訓練我們互相幫助。原因何在?因為他們都是專家,是受過訓練的專業人員。不幸的是,我們也以同樣的眼光看待牧師。所有這一切都違背每個信徒皆祭司這回事,不只是在上帝面前,更是在彼此面前互為祭司。

甚至,當代牧師還會跟基督競爭,要成為實際掌握祂教會的元首,這個職位超過分際的掌握上帝百姓中最獨特的首要地位,而這本是單單

---

[186] 聖經對此提出的質疑就是:「若都是一個肢體,身子在哪裡呢?」(林前十二19)
[187] Davies, *New Westminster Dictionary of Liturgy*, 292.

保留給主耶穌的地位。耶穌基督是教會唯一的元首也是至高的主宰。[188]牧師藉著他的職位，把自己的地位抬高為教會的世俗元首，從而推翻與僭越基督的元首地位。

因此之故，我們相信現今的牧師一職會妨礙上帝永恆旨意的實現。原因何在？因為這旨意的重點就是，透過基督身體所有肢體自由開放的互相服事，讓教會彰顯基督的元首地位。[189]只要任何教會繼續保留牧師一職，那麼這個教會出現如此榮耀光景的機會就非常渺茫。

牧師對自己造成的傷害

當代牧師不僅傷害上帝的百姓，也傷害他自己。牧師一職會殃及周遭許多的人。牧師陷入沮喪、耗竭、焦慮，以及情緒崩潰的情形高於常人。就在我們寫作之際，據報導在美國教會服事的全職支薪牧師超過五十萬人。[190]

以這群為數龐大的宗教專業人員為例，下面這些統計數字足以證明牧師要面對的職業危險：

➤ 百分之94覺得自己受到壓力無以維持一個理想家庭。

➤ 百分之90每星期工作時間超過66小時。

➤ 百分之81表示，他們跟配偶相處的時間太少。

➤ 百分之80相信牧師一職有礙他們的家庭生活。

➤ 百分之80都感到氣餒或者沮喪。

➤ 百分之70覺得自己沒有親近的朋友。

➤ 百分之70表示自尊心比踏入服事之初更低落。

---

[188] 就這方面來說（也跟流行的觀念相反），牧師不是「小腦——要傳達訊息與協調各種功能，同時也是頭腦與身體互動的中樞。」他的職責不是要「莊嚴肅穆的把真理從大腦傳遞給身體」，也不是要「把身體的需要精確無誤的傳達給大腦」。麥肯納（David L. McKenna）在"The Ministry's Gordian Knot"〔*Leadership* (Winter 1980) 50–51〕就是用這些浮誇的話語敘述牧師的職務。

[189] 見弗三8–11。對這個旨意的詳細討論，見法蘭克寫的 *From Eternity to Here*。

[190] The Barna Group, "A Profile of Protestant Pastors," *The Barna Update* (September 25, 2001), (http://www.barna.org)。這些教會中，半數以上出席會友人數低於100（Larry Witham, "Flocks in Need of Shepherds," *The Washington Times* (July 2, 2001)。

> 百分之50覺得無能力達到職務的要求。[191]
> 超過百分之40表示,他們因為心力耗竭、忙碌以及不切實際的期待而備受煎熬。[192]
> 百分之33認為牧師一職會嚴重傷害家庭和樂。[193]
> 百分之33牧師曾在去年認真考慮離職。[194]
> 百分之40的牧師離職原因是心力耗竭。[195]

多數牧師同一時間必須兼顧十六項重大工作,[196]於是不少牧師因為壓力而應聲倒地不起。因此,美國各宗派合計每個月有14,00位牧師被解聘或者被迫離職。[197]過去二十年來,牧師的平均服事年資已經從七年銳減為四年多一點點![198]

不幸的是,鮮有牧師瞭解造成這種動盪不安的原因,其實就是他們自己擔任的職位。[199]簡單的說:耶穌基督從來就沒有意思要牧師像現在一樣身兼數職。祂從來沒有要任何人肩負這樣沉重的負擔。一般人對牧師的要求會讓他壓得喘不過氣來;任何人都無法承擔。想像一下,你服務

[191] H. B. London and Neil B. Wiseman, *Pastors at Risk* (Wheaton, IL: Victor Books, 1993); "Is the Pastor's Family Safe at Home?" *Leadership* (Fall 1992); *Physician Magazine* (September/October 1999), 22; The Barna Group, "Pastors Feel Confident in Ministry, but Many Struggle in Their Interaction with Others," *The Barna Update* (July 10, 2006). http://www.barna.org.

[192] 根據Focus on the Family Pastors Gatherings調查資料整合。

[193] Fuller Institute of Church Growth (Pasadena: Fuller Theological Seminary, 1991).

[194] Witham, "Flocks in Need of Shepherds".

[195] *Vantage Point, Denver Seminary* (June 1998), 2.

[196] The Barna Group, "A Profile of Protestant Pastors," *The Barna Update* (September 25, 2001)。這些工作包括構想異象、挑選與訓練領袖、講道與教導、募款、濟貧、思索教會策略與藍圖、規劃教會活動與課程、監督行政工作、管理同工與志工、化解衝突、代表會眾參與社區、照顧會眾並提供諮商、傳福音、主持聖禮以及門徒訓練。

[197] 根據 *The Christian Citizen*(November 2000)的報導,每個月有1,400位牧師離職。同樣,《華盛頓時報》(*The Washington Times*)曾連續刊登五篇威坦(Larry Witham)主筆,探討美國「神職危機」的系列文章。威坦表示:這個國家的神職人員只有極少數是年輕人,年齡35歲(含)以下只佔百分之8。在全美國237所神學院就讀的70,000名學生,只有三分之一想擔任牧師帶領教會。牧師一職吸引非常多年長的候選人。同樣,加拿大多數的主流新教派教會也面臨神職短缺的情形。「儘管照顧羊群是非常多采多姿的個人經驗,但也讓人難以招架──必須集神學家、心理諮商師、公開演講者、行政主管以及社區工作者於一身。」(Douglas Todd, "Canada's Congregations Facing Clergy Shortage," *Christian entury* [October 10, 2001], 13)。

[198] 資料取自1984年到2006年巴拿集團進行的牧師普查(PastorPoll)。

[199] 我(法蘭克)曾經在一本教牧書籍的宣傳單上讀到下面這段話:「一般人從日出忙到日落,但牧師的工作沒完沒了。這是因為他必須身兼數職:講員、教師、諮商家、行政人員、敬拜領袖、有時候還得修理家具!對那些需要幫助的牧師來說……我們就是你需要的幫手。」

的公司按照你手邊顧客滿意的程度付你薪水會是什麼情形。如果你的薪水取決於你討好大眾的果效、友善的態度、妻子與孩子受歡迎的程度、你的穿著以及你行為是否完美，你心裡會有何感受？

　　想像得出這會在你心中形成多大的焦慮嗎？是否看得出來這種壓力足以大到迫使任何人都必須戴上一付假面具——為的就是要保住自己的地位、利益以及飯碗？（因此，許多牧師拒絕接受任何幫助。）[200]

　　牧師一職跟教師、醫師與律師等其他專業人員一樣，需要遵守嚴謹的行為標準。這個職位對牧師的衣著、談吐與行為都有一定的要求，這就是許多牧師的日常生活都非常矯揉造作的主要原因。

　　就這方面來說，牧師這個角色會營造出一種假象，會眾期待他們的牧師總是興高采烈、充滿靈性並且隨傳隨到。他們還期待他有個中規中矩的完美家庭，更甚的是，他應該絕對不會面露慍色，也不會心懷苦毒。[201] 許多牧師扮演起這個角色就像希臘戲劇的演員。[202]

　　從數十位卸任牧師的見證看來，許多——可能大多數牧師如果不稍微隨波逐流可能就無法繼續留任。權力鬥爭是這個職位的嚴重通病，這會孤立許多牧師，也會破壞他們的人際關係。

　　作者在一篇寫給牧師，題為《避免服事衰竭》（*Preventing Clergy Burnout*）的精闢文章中，提出幾項大膽的建議：他提議牧師們要讓我們清楚瞭解圍繞牧師一職的權力爭鬥。[203] 他懇求牧師「跟其他宗派的神職交流團契。那些人不可能會妨礙你服事，因為他們的服事領域不會跟你重疊。他們跟你之間不會產生利益衝突。」[204]

　　牧師得面對的另一個危機就是專業造成的孤獨（Professional loneliness）。踽踽獨行迫使部分牧師轉換跑道，也使得其他牧師陷入更淒涼的

---

[200] 關於現代牧師所承受心理壓力的一手資料，見 C. Welton Gaddy, *A Soul Under Siege: Surviving Clergy Depression* (Philadelphia: Westminster, 1991)。

[201] Larry Burkett, "First-Class Christians, Second-Class Citizens," *East Hillsborough Christian Voice* (February 2002), 3.

[202] 並非所有牧師都會扮演這種角色。單只有少數牧師能抵擋這麼龐大的壓力，應該算是例外。

[203] 讓人吃驚的是，百分之23的新教神職者曾經至少被解聘一次，而百分之41的教會曾經開除過至少兩位牧師。資料來自 *Leadership* 雜誌的普查，刊登於 G. Lloyd Rediger 的 *Clergy Killers: Guidance for Pastors and Congregations Under Attack* (Philadelphia: Westminster/John Knox, 1997)。

[204] J. Grant Swank, "Preventing Clergy Burnout," *Ministry* (November 1998), 20.

處境。[205]

　　所有這一切病狀都源自牧師一職的發展歷程。「高處不勝寒」的原因就在於上帝從來沒有要任何人登上這種高處——唯一例外就是祂的愛子！事實上，當前的牧師想要靠自己一肩扛起新約聖經中五十八處「彼此／互相」（one another）的勸勉，[206]難怪他們當中許多人都被壓得喘不過氣。[207]

結論

　　當代牧師是二十一世紀基督教最不被質疑的職位。然而聖經裡面根本沒有提到這個職位。

　　反而，當代牧師卻因為愛任紐與居普良創始的單一主教制而精疲力竭。主教演變成地方教會的長老，中世紀時，長老成為天主教的祭司，在宗教改革時期，他轉變成為「傳道人」、「神職」，而最後成為「牧師」——維繫整個新教的人。一言以蔽之：新教牧師只不過是稍微改良的天主教祭司（再強調一次，我們是針對職位而不是個人）。

　　宗教改革時期的天主教祭司得身負七個重任：講道、聖禮、為會眾祈禱、過著規律又聖潔的生活、教會禮儀、濟貧以及探訪病患。[208]新教牧師要擔負各種責任——加上他有時還得在社區活動上祈禱祝福。

　　名詩人彌爾頓（John Milton）說的最好：「新長老不過是大字版的舊祭司！」[209]換句話說，當代牧師不過就是用粗體字寫的舊祭司！

[205] Larry Yeagley, "The Lonely Pastor," *Ministry* (September 2001), 28; Michael L. Hill and Sharon P. Hill, *The Healing of a Warrior: A Protocol for the Prevention and Restoration of Ministers Engaging in Destructive Behavior* (Cyberbook, 2000).

[206] 例如：彼此相愛（羅十三8）；彼此相顧（林前十二25）；互相服事（加五13）；彼此建立（羅十四19）；互相寬容（弗四2）；彼此相勸（來三13）等。

[207] *Searching Together* 23, no. 4（Winter 1995）對這議題有冗長的探討。

[208] Johann Gerhard in *Church Ministry* by Eugene F. A. King (St. Louis: Concordia Publishing House, 1993), 181.

[209] 引自彌爾頓 1653 年的詩作 "On the New Forcers of Conscience under the Long Parliament"。

☑答客問

1. 雖然你提到教會初創時期，植堂傳道人會監理初代教會，卻不會長期逗留在任何教會，這豈不是因為當時缺乏受過訓練的領袖？甚至現在世界上許多地方還是這樣，因此他們必須同時兼顧幾個教會？

   不。那些植堂者會刻意離開，好讓教會可以在基督的帶領下運作。如果植堂者繼續留在教會，會眾自然會處處仰仗他的領導。各個肢體也就無法發揮功能。現今依舊是這樣。

   整部新約聖經的模式就是，植堂者（使徒同工）在打下教會的根基後，總是會離開教會。細節見倪柝聲寫的《正常的基督徒生活》(*The Normal Christian Church Life* [Anaheim: Living Stream Ministry, 1980]）。

2. 《雅各書》三章1節說道：「我的弟兄們，不要多人作師傅，因為曉得我們要受更重的判斷。」《哥林多前書》十二章27–31節明白表示，聖靈賜給每個人的恩賜都不一樣——不是每個人都有使徒、先知講道或者教導的恩賜，而且每個信徒的功能也不一樣。這些經文不是證明上帝只呼召教會中某些人講道、教導以及服事嗎？

   是的，絕對是這樣。我們都同意耶穌基督的教會裡有教師、講員、先知、使徒、傳道人，甚至牧羊人。然而，當代牧師一職並不包括在這些經文裡面。事實上，由於一般人期待現在的牧師扮演許多角色，他們的服事領域往往超出他們的恩賜。這對他們以及會眾中擁有那些恩賜，卻無法發揮的肢體來說都不公平。

3. 雖然你指出按立是一種源自異教的基督教正統儀式，但這個程序能確保教會領袖能正確的掌握聖經，並公開委身於建造教會。因此，對會眾來說，按立豈不是一層重要的保障？

這個問題的預設是，現代神職系統就是基督教事工的典範。正如我們所說，初代基督徒的腦海中根本沒有聖職。因此，他們當然對於按立的神職一無所知。

使徒同工曾在某些教會認可當地教會的長老（徒二十28；提前三以及多一，列出這些長老的資格）。而教會差派使徒同工進行植堂事工。但這些作法跟抬舉某些基督徒高人一等的現代按立儀式，沒有任何共同點。

4. 你表示「許多──可能大多數牧師如果不稍微隨波逐流可能就無法繼續留任」是什麼意思？某些我認識最敬虔又無私的朋友是牧師，他們為神國非常竭心盡力的工作。

我們也認識許多勤奮、敬虔又無私的牧師。但我們也認識數不清的牧師坦承自己或多或少都曾因為這個職位而腐敗，而且往往是在他們任職期間的後半段。某些牧師向我們親口承認：「剛開始許多年我都不為所動，但一段時間後，我就在不知不覺中被改變。」他們說明自己為何要討好所有的人，想要取悅他們的「聽眾」以及維持一種特殊形象的原因。這一切跟牧師的動機毫無關係，跟這一切密切相關的是一個違背聖經的體系所造成的巨大影響。

姑且把這一切放在一邊，問題的癥結在於，我們是否應該支持毫無新約根據的職位與角色？如果現代牧師的職位與角色，都是在上帝的默示下發展出來的，那麼我們就應該支持它。但如果不是的話，我們就不應該對它會傷害那些擔任這個角色的人感到意外。

5. 若是有牧師在閱讀本章後，感覺你們是針對他們進行人身攻擊，你們有什麼話說？

我們心裡絕對沒有貶抑任何牧師或神職人員的意思。我們相信他們大多都是蒙上帝呼召、深愛上帝，並且是祂百姓的僕人。然而，我們也瞭解某些牧師在閱讀本章時，會有被中傷的感覺。在某些情形下，我們

認為這可能是他們把自我認同跟他們的職位緊密連結在一起的緣故，就過去多年來，我們所創造與傳承的領袖架構與體制來說，這一點也不讓人感到意外。對自己職位與角色感到安穩的牧師，在閱讀本書時應該不至於感到不安。我們無意宣稱自己的結論顛撲不破毫無破綻。我們只想請求讀者開放心胸思考這些議題。

第 6 章

主日早晨的戲服：粉飾太平

> 「你們要防備文士。他們好穿長衣遊行。」
>
> —— 耶穌基督《路加福音》二十章46節

> 「你們要謹慎，恐怕有人用他的理學和虛空的妄言，不照著基督，乃照人間的遺傳和世上的小學就把你們擄去。」
>
> —— 大數的保羅《歌羅西書》二章8節

　　每個主日早晨，全球好幾百萬新教徒都穿上最體面的服裝參加主日崇拜，[1] 但似乎沒有人在意這麼做的原因。成千上萬的牧師都穿著有別於會眾的特殊服裝，但好像沒有人在乎。

　　顯然，過去幾十年來，許多教會對服裝的要求已經寬鬆許多。我們現在可以穿著工作服走進許多教會的禮拜堂而不至於遭白眼。不過，許多教會依舊要求會友上教會時要穿著體面。我們要在這一章探究「穿著體面」上教會的緣由，也要追溯神職服裝的起源。

---

[1] 像是葡萄園（Vineyard）等宗派屬於例外。這些新宗派的崇拜比較輕鬆，通常在崇拜前會有咖啡和甜甜圈。襯衫和圓領衫是葡萄園教會崇拜常見的穿著。美國三百二十萬的新教徒多數會在主日早晨「穿著體面」的上教會，要是再加上穿著體面的非新教信徒，總數就非常可觀。

穿著體面上教會

　　穿著體面上教會是晚近才出現的現象。[2]這是十八世紀末葉隨著工業革命而興起的習慣,然後在十九世紀中葉傳遍各地。在此之前,「穿著體面」的參加社交活動僅限於頂尖富豪。原因非常簡單,當時只有非常富裕的貴族才負擔的起上好的衣著!尋常百姓通常只有兩套服裝:一套是下田勞動的服裝,另一套是稍微好一點,進城才穿的服裝。[3]

　　只有最富裕的上層階級才能隨時隨地穿著體面。[4]從中世紀到十八世紀,穿著就是表現一個人所屬社會階級的明顯標記。例如英格蘭等地方,其實嚴禁貧窮百姓穿著「上層」人士的服裝。[5]

　　這一切隨著紡織業量產技術的發明以及都市社會的發展而改變。[6]一般百姓從此可以負擔得起較講究的服裝。中產階級誕生後,他們也能仿效備受眾人矚目的貴族階層。中產階級從此可以跟農民區別開來,[7]中產階級為展示自己地位的提升,因此穿著「體面」的參加社交活動,就跟那些富人一樣。[8]

　　十八世紀末與十九世紀初有部分基督徒團體抵擋這股文化潮流。衛斯理(John Wesley)為文反對穿著昂貴與光鮮亮麗的衣著。[9]循道會起

---

[2] 穿著「體面」上教會這回事可以回溯到三世紀左右。亞歷山太的革利免(150~215)這麼說:「婦女和男性上教會時都要穿著體面的衣服,步伐要自然,還要保持沉靜……婦女更要加倍留意。除非在家裡,否則婦女要衣蔽全身。」("Going to Church," *The Instructor*, bk. 3. ch. 11.)。

[3] Max Barsis, *The Common Man through the Centuries* (New York: Unger, 1973).

[4] Leigh Eric Schmidt, "A Church Going People Is a Dress-Loving People," *Church History* (58), 38–39.

[5] 同前。

[6] 哈格里夫(James Hargreaves)在1764年發明「多軸紡織機」能生產更精緻、色彩更豐富的衣服,讓社會大眾因此受惠 Elizabeth Ewing, *Everyday Dress 1650–1900* (London: Batsford, 1984),56–57。

[7] Bushman, *Refinement of America*, 313.

[8] Henry Warner Bowden and P. C. Kemeny, eds., *American Church History: A Reader* (Nashville: Abingdon Press, 1971), 87–89。美國殖民時期的穿著與階層意識緊密相繫。1722年一位無名氏曾在費城發行一本題為《**服裝的魔力以及裁縫的驕傲:論談吐與穿著對地位的影響**》(*The Miraculous Power of Clothes, and Dignity of the Taylors: Being an Essay on the Words, Clothes Make Men*)的手冊,裡面提到,社會地位、身分與權力的展現、伸張與維持都是靠穿著。殖民社會中穿著與階層的連結,讓服裝帶有象徵力量。這種心態甚至滲入教會裡面。

[9] Rupert Davies, *A History of the Methodist Church in Great Britain* (London: Epworth, 1965), 193; Nehemiah Curnock, ed., *Journals of Wesley* (London: Epworth Press, 1965), 193. 衛斯理對穿著的教導被稱為「樸素福音」(a gospel of plainness)。他的主要論點就是,基督徒的穿著應該樸素、整潔又簡單。衛斯理經常把這個議題掛在嘴邊,因此一般認為「整潔僅次於敬虔」(Cleanliness is next to godliness)這句話就是出自他的口。不過,他其實是引用一位拉比的話(Phinehas Ben-Yair, *Song of Songs*, Midrash Rabbah, I.1:9)。

初也反對穿著華麗上教會的想法，甚至拒絕那些穿著體面的人參加聚會。[10]早期的浸信會也譴責穿著奢華，認為此舉會壁壘分明的區隔富人與窮人。[11]

　　儘管當時曾出現這些反對聲浪，基督教的主流宗派還是把握機會穿著上等衣著。中產階級逐漸茁壯，他們渴望更寬敞的住宅、更雄偉的教堂以及更華麗的衣著。[12]當維多利亞文化逐漸感染中產階級時，更華麗的教堂也逐漸吸引社會上更有影響力的人前來。[13]

　　1843年康乃迪克州深具影響力的公理會（Congregational）傳道人布士內納（Horace Bushnell）發表一篇題為〈品味與時尚〉（Taste and Fashion）的文章，成為這一切的臨門一腳。布士內納在文章中力主高尚與優雅都是上帝的屬性，基督徒也應該表現出這些特質。[14]於是，穿著體面上教會榮耀上帝的觀念就這樣誕生。現在，教會的會眾競相穿著正式服裝，在裝飾華麗的建築裡面榮耀上帝。[15]

　　1846年時，一位名叫傅提（William Henry Foote）的維琴尼亞州的長老會信徒寫道：「上教會的人都是注重穿著的人。」[16]這句話清楚明白透露出，主流宗派的基督徒上教會時，必須遵守穿著正式服裝的規範。時至1850年代，這股風潮已經波濤洶湧的席捲各宗派，連「反對正式穿著」的循道會都無法免俗。於是，他們在主日也開始穿著最好的服裝上教會。[17]

---

[10] Davies, *History of the Methodist Church*, 197.

[11] Schmidt, "A Church Going People Is a Dress-Loving People," 40.

[12] Bushman, *Refinement of America*, 335, 352.

[13] 同前，350。會眾中富人較多的教派（長老會、普救派Unitarian等等）開始把長條椅出售給富裕的家庭，為的是募款興建更宏偉的教堂。「除了長條椅要花錢，前來敬拜的信徒還得穿上跟華麗建築相稱的衣著，因此，對許多人來說，會眾的風格就成為一道難以逾越的障礙。一百年前，平凡的農夫穿上一件藍格子襯衫就可以上教會。美輪美奐的新教堂透露出一股高貴的氣息，對會眾的要求也更多。」

[14] 同前，328，331。

[15] 同前，350。

[16] Schmidt, "A Church Going People Is a Dress-Loving People," 36.

[17] Bushman, *Refinement of America*, 319。「早期循道會把時尚視為讎寇，如今讎寇已經佔上風。」施密特（Schmidt）寫道：「大家都非常關心安息日……要穿上最好的衣服；眾人皆知主日要穿上最好的。甚至堅持穿著樸素的敬虔派和福音派都再三要求會友要穿著端莊典雅。」（Schmidt, "A Church Going People Is a Dress-Loving People," 45）。

照樣，跟其他教會習俗一樣，穿著體面上教會同樣是基督徒受到世俗文化影響的結果。現在，許多基督徒在主日早上都會「整裝」上教會，問也不問原因。不過，讀者們現在應該已經清楚知道這種傻呼呼習俗的緣由了。

這純粹是十九世紀中產階級努力仿效當時富裕的貴族階級，想要藉著衣著炫耀他們日漸升高的地位造成的結果。（部分原因也該歸咎於維多利亞時代對體面的要求）這一切其實跟聖經、耶穌基督與聖靈毫無關係。

這有什麼錯？

「穿著體面」上教會有什麼大不了？這跟本不值得大驚小怪。然而，穿著體面上教會卻透露出事關重大的訊息。

首先，這反映出聖俗二分的錯誤觀念。認為上帝介意我們在主日「會見祂」時是否穿著體面，是一種違背上帝所立的新約的想法。我們隨時隨地都可以來到上帝面前，祂豈會在乎祂百姓主日早上的穿著是否光鮮亮麗？

其次，主日早上穿著光鮮亮麗的服裝簡直就是厚著臉皮告訴世人：教會就是一處基督徒可以掩飾自己的本相，然後把自己「打扮」的光彩奪目的地方。[18] 好好想一想。主日早上穿著考究上教會只不過比所謂形象管理稍微好一點。這讓上帝的殿充分發揮舞台效果：戲服、化妝、道具、燈光、接待員、特別音樂、主持人、表演以及特別節目。[19]

穿著體面的上教會讓我們忘記上教會的人其實都是深陷各種難處的真實人物——這些真實人物跟配偶的關係可能正處於風暴之中，就在把車駛入停車場前，馬上掛著一付笑臉掩飾這一切！

穿著「主日美服」能掩飾那些深藏在我們內心的問題，營造出一種

---

[18] 上帝看的是內心，祂才不會因為穿著而對我們另眼看待（撒上十六7；路十一39；彼前三3–5）。我們是用心靈敬拜，而不是用外表敬拜（約四20–24）。

[19] Christian Smith, "Our Dressed Up Selves," *Voices in the Wilderness* (September/October, 1987), 2.

假象：我們為上帝穿著最體面的服裝，因此我們一切「安好」，這是一種欺瞞的行為，不但有違人性而且在世人看來，就是一種假見證。

我們要面對這一切。身為墮落的人類，我們不太願意透露我們的真面目。我們幾乎總是靠我們的表現或者服飾，在別人心中製造出我們想投射的印象。這一切作法完全不同於初代教會單純樸實的特色。

第三，穿著體面上教會跟初代教會恆久的標記——樸質背道而馳。初代基督徒不會「穿著體面」的參加教會的聚會。他們是在純樸的客廳聚會，他們不會用穿著突顯他們的社會地位。事實上，初代基督徒會用實際的作法告訴世人，他們絕對不認同階級劃分。[20]

教會把所有世俗上社會階層與種族的區別全都一筆勾消。初代基督徒清楚知道，他們是世上的新種族。[21] 因此，雅各譴責那些熱情接待富裕信徒，卻冷眼對待貧窮信徒的基督徒。他大膽斥責那些衣著有別於窮人的富人。[22]

然而，許多基督徒都誤以為，穿著非正式服裝參加主日早上的敬拜就是「大不敬」。這就跟文士與法利賽人指責主耶穌和祂的門徒沒有遵守古人的遺傳（可七1–13），如出一轍。

簡言之，認為主耶穌期待祂的百姓穿著上好服裝參加聚會的想法，就是在聖經中增添上帝未曾說過的話語。[23] 這種作法充其量也只是人為的傳統。

神職服裝

我們現在要轉而察看神職服裝的發展過程。在君士坦丁之前基督教

---

[20] 施奈德在他寫的 *Ante Pacem: Archaeological Evidence of Church Life Before Constantine* 中表示，現今大約有三十封在君士坦丁之前的基督徒書信留存下來。就這些書信的內容看來，當時的基督徒通常會隱瞞足以透露他們社會地位的家族姓氏。他們也以「弟兄」和「姊妹」相稱。2001年10月12、14日以及2007年7月10日施奈德寄給法蘭克‧威歐拉的電子郵件。

[21] 初代基督徒認為他們是新的被造物、新的人類以及新的族類，超越所有自然界的類別與障礙（林前十32；林後五17；加三28；弗二15；西三11）。

[22] 雅二1–5。這處經文也間接表示，穿著時尚服裝參加教會聚會是例外而不是定例。

[23] 申四2；箴三十6；啟二十二18。

神職的穿著跟一般人沒兩樣。[24]

　　跟一般人想法相反的是，神職人員服裝（包括重儀派的「祭服／法衣」ecclesiastical vestments）的起源並不是舊約的祭司服。它的起源反而是希臘—羅馬社會的世俗服裝。[25]

　　事情的真相如下：亞歷山太的革利免主張神職人員應該穿著比平信徒更好的外袍（當時的教會禮儀已被視為正式事件）。革利免表示，傳道人的衣著應該樣式「簡單」、顏色「白淨」。[26]

　　幾百年來白色就是神職服裝的顏色。這個習俗似乎取自異教哲學家柏拉圖的思想，他寫道：「白色就是眾神的顏色。」就這點來說，革利免和特土良都覺得染色不討上帝喜悅。[27]

　　君士坦丁登基後，主教、祭司和執事之間的區別逐漸根深蒂固。[28]君士坦丁在主後330年，把宮殿遷到拜占庭並重新命名為君士坦丁堡，此時起祭司和執事逐漸穿著羅馬的正式服裝。[29]一般人可以根據服裝辨識神職人員，因為他們的服裝跟世俗官員一樣。[30]

　　自從四世紀日耳曼征服羅馬帝國後，世俗服裝有所改變，羅馬人飄逸的長袍變成歌德式短衫。但想要跟平信徒有所區別的神職人員依舊穿

---

[24] *The Catholic Encyclopedia 1913 On-Line Edition*, s.v. "Vestments," http://www.newadvent.org/cathen/15388a.htm; *Encyclopedia Britannica Online*, s.v. "Sacred Rights Ceremonies: The Concept and Forms of Ritual: Christianity" (1994～1998)。就君士坦丁時期之前不久，神職人員會穿著頂級質料的外袍主持聖餐。

[25] *Catholic Encyclopedia*, s.v. "Vestments."在「起源」項下寫的是：「基督教聖職服的起源不是舊約的祭司服，反而是從希臘—羅馬世界的世俗服裝演變來的。」亦見 Janet Mayo, *A History of Ecclesiastical Dress* (New York: Holmes & Meier Publishers, 1984), 11–12。馬約（Mayo）寫道：「稍微追溯就會發現祭司服起源自羅馬的世俗服裝。認為祭司服是源自利未制度，從猶太祭司袍演變來的看法乃是後起的觀點。」關於宗教服裝歷史的少見書籍，見 Amelia Mott Gummere, *The Quaker: A Study in Costume* (Philadelphia: Ferris and Leach, 1901)。要注意的是，舊約中祭司的外袍是基督徒在耶穌基督裡要穿戴的屬靈外袍的預表與影子（來十1；西二16–17，三10–14；弗四24；彼前五5；啟十九8）。

[26] "On Clothes," *The Instructor*, bk. 3, ch. 11.

[27] 同前，bk 2, ch. 11; Mayo, *A History of Ecclesiastical Dress*, 15。

[28] Mayo, *History of Ecclesiastical Dress*, 14–15.

[29] 同前。Latourette, *A History of Christianity*, 211; Brauer, *The Westminster Dictionary of Church History* (Philadelphia: The Westminster Press, 1971), 284。

[30] 「主教的服裝就是古羅馬行政官的外袍」Hatch, *Organization of the Early Christian Churches*, 164。主教的服裝顯示他們屬於特殊階層。整套服裝包括裝飾著白色襪子的鞍墊（saddlecloth）或彌撒帶（mappula）、黑色的平底拖鞋或者坎培鞋（campagi），以及垮襪（udones）或白色襪子，這就是羅馬行政官的服裝。Johnson, *History of Christianity*, 133。

著羅馬古服！[31]

　　神職人員在主持教會崇拜時，仿效世俗宮廷典禮的規範穿著過時的外袍。[32] 平信徒穿著新款服裝時，神職人員認為那是屬於「世俗」與「蠻荒」的服裝。他們依舊穿著自己心目中的「文明」服裝，而這就成為神職服裝。[33] 當時的神學家都支持這種作法，例如，耶柔米（Jerome，約342～420年）曾表示，神職人員絕不應該穿著日常服裝進入禮拜堂。[34]

　　從五世紀開始，主教穿著紫色外袍。[35] 六、七世紀時，神職人員的服裝越來越華麗貴重。[36] 時至中世紀，他們的穿著開始帶有神祕意味與象徵意義。[37] 六、七世紀時，開始出現一些別具特殊意義的服裝。這種作法後來演變成隨時在祭服室（vestry）放一套專門罩在外出服外面的特殊外套的慣例。[38]

　　七、八世紀時，聖袍被視為從舊約利未祭司袍傳承下來的聖物[39]（其實應是為辯護這種作法而提出的說詞）。時至十二世紀，神職人員也開始穿著讓他們有別於一般人的外出服。[40]

---

[31] Senn, *Christian Worship and Its Cultural Setting*, 41; "Sacred Rights Ceremonies," *Encyclopedia Britannica Online*.

[32] 2000年1月18日，范德比特（Vanderbilt）大學，教會歷史與神學教授特塞爾（Eugene TeSelle）在發給威歐拉的電子郵件中如此表示。

[33] Mayo, *History of Ecclesiastical Dress*, 15; Jones, *Historical Approach to Evangelical Worship*, 117.

[34] 耶柔米表示，如果主教穿著白袍會比平日更俊美的話，上帝就會得到榮耀。2000年7月18日，禮儀學者法蘭克・辛在發給法蘭克・威歐拉的電子郵件中如此說。亦見耶柔米 "Against Jovinianus" bk. 2.34 (*Nicene and Post-Nicene Fathers*, series 2, vol. 6) and "Lives of Illustrious Men," ch. 2 (*Nicene and Post-Nicene Fathers*, series 2, vol. 3)。

[35] Collins and Price, *The Story of Christianity*, 25, 65.

[36] Jones, *Historical Approach to Evangelical Worship*, 116–117。瑪約（Mayo）所寫的《神職服裝發展史》（*History of Ecclesiastical Dress*）詳細敘述各個宗派每一種神職服裝歷年來的演變過程。神職人員在最初一千年沒有穿戴任何頭飾，而且從八世紀開始才繫腰帶。Elias Benjamin Sanford, ed., *A Concise Cyclopedia of Religious Knowledge* (New York: Charles L. Webster & Company, 1890), 943。

[37] Mayo, *History of Ecclesiastical Dress*, 27; Isidore of Pelusium（歿於 440左右）率先用象徵意義解釋祭司服的某些部分。西方教會與東方教會分別從八世紀與九世紀開始，用象徵意義解釋整套祭司服（*Catholic Encyclopedia*, s.v. "Vestments."）。中世紀非常著迷於象徵主義，因此他們忍不住賦予所有服裝宗教上的「屬靈」意義。這些意義依舊流傳在當前一些注重禮儀的教會。

[38] Senn, *Christian Worship and Its Cultural Setting*, 41。所謂祭服室或者聖器室（sacristy）就是教堂裡面擺置神職服裝以及聖器的特別房間。

[39] Mayo, *History of Ecclesiastical Dress*, 27.

[40] Collins and Price, *Story of Christianity*, 25, 65.

宗教改革帶來的改變

宗教改革期間，擺脫傳統與聖袍的過程非常緩慢。[41]改教家以黑色學士袍取代神職服裝。[42]它也以賢哲袍（philosopher's cloak）著稱，因為這是四、五世紀哲學家穿著的服裝。[43]新款的聖職服裝非常受歡迎，因此黑色學士袍就成為新教牧師的外袍。[44]

信義宗牧師會穿著這種黑袍外出，也會在脖子上帶一圈演變得越來越寬的「領環」（ruff）。十七世紀時寬到領環被戲稱為「磨石環」（the millstone roff，[45]部分信義會牧師現今依舊穿戴領環。）

然而，有趣的是改教家依舊把神職服裝保留下來。新教牧師在主持主餐時會穿著這種服裝，[46]目前許多新教宗派依舊如此。正如天主教祭司一樣，許多牧師在舉起餅與杯之前，會先穿上他們的聖職服。

改革宗牧師的服裝（黑袍）象徵他的屬靈權柄。[47]這種趨勢一直延續到十七、十八世紀，牧師始終穿著深色衣服，黑色更好（這是十六世紀，例如律師和醫師等等『專業人士』的傳統顏色）。

黑色很快就成為各宗派教會所有傳道人的顏色。[48]黑色學士袍終於在1940年代演變成「大禮服」（frock coat）。後來，大禮服被二十世紀的黑色或灰色「西裝」（lounge suit）取代。[49]

二十世紀初，許多神職人員都配帶領圈與領帶。事實上，一般人都

---

[41] Mayo, *History of Ecclesiastical Dress*, 64。慈運理和路德迅速廢除天主教的祭司袍。Hall, *Faithful Shepherd*, 6。

[42] 慈運理在1523年秋天率先穿著學士袍。路德在1524年10月9日下午開始跟進（Niebuhr and Williams, *Ministry in Historical Perspectives*, 147）。亦見George Marsden, *The Soul of the American University: From Protestant Establishment to Established Nonbelief* (New York: Oxford University Press, 1994), 37。

[43] H. I. Marrou, *A History of Education in Antiquity* (New York: Sheed and Ward, 1956), 206。「我們可以從哲學家穿的外袍認出他們，那是一種用粗布縫製的黑色短衫。」並見Smith, *From Christ to Constantine*, 105。

[44] Niebuhr and Williams, *Ministry in Historical Perspectives*, 147。十六世紀時，黑袍就是「神職外出服」（Senn, *Christian Worship and Its Cultural Setting*, 42）。

[45] Chadwick, *Reformation*, 422–423.

[46] Mayo, *History of Ecclesiastical Dress*, 66.

[47] Bowden and Kemeny, *American Church History*, 89.

[48] Mayo, *History of Ecclesiastical Dress*, 77–78.

[49] 同前，118。

認為神職人員不打領帶非常失禮。[50]低禮儀宗派（浸信會、五旬節派……等）的神職人員會配戴教士領（clerical collar）並打領帶。高禮儀宗派（聖公會、英國長老會、信義會……等）的神職人員會配戴教士領——常被戲稱「狗環」。[51]

教士領的起源可以追溯到1865年。跟一般人想法不一樣的是，它並非天主教的發明，而是聖公會的發明。[52]十八、十九世紀祭司的傳統穿著就是在白袍（有時被稱為僧衣alb）外面罩一件黑色教士服（cassocks；長度及地，有一圈高高的豎領）。

換句話說，他們配戴著一個中間有塊白色的黑色領圈。教士領也就是可以拆卸自如的活動領圈。發明這種領圈的用意就是，讓聖公會與天主教的祭司即使穿上外出服，也能夠在任何地方被認出來是「屬神的人」！

如今，這種深色西裝與領帶已經成為大多數新教牧師的標準服裝，許多牧師到哪裡都堅持要這麼穿！有些新教牧師也會配戴教士領，好讓人一眼就看出他是神職人員。

這種特殊的神職服裝應該無傷大雅吧？

穿著特別服裝的神職可說是公然違背上帝殿中的屬靈原則。它直搗教會核心而把上帝百姓分為兩種等級：「專業」與「非專業」

就跟「穿著體面」上教會一樣，不論是「重儀派」的華麗服飾還是福音派牧師的深色西裝，這些神職服裝的起源都是世俗文化。神職人員的特殊服裝可以追溯到四世紀時，神職人員採用羅馬公務員穿著的樣式。

主耶穌和祂的門徒根本沒有想要用特殊服裝取悅上帝，或者讓他們

---

[50] 同前，94。

[51] 同前，94，118。

[52] Niebuhr and Williams, *Ministry in Historical Perspectives*, 164。根據《倫敦時報》報導（*The London Times March* [14, 2002]）教士領是格拉斯哥的麥理歐（Donald McLeod）牧師發明的。一般認為，教士領是天主教反改教派的發明，用意是避免祭司穿戴跟新教牧師樣式相同的寬厚項圈（Chadwick, *Reformation*, 423）。但它似乎是在這段期間過後好久才出現。

跟上帝百姓加以區別的想法。[53]基於宗教信仰的考量而穿著特殊衣著，反倒是文士和法利賽人的特色。[54]主耶穌的一番話：「你們要防備文士。他們好穿長衣遊行，喜愛人在街市上問他們安，又喜愛會堂裡的高位，筵席上的首座。」（路二十46）讓文士和法利賽人無所遁形。

☑答客問

1. 你這是間接表示，我們絕對不應該鼓勵大家穿著體面的上教會；然而，對我來說，這是提醒我們應該給予上帝祂應得的尊重。這樣的話，穿著考究的衣服上教會不是具有正面意義嗎？

　　如果你覺得穿著體面上教會具有正面意義，而且是動機純正的為上帝而做，那麼就這麼做。但我們要提醒自己不要責備或者輕看那些參加聚會時，穿著沒有那麼考究的人。

2. 你認為穿著體面的上教會在根本上就是錯誤的作法，或者你認為這是一種可以挽回的人為習俗？

　　後者。這跟我們在本書中追溯的其他傳統作法不一樣，我們相信這種來自聖經之外的習俗，是可以挽回的（見上面的回答）。基本上，穿著光鮮亮麗的參加基督徒聚會沒有什麼錯，就跟我們所有宗教傳統一樣，我們只是認為，我們應該省思這麼做的原因，並反省我們內心的動機。

---

[53] 路七25；林後八9。耶穌在世時，祂穿過的最好服裝似乎是用來取笑祂的──路二十三11。要記得上帝的愛子降世為人的時候，包裹祂的不是君王的黃袍，而是一塊布（路二7）。要注意的是，施洗約翰是眾人中不靠衣著取悅上帝最極端的例子（太三4）。
[54] 太二十三5；可十二38。

第 *7* 章

音樂傳道：
專為音樂設置的神職

「福音派的正字標記不是毫無質疑的遵循古老的傳統，而是願意按照聖經教導檢視所有傳統，再古老的習俗也不例外，且能在必要時予以改革。」
—— 斯托得（John Stott，二十世紀英國傳道人與聖經學者）

「問題的癥結不在於教會太富裕，而在於教會已經嚴重機制化，維修的費用非常高昂。它兼具恐龍與戰艦雙重性質，它扛著一套笨重的機械裝備，又要執行一個超過它能力所及的工作計畫，因此深陷各種補給的問題，又得煩惱存活的問題。這套裝備的慣性就是整個財務的分配、正當性、組織管道、心態的結構都著眼於墨守成規安於現狀。如果任何人想要突破這個窠臼另覓途徑的話，那麼在抵達前線之前，他就已經精疲力竭。」
—— 羅賓森（John A. T. Robinson，二十世紀英國新約學者）

走進任何基督教的崇拜就會發現，通常一開始會唱幾首聖詩、合唱曲或者讚美與敬拜詩歌。有一個人（或一個團隊）會帶領與指揮大家唱歌，比較守舊的教會由詩班長或音樂傳道負責帶領（某些教會甚至會由資深牧師親自上場帶領）。也可能由詩班自己帶領。當代教會往往設有敬拜領袖或讚美敬拜團隊。

「帶領敬拜」的人會參考證道主題挑選要唱的詩歌，他們以這幾首

詩歌開場，由他們決定詩歌的唱法，並決定告一段落的時機，坐在台下的人根本沒有領唱的機會。帶領他們的往往是教牧團隊裡的一位同工或者具有類似身分的人。

　　這一切跟新約的教導與典範形成明顯對比。初代教會的敬拜與唱詩都交由全體上帝百姓執行，[1]教會能夠帶領她自己唱詩歌。唱詩歌與帶領詩歌是全體信徒齊心協力完成的一件事，而不是由專家領導的專業表演。

詩班的起源

　　四世紀時，隨著神職人員的興起以及基督教詩班的成立，一切為之改觀，就在《米蘭諭旨》（Edict of Milan，主後313年）頒佈後不久，基督徒就不再遭受迫害。在君士坦丁統治期間，詩班漸具雛形，並接受訓練幫助聖餐的進行，這是沿襲羅馬風俗的作法，因為皇室的典禮一開始就演奏進行曲，為此還設立特殊學校，而詩班員還被授予二等神職的身分。[2]

　　詩班的起源就是希臘的異教廟堂和戲劇。[3]杜蘭說的好：「中世紀就跟古希臘一樣，戲劇的主要源頭就是宗教禮儀。彌撒本身就是一齣精彩的戲劇，禮拜堂就是一座神聖的舞台，主領的神職穿著充滿象徵意義的戲服，祭司和輔祭互相對話，祭司與詩班、詩班與詩班互相啟應對唱，這一切正符合從對話演變成戲劇的過程，而神聖的酒神戲（Dionysian

---

[1] 弗五19；西三16。要注意這些經文裡面「彼此對說」和「互相」這些詞句。

[2] Liemohn, *The Organ and Choir in Protestant Worship*, 8.

[3] 希臘人曾經訓練合唱團參與他們異教的崇拜 (H. W. Parke, *The Oracles of Apollo in Asia Minor* [London: Croom Helm, 1985], 102–103)。希臘戲劇，喜劇與悲劇都有樂團伴奏（Marion Bauer and Ethel Peyser, *How Music Grew* [New York: G. P. Putnam's Sons, 1939], 36, 45; Elizabeth Rogers, *Music through the Ages* [New York: G. P. Putnam Sons, 1967], 87; Carl Shaulk, *Key Words in Church Music* [St. Louis: Concordia Publishing House, 1978], 64; Quasten, *Music and Worship in Pagan and Christian Antiquity*, 76; Alfred Sendrey, *Music in the Social and Religious Life of Antiquity* [Rutherford, NJ: Fairleigh Dickinson University Press, 1974], 327, 412）。希臘合唱團通常有15到24人（Claude Calame, *Choruses of Young Women in Ancient Greece* [Lanham, MD: Rowman & Littlefield, 2001], 21）。有人認為基督教仿效的是猶太會堂的詩班跟吟唱。但這非常不可能，因為三、四世紀的基督徒跟猶太人之間沒有什麼關聯。反而，他們從週遭的希臘—羅馬文化吸收到許多東西。有趣的是，希臘音樂的起源是東方與小亞西亞（Rogers, *Music through the Ages*, 95）。

play）也就是這樣發展出來的。」[4]

　　隨著詩班在教會的地位日漸升高，詩歌不再屬於全體上帝百姓，而是屬於由專業歌手組成的全職同工，[5]造成這種轉變的部分原因就是異教思想藉著讚美詩滲入教會。神職人員覺得如果他們能夠掌握會眾所唱的讚美詩，就可以避免異端的傳播，[6]但這也是因為權力不斷膨脹的神職已經成為基督教戲劇的主角。[7]

　　時至主後367年，會眾唱詩幾乎完全絕跡，而由訓練精良的詩班取而代之，[8]教會中全職的專業歌手就此誕生。目前教會敬拜中的詩歌部分，已經完全由神職人員與詩班控制。

　　安波羅修（Ambrose）是後使徒時代第一首基督教讚美詩的創作者。[9]這些讚美詩都是仿效古希臘的模式，而且取的是希臘名稱。[10]安波羅修也是第一批聖詠（chants）的創作者，現在部分天主教會依舊使用這些聖詠。[11]禮儀聖詠直接傳承自羅馬的異教聖詠，羅馬聖詠又可以追溯到蘇美人的古城。[12]

　　教宗詩班始於五世紀。[13]大貴格利在六世紀末成為教宗後，就在羅馬重新建立聖歌學校（Schola Cantorum，這所學校的創辦人是西維斯特教

[4] Durant, *Age of Faith*, 1027.

[5] Liemohn, *Organ and Choir in Protestant Worship*, 8–9。四世紀前，會眾齊唱一直是基督教敬拜的特色。

[6] Edward Dickinson, *The Study of the History of Music* (New York: Charles Scribner's Sons, 1905), 16, 24.

[7] Bauer and Peyser, *How Music Grew*, 71–72.

[8] Rogers, *Music through the Ages*, 108。老底嘉會議（The Council of Laodicea，約主後 367年）禁止非教會詩班以外的任何人在教會唱歌。這個法案的用意是確保詩歌的水準更整齊並且受到敬拜領袖的控制（Davies, *The New Westminster Dictionary of Liturgy*, 131; Arthur Mees, *Choirs and Choral Music* [New York: Greenwood Press, 1969], 25–26）。

[9] 安伯羅修（Ambrose）創作的都是正統讚美詩。亞利安（Arian）利用讚美詩宣傳他們關於耶穌的異端教導（亞利安相信耶穌是上帝的創造物）。

[10] Bauer and Peyser, *How Music Grew*, 71。「希臘的音樂體系就是初代教會的先驅，毫無間斷的從希臘一脈傳承下來，經過羅馬，傳到中世紀然後到現代」（Dickinson, *The Study of the History of Music*, 9）。事實上，我們手邊最古老的基督教讚美詩的全文大約出自主後200年左右。安伯羅修只是把撰寫詩歌轉變成教會的習俗。當時的基督教音樂是沿襲希臘的通俗樂風。Barry Leisch, *The New Worship: Straight Talk on Music and the Church* (Grand Rapids: Baker Book House, 1996). 35。

[11] Rogers, *Music through the Ages*, 106.

[12] Bauer and Peyser, *How Music Grew*, 70; Rogers, *Music through the Ages*, 61。「從現存的文字可知，每一個〔蘇美〕廟宇都會用獨唱與回應（祭司與詩班）以及啟應（詩班對詩班）等技巧，編排禮儀裡的聖詠。」並見 Dickinson, *The Study of the History of Music*, 25。

[13] Dickinson, *Study of the History of Music*, 18.

宗〔Pope Sylvester；歿於主後335年〕)。[14]

貴格利經由這所學校培養出的專業歌唱家，被派往羅馬帝國各地訓練教會詩班。這些歌唱家的訓練期間長達9年，他們必須熟記要唱的每一首歌——包括著名的貴格利聖詠（Gregorian chant）。[15]貴格利把僅存的會眾歌唱也徹底根除，因為他相信音樂屬於神職人員的範圍，而且是專業歌唱家的獨佔權利。

訓練有素的詩班與歌唱家，以及會眾唱詩的結束都是希臘文化心態的反映。這非常類似希臘文化中以觀眾—演員互動為主軸的雄辯（專業演講）。可悲的是，這個特色藉著戴安娜神殿和希臘戲劇直接傳入教會，全體上帝百姓不僅在傳道的事工上，也在歌唱上成為旁觀者。[16]遺憾的是，希臘的旁觀精神依舊活現在當代教會。

基督教男孩詩班的根源可以回溯到君士坦丁時期，部分軌跡依舊存在。詩班員多數出自孤兒院，[17]1498年在奧地利維也納創立的維也納男童合唱團（Vienna Boys Choir）就是一例。這類合唱團專門在宮廷、彌撒以及私人音樂會和國家慶典上獻唱。[18]第一個男童合唱團其實是由膜拜希臘羅馬神明的異教徒創立的，[19]這些異教徒相信男童的聲音具有特殊能力。[20]

送葬曲與送葬行列

另一種源自異教的音樂就是送葬曲，在第三世紀初被引入基督教。

---

[14] Rogers, *Music through the Ages*, 109; Andrew Wilson-Dickson, *The Story of Christian Music* (Oxford: Lion Publications, 1992), 43; Appleby, *History of Church Music*, 28.

[15] Bauer and Peyser, *How Music Grew*, 73–75; Rogers, *Music through the Ages*, 109。這段期間的演唱全都沒有樂器伴奏。

[16] Dickinson, *Study of the History of Music*, 14.

[17] *The Catholic Encyclopedia*, s.v. "Choir, " http://www.newadvent.org/cathen/03693b.htm; Shaulk, *Key Words in Church Music*, 64–65. Iris V. Cully and Kendig Brubaker Cully, eds., *Harper's Encyclopedia of Religious Education*, s.v. "Choir" (San Francisco: Harper & Row Publishers, 1971).

[18] http://www.bach-cantatas.com/Bio/Wiener-Sangerknaben.htm。關於女子合唱團的異教起源，見 Quasten, *Music and Worship in Pagan and Christian Antiquity*, 77–86。

[19] Parke, *Oracles of Apollo in Asia Minor*, 102–103; Quasten, *Music and Worship*, 87ff.「異教徒經常會在膜拜的時候使用男童合唱團，尤其是舉行慶典的時候。」

[20] Quasten, *Music and Worship*, 87.

正如一位學者所說：「許多皈依基督教的異教徒無法擺脫異教信仰對死者的崇拜，對他們來說，最簡單的作法就是用聖詩取代異教的送葬曲與哀樂。」[21]

在君士坦丁時代，羅馬的訂婚習俗和送葬行列在稍加修改後，被轉變為基督教的「喪禮」[22]這也是從異教移植來的習俗。[23]基督教遵行與認同的喪禮哀歌也是來自異教習俗，[24]它是在三世紀初被引入基督教。特土良之所以反對基督教舉行送葬行列，就是因為它來自異教。[25]

不但送葬行列來自異教，連喪禮的悼詞也一樣。羅馬帝國的異教徒通常會聘請一位當地口才流利的教師，在親人的葬禮上發表演說，這位講員會參照專為這種場合編寫的小冊演講，他的語調會逐漸的熱情激昂，然後表示死者「現在已經跟眾神在一起，在天際遨遊並俯瞰塵世」[26]，他的職責就是安慰死者的親人。現在扮演這個角色的人就是當代的牧師，甚至連他們說出來的話都非常相似！

宗教改革的貢獻

改教家在音樂方面的貢獻就是，恢復會眾歌唱以及使用樂器。波西米亞改教家胡司（John Huss；1372～1415）及其追隨者（所謂胡司派，Hussites）率先在教會恢復二者。[27]

路德也鼓勵在崇拜的某些部分加入會眾詩歌，[28]但會眾詩歌要到十八

[21] 同前，86，160以下。
[22] Senn, *Christian Worship and Its Cultural Setting*, 41。法蘭克・辛也在書中說明羅馬訂婚習俗融入基督教婚禮的過程。
[23] 見第3章。
[24] Quasten, *Music and Worship*, 163.
[25] 同前，164–165。
[26] MacMullen, *Christianizing the Roman Empire*, 11–13.
[27] Jones, *Historical Approach to Evangelical Worship*, 257。1505年胡司派在布拉格製作出第一本新教讚美詩集。亦見 Terry, *Evangelism: A Concise History*, 68。
[28] Jones, *Historical Approach to Evangelical Worship*, 257。路德一生總共出版過60本詩歌集，更特別的是，路德把會眾唱納入禮儀。他留下來一部拉丁彌撒，供詩班在城鎮與大學演唱，以及一部德國彌撒，供會眾在村莊與郊區演唱。改革宗反對詩班音樂與會眾唱讚美詩，他們只贊成演唱由詩篇以及其他聖經中頌讚改寫的韻律詩。在他們眼中，合唱團和讚美詩都是羅馬的產物，因此信義宗使用它們等於是反改教。（法蘭克・辛在2000年11月18日寫給法蘭克・威歐拉的電子郵件如此表示）。

世紀英格蘭的衛理公會復興時期才達到顛峰。[29]

改教時期的教會依舊保留詩班,這有助於會眾唱詩,也能發揮領唱的功能。[30]宗教改革後約150年,會眾唱詩已經成為廣受認同的作法,[31]時至十八世紀,風琴起而取代詩班帶領基督徒敬拜。[32]

有意思的是,中世紀前沒有任何教會曾經在敬拜時使用樂器的證據。[33]在此之前,敬拜時所演唱的詩歌一律沒有樂器伴奏,[34]教會教父對樂器的評價不高,認為它們會導致淫亂與偶像崇拜。[35]加爾文贊成樂器屬於異教文化的觀點。結果,此後兩百年間,改革宗教會在演唱詩歌時都沒有使用樂器伴奏。[36]

後君士坦丁時代基督徒最先使用的樂器就是風琴。[37]風琴最早出現在教會是六世紀,但要到十二世紀才在舉行彌撒時使用風琴。十三世紀時,風琴已成為整個彌撒裡面的一個環節。[38]

起初風琴是被用來幫助祭司和詩班起音。[39]在宗教改革期間,風琴成為新教崇拜的的標準樂器——只有加爾文派例外,他把風琴從教會中移

---

[29] Jones, *Historical Approach to Evangelical Worship*, 257。以撒・華茲(Isaac Watts)、約翰・衛斯理以及查爾斯・衛斯理所寫的詩歌廣為流傳。這段期間詩歌寫作與演唱的風潮席捲歐美兩個大陸上所有的自由教會(Free Church)。

[30] Liemohn, *Organ and Choir in Protestant Worship*, 15。懷特(John F. White)表示,「直到現在眾人對於詩班在新教敬拜裡扮演的角色依舊爭議不斷,而且沒有任何充分理由能夠說服大家,詩班應該存在新教的領域」(*Protestant Worship and Church Architecture*, 186)。

[31] Liemohn, *Organ and Choir in Protestant Worship*, 15–16。

[32] 同前,19。十七世紀時,風琴往往跟會眾齊唱對應,因此掩蓋過會眾的歌聲。日內瓦叫教會把教堂內的風琴撤走,因為他們不希望風琴干擾會眾的敬拜(Wilson-Dickson, *Story of Christian Music*, 62, 76–77)。正如尖塔和其他裝飾一樣,福音派教會終於在1800年代為保持競爭優勢而從聖公會引進風琴(Bushman, *Refinement of America*, 336–337)。

[33] Ferguson, *Early Christians Speak*, 157.

[34] 例如,亞歷山太的革利免(三世紀)、安波羅修、奧古斯丁以及耶柔米(四、五世紀)都反對在敬拜中使用樂器。後來加爾文等人認為樂器和異教儀式息息相關,也認為那些是羅馬劇場的產物。Liemohn, *Organ and Choir in Protestant Worship*, 2; Quasten, *Music and Worship*, 64。

[35] Ferguson, *Early Christians Speak*, 157.

[36] Jones, *Historical Approach to Evangelical Worship*, 255–256。1522年出版的《日內瓦詩歌集》(*The Genevan Psalter*)成為歐洲與美國改革宗教會的標準詩歌本長達200年之久。

[37] 同前,256。

[38] Liemohn, *Organ and Choir in Protestant Worship*, 4.

[39] 同前,3。

走並加以拆毀。[40]美國教會在1704年購得第一台風琴。[41]

　　新教詩班在十八世紀中葉開始蓬勃發展。[42]教會特別為詩班員安排座位，以便顯示他們的特殊地位。

　　起初，詩班的作用是為會眾唱詩起音。但不久之後，詩班就開始獻唱特別詩歌。[43]於是由詩班演唱特別音樂的慣例就此誕生，而會眾也就坐在位子上欣賞他們的表演。

　　十九世紀末時，美國教會開始出現兒童詩班。[44]此時，特別音樂已經成為非儀派教會的慣例（重儀派教會最後也承襲起這種習俗）。[45]

　　值得注意的是詩班的座位。十六世紀末時，詩班的座位從高壇（神職人員所在的高臺）遷移到放置管風琴的廂樓後方。[46]但十九世紀末至二十世紀初的牛津運動（Oxford Movement）期間，詩班的位置又移回高壇，就在此時，詩班員開始穿著神職罩袍。[47]1920年代和1930年代時，美國的詩班習慣穿著跟當時剛流行的新歌德式（neo-Gothic）教堂相稱的特殊長袍。[48]那時的詩班於是就穿著古老的神職服裝跟神職人員一起站在會眾眼前！[49]

敬拜團的起源

　　在當代許多靈恩派與非靈恩派的教會裡面，詩班的地位已經被敬拜團取代。[50]這些教會對於自己的教堂沒有太多宗教象徵（可能只有橫幅與

---

[40] 同前，3, 32–33。衛理公會在1796年禁用風琴，認為唯一適合敬拜使用的樂器就是低音大提琴。不過，十二年後衛理公會就在教堂裡架設起風琴（91–92頁）。信義宗風琴成為信義宗敬拜不可或缺的一環。諷刺的是，信義宗風琴音樂的傳統是一位叫做史威林（Jan Pieterszoon Sweelinck）的荷蘭加爾文信徒在十七世紀初發起的。（Senn, *Christian Liturgy*, 534）。

[41] 買主是紐約的三一堂（Trinity Church）。關於美國第一台風琴的使用情形，見Liemohn, *Organ and Choir in Protestant Worship*, 110–111。

[42] 同前，113; White, *Protestant Worship and Church Architecture*, 110。

[43] Liemohn, *Organ and Choir in Protestant Worship*, 115.

[44] 同前，125。最先組成兒童詩班的教會應該是新澤西弗萊明頓（Flemington）的第一長老教會。

[45] 同前。

[46] Senn, *Christian Liturgy*, 490.

[47] Liemohn, *Organ and Choir in Protestant Worship*, 127; Wilson-Dickson, *Story of Christian Music*, 137.

[48] Senn, *Christian Worship and Its Cultural Setting*, 49.

[49] A. Madeley Richardson, *Church Music* (London: Longmans, Green, & Co., 1910), 57.

[50] 像是葡萄園、加略山禮拜堂（Calvary Chapel）以及希望禮拜堂（Hope Chapel）等宗派，皆屬於這種教會。然而，許多宗派與非宗派教會都採用同樣的敬拜模式。

直幅的旗幟）而感到沾沾自喜。

　　舞台前方只有一個簡單的講台、一些盆栽、擴音器、麥克風以及許多電線。大家的穿著都非常輕鬆，教堂常見的長條椅都換成折疊椅或者電影院的座椅。標準的敬拜團包括一把電吉他、一套鼓、一台電子琴，可能還有一把低音吉他，以及幾位特別歌手。歌詞都製作成簡報（或者幻燈片），由一台幻燈（投影）機把都投射在銀幕或者一面光禿禿的牆上。詩歌通常都是敬拜前挑選好的，現場幾乎看不到任何詩歌本或者讚美詩集。

　　在這類教會裡，敬拜的意義就是跟著樂團唱歌。讚美與敬拜的時間通常會進行20～40分鐘。唱的第一首歌往往是情緒高昂的讚美合唱曲，[51] 接著敬拜團就會帶領會眾一起活活潑潑，夾雜著鼓掌、搖擺身體、舉起雙手（有時候會跳著舞）等動作，自在、輕柔又敬虔的唱詩歌。（一般來說，歌曲的焦點著重在個人的屬靈經驗，許多歌曲都瀰漫著第一人稱單數代名詞〔I，me，my〕。[52] 部分當代教會逐漸著重集體意識，也就是第一人稱複數——我們、我們的〔we，us，our〕，這是非常好的轉變。）

　　樂團離開舞台之時，接待就會傳遞奉獻盤或袋。通常接下去就是證道，此後的敬拜就由牧師包辦。許多教會的牧師在證道結束時，會招呼敬拜團回到舞台多演唱幾首敬拜詩歌。樂團表演的同時可能會進行「事工時間」。

　　上面描述的音樂儀式就像時鐘一樣精準的在典型的靈恩派與非宗派教會上演。但它們究竟是怎麼來的呢？

　　1962年的時候，蘇格蘭鄧伯蘭（Dunblane）英國教會裡面一群不滿現狀的音樂家想要恢復傳統的基督教詩歌。以公理會牧師勞特利（Erik Routley）為首的這群藝術家，深受鮑勃‧狄倫（Bob Dylan）和希尼

---

[51] 1970年代的耶穌運動（Jesus movement）重新恢復演唱經文讚美詩。David Kopp, *Praying the Bible for Your Life* (Colorado Springs: Waterbrook Press, 1999), 6–7。
[52] 完全吻合嬰兒潮世代的自我中心思想。

卡‧特（Sydney Carter）的影響，希望出版社（Hope Publishing Company）的小喬治‧薛尼（George Shorney Jr.）把他們這種嶄新的風格引進美國，這些新的基督教讚美詩可說是一種改革（reform），但不是革命（revolution）。當搖滾樂隨著耶穌運動融入基督教音樂圈的時候，才真正掀起一場革命。這場改革可說是後來那場透過加略山教會與葡萄園運動，在教會界扎根的音樂革命的先驅。[53]

敬拜團的起源可以追溯到1965年加略山教會創立之初，加略山教派的創始人恰克‧史密斯（Chuck Smith）在當時發起嬉皮與衝浪客的事工。史密斯歡迎剛信主的嬉皮重新調整他們的吉他，然後在教會演奏如今已經被贖回的音樂。他為反文化的那批人建立了一個演奏他們音樂的舞台——讓他們在主日晚間一展身手並舉行音樂會，這種嶄新的音樂形式被稱為「讚美敬拜」（praise and worship）。[54]隨著耶穌運動的蓬勃發展，史密斯在1970年代成立Maranatha Music唱片公司，其的宗旨就是要發行那些年輕歌手創作的歌曲。[55]

葡萄園教派受到音樂天才約翰‧溫伯（John Wimber）的影響，也開始成立敬拜團。曾擔任加略山教會牧師的溫伯在1982年成為葡萄園運動的首領，從那時起，就敬拜團與崇拜音樂的推廣來說，葡萄園的影響力可能已經超過加略山教會。一般人認為葡萄園音樂比較近人也更適合敬拜，而加略山教會的音樂則以激昂、充滿讚美的歌曲著稱。[56]

隨著時間的推移，吉他取代風琴成為新教教會中帶領崇拜的主要樂器。儘管敬拜團所仿效的是世俗文化的搖滾音樂會，依舊成為跟講壇一樣常見的環節。

---

[53] 自從當代基督教音樂崛起後，「敬拜之爭」就此展開，這股力量把教會分裂成「老式傳統音樂愛好者」與「新式當代音樂愛好者」兩個敵對陣營。不少教會都因為教會敬拜時，當採用的音樂形式各執己見而一分為二。當代音樂與傳統音樂之爭，儼然成為糾纏著現代教會界各宗派與各教會聯盟的源頭之一。

[54] Michael S. Hamilton, "The Triumph of Praise Songs: How Guitars Beat Out the Organ in the Worship Wars," *Christianity Today* (July 12, 1999).

[55] Donald E. Miller, *Reinventing American Protestantism* (Berkeley: University of Berkeley Press, 1997), 65, 83.

[56] 同前，19，46–52，84。

這一切的重點是什麼？

讀者可能會好奇，由詩班長、敬拜領袖以及敬拜團帶領會眾唱歌，有什麼錯？沒有錯……前提是要得到所有會友的同意。然而，許多基督徒都覺得這會剝奪上帝百姓一項重要的功能：在聚會時挑選與帶領他們自己要唱的詩歌——由他們自己作主敬拜上帝——讓耶穌基督引導祂的教會唱詩歌，而不是由專責的人決定。這些正就是初代教會唱詩歌的特色。

保羅對新約教會聚會情景的描述：「各人或有詩歌……」（林前十四26）；「當用詩章、頌詞、靈歌彼此對說」（弗五19）。想想「各人」（every one of you）這幾個字。領唱、詩班與敬拜團會限制元首基督的作為而讓這一切無法實現——尤其會阻礙祂帶領祂自己的弟兄唱詩歌讚美祂天父的事工。希伯來書作者針對這個事工（如今鮮為人知）寫道：「因那使人成聖的和那些得以成聖的，都是出於一。所以，他稱他們為弟兄也不以為恥，說：我要將祢的名傳與我的弟兄，在會中我要頌揚祢。』」（來二11–12）

當敬拜歌曲只能由專業人才挑選、安排與帶領的時候，敬拜的這個部分就比較像娛樂節目而不是集體敬拜，[57]尤其是唯獨那些「優秀」人選才能夠參與領唱。我們對這個觀點的反駁就是，根據新約的原則，領唱應該交在所有上帝百姓的手中，而且應該讓會眾在這個事工上充分發揮。

我（法蘭克）不是理論家。過去將近二十年，我曾參加過多所每位會友都受過自發領唱訓練的教會的聚會。[58]想像一下：每個弟兄姊妹都能在耶穌基督的帶領下自由自在的領唱——甚至寫下自己的詩歌，然後帶到聚會教大家唱。我認識許多不斷經歷這種榮耀又充滿活力的教會，一位信徒開始唱歌，然後所有人都跟著唱，接著另有一人開始唱另首歌，

---

[57] 我個人對專業音樂家在觀眾面前表演，以勸勉、教導、激勵甚至娛樂他們沒有任何異議。然而，這不應該跟全體會眾以詩歌敬拜讚美的事工混淆不清。

[58] 我（法蘭克）在 Gathering in Homes（Gainesville, FL: Present Testimony Ministry, 2006）一書中，以實際的方式說明一群基督徒自己領唱以及寫出他們自己的詩歌的方法。

於是整個敬拜就這樣持續下去，沒有冗長的暫停冷場，也沒有任何人上前擔任領會或領唱。

附帶一提，這就是初代基督徒敬拜的樣子。然而，這在現代的制度化教會中卻是罕見的情形。好消息是，凡想要在教會的聚會中，藉著詩歌經歷元首基督帶領的人都可以如願實現。這種類型的教會在唱詩歌時非常注重團體精神，而不重視個人才能與主觀意識。[59]

「我們曾在巴比倫的河邊坐下，一追想錫安就哭了。我們把琴掛在那裡的柳樹上；因為在那裡，擄掠我們的要我們唱歌，搶奪我們的要我們作樂，說：給我們唱一首錫安歌吧！我們怎能在外邦唱耶和華的歌呢？」……「當耶和華將那些被擄的帶回錫安的時候，我們好像做夢的人。我們滿口喜笑、滿舌歡呼的時候，外邦中就有人說：耶和華為他們行了大事！」（詩篇一三七 1-4，一二六 1-2）

☑答客問

1. 你揭開教會詩班的「異教根源」；但我不認為這對詩班本身的價值有何影響。我沒有歌唱的恩賜，但我感激那些喜愛音樂並非常有恩賜的人，願意貢獻時間與精力藉著詩歌帶領我進入敬拜。你對此有何感想？

我們也感激那些具有音樂恩賜，並善用自己的音樂天賦為他人帶來祝福的人。然而，把教會每次聚會挑選與帶領詩歌的責任都託付給少數幾個人（也就是詩班或者敬拜團），會剝奪其他肢體參與這項事工的機會，這是違背聖經的作法。正如保羅所說，聚會時應當「各人或有詩歌」（林前十四 26；弗五 19；西三 16）。

---

[59] 弗五 19；西三 16 對初代基督徒唱詩歌時表現出團體精神描寫得非常生動。

2. 現在教會的牧師和敬拜團都會挑選跟早晨信息相關的音樂。儘管未必每首詩歌都能「打動」我，但如果每個在場的人都得挑選並帶領一首詩歌，情形不見得會有所不同。

　　如果一個人從來沒有看過一群基督徒在元首基督帶領下，自然而然的挑選詩歌並帶領他們自己唱詩歌，會非常難以想像這種情形。我只能說，這跟少數人挑選詩歌，然後帶領每個信徒開口唱歌可說是天淵之別。其間的差別就是：一是消極的跟著一個人（或者一小群人）唱歌，另一是大家一起自動自發的積極參與。

3. 在舊約時期（見代上二十三5、30，二十五1–31；代下七6）上帝在利未家族中設立「專業」敬拜領袖，負責帶領公眾敬拜並且寫下許多詩歌（例如亞薩與可拉的後代寫的詩歌）。你認為這算是設立音樂事工的聖經基礎嗎？不論是否，原因何在？

　　我們相信這些經文其實贊成我們的論點。舊約祭司制度的範圍僅限於少數的人——利未人。在新約中，這些少數人的祭司制度已經被廢止，而每個基督徒在上帝面前都是祭司。我們不屬於利未等次的祭司；我們是屬於麥基洗德等次的祭司（來五～七章）。基督就是我們的大祭司，而每個祭司都是在祂之下的祭司（彼前二5、9；啟一6）。因此，在我們心中，這些經文所突顯的是，每個基督徒都有在元首基督之下「帶領敬拜」的權利。

4. 你覺得教會聚會時由一位基督徒獨唱，或者由一個樂團演奏並帶領一群基督徒唱詩歌敬拜是否不對？

　　一點也沒有。我們只是認為如果這樣會攔阻、制止甚至完全取代每個信徒都能領唱並用詩歌敬拜讚美上帝的話，我們就應該捫心自問，是否我們已經荒廢了一個上帝為教會所設立的事工？

第 **8** 章

什一奉獻與神職薪餉：
錢包的痛處

「我們不像那許多人，為利混亂神的道。」

——大數的保羅《哥林多後書》二章 17 節

「教會不僅擁抱〔羅馬〕帝國從該撒到最低賤奴隸整個龐大人口，且巧妙的運作著層層機制，從世人以及異教徒手中接受難以計數的外來資產……儘管古希臘與古羅馬已經永遠淪亡，但希臘—羅馬的異教思想卻沒有消失。它依舊活在人心裡面，今日一如往昔需要經由上帝的靈重生。它也活在許多希臘與羅馬教會拜偶像又充滿迷信的習俗中，這正是純淨的基督教一開始就對抗的對象，而且會繼續對抗下去，直到從裡到外徹底掃除偶像崇拜，而且不只要經過水的洗禮，更要經過福音的靈與火的洗禮，讓它得以成聖。」

——薛弗（Philip Schaff），十九世紀教會歷史學家

「人豈可奪取神之物呢？你們竟奪取我的供物，你們卻說：『我們在何事上奪取你的供物呢？』就是你們在當納的十分之一和當獻的供物上。因你們通國的人都奪取我的供物，咒詛就臨到你們身上。萬軍之耶和華說：你們要將當納的十分之一全然送入倉庫，使我家有糧，以此試試我，是否為你們敞開天上的窗戶，傾福與你們，甚至無處可容。」（瑪

三 8–10)。

這段經文似乎是許多基督教領袖最喜歡的聖經章節，尤其在奉獻低落的時候。如果你曾經參加過當代教會一段時間，就會在各種場合聽到有人在講壇上朗誦這段經文。想想下面這些說詞：

「上帝命令你要忠心的什一奉獻。如果你不什一奉獻，就等於是在搶奪全能的上帝，而會為自己招來咒詛。」

「如果要上帝的工繼續進行，你就必須什一奉獻與樂捐。」（當然，「上帝的工」包括給付全職同工薪水，以及繳納每個月的電費好讓教堂繼續運作下去。）

這會造成什麼樣的壓力？上帝的百姓乖乖聽話的奉獻每星期收入的十分之一。他們這樣做的時候，心裡面會覺得這樣就能討上帝的喜悅。因此，他們期待祂會在財務上祝福他們。如果他們沒有照做，就會覺得自己不順服上帝，因此會擔心在財務上受到咒詛。

不過，讓我們回過頭來思考兩個一針見血的問題：「聖經真的教導我們要什一奉獻嗎？而……就屬靈上說，我們應當擔負起供養牧師和他手下全職同工的責任與義務嗎？」

這兩個問題的答案可能會讓你驚訝不已。

什一奉獻是否符合聖經教導

聖經確實提到什一奉獻。因此，什一奉獻符合聖經教導，但它不是針對基督徒，是針對古代的以色列。本質上，這是他們的所得稅。你絕不會在新約聖經裡面讀到初代基督徒什一奉獻。

許多基督徒跟本不清楚聖經對什一奉獻有些什麼教導。因此，我們要在這裡查考這個問題。什一奉獻的意思就是十分之一。[1]上帝為以色列設立三種「什一」做為他們的稅賦系統。它們是：

---

[1] 舊約裡面，「什一」的希伯來文是 maasser，意思就是十分之一。在新約裡面，希臘文用的是 dekate，意思同樣是十分之一。這個用語不是來自宗教界，而是來自數學與財務兩個領域。

➤ 土地所產的十分之一要供應在迦南地沒有產業的利未人。[2]

➤ 土地所產的十分之一要資助在耶路撒冷舉行的宗教節慶。如果任何家庭無法把沉重的農作搬到耶路撒冷，就可以兌換成金錢。[3]

➤ 每三年要收取土地所產的十分之一捐獻給當地的利未人、孤兒、異鄉人和寡婦。[4]

這就是聖經裡的什一。上帝命令以色列要捐獻每年收入的百分之23.3，而不是百分之10。[5]這些什一包含土地的作物──涵蓋土地的種子、土地的果實，以及牛群與羊群。這些都是土地出產之物而不是錢財。

以美國為例可以清楚看出，以色列的什一奉獻跟現代的賦稅系統十分相似。以色列有義務用他們每天的什一奉獻資助他們的公務員（祭司），他們的假日（節慶）以及他們當中的窮人（異鄉人、寡婦與孤兒）。多數現代賦稅系統都是以達成類似目的為宗旨。

耶穌死後，所有猶太人的儀式典章都被釘在基督的十字架上然後被埋葬，絕對無法再轄制我們。因此，我們從未在新約中看到基督徒什一奉獻，就跟我們從未看到他們為遮掩自己的罪而獻上山羊與牛犢一樣。

保羅寫道：「你們從前在過犯和未受割禮的肉體中死了，神赦免了你們一切過犯，便叫你們與基督一同活過來。又塗抹了在律例上所寫、攻擊我們、有礙於我們的字據，把它撤去，釘在十字架上……所以，不拘在飲食上，或節期、月朔、安息日都不可讓人論斷你們。這些原是後事的影兒；那形體卻是基督。」[6]（西二13–17）

什一專門屬於在律法之下的以色列。就財務的事奉上來說，我們可

---

[2] 利二十七30–33；民十八21–31。

[3] 申十四22–27。有時候這被稱為「節慶獻」(the festival tithe)。

[4] 申十四28–29，二十六12–13。猶太史學家約瑟夫以及其他學者相信，這是跟第二種什一用途不一樣的第三種什一。Stuart Murray, *Beyond Tithing* (Carlisle, UK: Paternoster Press, 2000), 76, 90; "What Is a Tithe?" Questions about Tithing, Generous Giving, http://www.generousgiving.org/page.asp?sec=43&page=589。

[5] 每天百分之20，加上每三年百分之10，等於每天百分之23.3。上帝要求的是這三種什一（尼十二44；瑪三8–12；來七5）。

[6] 西二13–14、16–17；並見來六～十章。

以看到初代基督徒甘心樂意的量力而為——不是為遵守命令而扛責任。[7]
初代教會的奉獻是樂捐，[8]而奉獻的受惠者是貧窮人、孤兒、寡婦、病
患、坐監的人以及異鄉人。[9]

我們現在還會聽到有人提出下面這些反駁：

「那亞伯拉罕呢？他還在律法之前。我看到他拿出十分之一奉獻給
麥基洗德（創十四17–20）。難道這還不足以推翻你認為什一屬於摩西律
法的論點？」

不，一點也不能。首先，亞伯拉罕的什一奉獻全然是樂捐的。它不
是強迫的。上帝沒有像命令以色列什一奉獻一樣命令亞伯拉罕奉獻。

其次，亞伯拉罕什一奉獻的來源是他贏得一場特定戰爭後獲得的戰
利品。他什一奉獻的來源不是他自己的日常收入或者產業，亞伯拉罕獻
上什一的時機，有點像是你贏得樂透彩或者獎券的頭獎，或者得到公司
發放的紅利後拿出十分之一奉獻。

第三，最重要的就是，亞伯拉罕一生在世175年的歲月中，這是僅
有的一次什一奉獻的紀錄，我們沒有他此後曾經再次奉獻的證據。結果
就是，如果你想要以亞伯拉罕為「鐵證」，主張基督徒必須什一奉獻的
話，那麼你一生就只需要什一奉獻一次就夠了！[10]

這就讓我們回到經常被引用的《瑪拉基書》第三章。上帝在那裡說
的是什麼？首先，這處經文是針對在摩西律法之下的古以色列而說的。
當時上帝的百姓不太願意什一與捐獻。試想，如果一個國家大部分的公
民都拒絕納稅會造成怎樣的後果。這可說是多數人在行竊，而某些國家
會處分那些拒絕納稅的公民。[11]

---

[7] 從林後八3–12，九5–13可以清楚看到整個原委。保羅對奉獻的看法是：按照上帝量給你的奉獻——根據你的能力與產業為之。

[8] Gough, *Early Christians*, 86.

[9] "How We Christians Worship," *Christian History* 12, no. 1 (1993): 15.

[10] 這同樣可以運用到雅各身上。根據創二十八20–22所說，雅各起誓要對上帝奉獻什一。但就跟亞伯拉罕的什一一樣，雅各的什一也全然是樂捐的。就我們所知，這不是延續一生的作法。如果雅各開始定期什一奉獻（而且無法加以證明），他等了整整二十年才第一次什一奉獻！引用慕瑞（Stuart Murray）的話說：「什一奉獻對這些故事（亞伯拉罕與雅各）來說只是附帶的，而且作者沒有表示這些作法帶有任何神學意義。」

[11] 要注意，有些人認為部分國家不把納稅視為法律責任。我們只是以此舉例說明而已，沒有其他意思。

同樣，當以色列人不願納稅（什一奉獻）時，就是竊取上帝之物——因為祂就是設立什一奉獻的那位。接著，上帝命令祂的百姓把什一奉獻送入庫房。庫房是位在聖殿裡面的房間，這些房間是分別出來放置供給利未人、窮人、異鄉人以及寡婦的什一奉獻（土地的出產，而不是錢財）的空間。[12]

要注意《瑪拉基書》三章8–10節的上下文。第5節提到，上帝表示祂會審判那些壓迫寡婦、孤兒以及異鄉人的人，祂說：「我必臨近你們，施行審判。我必速速作見證，警戒行邪術的、犯姦淫的、起假誓的、虧負人之工價的、欺壓寡婦孤兒的、屈枉寄居的，和不敬畏我的。」

寡婦、孤兒以及異鄉人都是什一奉獻的正當受惠者。因為以色列當時拒絕付出什一奉獻，於是觸犯忽略這三種人的需要的罪惡。上帝在《瑪拉基書》三章8–10節透露出的心意就是：祂會懲治那些壓迫窮苦人的人。

你在聽牧師傳講《瑪拉基書》第三章的時候，可曾聽他提到這件事？我聽過幾十篇關於什一奉獻的證道，從來沒有任何一篇告訴我這段經文真正的意義。那就是：什一奉獻所供應的對象是寡婦、孤兒、異鄉人和利未人（家無恆產）。

什一奉獻與全職薪資的起源

新約勉勵信徒按照自己的能力奉獻。初代教會的基督徒不但幫助其他信徒，也資助使徒，讓他們能夠四處旅遊植堂。[13]

初代教會最明顯的見證之一就是，基督徒對待窮苦的人與匱乏的人非常慷慨。[14] 這使得包括哲學家蓋倫（Galen；譯註：主後130～200年）

---

[12] 尼十二44，十三12–13；命十四28–29，二十六12。

[13] 幫助其他信徒：徒六1–7，十一27–30，二十四17；羅十五25–28；林前十六1–4；林後八1–15，九1–12；提前五3–16。支持教會植堂：徒十五3；羅十五23–24；林前九1–14，十六5–11；林後一16；腓四14–18；多三13–14；約參一5–8。錢財與人的心緊密相繫。馬太福音、馬可福音和路加福音平均每六節經文就會有一節跟錢財有關的經文。新約聖經裡面三十八個比喻中有十二個跟錢財有關。

[14] 在克雷德（Kreider）寫的 *Worship and Evangelism in Pre-Christendom* 一書中可以讀到關於三、四世紀基督徒慷慨解囊的動人真實記錄（頁20）。特土良所見證的基督徒善行，見 Johnson, *History of Christianity*，75 頁以及 Tan, *Lost Heritage*，51–56頁。

在內的教外人士，眼界大開的目睹初代教會可敬可畏莫測高深的能力，因此說道：「看哪，他們竟然相愛到這種程度。」[15]

三世紀時，迦太基的居普良是第一個提到要在財務上支持神職人員的基督徒作家。他認為就如利未人得到什一的支持，基督教的神職人員也應該得到什一的支持。[16]不過這會讓人產生的錯誤觀念。現在，利未制度已經被廢棄，我們這些信徒現在全都是祭司。因此，若是有一個祭司要求什一，那麼所有基督徒都應該互相奉獻什一！

居普良的要求在當時人的眼中看來，可說是相當乖僻。很久之後，基督徒才認真看待他的講法並有所行動。[17]在君士坦丁之前，除了居普良沒有任何其他基督徒作家，引用舊約經文為證贊成什一奉獻。[18]直到四世紀，也就是基督死後三百年，部分基督教領袖才主張收取什一奉獻資助神職人員。[19]不過，這種作法要到八世紀才廣為基督徒所接受。[20]一位學者表示：「〔基督教〕最初七百年間幾乎未曾提到它們（什一奉獻）。」[21]

追溯基督教什一奉獻的起源非常耐人尋味。[22]什一是從國家發展到教會，下面就是其歷史。七、八世紀時，租賃土地是歐洲經濟常見的特點。佃農往往是以什一，也就是十分之一為標準，繳納租金給地主。隨著教會在歐洲各地擁有的土地逐漸擴增，十分之一的租金就從世俗地主手中轉移到教會手中，教會領袖就這樣成為地主，而什一也就變成繳付給教會的稅賦。這就賦予十分之一的租金新的意義，它被突發奇想的被應用到舊約律法，然後被視為等同於利未制度下的什一奉獻！[23]結果，

---

[15] Tertullian, *Apology* 39:7; Robert Wilken, *The Christians as the Romans Saw Them* (New Haven, CT: University Press, 1984), 79–82.

[16] Cyprian, *Epistle* 65.1; Murray, *Beyond Tithing*, 104.

[17] Murray, *Beyond Tithing*, 104–105; Ferguson, *Early Christians Speak*, 86.

[18] Murray, *Beyond Tithing*, 112. 屈梭多模曾經在文章中主張為窮苦人收取什一奉獻（pp. 112–117）。

[19] 同前，107。《使徒憲章》（The Apostolic Constitutions, c. 380）根據舊約的利未制度，主張用什一奉獻資助神職人員（pp. 113–116）。奧古斯丁贊成什一奉獻，但並沒有讓它成為慣例的念頭。事實上，奧古斯丁知道他主張什一奉獻有違教會一貫立場。五世紀時，部分敬虔的基督徒會什一奉獻，但不表示這已經成為普遍受到眾人認可的作法（pp. 117–121）。

[20] Hatch, *Growth of Church Institutions*, 102–112.

[21] 同前，102。

[22] 慕瑞寫的 *Beyond Tithing* 中第四到六章就在追溯什一奉獻的整個歷史。

[23] Hatch, *Growth of Church Institutions*, 103。《偽依西多爾敕令集》（The pseudo-Isodorian Decretals）證明這些什一是從當初使用教會土地繳納的租金演變來的。844年的瓦郎斯會議（Council of Valence）表示，這個「諭令所

舊約慣例和中世紀常見的租賃土地制度就此合而為一，變成基督教的什一奉獻。[24]

時至八世紀，西歐許多地方已經立法要求什一奉獻。[25]然而，九世紀末時，什一已逐漸不再是租賃土地的費率。然而，什一奉獻依舊被保留下來，並且被視為以舊約為基礎的道德要求。什一奉獻在信奉基督教的整個歐洲，儼然成為法定的宗教習俗。[26]

換句話說，八世紀前什一還是一種自由奉獻。[27]但十世紀末時，它已經淪為資助國家教會的法定條例——在神職人員的要求下，由世俗的權柄負責執行！[28]

時至今日，什一不再是任何國家的法律條例。[29]但是，什一到現在依舊是一種強制性的習俗，一如它以往具有法律效力時的模樣。當然，如果你沒有繳納什一不至於遭受實質懲罰，但許多教會不是當面告訴你這是犯罪的行為，就是會讓你產生這種罪惡感。

事實上，在某些教會中，如果你不遵守什一奉獻，就會被禁止擔任同工。我有一個朋友在某個知名的教會被列為長老候選人，但是，因為他覺得奉獻應該匿名（他不使用支票），因此就被喪失擔任長老的資格。原因何在？他被告知教會一定要知道哪些人藉著什一奉獻順服上帝，以及哪些人沒有。這就是貫徹那整個宗派的標準，唯有遵守什一奉獻的人才能擔任長老。

至於神職人員的薪資，其實最初三世紀的傳道人都不支薪。不過，

處理的什一屬於租金，部分教會土地的承租人似乎一直遲遲不繳，因此要求所有基督徒代他們繳付（104–105頁）。亦見 Murray, *Beyond Tithing*, 138。

[24] *Beyond Tithing*, 137。慕瑞寫道：「基督教裡許多層面都混雜著聖經元素與世俗元素，也就是舊約的主題與作法，和羅馬及異教的制度與觀念相結合的產物。」

[25] 同前，134。查理曼將什一納入法典，並在779年和794年要求整個帝國必須遵守（139頁）；Durant, *Age of Faith*, 764。

[26] Murray, *Beyond Tithing*, 111, 140.

[27] 唯一的例外就是六世紀的高盧。567年時，土爾斯會議（The Synod of Tours）在當地立法強制實施什一。梅肯會議（the Synod of Macon）威脅要把那些拒繳什一的人逐出教會。深入淺出的探討早期教父的教會裡基督徒奉獻的情形，見 Kreider, *Worship and Evangelism in Pre-Christendom*, 34–35。

[28] Murray, *Beyond Tithing*, 2, 140。整個什一制度的細節，是由神學家和立法者共同擬出的。

[29] 出乎意料的是，英國國教會（the Church of England）直到1930年代才從法律中刪除跟什一相關的條例（Murray, *Beyond Tithing*, 3–6）。

自從君士坦丁登基後，他就建立起從教會基金以及城市與帝國府庫給付神職人員固定薪資的制度。[30]這就是神職人員支薪惡習的起源，這並非新約的教導。[31]

　　基督徒務必要在財務上支持上帝的事工，並慷慨的奉獻給窮苦人，這是無庸置疑之事。這兩件事都是聖經的命令，而上帝的國度也視之為要務。本章所要探討的癥結在於，把什一奉獻視為基督徒的「律法」是否適當，以及把這些奉獻用於支付神職人員的薪資，教會營運的費用以及教堂的開銷是否妥當。

窮苦人的重擔

　　如果信徒的什一奉獻是出自個人決定與信念，那就沒有問題。一旦什一奉獻被視為所有信徒都應當恪守的上帝誡命，就會造成問題。

　　在舊約體制之下，什一奉獻是窮人的好消息。然而，就現今來說，硬性規定什一奉獻簡直就是逼迫窮人。[32]不少基督徒都因為覺得即使入不敷出也該奉獻，而陷入極度貧困之中，他們接受的教導是，不什一奉獻就是掠奪上帝以及違背祂的誡命。[33]在這種情況下，福音不再是「窮人的好消息」，[34]它反而成為窮人的重擔，不但沒有讓他們得釋放，反而感覺備受壓迫。我們輕易就忘記，上帝當初為以色列設立什一的用意是要嘉惠窮人，而不是加害他們！

　　當代的什一奉獻反成為富人的好消息。對高收入階層來說，十分之一猶如九牛一毛。因此，什一奉獻對富人的生活毫無影響，反而讓他們感到心安理得。許多富裕的基督徒都因為他們把十分之一的收入丟進奉

---

[30] C. B. Hassell, *History of the Church of God*, from Creation to AD 1885 (Middletown, NY: Gilbert Beebe's Sons Publishers, 1886), 374–392, 472; Smith, *From Christ to Constantine*, 123。二世紀的孟他奴派（Montanists）是第一個支付領袖薪資的宗派，但直到君士坦丁興起，這種作法才廣為流傳（Smith, *From Christ to Constantine*, 193）。

[31] 我們針對那些被引用來證明神職人員（牧師）應當領薪的經文所提出的回應，見 Viola, *Reimagining Church*。

[32] 更不用提什一的複雜程度，而這是我們往往忽視的角落。試想下面這些狀況：什一是指淨利還是毛利？免稅額度是否適用？慕瑞詳細列出把古以色列實施的聖經什一制度，運用到我們當前的社會環境中會造成的錯綜複雜情況，而這一切往往被人忽視。在一套涵蓋禧年、安息日、拾穗（gleanings）以及初熟的制度中，什一顯得相當合理，並且有助於分配國家財富。現在，它往往會製造出許多不公平的狀況（見 *Beyond Tithing*, ch. 2）。

[33] 慕瑞確切證明什一奉獻確實會傷害窮苦人（*Beyond Tithing*, 8–10, 35–38）。

[34] 太十一 5；路四 18，七 22；林前一 26–29；雅二 5–6。

獻袋，因此誤以為這就算是「順服上帝」。

不過，上帝對奉獻的看法非常不同。回想一下寡婦的小錢：「耶穌抬頭觀看，見財主把捐項投在庫裡，又見一個窮寡婦投了兩個小錢，就說：『我實在告訴你們，這窮寡婦所投的比眾人還多；因為眾人都是自己有餘，拿出來投在捐項裡，但這寡婦是自己不足，把她一切養生的都投上了。』」（路二十一1–4）。

可悲的是，什一奉獻往往被視為門徒敬虔與否的試金石。如果你是好基督徒，就應該什一奉獻（這就是一般的想法），但這是拿著雞毛當令箭，什一奉獻不是基督徒敬虔與否的風向球。如果真是這樣的話，那些在保羅建立的教會裡的初代基督徒都應該被列為不敬虔，因為所有證據都顯示他們並沒有什一奉獻！[35]

目前教會繼續維持什一奉獻的主要因素之一，就是全職人員的薪水。不少牧師都覺得他們必須傳講什一奉獻，為的是要提醒他們的會眾善盡義務，以便資助他們、教會運作的費用以及各種活動。可惜的是，他們屢屢以錢財的祝福為誘因，又以錢財的咒詛為威脅，確保會眾不斷什一奉獻。

這樣一來，當前的什一奉獻簡直就等於是基督徒的股票投資。繳納什一奉獻的話，上帝就會回饋你大筆的錢財；拒絕什一奉獻的話，上帝就會懲罰你。這種想法徹底違背福音這個好消息的本意。

這也適用於全職同工的薪資，這也一樣沒有新約根據。事實上，全職領薪完全違背新約的本意。[36] 初代的長老（牧者）是不支薪的，[37] 他們

[35] 保羅總共建立約十四間教會。他們大部分都是外邦人（見加拉太書）。認為保羅建立的外邦教會遵守什一奉獻是想當然爾的推論，這徹底違背他律法之外的福音的道理。在保羅的心目中，要是任何人遵守什一奉獻，也就無疑要遵守整部律法，其中也包括割禮（加五3）。

[36] 見徒二十17–38。要注意這些是保羅對以弗所長老所說的最後話語，他知道以後再也沒有機會對他們說話——因此這些話非常重要（帖前二9；彼前五1–2）。

[37] 見 Simon J. Kistemacher, *New Testament Commentary: Acts* (Grand Rapids: Baker Book House, 1990), 737, 740; Rolland Allen, *Missionary Methods: St. Paul's or Ours?* (Grand Rapids: Eerdmans, 1962), 50; Watchman Nee, *The Normal Christian Church Life* (Anaheim, CA: Living Stream Ministry, 1980), 62–63, 139–143; R. C. H. Lenski, *Commentary on St. Paul's Epistles to Timothy* (Minneapolis: Augsburg Publishing House, 1937), 683; and R. C. H. Lenski, *Commentary on St. Paul's Epistle to the Galatians* (Minneapolis: Augsburg Publishing House, 1961), 303–304; F. F. Bruce, *The Book of Acts* (Grand Rapids: Eerdmans, 1988), 389, 395。

在社會上各有各的職業。[38]他們施惠給群羊,而不是從群羊受惠。保羅下面這番動人的話是向一群長老說的:「我未曾貪圖一個人的金、銀、衣服。我這兩隻手常供給我和同人的需用,這是你們自己知道的。我凡事給你們作榜樣,叫你們知道應當這樣勞苦,扶助軟弱的人,又當記念主耶穌的話,說:『施比受更為有福』」(徒二十33–35)。

付薪水給牧師就是把他們的地位抬高在其他上帝百姓之上,這種作法會製造出一種神職階層,把上帝活潑的身體轉變成企業。既然牧師及其同工因為事工而得到報酬,那麼他們就成為領薪的專業人員,教會中其餘信徒就會衍生出一種消極倚靠的心態。

如果所有基督徒都響應成為上帝家中祭司的呼召(他們確實可以回應這呼召),立刻就會提出下面這個問題:「我們為何要付薪水給牧師?」

在面對當前這種消極的祭司體制時,卻沒有人會提出這個問題。[39]反之,教會能夠正常運作的話,就不再需要專業的神職人員。突然間,**這是牧師的工作**的想法就帶有異端的味道。簡單的說,專業神職人員會讓我們產生錯誤的安全感,誤以為上帝的話語是機密(而且危險)的材料,唯有取得證照的專家才能處理。[40]

但事情不止於此。支付牧師薪水會鼓勵他討好人,讓他成為看人臉色仰人鼻息的奴才,因為他保住飯票的關鍵就在於會眾喜歡他的程度。由於擔心奉獻銳減,所以他無法毫無顧忌的暢所欲言(許多牧師都對我們坦承這是事實)。

牧師支薪造成的另一個嚴重問題就是,這會讓神職人員感覺自己「身陷」牧職動彈不得,因為他們認為自己沒有其他謀生技能。[41]我(法蘭

---

[38] 新約聖經在提到長老時,清楚表明這件事。此外,提前三7表示,監督必須在教外有好名聲。這顯然表示他在世俗的職場上工作。

[39] 特魯布勒(Elton Trueblood)的說法是:「我們跨出一大步把事工交給一般基督徒,就跟我們前輩把朗誦聖經的工作交給一般基督徒是一樣的情形。此舉具有雙重意義,一方面是開啟一場嶄新的宗教改革,另一方面是要順理成章的完成歷史上那場腳步不穩又沒有貫徹到底的宗教改革」(Your Other Vocation [New York: Harper & Brothers,1952],32)。

[40] 這讓人想起耶穌的話語:「你們律法師有禍了,因為你們把知識的鑰匙奪了去……」(路十一52)。

[41] 希臘人可以靠公開演講賺錢。猶太拉比則學會一技之長,因此從事宗教活動不會收取費用。這樣看來,現代傳道人所遵循的是希臘的傳統習俗,而不是大數的保羅成為基督徒後依舊遵循的猶太傳統。

克）認識許多深信自己應該離開牧職的牧師，然而他們所接受的教育與
訓練又完全是以研究與傳講聖經為著眼點，儘管這些技巧非常突出，但
對世俗職場來說根本派不上什麼用場。他們目前面對的最大難題就是如
何轉換職場，以供養自己的家庭。我有一位曾經擔任牧職的朋友寫過一
本小書，他在書中暢論牧師在離開牧職後，找尋工作轉換跑道的過程。
儘管他的各種想法沒有任何理論基礎，但都是他和其他處境相同的人集
思廣益累積起來的。

　　即便如此，當前許多牧師也會因為經濟關係，難以承認他們擔任的
職位欠缺聖經根據。正如辛克萊（Upton Sinclair）曾說：「如果一個人的
薪水來自無知，那就很難讓他變得冰雪聰明。」難怪一個人要鼓起百倍
的勇氣，才能踏出離開牧職的第一步。

　　我（法蘭克）許多曾經擔任牧職的朋友都承認，他們身處的宗教體
制以微妙的方式，對他們以及他們的家人造成非常嚴重的傷害。[42]不幸的
是，大多數人都對宗教體制的龐大力量懷抱著天真的想法。那是一個無
情的體制，意猶未盡的一口吞噬自己同胞的手足，然後把骨頭吐出來。[43]

招待與奉獻盤（袋）

　　儘管問題重重，收取什一以及其他奉獻，現在幾乎已經是所有教會
敬拜的環節。招待傳遞奉獻盤（袋）究竟是怎麼開始的呢？這也是後使
徒時代的發明。它始於1662年，不過此前已經出現捐獻碟（alms dishes）
和奉獻箱。[44]

---

[42] 我已經在第五章（牧師對自己造成的傷害）列出許多細節。

[43] 許多牧師當初踏入全職事奉的行列時，對這一切毫不知情。我有一個年輕友人最近剛辭去循道會的牧職，他告訴我：「我一腳踏進去之後才知道這一切。這對我太太造成非常深的傷害。這一切跟我想像的完全不一樣。」這不是我第一次聽別人說這種話。畢德生（Eugene Peterson）曾說：「不論左派右派，美國牧師正以驚人的速度背離他們的職責。他們並沒有離開教會，找尋其他工作。會眾繼續支付他們薪水……但是〔那些牧師〕正紛紛背離他們的呼召。」Working the Angles: The Shape of Pastoral Integrity (Grand Rapids: Eerdmans, 1987), 1。

[44] James Gilchrist, Anglican Church Plate (London: The Connoisseur, 1967), 98–101。奉獻盤最初被稱為「捐獻碟」。宗教改革前，銀質的捐獻碟原本並非教會的常備器皿（Michael Clayton, The Collector's Dictionary of the Silver and Gold of Great Britain and North America [New York: The Word Publishing Company, 1971], 11）。根據柯克斯（Charles Cox）和哈維（Alfred Harvey）的說法，捐獻盒（alms boxes）、捐款箱（collecting boxes）以及捐獻碟幾乎全都是宗教改革之後才出現的習俗。中世紀時，教堂會擺放蓋子上有一道細縫的捐獻箱。十四世紀時，捐

招待是在伊莉莎白女王一世（Queen Elizabeth I, 1533～1603）重整英國國教禮儀時，開始設立的。招待的職責是帶領會眾前往他們的座位（部分原因是要確定保留座不會被他人佔據）、收取奉獻以及記錄領受主餐的人。招待的前身是教會的「門房」，這可以回溯到三世紀的下級職員（minor order；也就是次級神職 lesser clergy）。[45]門房要負責閉鎖與開啟教會所有門戶、整理教堂以及引導執事。[46]在宗教改革之前以及改革期間，英國把門房改為「管堂」（churchwardens），[47]後來管堂又被改為招待。

結論

正如我們所見，聖經裡面雖然提到什一，但並非基督徒的本分。耶穌基督沒有教導祂的門徒這麼做，[48]初代的基督徒沒有遵守這件事，而且往後三百年間，耶穌的信徒也沒有這麼做。直到八世紀後，什一奉獻才成為在基督徒間廣為流行的習俗，但是他們的捐獻從一開始就非常慷慨（遠超過他們財富的十分之一）。

新約聖經裡面只提到過四次什一奉獻，但其中沒有任何一次是用在基督徒身上。[49]什一奉獻屬於舊約時代的制度，當時需要建立稅賦制度以便資助窮人，以及一套分別神職人員服事上帝的祭司制度。隨著耶穌基督的到來，「律法也必須更改」——舊的律法已經被新的「廢掉」歸於無有（來七12–18，八13）。

獻碟才出現。十七世紀時，執事或者管堂開始傳遞奉獻缽（alms basins）。J. G. Davies, ed., *A New Dictionary of Liturgy and Worship* (London: SCM Press, 1986), 5–6; Charles Oman, *English Church Plate* 597–1830 (London: Oxford University Press, 1957); J. Charles Cox and Alfred Harvey, *English Church Furniture* (EP Publishing Limited, 1973), 240–245; David C. Norrington, "Fund-Raising: The Methods Used in the Early Church Compared with Those Used in English Churches Today," EQ 70, no. 2 (1998): 130.。諾林敦寫的條目值得一讀。他表示，新約裡面跟本沒有現代這種「募款」方式的影子（115–134頁）。

[45] *The Catholic Encyclopedia*, s.v. "porter, doorkeeper," http://www.newadvent.org/cathen/12284b.htm.

[46] 2002年9月23日，麥古根（John McGuckin）發給威歐拉的電子郵件。招待（usher）一語源自盎格魯薩克遜（Anglo-Saxon），而且意思是指負責引導訪客進入宮廷或者教會的人員。2002年9月22日泰塞爾（Eugene A. Teselle）教授發給法蘭克‧威歐拉的電子郵件。

[47] Cox and Harvey, *English Church Furniture*, 245.

[48] 太二十三23是耶穌在質疑法利賽人與律法教師前後矛盾。祂不是在教導祂的門徒。

[49] 慕瑞詳細探討這四處經文，解明它們不是基督徒什一奉獻的鐵證。他也根據耶穌的話語，說明什一奉獻跟律法主義以及自以為義息息相關，而不是親近上帝的模式（見 *Beyond Tithing*, ch. 3）。

　　如今，我們全都是祭司──在上帝家中自在的服事。律法、舊的祭司制度以及什一奉獻都已經被釘在十字架上。現在，聖殿的幔子和聖殿稅已經不復存在，而上帝與人之間也不再有特別的祭司制度。我們已經從什一奉獻的捆綁下得釋放，也沒有責任支持不符合聖經的神職制度。但願你能像初代的馬其頓基督徒一樣，甘心樂意的自由奉獻，沒有任何罪咎、沒有任何宗教責任也不受任何人的擺佈……慷慨的幫助那些匱乏的人（林後八1–4，九6–7）。

☑答客問

1. 你似乎假定許多牧師鼓勵會眾什一奉獻，就只是為了要保住自己的薪水，以及籌募教會活動的基金。這些牧師鼓勵會眾奉獻，不就像耶穌和使徒保羅鼓勵奉獻一樣嗎？你可以更進一步說明教會對奉獻應該抱持的態度嗎？

　　事實上，二者都正確。許多牧師都坦承薪水會造成相當大的影響。我們也知道有些牧師抱著不同的動機。至於你提出的另一個問題，想要什一奉獻的基督徒可以隨己意奉獻，如果他們不想什一奉獻，也可以自由自在的不這麼做。保羅在下面這段話中勾勒出奉獻的正確態度：「各人要隨本心所酌定的，不要作難，不要勉強，因為捐得樂意的人是神所喜愛的。」（林後九7）

2.《提摩太前書》五章17節說道：「那善於管理教會的長老，當以為配受加倍的敬奉」。難道這不是牧師支薪的明證嗎？如果不是的話，那麼你認為這節經文的意思是什麼？

　　首先，這段經文討論的是長老，而不是現代的牧師職位。希臘文的原意是，細心照顧上帝百姓的長老值得加倍的尊敬。新美國標準版（The

New American Standard）、欽定版以及新國際版聖經都把經文翻譯為「加倍的禮遇」（double honor）。

保羅在18節引用舊約鞏固他的論點。正如辛勤的牛隻應當得穀物，以及工人應當得工價，照顧上帝百姓的長老應當得「加倍的禮遇」，也就是更崇高的尊敬。

因此，關鍵就在於「加倍的禮遇」指的是什麼？它指的是神職的薪俸、獎牌，或者只是更崇高的尊敬？

首先，新約中專稱報酬與薪水的希臘文並沒有出現在這段經文裡面。這段經文裡面表示禮遇的希臘文的意思反而是指尊敬或者珍惜某人或者某物。同樣的詞彙在《提摩太前書》中出現過四次。每次都是指尊敬。

其次，所有基督徒都蒙召要互敬互重（羅十二10）。如果認為這是要所有信徒互相支付對方報酬那就太荒謬了。再次，那些盡忠職守的長老應得到更高的禮遇——或者敬意。

第三，19節也透露出保羅心中所想的是敬意。保羅接著表示，除非有兩三個見證人，否則就不能對長老提出指控（此乃不敬之舉）。

即使加倍禮遇可能包括偶爾表達祝福的愛心奉獻（加六6），但這不是要點。聖經告訴我們長老應當得到的是禮遇（尊敬），而不是薪水。

因此，《提摩太前書》五章跟《使徒行傳》二十章33–35節裡面保羅對長老的耳提面命完全一致。當時他告訴以弗所長老，他沒有向上帝百姓取過一分錢，反而凡事自給自足。接著，保羅告訴長老在這件事上要效法他的榜樣，單單這段經文就可以駁斥支付神職人員薪水或者聘僱教牧同工的想法。

讓人訝異的是，《提摩太前書》五章17–18節和《使徒行傳》二十章33–35節的對象都是同一批人——以弗所的眾長老。所以，其中毫無矛盾。因為長老是本地人，不像周遊各地的使徒一樣需要到各地建立教會，所以聖經只表示應當在錢財上資助使徒（林前九1–18）。

保羅是周遊各地的使徒。因此，他理當從上帝百姓手中得到充分的財務支持（見林前九章）。不過，只要他跟一群基督徒共同服事，就會

刻意放棄這項權利（林前九 14–18；林後十一 7–9，十二 13–18；帖前二 6–9；帖後三 8–9）。讓人好奇的是，如果現在許多傳道人都願意跟隨保羅的話，會是什麼樣的情形。

　　保羅在《提摩太前書》五章 17–18 節提出的論證很直接：正如辛勤工作的牛隻應當得到食物，以及辛勤工作的雇員應當得到薪水，忠心服事的長老應當備受尊敬。（保羅在哥林多前書九章也引用同樣的比喻。不過，在那處經文中，保羅所說的是使徒而不是本地的長老，又明白表示，他指的是報酬而不是禮遇。）

第 9 章

洗禮與主餐：
揭開聖禮的面紗

「許多往往被視為從原始基督教傳承下來的習俗及其要件，其實源自中世紀。」

——哈契（Edwin Hatch），十九世紀英國神學家

「新教的神職把聖經從教宗的黑暗書庫搶救出來，然後把它散布到世界各地。他們用人類最尊貴的讚美之詞推崇它。他們研讀、註解又詮釋聖經，甚至絞盡腦汁從原文與譯本探討每一個單字、片語與句子，竭力窮盡蘊含其中的所有意義。結果就是，基督教被奄奄一息地掩埋在神學與批判學裡面：上帝啟示的真理被精心的編織、扭曲成一幅人類巧思與理性所能完成的最精彩傑作。發展出這一套機械式神學體系的用意，就是要跟複雜繁瑣的天主教體系分庭抗禮。」

——科維爾（Stephen Colwell），
十九世紀 *NEW THEMES FOR THE PROTESTANT CLERGY* 一書作者

探討洗禮與主餐新教這兩個聖禮的書籍，可說是不計其數。然而，市面上幾乎沒有一本書追溯這些我們今日依舊遵守的習俗的起源。在本章中，我們要探討我們奉行的洗禮以及主餐的歷史，到底有多悠久。

揭開以水施洗的面紗

大多數福音派基督徒都相信並奉行信徒洗禮（believer's baptism），而反對嬰兒洗禮（infant baptism）。[1]同樣，多數新教徒相信並奉行的是浸水禮（immersion）或者澆水禮（pouring），而不是點水禮（sprinkling）。新約聖經以及初代教會在這兩件事情上都抱持同樣的立場。[2]

不過，大多數當代教會往往要在初信者信主相當長一段時間後，才舉行洗禮。許多基督徒都是在信主多年後才接受洗禮，這是初代聞所未聞之事。

初代教會在初信者信主後立即為他們施洗。[3]一位學者對於洗禮與信主有如下說法：「這二者互屬。凡悔改又相信上帝的道的人隨即就接受洗禮，就我們所知這是不變的模式。」[4]另一位學者寫道：「教會創立之初，任何人只要信主就接受洗禮，幾乎毫無耽延。」[5]

初代時，水禮就是一個人公開表達他的信仰。[6]但除此之外，這也是一個人來到上帝面前的道路。基於這個原因，洗禮時的認罪跟因信稱義可說是緊密相連。因此，新約作者經常用受洗取代信心一詞，並跟「得救」聯繫在一起。[7]這是因為洗禮就是初代基督徒首次宣告自己相信基督的時機。

在目前這時代，「認罪禱告」（sinner's prayer）已經取代洗禮成為首次宣告信仰。我們告訴非基督徒：「跟著我做禱告，接受耶穌為你的個人救主，然後你就得救了。」但新約裡面根本沒有任何經文表示，人是

---

[1] 雖然我們不能在本章中詳細探討聖經中關於洗禮的教導，但從神學角度看來，嬰兒洗禮會把聖經中始終緊密相繫在一起的（1）信心與悔改，以及（2）洗禮這兩件事，從中一分為二。

[2] 希臘文的洗禮（baptizo）因為上下文不同而代表不同意義。中世紀末之前，浸水禮是西方教會通行的慣例（Ferguson, *Early Christians Speak*, 43–51）。

[3] 徒二37–41、八12以下、27–38，九18，十44–48，十六14–15、31–33，十八8，十九1–5，二十二16。

[4] Green, *Evangelism in the Early Church*, 153.

[5] David F. Wright, *The Lion Handbook of the History of Christianity* (Oxford: Lion Publications, 1990), "Beginnings," 見 "Instruction for Baptism" 一節。

[6] 奧古斯丁稱洗禮為「肉眼可見的道」"visible word"（*Tractates on the Gospel According to Saint John*, LXXX, 3）。

[7] 可十六16；徒二38；徒二十二16；彼前三21都是例證。

透過認罪禱告來到上帝面前，而且聖經裡面一點也沒提到「個人」救主這回事。

反之，初代的非基督徒是藉著水的洗禮來到耶穌基督面前。換句話說，水的洗禮就等於是初代的認罪禱告！一個人在接受福音後，隨之而來的就是洗禮。例如呂底亞聽到保羅所傳的福音，她就相信了，然後立即跟她全家一起受洗（徒十六 14–15）。同樣，保羅帶領腓立比的獄卒及其家人來到上帝面前後，他們立即就接受洗禮（徒十六 30–33），這就是新約模式（並見徒二 42，八 12、35–37）。洗禮就是跟過去的一切徹底斷絕，並全然進入基督以及祂的教會的標記。洗禮同時是信心的行為以及信心的表達。[8]

洗禮是在何時跟接受基督分開的呢？這一切始於二世紀初。一些德高望重的基督徒主張洗禮之前必須先要一段培訓、禱告與禁食的期間。[9]這股趨勢在三世紀益形嚴重，當時的年輕初信者必須等待三年才能接受洗禮！

如果你是這段期間內的洗禮候選人，你日常生活都會被鉅細靡遺加以檢視。[10]你必須藉著自己的行為證明你配得接受洗禮。[11]洗禮已變成一套取自猶太文化與希臘文化的嚴苛繁複儀式——水的祝福、褪去衣衫、朗誦一篇信條、塗抹驅魔的油膏，然後拿奶與蜜給剛受洗的信徒享用。[12]洗禮逐漸沉淪為一套只在乎善行而不在乎信心的習俗。

---

[8] 初代教會的藝術透露出水的洗禮在教會的重要地位（Andre Grabar, *Christian Iconography* [Princeton: Princeton University Press, 1968]）。

[9] Ferguson, *Early Christians Speak*, 33.

[10] Wright, *Lion Handbook of the History of Christianity*, "Beginnings," 條目下 "Instruction for Baptism" 一節。萊特指出，從四世紀開始，神職人員接手初信者的培訓，而主教要親自負責洗禮前的教導與管教，這就是當代許多新教宗派教會中，牧師監督洗禮班的先例。從二世紀開始，教會通常在復活節舉行洗禮，這也就預苦期的起源（Smith, *From Christ to Constantine*, 151）。

[11] Ferguson, *Early Christians Speak*, 35.

[12] 同前，35～36；W. R. Halliday, *The Pagan Background of Early Christianity* (New York: Cooper Square Publishers, 1970), 313。奶與蜜是來自異教。初信者（此時他們被稱為慕道者〔catechumens〕，這個字衍生自教理問答〔catechism〕）通常是在逾越節或者五旬節的主日受洗。候選人要在星期四洗澡，星期五與星期六要禁食，然後主教要為他驅魔。二世紀末時，西方教會的洗禮已經相當統一。迪克斯（Gregory Dix）指出，基督教的信條是在二世紀上半葉跟洗禮信條一起出現的。信條是由一系列的三重問題（分別跟三一神的三位格相關）組成的。主後325年的尼西亞會議把信條提升到更高的層級。信條被提升為對基督徒間彼此契合程度的測試，而不是對非基督徒信仰的測試（Dix, *The Shape of the Liturgy*, 485; Norrington, *To Preach or Not*, 59）。

隨著洗禮而來的律法主義思想甚至產生更駭人的觀念：唯有洗禮才能使罪得赦。如果一個人在受洗後犯罪，他就無法得到赦免。因此，四世紀時拖延洗禮已經成為慣例。既然當時的人認為洗禮能夠讓罪得赦免，許多人覺得應該盡量延後洗禮的時間，以便得到最大的益處。[13] 於是，例如君士坦丁等人一直拖延到臨死，才接受洗禮。[14]

認罪禱告與個人救主

正如前面所說，認罪禱告終於取代聖經裡的洗禮。儘管現在我們都視之為福音的一環，這種禱告其實是不久前才發展出來的。慕迪就是其創始者。

慕迪就是採用這種禱告「模式」培訓他的佈道團同工。[15] 不過要到 1950 年代才隨著葛理翰的《與神和好》（*Peace with God*）福音小冊，以及稍後的校園福音團契的《屬靈四律》（*Four Spiritual Laws*）廣為流行。[16] 這其實沒有什麼不對的地方。當然，上帝會回應任何人憑信心向祂發出的真誠禱告。然而，這不應該取代洗禮成為初信之時對世人宣示信心的具體作為。

個人救主（Personal Savior）是十九世紀美國大復興時期浮現的另一個新詞彙。[17] 準確的說，它的起源是十九世紀中葉，[18] 然後由查爾斯富勒（Charles Fuller, 1887～1968）將之發展成為通用語。富勒在 1937～1968 年他主持的異常受歡迎的廣播節目 *Old Fashioned Revival Hour* 中，說過

[13] Ferguson, *Early Christians Speak*, 60.

[14] Green, *Evangelism in the Early Church*, 156.

[15] C. L. Thompson, *Times of Refreshing, Being a History of American Revivals with Their Philosophy and Methods* (Rockford: Golden Censer Co. Publishers, 1878); Paul H. Chitwood, "The Sinner's Prayer: An Historical and Theological Analysis" (Dissertation, Southern Baptist Theological Seminary, Louisville, KY, 2001).

[16] 下面就是出現在屬靈四律單張中的典型「認罪禱告」：「主耶穌，我需要祢。謝謝祢為我的所有的罪死在十字架上。我敞開自己的生命，接受祢為我的救主與生命的主。謝謝祢赦免我所有的罪並賜給我永生。請作我生命的王，讓我成為符合祢期待的樣式。」初世紀時，洗禮就是在公開場合眾目睽睽下表達這個禱告的核心。

[17] 見第三章關於芬尼、慕迪以及其他人的貢獻的討論。

[18] 這個語彙並沒有出現在 1800～1857 年的「Making of America」的資料庫。它最早出現在 1858 年的「Ladies Repository」（美以美會〔Methodist Episcopal Church〕在十九世紀中葉發行的刊物）。有趣的是，1858 年恰好是查爾斯‧芬尼結束現在非常著名的禱告復興的那一年。

這個片語好幾千遍。他的節目從北美廣播放送到世界各角落。他過世的時候，全世界有超過650個廣播電台都在播放這個節目。[19]

目前，**個人救主**一語已經非常流行，讓人感覺非常合乎聖經教導。然而，細想一下其中蘊藏的荒謬。你會用這個稱呼，在向人介紹朋友時說：「這是我的『個人朋友』比爾‧史密斯」嗎？

在耶穌基督裡面，你我所得到的恩典遠超過個人救主而已。我們領受的是耶穌基督跟祂天父的親密關係！根據新約聖經的教導，天父之於耶穌基督，也就是耶穌基督之於你與我。因為我們如今都「在基督裡」，天父愛我們並對待我們猶如祂的愛子。換句話說，我們分享並參與基督與祂天父之間的美好關係。[20]

這層關係不但是個人關係，也是群體關係，所有基督徒都一起分享這層關係。就這方面看來，**個人救主**一語實際上會讓基督教的個人色彩更濃厚，然而新約聖經裡面根本沒有任何「唯獨我與耶穌」（Just-me-and-Jesus）這種基督教信仰。基督教反而是非常重視群體的，基督教是一群以基督為至高神與救主（Lord and Savior）的信徒共同活出的生命。

主餐

新教與天主教因為對聖餐的教義各持己見，於是兵戎相見而導致血流成河。[21]數百年來，主餐一直位居神學爭議的核心。可惜的是，它已經從基督身體與鮮血的具體形象，演變成學界抽象的形式觀念。

我們在這本書裡面不可能詳細探討主餐的神學意義，但新教徒（以及天主教徒）的主餐顯然跟初代不一樣。對初代基督徒來說，主餐是一頓共享的節慶筵席，[22]那是充滿慶祝與歡樂氣氛的場合。信徒首先會齊聚

---

[19] 見 http://www.answers.com/topic/charles-e-fuller。

[20] 約十七23，二十21；羅八15；加四6；弗一4–6。對這個主題的詳細探討，見 Bill Freeman, *The Church Is Christ* (Scottsdale, AZ: Ministry Publications, 1993)，第三章。

[21] 因為對主餐抱持不同觀點而慘遭殺害的知名人物之一就是克藍麥（Thomas Cranmer）。克藍麥曾經被英王亨利八世任命為坎特伯利大主教，但他的影響力是在亨利的兒子愛德華四世的短暫執政期間達到高峰。後來，克藍麥在女王瑪麗統治期間遭指控為新教的聖禮神學辯護，而在1556年三月被燒死在木樁上（Douglas, *Who's Who in Christian History*, 179–180）。

[22] 見 Eric Svendsen, *The Table of the Lord* (Atlanta: NTRF, 1996); F. F. Bruce, *First and Second Corinthians*, NCB (London:

一堂，擘餅並互相傳遞，然後會享用筵席，最後在餐會結束前會傳遞聖餐杯。主餐基本上就是一場基督徒的會餐，而且不屬於任何神職人員的職權範圍。[23]

如今，傳統已經迫使我們把主餐轉變成一小杯僅能潤舌的葡萄汁以及一小片淡而無味的麵餅。主餐的氣氛往往非常莊嚴肅穆，牧者諄諄告誡我們要記得我們主耶穌死時的慘狀，並要反省自己的罪。

此外，傳統也吩咐我們要小心謹慎的看待主餐，以免遭到報應。因此，許多當代基督徒除非有神職人員在場，否則就不敢領聖餐。他們往往會引用《哥林多前書》十一 27–33，使徒保羅警告信徒進行主餐時不可「不按理」。然而，在這處經文中，保羅口中不尊重主餐的人，應該是指教會中那些沒有等待較貧困的弟兄跟他們一起進餐的人，以及那些醉酒的人。

縮水的餐會

一場完整的餐會怎麼會變成只有餅與杯的儀式呢？下面就是原因。在初世紀以及二世紀初時，初代基督徒把主餐稱為「愛宴」（love feast），[24] 那時，他們是在餐會中擘餅與飲杯。但大約到特土良的時代，餅與杯就逐漸跟餐會脫勾，時至二世紀末，二者就完全分開。[25]

部分學者主張基督教捨棄餐會是因為他們想要維護聖餐的純正，不至於因為非信徒的參與而遭玷污。[26] 這可能有部分是實情，但更可能是因為異教儀式的影響越演越烈，於是就把主餐從喜悅、世俗又無宗教氣息

Oliphant, 1971), 110; White, *The Worldliness of Worship*, 85; William Barclay, *The Lord's Supper* (Philadelphia: Westminister Press, 1967), 100–107; I. Howard Marshall, *Last Supper and Lord's Supper* (Grand Rapids: Eerdmans, 1980); Vernard Eller, *In Place of Sacraments* (Grand Rapids: Eerdmans, 1972), 9–15。

[23] Barclay, *Lord's Supper*, 102–103。主餐曾經是由「平信徒」負責，但後來逐漸演變成祭司階層的特殊責任。

[24] 當時叫做 Agape（愛）。猶一 12。

[25] Dix, *Shape of the Liturgy*, 23; Ferguson, *Early Christians Speak*, 82–84, 96–97, 127–130。初世紀與二世紀初，主餐似乎是在傍晚舉行的餐會。二世紀史料顯示，主餐只在星期日舉行。《十二使徒遺訓》中聖餐依舊跟愛宴結合在一起。並見 Davies, *Secular Use of Church Buildings*, 22。

[26] Svendsen, *Table of the Lord*, 57–63.

的餐會場合轉移到私人的客廳舉行。[27]四世紀時，愛宴已經被列為基督徒的禁止項目！[28]

隨著餐會被禁止，**擘餅**與**主餐**這兩個用語也同時消失。[29]此時，這個縮水後的新儀式（只有餅與杯）就被稱為聖餐（Eucharist）。[30]愛任紐（132～200）是第一個把杯與餅稱為奉獻（offering）的人。[31]從他之後，這就被稱為「奉獻」或者「獻祭」（sacrifice）。

擺放餅與杯的祭壇桌因此被視為獻上祭物的祭壇。[32]〔主〕餐不再是群體參與的盛會，反而成為一場由祭司主持，而一般信徒只能在遠處觀望的典禮。整個四、五世紀期間，基督徒對獻上聖餐為祭的那張桌子越來越感到敬畏與恐懼。[33]它已經成為一場嚴肅的典禮，曾經是整個活動元素之一的喜悅已經消失的無蹤。[34]

伴隨著聖餐浮現的神祕氣氛，都是因為受到迷信充斥的異教神祕信仰的影響所致。[35]在這種風潮下，基督徒開始賦予餅與杯神聖的意義，它們本身也被視為聖物。[36]

---

[27] 關於基督教彌撒形成過程中異教的影響，見 Edmund Bishop "The Genius of the Roman Rite"; Duchesne, *Christian Worship*, 86–227; Jungmann, *Early Liturgy*, 123, 130–144, 291–292; Smith, *From Christ to Constantine*, 173; Durant, *Caesar and Christ*, 599–600, 618–619, 671–672。

[28] 遭到主後397年的迦太基會議（the Council of Carthage）禁止。Barclay, *Lord's Supper*, 60; Charles Hodge, *First Corinthians* (Wheaton, IL: Crossway Books, 1995), 219; R. C. H. Lenski, *The Interpretation of 1 and 2 Corinthians* (Minneapolis: Augsburg Publishing House, 1963), 488。

[29] Gough, *The Early Christians*, 100.

[30] 同前，93。Eucharist 的意思是「感恩」（thanksgiving）。

[31] Tad W. Guzie, *Jesus and the Eucharist* (New York: Paulist Press, 1974), 120.

[32] 同前。

[33] 早至亞歷山太的革利免、特土良和希坡律陀（三世紀初）等作家，逐漸在文字中提到基督藉著餅與杯臨在。但在那麼早的時期還沒有人主張餅與杯會變成真實的肉身與血的思想。後來，有些東正教作家（耶路撒冷的區利羅 Cyril of Jerusalem；土木斯主教塞拉培翁 Serapion，bishop of Thmuis以及亞他那修 Athanasius）首創向聖靈祈禱，把杯與餅變成肉身與血的作法。但，米蘭的安波羅修（四世紀末）開始把淨化（consecratory）的能力重新賦予話語。一般人相信「這是我的身體」（拉丁文是 hoc est corpus meum）這幾個字具有轉變餅與杯的能力（Jungmann, *The Mass of the Roman Rite*, 52, 203–204; Dix, *The Shape of the Liturgy*, 239, 240–245）。附帶一提，拉丁文在初世紀末崛起於北非，然後逐漸傳往羅馬，最後在三世紀末成為通用語。Bard Thompson, *Liturgies of the Western Church* (Cleveland: Meridian Books, 1961), 27。

[34] 這種轉變也反映在基督教的藝術上。四世紀前沒有任何陰沉晦暗的耶穌像（施奈德（Graydon Snyder）在2001年10月12日寫給法蘭克・威歐拉的電子郵件；並見他寫的 *Ante Pacem*）。

[35] Guzie, *Jesus and the Eucharist*, 121.

[36] 這一切發生在九世紀。在此之前，領受聖餐被視為神聖的行為。但在主後830年，一位叫做拉德貝特（Radbaert）的人寫下第一篇從餅與杯的角度探討聖餐的文章。所有在拉德貝特之前的基督教所敘述的都是基督徒領受餅與杯這個行為的意義，他們探討的就是這個行為的意義。拉德貝特是第一個把焦點完全放在餅與杯上的人——安置在祭壇桌上的餅與杯（Guzie, *Jesus and the Eucharist*, 60–61, 121–123）。

　　既然主餐已經成為一場神聖的禮儀，就需要一位聖職主持這場禮儀，[37] 這就是彌撒中祭司獻祭的由來。[38] 會眾相信獻祭具有呼喚上帝從天而降，然後將祂縮限在餅裡面的能力。[39]

　　十世紀左右，**身體**一詞的意義在基督教文學裡面有所轉變。前此，**身體**一詞在基督徒作家筆下的意義有三：（1）耶穌的肉身；（2）教會，以及（3）聖餐的餅。

　　初代教會的教父認為教會是一個以信仰為中心的社群，藉著擘餅表明他們的身分。不過，時至十世紀，這種思想與語言都有所轉變。**身體**一詞已經不再被用來指稱教會，而僅僅指稱主的肉身以及聖餐的餅。[40]

　　結果，主餐就此不帶有整個教會齊聚一堂歡慶擘餅的觀念。[41] 詞彙的轉變也反映此一事實，聖餐已不再是一場喜悅餐會的要素，而是自成一格的聖禮──即使擺放在桌上也一樣。它被層層裹在宗教的迷霧裡。會眾帶著敬畏的眼神，從面色凝重的祭司手中領受聖餐，絲毫沒有ekklesia那種社群團契的意味。

　　所有這一切最後終於形成教義中的變質說（transubstantiation）。四世紀時，一般信徒顯然都相信餅與酒會變成主的肉體與鮮血。然而，質變說就是從神學的角度，解釋這種變化的教義[42]（這個教義是在十一世紀到十三世紀之間建構完成的）。

　　隨著質變說教義的出現，上帝的百姓來到杯與餅前面時總是懷著懼怕的感覺。他們在走向餅與杯時，會忐忑不安躊躇不前，[43] 一般會眾都相

---

[37] Dunn, *New Testament Theology in Dialogue*, 125–135.

[38] 這種作法始於四世紀左右。

[39] Hanson, *Christian Priesthood Examined*, 80.

[40] Guzie, *Jesus and the Eucharist*, 125–127.

[41] 對許多奴僕與窮人來說，他們只能在主餐時飽餐一頓。有趣的是，直到主後393年的希波會議（the Synod of Hippo）後才出現在主餐前要禁食的想法（Barclay, *Lord's Supper*, 100）。

[42] Gough, *Early Christians*, 111–112。質變說教義的大功告成應該歸功於湯瑪斯（Thomas Aquinas）。就這方面來說，馬丁·路德相信「湯瑪斯的意見」應該依舊是意見，而不應該成為教會的教義（Senn, *Christian Liturgy*, 307）。

[43] Hatch, *Growth of Church Institutions*, 216。質變說是在西方教會經過350年的爭執後，在主後1215年的拉特蘭會議（the Lateran Council）被正式制定為教義（Dix, *Shape of the Liturgy*, 630; Hanson, *Christian Priesthood Examined*, 79; Philip Schaff, *History of the Christian Church*, 7 [Grand Rapids: Eerdmans, 1994], 614）。

信祭司在為聖餐祝禱時，餅就會真的變成上帝。這一切可說是把主餐從上帝的百姓手中奪走，然後把它轉變成一場由聖職表演的神聖儀式。那種把餅與杯視為一種「獻祭」的中世紀觀念深植當時的人心，甚至部分改教家也表示認同。[44]

雖然新教基督徒已經捨棄天主教認為主餐是一種獻祭的想法，但在作法上卻依舊沿襲天主教的傳統。多數新教宗派教會的主餐（往往被稱為「聖餐」[Holy Communion]）會出現下面的情形：

➤ 主餐是片一小塊餅乾（或者一小片麵餅）以及一小杯葡萄汁（或酒）。正如天主教一樣，是跟正餐分離的。

➤ 整個氣氛非常莊嚴肅穆，就跟天主教的情形一模一樣。

➤ 牧師告訴會眾，在領受餅與杯之前必須反省自己的罪，這是加爾文首創的作法。[45]

➤ 許多牧師會跟天主教祭司一樣，在主餐時穿上神職袍。不過，主餐總是由牧師主持，而且在把餅跟杯發給會眾的時候，口中會說「這是我的身體」等等。[46]

除了幾處地方稍有改變，這一切簡直跟中世紀的天主教儀式沒有兩樣。

總結

我們傳統的作法，讓洗禮的意義與果效喪失殆盡。如果觀念跟作法都正確的話，洗禮就是基督徒在世人、魔鬼、天使與上帝面前首次宣告自己信仰的時機。洗禮是眾人目睹的記號，表示我們已經脫離俗世、[47]我們與基督同死、舊我已經被埋葬、[48]舊的被造已經過去[49]以及被上帝的道

---

[44] Jones, *Historical Approach to Evangelical Worship*, 143.

[45] White, *Protestant Worship*, 66. 林前十一 27–33 不是要勸勉每個人省察自己的罪，而是勸勉每個人省察自己是否「按理」領受主餐。哥林多教會的信徒讓主餐蒙羞，是因為他們沒有等候窮苦的弟兄一起進餐，又飲酒過量喝醉。

[46] 太二十六 25–27；可十四 21–23；路二十二 18–20。

[47] 徒二 38–40；林前十 1–2。

[48] 羅六 3–5；西二 11–12。

[49] 彼前三 20–21。

洗淨。[50]

洗禮是新約聖經裡面決志信主的樣式，這是上帝的想法。用世人發明的認罪禱告取代它，就是離棄上帝以洗禮為見證的旨意。

同樣，一旦主餐跟它原本緊密連結在一起的正餐分開的話，就變成一種類似異教的奇怪禮儀。[51]主餐已經變成一種由神職主持的空洞儀式，而不是整個教會共享同樂的宴席。它已經變成一種肅穆的宗教活動，而不是喜悅的慶典——一場沉悶的個人儀式，而不是充滿意義的團體活動。

正如一位學者所說：「無庸置疑的是，主餐起初是私人家中舉行的家庭聚餐或者招待朋友的聚餐……主餐從實際的聚餐變成象徵性的聚餐……主餐從簡單樸實變成繁瑣花俏……主餐從平信徒的活動變成祭司主持的禮儀。新約聖經裡面沒有表示，帶領會眾藉著主餐敬拜與團契是專屬任何人的特權或職責。」[52]

當以色列人違背上帝的本意時，先知呼喊道：「耶和華如此說：你們當站在路上察看，訪問古道，哪是善道，便行在其間；這樣，你們心裡必得安息。」（耶六16）同樣，我們豈不該離棄人為的空洞傳統，返回古道……也就是那些由耶穌基督和祂的使徒交給我們的神聖傳統？[53]

☑答客問

1. 雖然聖經裡面沒有認罪禱告，不過當我把自己的生命交託給基督時，跟一位信徒一起這樣禱告，會讓我知道自己正在做的一切：在上帝面前承認自己完全無助無望，以及我需要赦免。你的意思是指認罪禱告是錯誤

[50] 徒二十二16；弗五26。
[51] Eduard Schweizer, *The Church As the Body of Christ* (Richmond, VA: John Knox Press, 1964), 26, 36–37.
[52] Barclay, *Lord's Supper*, 99–102.
[53] 新約不斷勸勉我們要持守耶穌基督與使徒交給教會的使徒的傳統（林前十一2、16；帖後二15，三6）。詳見 Viola, *Reimagining Church*。

的，或者僅僅是指不應該用它取代公開承認信仰的洗禮？

　　後者。我們僅僅是指不應該用它取代聖經中用來宣告信仰的洗禮。

2. 雖然你擔心個人救主一詞會讓我們偏重個人關係而忽視群體關係，然而，這個用語不是也會提醒我們必須自己決志信主，而不要認為參加教會就能讓我們成為天國子民？

　　我們當然應該自己決志信主。初代基督徒都承認耶穌是至高主與救主。許多現代基督徒都覺得這已經足夠了。因此，他們不覺得需要在前面添加個人二字。

3. 使徒保羅在《哥林多前書》十一章23–26節提醒信徒，耶穌在設立主餐時說的那番話，這似乎是在強調，主餐的宗旨就是要紀念基督為我們而獻上自己為祭。這樣一來，許多信徒自然會認為這是認罪以及默想上帝的憐憫的時機。這應該不是你所說的「空洞的儀式」。你認為呢？

　　我們同意對所有基督徒來說，主餐並非空洞的儀式。同時，我們也感到遺憾，許多教會在舉行聖餐時都忘記初代基督徒的用意。初代基督徒是在喜悅歡慶的氣氛中享用晚餐，他們藉著這個場合宣告基督勝過死亡以及祂未來的降臨。他們也認為這是基督身體，也就是整個教會一起用餐團契的時機，這就是耶穌與使徒交託給我們的樣式。因此，我們應該捫心自問：讓主餐脫離筵席，然後讓它成為一場肅穆的儀式，是進步還是退步？這樣做是遵守還是偏離耶穌和使徒交託給我們的這一切？

第 *10* 章

大頭症的基督教教育

「雅典與耶路撒冷何干？」

——特土良（Tertullian），三世紀神學家

「教會初始時沒有新約聖經、沒有縝密的神學、沒有僵化的傳統。把基督教傳到外邦世界的那些人沒有接受過特別訓練，只有奇妙的體驗——那就是『把所有真理和哲學體系濃縮為一件事：行在那已經降臨世間的真光中。』」

——史崔特（B. H. Streeter），二十世紀英國神學家與聖經學者

在多數基督徒心目中，接受正規基督教教育讓一個人能承擔上帝的工作，凡是沒有經過聖經學院或者神學院訓練的基督徒，一律只能被視為「儲備」傳道人或者充數的教會同工。這些人不能講道、教導、施洗或者主持主餐，因為他沒有接受過承擔這一切的所需的正式訓練……不是嗎？

必須接受聖經學院或者神學院的訓練，才能成為合格的基督教同工，可說是個根深蒂固的觀念——因此，任何基督徒覺得上帝「呼召」他們的時候，就會想找一所聖經學院或神學接受訓練。

這種想法跟初代基督徒的心態格格不入，初代教會根本沒有所謂聖

經學院或者神學院，甚至連主日學都沒有。這一切都是在眾使徒過世數百年後，才出現的人為思想。

既然初代沒有任何宗教學校，那麼當時的基督教工人是怎麼訓練出來的？初代的傳道人是在現實生活中磨練出來的，跟現在學院式的教牧訓練不一樣。它比較像是學徒制，而不是知識的訓練，它的主要目標是靈性，而不是「前額葉」。

初代時，那些蒙召從事主工的人有兩種訓練的途徑：（1）跟一群基督徒生活在一起，然後在現實中學習基督教事工的主要課題。換句話說，他們是以非領袖的身分在群體生活中學習，（2）在一位資深老練的基督徒工人的監督下接受培訓。

清教徒歐文（John Owen）在探討初代教會時，寫道：「當時每個教會就是一所神學院，一切生活所需要以及各種課目全都齊備。」[1]史蒂文斯（R. Paul Stevens）也呼應著表示：「裝備每一個基督徒的最完善架構已經齊備，它比神學院以及週末神學院更早出現，也會比二者更持久。新約裡面餵養與裝備信徒的唯一機制就是教會。在新約教會裡，正如耶穌的服事，基督徒是在日常生活的熔爐中，藉著人際互動、日常生活、現實環境與動手服事學習一切。」[2]

相較之下，當代的服事訓練正符合約伯的三個可憐友人的宗教空談：理性、疏離又抽象；遠離現實、經驗與靈性。

詳盡探討初代訓練基督徒工人的方法已超出本書範圍，然而，目前已經有些許專門探討這個主題的書籍。[3]在本章中，我們要追溯神學院、聖經學院以及主日學的起源；我們也要追溯青少年牧師（youth pastor）的歷史，然後，我們要個別討論其違反基督所言所行的地方——因為當

[1] John Owen, *Hebrews*, Alister McGrath and J. I. Packer, eds. (Wheaton, IL: Crossway Books, 1998), 131.

[2] R. Paul Stevens, *Liberating the Laity* (Downers Grove, IL: InterVarsity Press, 1985), 46。要注意的是，這些話不適用於現代的制度化教會，但適用於所有符合初代作風的教會。

[3] 其中包括 Viola, *Finding Organic Church*; Robert E. Coleman, *The Master Plan of Evangelism* (Grand Rapids: Fleming H. Revell, 1993); A. B. Bruce, *The Training of the Twelve* (New Canaan, CT: Keats, 1979); and Gene Edwards, *Overlooked Christianity* (Sargent, GA: Seedsowers, 1997)。下面幾本倪柝聲的書籍值得一看，這些是他訓練同工時，對年輕同工傳講的信息：《主工人的性格》、《神話語的職事》、《人的破碎與靈的出來》，《提摩太後書》二章2節所說的是訓練基督徒工人的觀念，四福音書與《使徒行傳》可說是其示範操演。

中每一項都是出自世俗的教育體系。[4]

神學教育發展的四階段

在整個教會歷史裡面，神學教育可分為四個階段，分別是：主教時期（episcopal），修道院時期（monastic），經院時期（scholastic），以及神學院時期（seminarian；牧師制pastoral）。[5]我們在下面扼要的探討各個階段：

主教時期：早期教父時代（三～五世紀）的神學之所以被稱為主教時期，是因為當時的主要神學家都是主教。[6]這套體制的特色就是訓練主教與祭司主持教會裡各種禮儀與禮拜。[7]

修道院時期：修道院階段的神學教育跟苦修與隱密的生活方式緊密結合在一起。修道院（以及後來的座堂學校cathedral schools）裡的修士負責訓練。[8]修道學校（Monastic schools）創始於三世紀，四世紀起，這些學校開始差派宣教士前往各個未知之地。[9]

在這期間，東方教會的教父逐漸浸潤在柏拉圖思想裡，誤認為柏拉圖與亞里斯多德的啟蒙方式可以用來帶領人相信基督。雖然他們無意引導大眾踏入歧途，但他們過度倚重這些異教哲學思想，嚴重傷害了基督教信仰。[10]

---

[4] 對世俗教育層面的精闢探討，見倪柝聲寫的《不要愛世界》（Carol Stream, IL: Tyndale House Publishers, 1978）。

[5] Robinson, *New Reformation*, 60–65。羅賓森認為主導教父神學（patristic theology）的是主教，主導中世紀神學的是大學教授，主導改教神學的是牧師，而主導「新改教」神學的是全體上帝百姓並以其為中心。這種「以為全體上帝百姓為焦點的神學」（theology for the whole people of God）著眼於所有基督徒的益處與經驗，而不是單單顧及單一從事特殊工作的群體（神職）的益處與經驗。當代學者，例如史蒂文斯在 *Abolition of the Laity and Other Six Days* 以及班克斯（Robert Banks）在 *Reenvisioning Theological Education*（Grand Rapids: Eerdmans, 1999）曾經對這種神學多所著墨。此外，羅登（Harold H. Rowdon）的文章 "Theological Education in Historical Perspective", *Vox Evangelica 7*（Carlisle, UK: Paternoster Press, 1971），75–87頁，則勾勒出整個神學教育歷史的輪廓。

[6] 奧古斯丁就是其中一人。五世紀時，有一群神職人員聚集在他身邊接受訓練（Rowdon, "Theological Education in Historical Perspective," 75）。

[7] 主教學院直到六世紀才採用學校模式訓練神職。在此之前，儲備祭司是直接在各自主教的指導下主持禮儀與禮拜。Edward J. Power, *A Legacy of Learning: A History of Western Education* (Albany: State University of New York Press, 1991), 98, 108。

[8] 十二世紀前，修道院和教會學校是西方世界唯二的教育機構。

[9] Marrou, *History of Education in Antiquity*, 329.

[10] 法羅（Douglas Farrow）在他寫的 *Ascension and Ecclesia*（Grand Rapids: Eerdmans, 1999）揭露希臘思想先後經由俄立根與奧古斯丁侵入神學領域的過程，以及這一切對教會生活的許多層面產生必然影響的過程。

由於許多教會教父在信主前都是異教哲學家與演說家，所以基督教信仰很快就逐漸偏向哲學體系。殉道者游斯丁（Justin Martyr, 100～165）身為二世紀最具影響力的基督徒學者之一「穿著哲學家的服飾」。[11]游斯丁相信哲學是上帝對希臘人的啟示，他認為蘇格拉底、柏拉圖以及其他哲學家之於外邦人，猶如摩西之於猶太人。[12]

主後200年起，亞歷山太成為基督教世界的學術中心，一如它曾經是希臘人的學術中心。主後180年，當地成立一所特殊學校，這所學校就相當於所謂的神學院。[13]

當時亞歷山太開始成立專門研究基督教教義的機構。[14]該校最資深也最具影響力的教師之一俄立根（185～254）深受異教哲學的影響，他是新柏拉圖學派（Neoplatonism）之父普羅提諾（Plotinus）的同儕，因此吸收許多他的思想。從新柏拉圖學派的思想看來，一個人必須穿過層層潔淨的階段往上升，才能與上帝合而為一。[15]俄立根是第一個把主要神學概念組織成一套系統神學的學者。[16]

杜蘭對這段時期的觀察所得是：「哲學與宗教之間的鴻溝越來越狹窄，最後，理性終於淪為神學的女僕一千年。」[17]哈契（Edwin Hatch）認同這種想法，並表示：「基督教與哲學初次接觸一百五十年後，哲學觀念與方法湧流入基督教，而且佔領其中大片地盤，因此使得它比較像似哲學而非宗教。」[18]

---

[11] Eusebius, *The History of the Church*, IV, 11, 8.

[12] Boggs, *Christian Saga*, 151; Hatch, *Influence of Greek Ideas and Usages*, 126–127.

[13] 有人表示，創始者是亞歷山太的革利免的老師潘代諾（Pantaenus）。其他人認為創始者是低米丟（Demetrius）B. H. Streeter, *The Primitive Church* (New York: The Macmillan Company, 1929), 57; James Bowen, *A History of Western Education* 1 (New York: St. Martin's Press, 1972), 240; Rowdon, "Theological Education in Historical Perspective," 76。

[14] Bowen, *History of Western Education* 1:240; Collins and Price, *Story of Christianity*, 25.

[15] Durant, *Caesar and Christ*, 610。新柏拉圖學派興盛於245到529年之間，而且直接經由俄立根、亞歷山太的革利免、奧古斯丁以及偽丟尼修（Pseudo-Dionysius）影響基督教。這種觀念依舊盛行在天主教思想。見 Philip S. Watson, *Neoplatonism and Christianity: 928 Ordinary General Meeting of the Victoria Institute*, vol. 87 (Surrey, UK: The Victoria Institute), 1955。

[16] *Pastor's Notes 5*, no. 2: 7.

[17] Durant, *Caesar and Christ*, 611.

[18] Hatch, *Influence of Greek Ideas and Usages*, 125.

俄立根死後，基督教學校就消失無影，神學教育又返回到主教時期的形式，培養主教的方式就跟其他主教互動，[19]這個時期神職訓練的實質內容就是研讀大貴格利撰寫的教牧神學，[20]貴格利指導主教如何成為好牧者。[21]時至八世紀中葉，主教學院已經成立，十世紀時，教會開始成立自己的學校。[22]

經院時期：神學教育的第三階段應該歸功給大學文化。[23]時至1200年，許多教會學校已經發展成為大學，世上第一所大學就是義大利的博洛尼亞大學（the University of Bologna），接著成立的是巴黎大學，然後是牛津大學。[24]

巴黎大學儼然成為當時世界的哲學與神學中心[25]（它後來成為新教神學院的種子）[26]。高等教育掌握在神職手中，[27]而學者則被視為古老智慧的守護者。

當前大學的根源就是當時的主教為訓練神職人員而逐漸演變出來的。[28]大學把神學視為「科學之后」（Queen of Sciences），[29]從十二世紀中葉到十四世紀末葉，歐洲地區總共成立了七十一所大學。[30]

[19] Marrou, *History of Education in Antiquity*, 329.

[20] Schaff, *History of the Christian Church*, 4:400.

[21] 貴格利的 *Book of Pastoral Rule* 成書於主後 591 年，內容所討論的是主教的職責。

[22] Douglas, *New Twentieth Century Encyclopedia of Religious Knowledge*, 289。聖母大學（Notre Dame）是最早成立的教會學校之一。巴黎大學的前身就是教會學校。Bowen, *History of Western Education* 2:111。1100年後，教會學校擴展成專收男孩子的「小學」（grammar schools）以及更進一步深造的高校。

[23] 大學（University 中古拉丁文的 universitas）在當時是被用來稱呼中世紀工藝行會的用語（Bowen, *History of Western Education* 2:109）。

[24] William Boyd, *The History of Western Education* (New York: Barnes & Noble, 1967), 128。關於大學體制的詳細討論，見 Helen Wieruszowski, *The Medieval University* (Princeton: Van Nostrand, 1966)。

[25] Bowen, *History of Western Education* 1:110.

[26] 神學院（seminary）一詞源自拉丁文的 seminarium，意思是「溫床」（Reid, *Concise Dictionary of Christianity in America*, 1071）。

[27] Collins and Price, *Story of Christianity*, 112.

[28] Rowdon, "Theological Education in Historical Perspective," 79。1215年的拉特蘭會議（the Lateran Council）鞭策每一個都會的主教要監督所有教會學校都能落實神學教育。

[29] 同前。

[30] Power, *Legacy of Learning*, 149。大學學位的發展過程非常有趣。當時把達到學科標準的人被稱為夫子（masters）。律師起初被稱為博士（doctors），博士的意思是「教書先生」（one who teaches），字根是 doctrina，意思是「學習」。當時的博士是指教書的夫子，想要得到認可的勤奮學生被稱為學士（bachelors, 153頁）。教會學校的校長握有大學的最高控制權。夫子教導的學士起初住在出租的私宅，後來借宿在夫子家的廳房（Rowdon, "Theological Education in Historical Perspective," 79）。1270年左右開始出現教職員（faculty）一詞，意思是「力量、能

當代神學則是從希臘哲學的抽象思維發展出來的。[31]大學裡的學術研究所採取的是亞里斯多德的思想模式，也就是以理性知識與邏輯為主軸。經院神學的主要宗旨就是吸收與傳遞知識，（因此，西方人的心思始終對信條、教義以及其他冷冰冰的抽象觀念感到樂此不疲）。

對當代神學的塑造影響最深遠的學者之一就是亞伯拉德（Peter Abelard, 1079～1142）。我們所知的「現代」神學，有一部分要歸功於亞伯拉德。他的理論為現代神學奠定基礎，並成為經院哲學家，例如湯瑪斯・阿奎那（Thomas Acquinas, 1225～1274）依循的藍圖。[32]

因為亞伯拉德而聲名大噪的巴黎學院，就此成為往後所有大學的典範。[33]亞伯拉德運用亞里斯多德邏輯探討真理，然而他瞭解二者間的張力：「如果必須跟聖保羅對立才能成為哲學家的話，我就不願這麼做；如果我必須捨棄基督才能成為亞里斯多德的弟子，我就不願這麼做。」他也賦予神學一詞現代意義（在他之前，這個名詞只被用來指稱異教思想）。[34]

在亞里斯多德的啟發下，亞伯拉德精通異教哲學的辯證法（dialectic）──運用邏輯辯論真理，並把這種技巧運用在聖經上。[35]基督教的神學教育始終無法擺脫亞伯拉德的影響，雅典依舊在其血脈裡面流動。亞里斯多德、亞伯拉德以及阿奎那都相信理性是通往上帝真理的道路。因此，西方大學教育從一開始就已經融入異教元素與基督教元素。[36]

馬丁・路德說的好：「大學不過就是訓練年輕人學習希臘文化的地方。」[37]儘管路德自己也出身大學，然而他批判的目標就是大學裡面教導

力與才華」，指的是各個科目的學者群。Bowen, *A History of Western Education* 2:111; Charles Homer Haskins, The Rise of Universities (New York: H. Holt, 1923), 17。

[31] Stevens, *Other Six Days*, 12–13; and Stevens, *Abolition of the Laity*, 10–22.

[32] D. W. Robertson, *Abelard and Heloise* (New York: The Dial Press, 1972), xiv.

[33] Bowen, *History of Western Education* 2:109.

[34] 亞伯拉德不顧當時許多人的反對，把他的一本著作定名為《基督教神學》（*Christian Theology* [Robertson, Abelard and Heloise, xii–xiii]）。

[35] 不應該把它和使徒保羅的方法混為一談，儘管保羅曾經運用希臘邏輯跟希臘人辯論，並用希臘修辭法跟他們溝通，但沒有運用辯證法（希臘邏輯）理解聖經與詮釋聖經。

[36] Marsden, *Soul of the American University*, 34.

[37] 同前，35。

的亞里斯多德邏輯。[38]

神學院：神學院的神學思想源自大學裡面傳授的經院神學，正如前面所說，這種神學的基礎就是亞里斯多德的哲學體系。[39]神學院是特別為訓練專業傳道人而設立的，其目標就是培養接受過神學院訓練的宗教專才。神學院傳授的不是早期主教、修士與學者的神學思想，而是具有專業「資格」的傳道人必備的神學思想，這就是當代神學院盛行的神學思想。

二十世紀最偉大的神學家之一巴特，反對把神學教育的職責交託在一批菁英專業講員的手中，他寫道：「神學不是神學家獨佔的領域。它不是教授的專屬職權……也不是牧師的專屬職權……神學屬於整個教會……『平信徒』是宗教界最惡劣的詞彙，應該列為基督徒的禁用語。」[40]

我們可以說神學院是亞伯拉德下的蛋，而阿奎那則幫他把蛋孵出來。阿奎那是對當代神學教育影響最深遠的人物，他的著作在1879年由教宗敕令宣布為所有神學家都應該研讀的純正教義。阿奎那的主要論點就是：我們可以透過人類理性認識上帝，祂「喜悅以人心的智識為認識真理的器官」。[41]因此，人類理性與智識受過的訓練越專精，就越認識上帝。阿奎那這種觀念是來自亞里斯多德，而這就是許多（甚至大多數）當代神學院的基本前提。

新約教導我們，上帝是靈，因此我們只能透過上帝對人靈性的啟示（屬靈眼光）來認識祂。[42]理性與智識可以讓我們知道上帝，也能幫助我們傳達我們所知道的一切，但無法帶給我們屬靈的啟示。智識不是深入認識上帝的途徑，情緒也不是。借用陶恕（A. W. Tozer）的話說：「神聖真理的本質是屬靈的，因此理性只能透過靈裡的啟示領受……上帝的意

---

[38] 同前，36。路德心目中的教育觀念，見Boyd, *History of Western Education*, 188ff。諷刺的是，路德的同工麥朗同（Melanchthon）把源自異教思想的人文主義和新教主義融合在北歐的教育體系裡面。

[39] Rowdon, "*Theological Education in Historical Perspective*," 79.

[40] Barth, *Theologische Fragen und Antworten*, 175, 183–184，引自 Erler and Marquard, *Karl Barth Reader*, 8–9。

[41] Durant, *Age of Faith*, 964.

[42] 約四23–24；林前二9–16。

念屬於靈性層面，而人的意念屬於理智層面；靈性可以涵蓋理智，但人類理智卻永遠無法識透靈性⋯⋯人無法藉著理性認識上帝；人只能知道上帝⋯⋯人類理性在其領域內是精密又實用的器皿。但它不是用來認識上帝的管道。」[43]

簡言之，精深的聖經知識、聰明絕頂的智慧以及銳利的推論技巧，無法讓任何人自然而然的深入認識耶穌基督，但祂能賜給人充滿生命的啟示。[44]（附帶一提，這就是屬靈事工的基礎。）正如巴斯卡（Blaise Pascal, 1623～1662）所說：「認識上帝的是心靈而非理性。」[45]

現在，新教和天主教都倚賴阿奎那的著作，按照他所勾勒的藍圖從事神學研究。[46]阿奎那的代表作《神學大全》（Summa Theologica）幾乎就是目前所有不論新教或者天主教神學院一律沿用的模式。下面就是阿奎那神學的順序：

上帝

三位一體

創造

天使

人類

神國（救恩等等）

末日[47]

---

[43] Gems from Tozer (Camp Hill, PA: Christian Publications, 1969), 36–37.

[44] 這個主題已經超出本書範圍。以下是四本有助我們瞭解聖經對這個主題的教導的書籍：T. Austin-Sparks, What Is Man? (Pensacola, FL: Testimony Publications, n.d.); Watchman Nee, The Spiritual Man (New York: Christian Fellowship Publishers, 1977); Mary McDonough, God's Plan of Redemption (Anaheim: Living Stream Ministry, 1999)；以及 Ruth Paxson, Life on the Highest Plane (Grand Rapids: Kregel, 1996)。

[45] Pensées #424。對如何在人類理性與智識的範圍外認識上帝的精闢討論，見 Dr. Bruce Demarest's Satisfy Your Soul: Restoring the Heart of Christian Spirituality (Colorado Springs: NavPress, 1999)。

[46] "Thomas Aquinas Concludes Work on Summa Theologiae," Christian History 9, no. 4 (1990): 23。湯瑪斯在晚年時，曾在靈裡經歷上帝，這超越他的理性而深入他的靈裡，這場經歷對他產生莫大衝擊，因此，湯瑪斯表示：「相較於我已往得到的啟示，我到目前為止所寫的一切，在我眼中猶如草芥，一文不值。」在這次經歷過基督後，湯瑪斯放棄他所有寫作的長篇大論。他那部卷帙浩繁的《神學大全》始終沒有完成。他在 1273 年 12 月 6 日放下手中的筆，說道：「我現在等待我生命的結束。」（Summa Theologica, Great Books of the Western World, vol. 19, Thomas Aquinas I, vi; Collins and Price, Story of Christianity, 113）。

[47] Summa Theologica, vii.

不妨跟下面新教神學院典型的系統神學教課書的大綱相比較：

上帝

合一與三一神（Unity and Trinity）

創造

天使論

人類起源與特性

救恩論（Soteriology 救恩等等）

末世論（Eschatology：最終狀態）[48]

無庸置疑，阿奎那就是當代神學之父，[49] 他的影響力經由新教學者傳遍新教神學院。[50] 令人扼腕的是，阿奎那在研讀聖經的時候，非常倚重亞里斯多德邏輯繁瑣的方法。[51] 套用杜蘭的說法就是：「教會的力量依舊足以透過湯瑪斯・阿奎那和其他人，把亞里斯多德轉化為中世紀神學家。」

杜蘭在另一本書中表示：「他已著手撰寫一系列的作品，以基督教的外貌呈現亞里斯多德的哲學。」[52] 阿奎那也在他的《神學大全》中廣泛

---

[48] Henry C. Thiessen, *Lectures in Systematic Theology* (Grand Rapids: Eerdmans, 1979)，以及任何以此為範型的標準新教系統神學教科書。所有一切都源自阿奎那。

[49] 後人不斷鞏固阿奎那的神學體系。例如，多數美國與歐洲神學院都效法著名的柏林模式（Berlin Model）神學教育，這個模式起1880年在柏林首創，其基礎就是把神學視為前額葉體運動的啟蒙理性主義（enlightened rationalism），但要比它略勝一籌。多數現代神學院都採用這個模式（*Vantage Point: The Newsletter of Denver Seminary*, June 1998, 4）。根據狄馬雷斯（Dr. Bruce Demarest）的說法：「福音派繼承十八世紀啟蒙運動的餘緒，往往把『理性』高舉為認識上帝之鑰。如此一來，神學就變成一場理智的操練，也就是一場以智識為宗旨的心智活動。凱爾希（Morton Kelsey）看出來：『在新教思想中，上帝已經變成可以透過推理認識的神學觀念，而不是透過親身體驗認識的實體。』這種以『左腦』為信仰基礎的想法，輕易就把上帝變成遠離生活經驗的抽象觀念。陶恕注意到，正如許多科學家沉溺於上帝創造的世界而不認識祂（例如，沙岡 Carl Sagan），許多神學家也沉溺在上帝的話語中，而不認識祂。」（*Satisfy Your Soul*, 95–96）。

[50] 改革宗的圖雷廷（Francis Turretin）以及信義宗的薛尼茲（Martin Chemnitz）就是兩個主要的新教學者。

[51] 所謂繁瑣的方法指的是，大費周章的勉強用一套邏輯論證強解特定的觀念。如果你對這種說法有任何懷疑，只要翻閱他的神學大全就會瞭解。阿奎那在證明自己的神學觀點時，非常倚重亞里斯多德的邏輯與哲學，阿奎那也寫作過許多本書籍詮釋亞里斯多德的著作。根據杜蘭的說法，除了阿維羅（Averroes），阿奎那是中世紀思想家中，認識亞里斯多德最透徹的學者。阿奎那採用亞里斯多德哲學系統的詳情，見 Douglas, *Who's Who in Christian History*, 30–34, 以及 Durant, *Age of Faith*, 961–978。

[52] Durant, *Story of Philosophy* (New York: Washington Square Press, 1952), 104; Durant, *Age of Faith*, 962. 這位巴黎大學哲學系主任曾斥責湯瑪斯用異教哲學玷污基督教神學。

引用另一位異教哲學家的言論。[53]不論我們多麼不願意承認，但當代神學確實是基督教思想與異教哲學的融合體。

因此，神學教育共有四個階段：主教時期：主教的神學思想；修道院時期：修士神學思想；經院時期：大學教授的神學思想，以及神學院時期：專業傳道人的神學思想。[54]

基督教教育的每個階段都是，也始終會是以智識與學術研究為導向。[55]正如一位學者所說：「不論一所學校的制度是修道院、主教或者長老，都絕對不應該脫離宗教教育、教會的教義與精神。基督教乃理智的宗教。」[56]拜宗教改革之賜，我們都被教導要遵循理性主義的（以及極端理論的）途徑接觸基督教。[57]

第一代神學院

大部分中世紀神職人員所接受的訓練非常有限。[58]在宗教改革時期，許多新教牧師原本都是毫無講道經驗的羅馬天主教徒，他們非常欠缺訓練與教育。

不過當宗教改革如火如荼的進行時，未受過教育的牧師已經能夠得到資助得以進入一般學校與大學。新教的傳道人並沒有接受口才訓練，他們接受的反而是解經與聖經神學的訓練。一般認為，既然他們通達神學，那麼就應該能講道。（這種成見就是十六世紀盛行冗長講道的原因，有時甚至長達兩三小時！）[59]

---

[53] 阿奎那在他的《神學大全》裡面引用新柏拉圖學派偽丟尼修的地方超過一百處。阿奎那顯然認為他引用的偽丟尼修就是保羅在雅典帶領受洗信基督的那個人（徒十七34）。不過，事實並非如此，偽丟尼修是一個比亞略巴古的丟尼修晚非常多年的新柏拉圖學者。

[54] 第五種是有些當代學者正大力提倡的「平信徒神學」（lay theology）或者「全體上帝百姓的神學」。見本章註腳5。

[55] 唯一例外應該就是「修道院」形式。某些修道學院在研讀亞里斯多德與柏拉圖作品之外，還會研讀基督教神祕主義的作品。

[56] Marrou, *History of Education in Antiquity*, 343; Marsden, *Soul of the American University*, 38.

[57] 細想下面這段引文：「基督呼召的不是教授，而是跟隨者。任何進入基督教的人若不能活出同樣的生命，那麼他其實沒有真正進入基督教，因為基督教就是關於生命的信息，唯有那些在生命中實踐的人才算真正進入基督教。」（祈克果，Søren Kierkegaard）

[58] Marsden, *Soul of the American University*, 38.

[59] Niebuhr and Williams, *Ministry in Historical Perspectives*, 133.

這種形式的神學教育培養出一批「新專才」──接受過神學訓練的牧師。此時，接受高等教育擁有神學博士或者其他學術頭銜而名聲響亮的牧師，能夠發揮非常大的影響力。[60]時至十六世紀中葉，多數新教傳道人或多或少都接受過大學教育。[61]

因此，新教運動從一開始就鼓吹神職人員接受高等教育，這也就是整個運動的骨幹。[62]在整個新教領域裡面，神職人員是其中教育程度最高的成員，而他們也善用自己的教育建立他們的權威。[63]

雖然新教傳道人在神學知識上不斷精益求精，但有四分之一的天主教神職沒有接受過大學教育。天主教會在天特會議（the Council of Trent, 1545～1563）上提出因應的對策，為迎戰剛崛起的新教改革陣營，天主教會必須讓其神職接受更完備的訓練，解決之道就是建立第一批神學院。[64]

天主教希望他們的祭司在知識與靈命上能與新教的牧師相庭抗禮。[65]因此，天特會議要求所有大教堂以及較具規模的教會「不斷讓他們的城市與教區中相當數目的年輕人接受神學教育，並訓練他們熟悉教會事宜」。因此，我們可以把神學院的創始歸功於十六世紀末的天主教會。

第一所新教神學院的起源相當隱晦不明，但最明顯的證據顯示，新教仿效天主教模式在美國成立第一所神學院，就是1808年創立在麻省安多佛（Andover, Massachusetts）的神學院。[66]

---

[60] 同前，144。

[61] 同前，142。

[62] Marsden, *Soul of the American University*, 37.

[63] 同前，37。

[64] Reid, *Concise Dictionary of Christianity in America*, 309; Durant, *Reformation*, 932。天特會議打算為每一個教區設立神學院。G. Dickens, *Reformation and Society in Sixteenth-Century Europe* (London: Hartcourt, Brace, & World, Inc., 1966), 189; Collins and Price, *Story of Christianity*, 149。

[65] Rowdon, "Theological Education in Historical Perspective," 81.

[66] Reid, *Concise Dictionary of Christianity in America*, 113。加爾文在1559年建立日內瓦學院（Geneva Academy），但嚴格說來，它並不算是神學院。雖然這所學院被用來訓練神學家，但起初創立的宗旨並不是神學院。它也設有完整的非神職課程，有趣的是，加爾文的左右手貝薩（Theodore Beza [Calvin's right-hand man]）追溯日內瓦學院的學術根源到希臘，然而希臘的哲學精神轉而又來自埃及。一般認為這具有正面意義，因為摩西曾接受埃及人的完整教育（Robert W. Henderson, *The Teaching Office in the Reformed Tradition* [Philadelphia: Westminster Press, 1962], 51–61）。

美國的基督教教育同樣倚重亞里斯多德的體系，而且跟歐洲的神學院一樣非常有系統。[67]時至1860年，美國已經成立60所新教神學院。[68]這種快速成長的主要原因是第二次大復興（the Second Great Awakening, 1800～1835）期間基督徒數量陡增，因此亟需訓練能夠餵養他們的傳道人所導致的結果。[69]

在安多佛神學院成立前，新教徒已成立耶魯（1701）和哈佛（1636）兩所學校訓練他們的神職。學生只要通過正式的畢業考就能獲得按立資格。[70]然而，隨著時間流轉，這些大學已經紛紛捨棄正統的基督教信仰（例如，哈佛大學就主張神體一位論Unitarianism）。[71]新教宗派不再信任耶魯與哈佛的大學教育，因此他們成立自己的神學院完成他們的宗旨。[72]

聖經學院

聖經學院基本上是十九世紀北美福音派的創新之舉。聖經學院的地位可說是，介於聖經書院（Bible insitute；培訓中心）與基督教文學院之間。其學生專注於宗教研究，並且是為從事基督教事工而接受教育。第一所聖經學院的創辦人深受倫敦的詹尼斯（H. G. Guinness, 1835～1910）以及司布真（Charles Spurgeon, 1834～1892）兩位牧師的影響。

在以慕迪為首的復興運動（revivalism）衝擊下，聖經學院運動在十九世紀末與二十世紀初蓬勃發展。最早創立的兩個聖經學院是1882年的宣教培訓中心（紐約的Nyack學院）以及1886年的慕迪聖經學院

---

[67] John Morgan, *Godly Learning* (New York: Cambridge University Press, 1986), 107. 美國神學院的教育也深受瑞德（Thomas Reid）的蘇格蘭「常識」（common sensa）哲學的影響。後來，自由派神學院偏向黑格爾（G. W. F. Hegel），而保守派神學院依舊固守瑞德的體系。

[68] Reid, *Concise Dictionary of Christianity in America*, 113.

[69] 同前。

[70] Warkentin, *Ordination: A Biblical-Historical View*, 75.

[71] 神體一位論否認三位一體、耶穌具有神性以及其他正統基督教信仰。

[72] 美國的第一所天主教神學院是1791年在巴爾的摩（Baltimore）成立的。Reid, *Concise Dictionary of Christianity in America*, 1071。

（Moody Bible Institute，芝加哥）。[73] 他們的宗旨是要把一般平信徒訓練成「全職」的基督教工人。[74]

　　成立聖經學院的緣由就是，從十九世紀中葉開始，高等教育機構已經不再注重傳統基督教價值，自由派神學已經主導整個美國的州立大學，在這種種情況下，基於基督教界對宣教機構與福音機構的領袖以及傳道人的需要日益殷切，就催生出聖經學院，以便裝備「蒙召的基督徒」接受聖經教育。[75] 現在，美國和加拿大總共有超過四百所的聖經學校（Bible School）和聖經學院。[76]

主日學

　　主日學也是相當晚近的構想，大約在主後1700年才創立。其創始人是一位來自英國名叫雷克斯（Robert Raikes, 1736～1811）的報紙發行人。[77]1780年時，雷克斯在格洛斯特的「斯考特巷」（Scout Alley）為貧童創辦一所學校，但宗教教育並非雷克斯成立主日學校的初衷，他的目的反而是要讓貧童接受基本教育。

　　雷克斯對一般兒童識字程度不高以及道德低落感到擔憂，許多在他學校就讀的孩子都是社會制度與雇主凌虐的受害者。儘管雷克斯只是個聖公會的平信徒，主日學校卻像野火一樣傳遍英國各地的浸信會、公理會以及循道會。[78]

---

[73] 慕迪聖經學院正式的成立時間是1889年（Virginia Brereton, "The Popular Educator," *Christian History* 9, no. 1 [1990]: 28）。

[74] Reid, *Concise Dictionary of Christianity in America*, 42–43; *Harper's Encyclopedia of Religious Education*, 61.

[75] *Harper's Encyclopedia of Religious Education*, 61.

[76] "Bible College Movement," *The Evangelical Dictionary of Christian Education* (Grand Rapids: Baker Book House, 2001).

[77] *Harper's Encyclopedia of Religious Education*, 625。多數歷史書都認為主日學的創始人就是雷克斯。但另有人認為，除雷克斯以外，還有漢娜·摩爾（Hannah More）以及莎拉·特雷摩（Sarah Trimmer）等人（Thomas W. Laqueur, *Religion and Respectability: Sunday Schools and Working Class Culture*, 1780–1850 [New Haven, CT: Yale University Press, 1976], 21）。此外，也有人表示，雷克斯的主日學教育的觀念得自格洛斯特（Gloucester）的湯瑪斯（Thomas Stock）牧師（p. 22）。

[78] *Harper's Encyclopedia of Religious Education*, 625。主日學校後來成為1780年代和1790年代福音復興運動的一環（Laqueur, Religion and Respectability, 61）。雷克斯在1811年辭世時，整個大不列顛共有四十萬名孩子進入主日學校就讀。C. B. Eavey, *History of Christian Education* (Chicago: Moody Press, 1964), 225–227。

　　主日學運動在傳到美國後達到高峰，美國的第一所主日學校是1785年在維琴尼亞成立的。[79]時至1790年，一群費城人士成立主日學協會（Sunday School Society），其宗旨是在星期日提供貧童接受教育的機會，以免他們在街頭流蕩。[80]十八世紀與十九世紀時，許多主日學校都是在教會之外獨立運作，原因是：牧師覺得平信徒不應該教導聖經。[81]十八世紀中葉時，主日學校已經傳遍美國各地，1810年時，主日學校逐漸從幫助貧童的慈善工作，轉變為傳福音的機構。

　　主日學校盛行美國應該歸功於慕迪，[82]在慕迪努力下，主日學校成為當代教會傳福音的最主要基礎。[83]目前，主日學校主要涵蓋培養初信者以及教導孩童認識教義這兩個功能，[84]當初創立主日學校的宗旨已經由公辦國民教育接掌。[85]

　　我們應該注意的是十九世紀是美國各種機構蓬勃發展的時期。企業、醫院、庇護所、監獄以及各種兒童福利機構，例如孤兒院、感化院與公立學校都是在這段期間成立的。[86]主日學校只不過是其中一個機構而已，[87]現在，它已經成為傳統教會不可或缺的一環。

　　整體而言，我們不認為目前的主日學校是個有效率的機構。根據某些研究結果看來，主日學校的出席人數在過去二十年不斷下滑。[88]

---

[79] Terry, *Evangelism: A Concise History*, 180.

[80] *Harper's Encyclopedia of Religious Education*, 625.

[81] Terry, *Evangelism: A Concise History*, 181.

[82] Brereton, "Popular Educator," 28; Collins and Price, *Story of Christianity*, 187。因為慕迪創辦的主日學事工而受惠的孩童超過1,500人。

[83] Anne M. Boylan, *Sunday School: The Formation of an American Institution* 1790–1880 (New Haven, CT: Yale University Press, 1988), 167。這是發展到1880年的情形，弗雷克（Arthur Flake）在美南浸信會總會（Southern Baptist Convention）創辦主日學事工部，他也把主日學校成長計畫推廣到其他宗派（Terry, *Evangelism: A Concise History*, 181）。亦見 Elmer Towns, "Sunday School Movement," *New Twentieth Century Encyclopedia of Religious Knowledge*, 796–798。

[84] 同前，170；Reid, *Concise Dictionary of Christianity in America*, 331。

[85] *Pastor's Notes* 4, no. 1 (Worcester: Christian History Institute, 1991), 6.

[86] Boylan, *Sunday School*, 1.

[87] 1824年時，共有48,681名孩童參加美國主日學聯盟（the American Sunday School Union）附屬的主日學校。1832年時，人數已增長至301,358（Boylan, *Sunday School*, 11）。美國主日學聯盟成立於1824年，其下共有724所學校，其中68所在費城。1970年時，聯盟更名為美國宣教協會（the American Missionary Society；Reid, *Concise Dictionary of Christianity in America*, 18）。

[88] Bobby H. Welch, *Evangelism through the Sunday School: A Journey of Faith* (Nashville: Lifeway Press, 1997)。其他研究顯示，過去十年的出席率一直保持平穩。

　　一位學者在敘述初代教會運作的情形時，表示「沒有證據顯示，教師會按照年齡與性別分班。兒童的早期教育以及宗教教育都落在雙親的肩上……初代教會似乎沒有為孩童安排特別的事工。很久以後才出現基督教學校（大約主後372年）——主日學校則更遲」。[89]

青少傳道

　　青少傳道是在主日學校創立後很久才出現，主要原因在於二十世紀前的社會不注意也不在乎這個年齡層的需要。[90]1905年時，霍爾（G. Stanley Hall）推廣「青春期」（adolescent）的概念，這是專指剛成年以及年齡稍長的孩童。[91]

　　接著在1940年代出現青少年（teenager）這個用語，這是專屬青少年的次文化的首次登場。年齡從13～19歲的人不再只是「小伙子」，他們現在是「青少年」了。[92]

　　二次世界大戰後，美國人民非常關心國內的青年人，這份關懷也感染到教會。1930年代以「青年歸主」（Youth for Christ）為旗號舉辦的各種青年聚會風起雲湧，而在1945年孕育出同名的福音機構。[93]

　　由於對「青少年」產生新的認知與關懷，需要聘雇專人照顧他們的觀念也隨之而起，這就是專職青少傳道的緣起。青少傳道在1930年代與1940年代開始在大型的城市教會服事，[94]曼哈頓的加略山浸信會是最先

---

[89] Norrington, *To Preach or Not*, 59.

[90] Warren Benson and Mark H. Senter III, *The Complete Book of Youth Ministry* (Chicago: Moody Press, 1987), 66.

[91] Mark Senter III, *The Coming Revolution in Youth Ministry* (Chicago: Victor Books, 1992), 93.

[92] Michael V. Uschan, *The 1940s: Cultural History of the US through the Decades* (San Diego: Lucent Books, 1999), 88; Mary Helen Dohan, *Our Own Words* (New York: Alfred Knopf, 1974), 289.

[93] Mark Senter III, *The Youth for Christ Movement As an Educational Agency and Its Impact upon Protestant Churches: 1931–1979* (Ann Arbor: University of Michigan, 1990), 7–8。森特（Senter）從26頁開始探討促使各種青年組織紛紛成立的社會與歷史因素。葛理翰成為青年歸主的巡迴佈道家，青年歸主協會在1950年代在全美各地成立查經班（Reid, *Concise Dictionary of Christianity in America*, 377）。曼哈頓地區極富魅力的布萊恩（Lloyd Bryant）似乎是第一個定期舉辦青年大會的人 (Christopher Schlect, *Critique of Modern Youth Ministry, Moscow*, ID: Canon Press, 1995), 8。

[94] 曼哈頓的加略山浸信會（Calvary Baptist Church in Manhattan, 1932）、北聖地牙哥郡的維斯塔社區教會（Vista Community Church in North San Diego County, 1948）以及芝加哥的慕迪紀念教會（Moody Memorial Church in Chicago, 1949）都聘雇「青少年輔導」。當〈青春年華〉（Young Life）和〈青年歸主〉在1930年代和1940年代如火如荼展開時，較小型的教會也開始聘雇青少年傳道（Senter, *Coming Revolution in Youth Ministry*, 142）。

聘僱青少牧師的教會。《慕迪月刊》（Moody Monthly）曾在1930年代末報導他。[95]

　　然而，這段時期的青少傳道大多是在充斥基督教界的福音機構服事。[96]時至1950年代初期，已經有數千位專職青少年傳道人為滿足青年人的屬靈需要而投入服事，他們有自己的音樂、服裝、文學作品、語言和規則。[97]教會從這段期間開始，把青少年和其他會眾分開。

　　從1950年代中葉1960年代末，青少牧師已經成為福音派教會的固定成員（主流教派在這一點上的起步較遲）。[98]時至1980年代末，青少傳道的崗位從福音機構轉移到制度化教會的過程，已經大功告成。

　　目前，青少牧師已經是專業神職的一部分。這個職位的出現是因為當代教會在不到一百年前，受到世俗文化的影響，錯誤的把青少年和其他會眾隔離開而造成的結果。

　　換句話說，青少牧師是在一個叫做青少年的族群被切割出來後才出現的。這樣一來，我們就製造出一個前所未見的問題──該如何服事（與處理）青年人。這跟當初切割出一批新的基督徒族群也就是「平信徒」，而自找麻煩，如出一轍。在制度化教會切割出平信徒，而成為獨特的基督徒族群前，從來沒有人提過「該如何裝備平信徒？」這個問題。

問題的癥結

　　希臘哲學家柏拉圖和亞里斯多德都認為知識就是美德。善就是一個人能夠拓展自己的知識，因此，傳授知識就是傳授美德。[99]

　　這就是當代基督教教育的根源與枝幹。它的基礎就是知識即德行的

---

[95] 森特在1999年9月22日寫給法蘭克‧威歐拉的電子郵件提及此事。

[96] Young Life (1941), Youth for Christ (1945), Fellowship of Christian Athletes (1954), Youth with a Mission (1960). Senter, *Coming Revolution in Youth Ministry*, 27–28, 141; Mark Senter, "A Historical Framework for Doing Youth Ministry," *Reaching a Generation for Christ* (Chicago: Moody Press), 1997.

[97] Schlect, *Critique of Modern Youth Ministry*, 6.

[98] Senter, *Coming Revolution in Youth Ministry*, 142.

[99] William Boyd and Edmund King, *The History of Western Education* (Lanham, MD: Barnes & Noble Books, 1995), 28.

柏拉圖觀念，而這也是其最嚴重的缺點。

　　柏拉圖和亞里斯多德（都是蘇格拉底的弟子）就是當代基督教教育之父。[100]引用聖經的比喻來說，現今的基督教教育，不論是神學院還是聖經學院都是摘食壞果子：摘食分別善惡樹的果子而非生命樹的果子。[101]

　　當代神學教育主要是針對頭腦，不妨稱之為「灌輸式教學」（liquid pedagogy）。[102]我們敲開一個人的腦袋，接著注入一兩杯知識，然後再縫合起來。既然學生已經得到一些訊息，我們就誤以為自己的責任已結束。

　　當代神學教育屬於資料傳輸教育，整個過程就是從一個筆記本謄到另一個筆記本。在這個過程中，我們的神學基本上就侷限在頭腦裡面，學生只要能絲毫不差的複製教授的觀念，就可以順利獲得學位。對於一個認為必須獲得（有時候甚至聖化）神學學位才夠資格擔任傳道人的時代來說，這一切都具有非比尋常的意義。[103]

　　然而，神學知識不能讓任何人勝任服事的重任。[104]這不是說認識世界、教會歷史、神學、哲學以及聖經毫無價值，這些知識可能非常有用，[105]但這不是關鍵。單單靠豐富的神學知識以及靈敏的頭腦，並不足以讓一個人具備在上帝家中服事的資格。

　　這種看法導致的錯謬就是，任何人一旦得到神學院或聖經學院的入學許可，立刻就被認定為「夠格」，那些沒有獲得入學許可的人就被認定為「不夠格」。按照這個標準看來，許多主耶穌揀選的最珍貴器皿都無法通過這種檢驗。[106]

---

[100] Power, *Legacy of Learning*, 29–116.

[101] 本書因為篇幅所限，無法解釋這兩棵樹的意義。詳盡的討論，見倪柝聲，《正常的基督徒生活》第七章（Watchman Nee, *The Normal Christian Life*, ch. 7）。

[102] 教學法（Pedagogy）是指教育的方法與科學。

[103] 基督教的主要問題之一就是它繼承了古代世界的知識標準（Marsden, *Soul of the American University*, 34）。

[104] 不要忘了，史大林在14～19歲期間曾經就讀於第比利斯（Tiflis）神學院（Adam B. Ulam, *Stalin the Man and His Era* [New York: Viking Press, 1973], 18–22; Alan Bullock, *Hitler and Stalin: Parallel Lives* [New York: Knopf, 1992], 6, 13）。

[105] 大數的保羅就接受過高等教育，而且他對初代基督教的傳播具有無比價值。另一方面，彼得就沒有受過什麼教育。

[106] 耶穌和十二使徒都是沒有受過什麼教育的人：「猶太人就希奇，說：『這個人〔耶穌〕沒有學過，怎麼明白書呢？』」（約七15）；「他們見彼得、約翰的膽量，又看出他們原是沒有學問的小民，就希奇，認明他們是跟過

此外，正式神學教育無法裝備學生處理服事中要面對的諸多難題。美國康乃迪克州哈特福神學院（Hartford Seminary）發表的Faith Communities Today（FACT）研究報告顯示，神學院畢業生以及具有高學歷的神職人員，在處理衝突的能力以及具備「清楚明確的使命感」這兩方面，都不如非神學院畢業生。[107]

調查顯示，未曾接受過神學教育以及正式課程訓練的神職人員，在處理衝突化解壓力的能力上，得到的分數最高，聖經學院畢業生的得分稍低，神學院畢業生得分最低！

這項研究的主要結論就是：「曾經接受過神學教育的領袖所帶領的會眾，對使命的認識比較不清、容易產生各式各樣的衝突、人與人之間的溝通較差、對未來較沒有信心，同時容易抗拒對崇拜進行改變。」[108]

這一切顯示，進入偏重理論的神學院與聖經學院就讀的人，對於嚴峻的肢體生活並沒有太深入的實際體驗。所謂肢體生活，並不是指在制度化教會裡的一般生活，我們所指的是基督身體互相摩擦、混亂、赤裸又沉重的實際經驗，也就是基督徒緊密生活在一起，沒有任何領袖在他們之上，單單在元首基督帶領下，竭力達成全體一致決定的過程。就這方面來說，神學院在這些最根本的層面上，可說是在靈裡毫無招架之力。

神學院的運作方式也是閉門造車。它自己訂定傳道人的資格與標準；它往往會論斷那些不認為其標準具有重要價值的人。

不過，神學院和聖經學院最嚴重的問題應該是，他們不斷用屬世的體制界定神職人員的生命、生活以及地位。這套體制以及本書提到所有其他落伍的習俗，得以繼續存在並且四處擴散，就是因為受到這些宗教

耶穌的。」（徒四13）有些被上帝使用的知名基督徒從來沒有接受過正式神學訓練，他們包括陶恕、摩根（G. Campbell Morgan）、約翰‧本仁（John Bunyan）、司布真、慕迪以及品克（A. W. Pink）。此外，某些教會歷史上最偉大的聖經註釋家也一樣，例如倪柝聲、康恩（Stephen Kaung）以及奧斯丁‧史派克斯（T. Austin-Sparks）都沒有接受過神學訓練。
[107] 這個研究的範圍包括涵蓋41個不同教派的14,000所教會以及「信仰團體」（faith groups），並採用26種不同的調查。FACT研究被視為對美國宗教最廣泛的觀察所得。研究報告發表在http://www.fact.hartsem.edu。
[108] FACT研究，67。

學校的保護。[109]

　　當前的神學教育機構，不但沒有解決教會的難題，反而支撐（甚至維護）著這些難題的根源，也就是那些不合聖經的習俗。

　　一位牧師貼切的總結這個問題：「我在接受過福音派最優秀的訓練後，經歷過這整個體制──其實，我沒有得到自己需要的裝備……在福音派最頂尖學校整整七年的高等教育，並沒有讓我準備好（1）投入服事以及（2）擔任領袖。我開始分析，自己之所以能夠傳講一篇精彩的證道，並且散會後大家會我握手說：『牧師，講得好！』的原因。然而，他們就是那些自尊心低落、毆打配偶、陷入工作狂以及染上各種癮頭的人。他們的生命毫無轉變。我捫心自問：我講的那些長篇大論，為何不能從他們的頭腦進入他們的心靈，然後進入他們的生命。我終於瞭解，教會之所以會瓦解，其實根源就在於我們從神學院學得的一切。我們接受的教育就是：只要把訊息傳出去，就夠了！」[110]

☑答客問

1. 既然你不相信神學院是訓練基督教領袖的適當環境，那麼你是否能夠清楚說明，你認為應該怎樣訓練基督徒工人從事主工？

　　這是個廣泛的議題。簡言之，耶穌基督訓練基督徒工人的方法就是，跟他們一起生活許多年，這是一種「邊做邊學」的訓練。祂就在祂門徒的身邊教導他們，他們也共同生活在一起。耶穌工作的時候，他們就在旁邊看，接著他們會去實習宣教，然後祂做檢討。最後，祂差派他們出去，由他們自行延續這份使命。大數的保羅就是遵循這種模式運

---

[109] 諷刺的是，新教最出名的特色就是他們對教義精闢的反省，但他們對教會的各種習俗的反思卻沒有那麼精闢。

[110] Dr. Clyde McDowell，引自《丹佛神學院通訊：制高點》Vantage Point: The Newsletter of Denver Seminary, June 1998。

作，在以弗所訓練基督徒工人。他們原本就是以弗所教會的成員，他們觀察保羅工作，而最後，他們也接受差派出去工作。

2. 你是否可以引伸「智識不是深入認識上帝的途徑，情緒也不是」這句話的意思？陶恕表示，我們只能夠透過靈裡的啟示認識上帝真理的見解，對基督徒的訓練應有何啟發？

那些訓練基督徒工人的老師，應該深知這些超越理智與情緒的屬靈真理。追根究底來說，靈命的培養、屬靈的真理，以及屬靈的真知灼見都是訓練屬靈工人的重要環節。這包括花時間與主耶穌相處、學習背負祂的十字架、跟敬虔的基督徒一起生活、互相砥礪屬靈能力，以及分辨上帝的聲音，並聽從祂在內心的帶領。

3. 你對教會教導孩童與青少年有何建議？

新約聖經絲毫沒有提到這個問題，但似乎表示教導孩童道德觀念的責任應該落在雙親的肩上（見弗六4；提後一5，三15）。

儘管如此，我們建議應該讓各個教會自行發揮創意，找尋新穎有效的方式服事這些孩子。

第 11 章

重新檢視新約：
聖經不是拼圖遊戲

「在探討新約聖經對服事的教導時，首先要瞭解新約各書卷寫作的時序。如果我們認為新約各書卷的時序就是目前這種樣子的話，那麼我們自然就會認為最先成書的是四福音，接著是《使徒行傳》，然後是保羅書信，從《羅馬書》開始，最後是寫給提摩太和提多的教牧書信以及《腓利門書》，這樣一來，我們就永遠無法瞭解初代教會整個機制的發展過程及其思想。」
——韓森（Hanson），二十世紀教父學學者

「過去五十到一百年間新約學者已經努力不懈的為我們勾勒出『Ecclesia』在基督教原始時期的樣式——這跟目前羅馬天主教與新教兩個陣營裡的教會非常不一樣……這個以不偏不頗的新約研究為基礎，並能夠滿足教會迫切需要的觀點，可以簡述如下：新約的『Ecclesia』，也就是耶穌基督的團契完全以人為著眼點，跟它周邊的機制毫無關係；因此，我們不能把歷史洪流中任何一個以機制見長的教會視為真正的基督徒團契。」
——卜仁納（Emil Brunner），二十世紀瑞士神學家

為什麼我們基督徒每個星期日都遵循同樣的禮儀，卻渾然不知這些其實跟新約聖經背道而馳？[1]這跟傳統的強大力量息息相關，正如前

---

[1] 本章內容改編自 2000 年 7 月 29 日法蘭克‧威歐拉（Frank Viola）在美國喬治亞州亞特蘭大市歐格里托普

面所說，教會經常受到周遭文化的影響，而且對其負面影響似乎毫無所覺。有時候，它會非常準確的一眼識破重大的威脅——例如異端對耶穌基督人性與神性抱持的錯誤觀點。但在跟這些威脅奮戰的過程中，它已經逐漸遠離上帝安置在教會基因裡面的有機架構。

但其中另有玄機——多數基督徒絲毫未曾注意的更基本層面。這跟我們的新約聖經相關，問題不在於新約的內容，而在於我們閱讀新約的方式。

當代基督徒在研讀聖經時，最常運用的方法就是所謂的「斷章取義」（proof texting）。斷章取義解經的起源可以追溯到1590年代末，當時，一群所謂新教學者把改教家的教導按照亞里斯多德的邏輯規則整理成一套完整的體系。[2]

新教學者認為聖經不但是上帝的話語，而且其中每一個環節都是上帝顛撲不破的話語——跟上下文毫無關係。這就讓一般人認為我們從聖經中擷取的任何一節經文，它本身就帶有權威，因此能用來印證任何教義或者習俗。

達秘（John Nelson Darby）在十九世紀中葉現身後，按照這種方式建立一套神學，達秘把斷章取義提升到藝術境界。事實上，許多基要派與福音派基督徒目前持守的教導都是出自達秘之手，[3]而斷章取義就是所有這些理論的基礎。自此起，斷章取義就成為當代基督徒常用的讀經法。

因此，我們這些基督徒幾乎不曾一窺新約聖經的全貌。我們獲得的只是由人類墮落的邏輯觀念拼湊在一起的各種零散思想。這種方式導致的結果就是，我們已經遠遠偏離新約聖經為教會建立的各種原則。然

（Oglethorpe）大學舉行的家庭教會研討會上發表的演講。

[2] 對新教學術體系的詳盡探討見 Walter Elwell, *Evangelical Dictionary of Theology* (Grand Rapids: Baker Book House, 1984), 984–985。改革宗的法蘭西斯・特瑞廷（Francis Turretin）和信義宗的馬丁・柴尼茲（Martin Chemnitz）是新教學界的兩個主要推手（Elwell, *Evangelical Dictionary of Theology*, 1116 與 209）。

[3] 時代論（Dispensationalism）和災前被提論（the pretribulational rapture）只是其中兩項。盛極一時的「末日迷蹤」（*Left Behind*）系列就是以這兩個教導為基礎（見 *Time*, July 1, 2002, 41–48）。關於達秘災前被提論的起源，見 MacPherson, *Incredible Cover-Up*。

而，我們卻依舊相信自己寸步未離聖經，且讓我們以下面這則虛構的故事說明這個問題。

史樂迪

　　史樂迪是世界知名的婚姻諮商師。在他擔任婚姻治療師的二十年職業生涯中，已經諮商過數千對面臨困難的夫妻。他有自己的網站，每天都有好幾百對夫妻寫信向史樂迪傾訴他們的傷心事。史樂迪逐一回覆這些來自全球各地的信件。

　　轉眼一百年過去了，如今史樂迪已經安眠地下。他有一個曾孫叫做費丁，費丁決定要找回他曾祖父失落的信件，但費丁只找到十三封史樂迪的信件。史樂迪一生寫過數千封信件，如今存留下來的只有十三封！其中有九封是寫給一對遭遇婚姻危機的夫妻，另四封是寫給個別的配偶。

　　這些信件全都是在1980～2000年這二十年間寫成的，費丁打算把這些信件集結成冊。但史樂迪寫信的方式非常特別，因此費丁感到非常棘手。

　　首先，史樂迪有個惱人的習慣就是，從來不在信件中註明日期，這十三封信件全都沒提到日期、月份與年份。其次，這些信件只記錄半邊的對話。起初那些寫給史樂迪，請求他指點迷津的那些信件並沒有保存下來。結果，唯一能夠彌補史樂迪這些信件的缺憾的方法就是，根據史樂迪的回覆重新建構當事人遭遇的婚姻難題。

　　每封信書寫的時間都不一樣，收信人的背景各不相同，信中談論的問題也各異。例如，史樂迪曾在1985年寫信給維琴尼亞的保羅和莎麗，因為他們婚後不久就遭遇房事問題。史樂迪曾在1990年寫信給澳洲的葉特羅和瑪蒂達，因為他們當時正面臨親子問題。史樂迪曾在1995年寫信給一位住在墨西哥的太太，因為她正面對中年危機。不幸的是，費丁無法得知這些信件是何時寫的。

　　請注意：二十年——十三封信——全都是在不同時間寫給不同背景的不同對象，他們面對各不相同的問題。

費丁想要按照時序安排這些信件，但信裡沒有日期，他一籌莫展。於是，費丁就按照信件內容的長短排序，也就是說，他把史樂迪寫的最長一封信排在最前面，把次長的一封排在其後，他把第三長的那封排在第三，排在最後的那封就是史樂迪所寫最短的一封信。這十三封信不是按照時間先後，而是按照內容的長短排序的。

這本書就這樣出版發行，而且一夜間就成為暢銷書。

一百年後，費丁編纂的《史樂迪書信集》(*The Collected Works of Marvin Snurdly*) 經得住時間的考驗，這本書依舊暢銷。又過了一百年，這本書已經傳遍整個西方世界。

這本書被翻譯成數十種文字，各種立場的婚姻諮商師紛紛引用它，大學的社會學課程也採用它為教科書。既然這本書已經被廣泛使用，因此有些人自作聰明的想辦法稍做改變，好讓讀者更便於檢索與翻閱這本書。他們想到的是什麼方法呢？就是把史樂迪的信件細分為章與節。於是，《史樂迪書信集》就被細分為章與節。

但這些原本活潑的信件在增添章與節後，就產生一些微妙而鮮為人知的變化，這些信件失去原本溫暖的人情味，就此被視為冰冷的手冊。

各式各樣的社會學家開始撰寫探討婚姻與家庭的書籍。他們的主要資料來源《史樂迪書信集》，隨便拿起一本二十世紀探討婚姻的書籍，就會看到作者不停引用史樂迪書信裡的章節。

這些書籍通常看起來會是這樣：在闡釋某特定論點的時候，作者會從史樂迪寫給保羅和莎麗的信中擷取一段話，然後作者會從寫給葉特羅和瑪蒂達的信引用一段話，再從另一封信中擷取一段話。接著會把這三段話拼湊在一起，最後就根據這一切建立作者自己獨特的婚姻哲學。

幾乎所有由社會學家和婚姻諮商師寫的婚姻輔導書籍都如出一轍。然而，諷刺的是：這些作家的觀點都互相衝突，但是他們引用的都是同樣的資料！

還不只這樣。史樂迪原本生動活潑的信件，不僅被轉變成冰冷的屍體，那些寫給現實中真實人物的溫暖書信，在某些居心叵測的人操作下竟然變成殺人利器。不少婚姻專家開始斷章取義的引用史樂迪的書信，

對那些不認同他們婚姻哲學的人發動一波波攻訐。

這怎麼可能？既然這些社會學家都採用同樣的資料，怎麼可能互相矛盾？這一切都是因為那些書信都被抽離原本的歷史背景。每封書信的歷史根源都被硬生生的斬斷，而跟現實情境完全脫節。

換句話說，史樂迪的書信已經被轉變成一連串單獨、孤立、片段的句子——因此任何人都可以從每封信各抽出一句話，把它們拼湊在一起，然後就可以編織出一套他們自己的婚姻哲學。這難道不是很精彩的故事嗎？嗯，重點就是下面這句話。不論你是否已經發現，這就是我們對待新約的方式！

保羅書信的順序

新約聖經的內容，大部分都是使徒保羅所寫的書信；事實上，三分之二的新約都是他寫的。這十三封書信是他在大約二十年的期間寫下的，其中九封信是在不同時間，寫給文化環境不同，又面對不同問題的教會。另四封是寫給個別的基督徒，那些收信人同樣是在不同的時間處理不同的問題。

要注意的是：二十年——十三封信——全都是在不同時間寫給置身不同文化的不同人士，他們當時正面對不同的問題。[4]

二世紀初時，某個人開始收集保羅的書信，然後編成書籍。這本書的專用術語就是「經典」（canon）。[5]學者把這本彙編稱為「保羅經典」（Pauline canon）。新約主要就是以這本彙編為基礎，然後添加幾封書信在後面，並把四福音書和《使徒行傳》放在前面，而《啟示錄》則被安插在書末。當時沒有人知道保羅書信的寫作時間。

即使知道，也無關緊要，因為當時還沒有按照字母或時序編排的慣

---

[4] 見 Donald Guthrie 的 *New Testament Introduction*, revised edition (Downers Grove, IL: InterVarsity Press, 1990)。關於聖經來源的詳細探討，見 *Christian History* 13, no. 3，以及 Ronald Youngblood, "The Process: How We Got Our Bible, " *Christianity Today* (February 5, 1988), 23–38。

[5] Bruce, *Paul: Apostle of the Heart Set Free*, 465。學者把保羅的經典稱為「保羅書信集」（Pauline corpus）。關於新約經典的歷史，見 F. F. Bruce, *The Canon of Scripture*（Downers Grove, IL: InterVarsity Press, 1988），第 8–23 章。

例。初代的希臘—羅馬世界編排文學作品的方法就是按照內容長短排序。[6]

不妨看看新約聖經的編排方式，是怎麼安排的呢？首先是保羅書信中最長的一卷，[7]那就是《羅馬書》；《哥林多前書》是次長的書信，因此緊跟在《羅馬書》後面；《哥林多後書》是第三長的書信。我們手邊的新約聖經就是按照這個模式編排的，而最後一卷就是簡短的《腓利門書》。[8]

1864年時，伯納德（Thomas D. Bernard）在班普頓（Bampton）講座中發表一系列演講。這些演講在1872年被收納在名為《新約教義的演進》（*The Progress of Doctrine in the New Testament*）一書中出版。伯納德在書中主張，目前新約聖經中保羅書信的編排順序是上帝啟示與喜悅的。這本書普受十九世紀與二十世紀聖經教師的喜愛，結果，幾乎每一本十九世紀與二十世紀所寫的神學教科書、解經教科書以及釋經書都以目前這種混亂的次序為範本，這使我們無法一窺新約聖經的全貌。

正典批判（Canonical criticism）是神學上的重要環節，也就是從整體的觀點研究正典，勾勒出聖經神學的全貌。現今亟需的是一套確實按照新約教會發展過程建構的神學，而不是按照目前這些編排錯誤的正典建構的神學。

下面就是讀者手邊新約聖經的順序，這些書信是按照內容由長到短排序的：

羅馬書

哥林多前書

哥林多後書

加拉太書

---

[6] Jerome Murphy-O'Connor, *Paul the Letter-Writer* (Collegeville, MN: The Liturgical Press, 1995), 121, 120。這就是所謂 stichometry（散文分行法）。

[7] 關於保羅經典順序的詳細討論，見 Murphy-O'Connor, *Paul the Letter-Writer*, ch. 3。

[8]《希伯來書》似乎不是保羅寫的，因此沒有被歸類為保羅書信集。

以弗所書[9]
腓立比書
歌羅西書
帖撒羅尼迦前書
帖撒羅尼迦後書
提摩太前書
提摩太後書
提多書
腓利門書

那麼這些書信的正確順序應該為何？
下面就是目前最頂尖學者編排出的順序：[10]
加拉太書
帖撒羅尼迦前書
帖撒羅尼迦後書
哥林多前書
哥林多後書
羅馬書
歌羅西書
腓利門書
以弗所書
腓立比書
提摩太前書
提多書
提摩太後書

---

[9]《以弗所書》其實比《加拉太書》長一點點，但因為文士的筆誤而顛倒順序。因為它們的長度僅有毫釐之差，所以不足為怪（Murphy-O'Connor, *Paul the Letter-Writer*, 124）。

[10] 見 Guthrie, *New Testament Introduction*, revised edition; F. F. Bruce, *The Letters of Paul: An Expanded Paraphrase* (Grand Rapids: Eerdmans, 1965); F. F. Bruce, *Paul: Apostle of the Heart Set Free*。

聖經章節的由來

1227年時，巴黎大學一位名叫藍頓（Stephen Langton）的教授為聖經所有書卷分章。然後，1551年時，一位叫做斯提帆納斯（Robert Stephanus；有時亦稱Robert Estienne）的印刷業者為整部新約每一個句子逐一編號。[11]

按照斯提帆納斯兒子的說法，他父親首創分節的用意不是要讓經文的意思更容易明白。斯提帆納斯並沒有採用前後一貫的方法，他是在從巴黎返回里昂的路上，坐在馬背上按照藍頓的分章進一步為整部新約分節。[12]

聖經的章節就是這樣在1551年被編排出來的。[13]從那時開始，上帝的百姓就用剪剪貼貼的方式撕裂聖經，從不同書信中抽取一兩段句子，然後不顧它們各自的現實背景，把它們拼湊成一套自圓其說的教義，還美其名為「上帝的話語」。

神學院與聖經學院的學生幾乎不曾按照新約書卷的時間順序，一窺初代教會完整的自然發展過程。[14]結果，多數基督徒對新約聖經中，每封書信的社會背景與歷史背景幾乎一無所知。他們反而把新約聖經當作一本證明自己教義無誤的工具書，而把聖經支解為斷簡殘編，確實能讓這種作法事半功倍。

---

[11] Norman Geisler and William Nix, *A General Introduction of the Bible: Revised and Expanded* (Chicago: Moody Press, 1986), 340–341, 451; Bruce Metzger and Michael Coogan, *The Oxford Companion to the Bible* (New York: Oxford University Press, 1993), 79.

[12] H. von Soden, *Die Schriften des Newen Testamentes* (Gottingen, Germany: Vandenhoek, 1912), 1, 484; Connolly, *The Indestructible Book*, 154。一位聖經學者對斯提帆那斯（Stephanus）區分新約聖經章節的方式有如下評論：「我想如果他跪在衣櫥裡的話，就會把章節劃分得更好。」

[13] 希伯來文聖經（譯註：舊約）是在1571年分節的。貝薩（Theodore Beza）按照斯提帆那斯的方法為他編輯的公認經文（Textus Receptus, 1565）分節，此舉讓它們得以享有今日的卓越地位。Kurt Galling, ed., *Die Religion in der Geschichte und der Gegenwart*, 3rd ed (Tubingen, Germany: J. C. B. Mohr, 1957), 3:114。

[14] 許多神學院與聖經學院都把初代教會的發展併入「教會歷史」課程，而新約書卷併入「新約研究」課程。讓我們覺得這兩個議題似乎沒有任何關聯。如果讀者心中對此說有所疑惑的話，不妨試試，在下次遇到任何一位神學生（或者神學院畢業生）時，請他按照時間順序，敘述從保羅寫作《加拉太書》開始，到他寫作《羅馬書》這段期間發生的所有事件。

基督徒研讀聖經的方法

歷來基督徒研讀聖經的方法有八種：

➤ 找尋讓你感動的經文。找到經文後，就可以用螢光筆註記、背誦、默想這段經文，甚至把它貼在冰箱門上。

➤ 找尋上帝應許的經文，這樣就可以藉著信心宣告，然後要求上帝成全你所求的一切。

➤ 找尋上帝命令你要遵循的經文。

➤ 找尋在面對試探時，可以斥退或者抵擋魔鬼的經文。

➤ 找尋支持你認同的教義的經文，這樣就可以把神學上跟自己敵對的陣營打得抱頭鼠竄（由於斷章取義的濫用，在蒼茫的基督教領域，似乎只要引用幾處零散、斷章取義的經節就能夠論定任何議題）。

➤ 找尋能夠掌控或者糾正其他人的經文。

➤ 找尋能夠編織出一篇精彩講章的經文（目前許多講員和教師都樂此不疲）。

➤ 有時候閉上雙眼，然後隨意翻開聖經，把手指按在頁面上，閱讀指尖下的那段經文，然後把它當作是上帝對你親口說的「話語」。

再看一次上面的清單，你採用的是哪一種方法？再看一遍：要注意每一種方法都非常個人化，這些方法全都是以你這單獨一個基督徒為中心。每種方法都忘記了，大部分的新約書卷都是寫給一群人（教會），而不是個人。

但是，還不只如此，上述每種方法都是以個別經文為基礎，每一種方法都把新約聖經當做操作手冊，而讓我們無法瞭解其中真正的信息。無怪乎，我們都會對支薪的牧師、主日早晨崇拜的程序、證道、教堂、神職的服裝、詩班、敬拜團、神學院以及消極的祭司國度都點頭表示認同，而且毫無異議。

一直以來，我們都被教導要把聖經當做拼圖遊戲一樣看待。我們當中許多人從來不知道保羅、彼得、雅各、約翰以及猶大所寫的那些書信

的完整背景。我們知道的只是章節，而不是歷史背景。[15]

例如，你可知道保羅寫信給加拉太教會的緣由？在點頭表示認同之前，你是否可以馬上回答下面這些問題：誰是加拉太人？他們遭遇那些難題？保羅是何時寫信給他們的，原因？保羅在寫信給加拉太人之前發生過什麼事情？他是在哪裡寫這封信的？促使他寫信的動機為何？可以從《使徒行傳》什麼地方找到這書信的歷史背景？所有這些背景資料都是我們在認識新約聖經過程中，不可或缺的環節。欠缺這一切我們就無法清楚正確的瞭解聖經。[16]

一位學者這麼說：「新約聖經中的保羅書信，大致上是按照長短排序的。一旦我們按照時間順序重新排序，盡可能符合《使徒行傳》所記錄的現實情況，它們就越發彌足珍貴；它們變得不言自明，遠遠比我們在不瞭解這些背景的時候更加清晰明確。」[17]

另一位作家寫道：「如果要避免讓編輯〔新約聖經〕的方式成為讀者認識新約聖經的攔阻，就必須瞭解到，此時應該從經文中移除章節的標記，並把它們挪到書頁空白處的角落。在印製經文時，所有努力都應該集中在突顯作者當初的寫作單元。」[18]

我們不妨把這些研讀新約的方法稱為「剪貼法」（clipboard approach）。如果讀者熟悉電腦的話，就知道剪貼的作用。文書處理軟體，可以讓讀者透過剪貼簿剪貼一段文字，剪貼簿能夠讓使用者從一份文件剪下一節文字，然後貼到另一份文件上。

牧師、神學生以及平信徒在研讀聖經時，都已經深受剪貼法的荼毒。這就是我們認為自己這種人為、閉塞的傳統合乎聖經教導的原因；這就是儘管我們經常翻閱新約聖經，卻始終無法瞭解初代教會的樣式的原因，我們只看到枝枝節節的經文，卻看不到聖經的全貌。

這個方法依舊盛行在現代，不只制度化教會，連家庭教會也免不

---

[15] 我們當中有些人曾稍微學習過一些聖經的歷史背景。但不足以讓我們深入研究，進而認識整個歷史背景。

[16] F. F. Bruce, ed., *The New International Bible Commentary* (Grand Rapids: Zondervan, 1979), 1095.

[17] G. C. D. Howley in "The Letters of Paul," *New International Bible Commentary*, 1095.

[18] von Soden, *Die Schriften des Newen Testamentes*, 482.

了。讓我舉另一個例子說明任何人都會輕易陷入其中，以及隨之而來的後果。

喬伊的家教會

喬伊的家教會自小在制度化教會長大。過去十年來，他一直心存不滿，然而，他對上帝非常敬虔，並真心期望為主所用。

喬伊在閱讀一本探討家庭教會的書籍後，內心感到惴惴不安。結果他學習到一些非常奇妙的功課，主要就是，新約聖經裡面沒有隻字片語提到當代牧師、沒有提到教堂、沒有支薪的神職人員而且教會的聚會是開放給所有人參與。

這些新發現憾動喬伊的世界，甚至讓他離開制度化教會（順便一提，牧師氣炸了）。要知道，喬伊所犯的錯誤就是跟教會中其他人分享這些「偉大的啟示」。牧師在風聞這件事後，喬伊就成為牧師的箭靶，並且被稱為異端。

喬伊在內心的創傷平復後，拿起自己的新約聖經，卻沒想到那種剪貼讀經法依舊深植在他腦海中，他的思想始終沒有擺脫「剪貼心態」。他就跟多數基督徒一樣，傻呼呼的對此毫無所覺。

喬伊開始探索建立新約教會的各種要素。他因此開始尋求上帝的旨意，方法就跟多數受過調教的基督徒一樣，他從新約裡面精挑細選一些經文，毫不在乎經文的社會背景與歷史背景。

喬伊在無意中翻到《馬太福音》十八章20節：「因為無論在哪裡，有兩三個人奉我的名聚會，那裡就有我在他們中間。」喬伊繼續讀下去，接著在《使徒行傳》二章46節看到初代基督徒固定「在家中擘餅」，喬伊頓時得到啟示：「我只要開放自己的家，然後邀請兩三個人來聚會，水到渠成！我這樣就能建立一個新約教會！」

於是，喬伊就在隔周的星期日開放自己的家，然後根據新約的教導（他自以為如此）開始成立一個「家庭教會」。不久，他又得到一個啟示：「我跟保羅一樣是植堂者，就跟他一樣成立一個家庭教會。」喬伊並不知道他只是罔顧歷史背景的從兩份文件裡面各挑選一段文字，然後

把它們拼湊在一起，接著就跟著照做，此舉其實毫無聖經根據。

《馬太福音》十八章20節並不是建立教會的藍圖。那段經文所說的是一場教會的懲戒會議！《使徒行傳》二章46節只是在敘述初代基督徒所做的事情。是的，初代基督徒是在住家聚會，而且我們現在也鼓勵眾人在家中聚會。[19] 但開放自己的家庭，然後邀請人前來聚會，並不算是成立教會，這也不會讓屋主成為植堂者。

初代的教會建立在血與汗的代價之上，那些建立教會的人並不是在脫離星期六聚會的猶太會堂後，決定他們要在星期日成立家庭教會。新約聖經中每一個參與拓植教會的人，起初都只不過是現存教會中的一般成員，接著在經過許多艱辛的歷練，而整個教會也都非常認識他之後，得到眾人的認可，於是在經過教會同意後，奉差遣出去植堂，這就是貫穿整個新約的模式。[20]

你大可以引用經文支持任何觀點，但要按照新約原則建立教會，遠比開放自己的家，然後邀請人坐在舒適的沙發上，一邊喝飲料吃點心一邊暢談聖經，要困難的多。

到底所謂新約模式的教會指的是什麼？那就是一群知道如何經歷耶穌基督，並能在沒有人為機制的聚會中表達祂旨意的人。這種群體能夠在植堂者離開他們後，繼續活潑的運作猶如一體（這不意味著植堂者一去不返，許多時候教會還是需要他們的幫助。但植堂者在建立教會後，就應該放手而離多聚少）。

建立新約模式教會的植堂者離開時，並沒有為教會安排牧師、長老、音樂傳道、聖經輔導或者聖經教師。如果植堂者非常稱職的話，教會的信徒就會知道如何在聚會中，察覺並聽從元首耶穌基督活潑真實的帶領。他們會懂得讓祂在無形中帶領他們的聚會，他們會帶來自己的詩歌，他們會寫出自己的詩歌，他們會按照基督的吩咐服事，這一切完全不需要屬世的領袖！這不是空口說白話，我（法蘭克）一向都跟這樣的

---

[19] 見 Viola, *Reimagining Church*。
[20] 見 Viola, *Finding Organic Church?*

教會配搭服事。

　　裝備肢體要比開放你的家，然後說「我們一起來查經」要艱辛許多。

　　讓我們再回到前面這故事。喬伊現在已經成立了一個他心目中的新約教會。所有小組跟喬伊的小組一樣都會面臨領袖人選的問題，喬伊是怎麼解決的呢？他精挑細選出關於領袖的經文，然後仔細閱讀。他的目光停留在《使徒行傳》十四章23節：「二人〔保羅和巴拿巴〕在各教會中選立了長老。」喬伊又得到啟示！他心想，上帝的話語表示，每個新約教會都要設立長老。因此，家庭教會也需要長老！（僅僅在喬伊開放自己的家庭後兩星期，就想到這件事。）

　　在斷章取義的解讀那節經文後，喬伊就任命幾位長老（順便一提，喬伊自己也是長老之一）。

　　《使徒行傳》的歷史背景是什麼？保羅和巴拿巴這兩個植堂者接受安提阿母會的差派出去宣教。在接受差派前，兩個人已經以會友而非領袖的身分熟知教會生活的一切（巴拿巴的母會在耶路撒冷，保羅的母會在安提阿）。

　　《使徒行傳》十四章23節所敘述的是，這兩個植堂者被差派出去之後所遭遇各種事情中的一件。當時他們在加拉太南部，剛建立四個教會，現在他們正回頭拜訪那些已經建立了六個月到一年的教會。保羅和巴拿巴回到加拉太拜訪各個教會，並且在每個教會「選立了長老」。[21]

　　喬伊在解讀這節經文的時候，犯了一個更容易輕忽的錯誤。這節經文說的是，保羅和巴拿巴在每個教會選立長老，喬伊以為這是指每個真正的教會都應該有長老，然而這處經文卻不是這麼說的。這節經文指的是，初代時在加拉太南部發生的事情，「各教會」指的是主後49年南加拉太地區的每個教會！[22]路加所說的是保羅和巴拿巴剛建立的四個教會。你看得出來一旦我們不顧歷史背景，而斷章取義解讀經文就會遭遇

---

[21] 見 Viola, *Reimagining Church*。
[22] 就我們所知，敘利亞的安提阿教會與哥林多教會都沒有長老。

的難題嗎？

　　事實上，喬伊的家教會已經完全偏離聖經。首先，他不是巡迴的植堂者（那些是在初代選立長老的人）。其次，他的教會還太年輕不能有長老。就耶路撒冷教會來說，至少要十四年的時間才培育出長老。但喬伊的家教會憑著自己挑出的經文，就一廂情願的認為自己「在聖經上站得住腳」。

　　後來，奉獻問題浮上枱面。於是，喬伊想起《哥林多前書》十六章2節：「每逢七日的第一日，各人要照自己的進項抽出來留著。」喬伊根據這節經文規定，在他家中聚會的家庭教會每個人都要在主日早晨為教會基金奉獻。

　　喬伊又一次斷章取義的引用經文，並隨之建立慣例。《哥林多前書》十六章2節所說的是單獨一次的奉獻。這封書信大約是主後55年在哥林多寫的，當時保羅正向他所建立的外邦人教會募款。保羅心中的想法是：他想要把這筆款項帶給耶路撒冷教會，救濟那些境況非常窘迫的弟兄姊妹。保羅對哥林多教會說的是：「附帶一提，我希望到你們那裡去的時候，捐給耶路撒冷的款項已經收齊了。因此，你們是不是從現在開始每個主日早上聚會時，就慢慢拿出一部分收入捐給救災基金？」因此，《哥林多前書》十六章2節跟每個主日早上行禮如儀的收取奉獻，根本無關。[23]

　　接著，喬伊的家教會開始討論教會的使命宣言，喬伊當然會根據他精挑細選的經文訂出方針，他這次引用的是《馬太福音》二十八章19節：「所以，你們要去，使萬民作我的門徒。」他又串珠到《馬可福音》十六章15節：「你們往普天下去，傳福音給萬民聽。」接著就是《使徒行傳》五章42節：「他們……不住地教訓人，傳耶穌是基督。」

　　喬伊在心裡想著：我們的使命就是傳福音，這就是我們存在的目的。如果上帝不要我們傳福音的話，祂在我們得救後，就直接帶我們回

---

[23] 儘管我們非常贊成為固定收取奉獻滿足教會的需要（可不是為了牧師的薪水或建堂），但不可以這節經文為憑據，建立主日早晨一定要收取奉獻的規矩。

天家了！因此，我們一息尚存的目的，也就是我們成立家庭教會的唯一目的就是：傳福音。這就是新約聖經的旨意。我才剛讀到的。如果我們不固定傳福音，就會得罪上帝！

喬伊的家教會再次斷章取義的引用三處經文。《馬太福音》二十八章19節和《馬可福音》十六章15節所說的是耶穌差派祂的使徒，而《使徒行傳》五章42節所說的是，這些使徒正在傳福音。希臘原文中，「大使命」的意思是：「在你們前往的路上……」因此，這是一個預言（having gone；譯註：未來完成式），而不是命令（Go）。[24]主耶穌不是命令使徒「去」。祂是在告訴他們，他們將來會去，這具有非凡珍貴的意義。

初代基督徒跟今日的基督徒不一樣，他們跟人分享基督不是因為內心的罪惡感、接受到的命令或者職責所在。他們跟人分享基督是因為祂為他們犧牲一切，因此他們不由自主的樂於跟人分享基督！這是自動自發、真情流露的事情——出於生命而不是罪惡。

喬伊對教會使命的想法一直深受兩件事情的左右：十九世紀的復興運動（見第三章），以及剪貼式讀經法。

剪貼式讀經法的後果

且讓我們回頭分析喬伊的故事。喬伊對新約聖經始終不求甚解，他的動機純正嗎？純正。他渴望事奉上帝嗎？渴望。但這能讓他免於誤解聖經嗎？不能。

他查考新約聖經的方式跟我們相去不遠，那就是帶著剪刀和膠水，隨時準備剪剪貼貼，然後拼湊出合乎自己心意的教義與慣例。

剪貼式讀經會導致嚴重的後果，造成許許多多在聖經上根本站不住腳的現代教會，（我們所指的就是目前的制度化教會）。更甚的是，這也產生出許多死板、單調又沉悶的機械式「家庭教會」。

---

[24] Kenneth S. Wuest, *The New Testament: An Expanded Translation* (Grand Rapids: Eerdmans, 1961).

　　回想一下以西結看到的枯骨平原異象（見結三十七章）。上帝把以西結帶到一處遍滿骨骸的平原，然後上帝充滿生氣又活潑的話語，吹進那些枯骨，讓他們得以復活。聖經說，骨與骨互相聯絡。骸骨上生出筋與肉來。接著，當上帝的氣息像一陣疾風進入他們裡面後，那些枯骨就成為一支強大的軍隊。

　　許多當代家庭教會的「植堂者」可說是帶著膠水、針線，又拿著幾節新約經文，就前往枯骨平原。他們用針線把肉縫到筋上面，然後往後退一步，說：「看哪，這就是按照新約聖經建立的新約教會。我們有長老，我們在住家聚會，我們沒有聘請神職人員，我們不但每主日都收奉獻而且會傳福音。」

　　但是，沒有任何疾風吹來！

　　耶穌基督的教會不是憑空而起的，不是拼湊出來的。我們無法從新約的經文中歸納出教會的藍圖與模式，然後機械式的複製。耶穌基督的教會是一個充滿活力的生命體！

　　教會有自己的生命；因此，教會是繁衍出來的。仔細觀察初代教會繁衍的過程能讓我們受益良多。我相信聖經就是這方面的恆久原則。新約聖經裡面提到的教會，總共約三十五間。

　　其中每一間教會，若不是由單單傳講基督的植堂者開拓的，就是得到他們的大力幫助，沒有任何例外。教會的興起就是使徒傳揚耶穌基督結出的果實。

　　支持這個原則的經文，遠多過支持教會在住家聚會的經文，也遠多過支持開放式參與聚會的經文，更遠多過支持在主日早晨收取奉獻的經文。《使徒行傳》所記載的就是來自外地的基督工人（extra-local workers），在猶太、南加拉太、馬其頓、亞該亞、小亞西亞以及羅馬等地建立教堂的事蹟。新約書信就是使徒寫給遭遇危機的教會、個人、以及一些接受事工培訓信徒的信件。外來植堂者原則可說是整部新約聖經的主軸。[25]

---

[25] 欲瞭解這個原則在聖經中逐漸發展的過程，見 Viola, *The Untold Story of the New Testament Church*。

正如前面所說，支持這種作法的經文遠多過當代教會用以支持包括聘牧在內所有不合乎聖經作法的經文。由外地基督徒建立教會並幫助信徒的模式，瀰漫整部新約聖經，而且這種作法深深扎根於上帝建立的原則。[26]

腳踏實地的補救之道

那麼，什麼是剪貼式讀經的解藥？要如何才能讓我們在這個世代活潑的表達出基督的身體？解藥的第一步就是瞭解我們手邊的新約聖經。

我們已經被調教到習慣用顯微鏡觀察新約聖經，然後從經節中找尋初代基督徒的行為模式。我們必須徹底放棄這種心態，退回原點，然後從嶄新的角度認識聖經。我們必須從頭到尾瞭解整個過程，我們需要瞭解整部新約聖經的全貌，而不是只注意細節。

當代最偉大的學者之一布魯斯（F. F. Bruce）曾一針見血的表示，閱讀保羅書信就像是在電話的一端聽兩個人的對話。[27]感謝聖經學者近來的努力，我們現在可以重新建構初代教會的整個故事，換句話說，我們可以聽到另一端的對話！法蘭克所寫的 *The Untold Story of the New Testament Church* 重建雙方的對話，流暢的勾勒出初代教會的故事。

一旦瞭解初代教會的故事，就能一勞永逸的擺脫剪貼式讀經法。認識這個故事就能明白上帝祂自己設立、並貫徹整部新約聖經的屬靈原則。我們不斷跟這些原則失之交臂，就是我們讀經的方法錯誤，加上保羅書信不是按照時序編排所造成的結果。

我們在瞭解整個故事後，就必須讓我們挑出的那些經文復歸原位。我們不能繼續斷章取義的引用經文，然後說：「看，這就是我們應該做的。」許多我們這些基督徒經常掛在嘴邊的經文不應該再任由我們擺佈。更重要的是，用這種方式讀經能讓我們清楚認識，初代基督徒在忠心跟隨主耶穌並效法祂的樣式時，所過的是一種多麼熱情與團結的生

---

[26] 見 Viola, *Finding Organic Church?* 此書詳盡討論初代建立教會的四種方法，以及主導這一切的屬靈原則。
[27] F. F. Bruce, *Answers to Questions* (Grand Rapids: Zondervan, 1972), 93.

活。而那是什麼樣的熱情呢？這就是本書最後一章所要探討的問題。

☑答客問

1. 你的意思是說，不論個人讀經還是為教導專題備課，只要是主題式研經都不妥當嗎？或者你認為，只要基督徒花時間瞭解聖經的全貌，就可以避免斷章取義？

　　研經時，如果按照「主題」而不顧歷史背景的挑選經文，很容易讓人誤入歧途。因此，最好的方法就是從聖經裡的敘事體著手，從整個故事的發展瞭解經文的歷史背景。一旦根基穩固，主題研經就會帶來莫大益處。

2.「有機教會」是「家庭教會」的同義語嗎？如果不是的話，二者有何區別？

　　不，二者不是同義語。部分家庭教會是有機的，其他則否。現在有許多家庭教會只是進階版的查經班，許多其他家庭教會都是吃吃喝喝（整個聚會以會餐為主，沒有別的）。有些家庭教會已經跟制度化的傳統教會沒有兩樣——客廳擺著一張講台，椅子排成一列列的，讓參加的人可以好好聽一場45分鐘證道。

　　有機教會的生活屬於草根形式，特色就是親密的人際關係、每個人都有其職責、開放參與式的聚會、非階層式的領導，並高舉耶穌基督為一切的核心，祂就是整個團體的實際領導者與元首。換句話說，有機教會的生命就是基督身體的「經歷」，其最純粹的形式可說是，人類在地上經歷與三一神的團契。

3. 什麼是健全的有機教會的特徵？什麼是不健全的有機教會的跡象？

健全的有機教會的部分特徵是：
➤ 弟兄姊妹緊密的凝聚成一個以基督為中心的團體
➤ 每一個成員的生命都得到轉變
➤ 聚會能夠彰顯耶穌基督，而且每一個成員都能發揮作用並參與分享
➤ 團體生活不但充滿活力與朝氣，而且彼此相愛的心都不斷增長
➤ 這群基督徒雖然全心全意事奉主，但他們的生活型態既不會過於拘謹也不會過於放縱
不健全的有機教會透露出類似使徒保羅筆下哥林多教會的問題：
➤ 濫用上帝的恩典而沉溺罪中
➤ 抱持著派系之見以及高人一等的態度
➤ 跟其他肢體相處時，以自我為中心
既然有機教會是一個人際社群，他們也會經歷基督徒親近相處時所遭遇的各種問題，這些問題已經在保羅書信中得到解決。健全的教會不但能夠解決這些問題，而且在經歷這一切後變得更堅強。不健全的教會通常因為無法解決這些問題而就此銷聲匿跡。

第 *12* 章

再看救主一眼：革命家耶穌

「真正的激進份子必定來自草根。套句我說過的話：『對革命家要推翻的體制來說，他是「外來者」：確實，他必須來自圈外。但激進份子要深入自己傳統的根源。他必須熱愛它：他必須為耶路撒冷哭泣，即使他不得不宣布它必然遭劫難也一樣。』」

—— 羅賓森（John A. T. Robinson），二十世紀英國新約學者

「如果基督教要恢復生氣，就必須在現行的各種方法外，另起爐灶。如果本〔二十〕世紀後半的教會要從前半世紀遭受的傷害中復原，就必須要有一批新型態的傳道人。那些中規中矩的會堂領袖式傳道人絕對行不通。那些盡忠職守、按時領薪又不多事的祭司型傳道人，以及那些滿口甜言蜜語，能讓任何人都喜歡上教會的牧師型傳道人也都不行。所有這些都已經嘗試過了，但依舊回天乏術。我們當中必須興起另一種宗教領袖。他必須是古老的先知型人物，要能夠識透上帝的異象，與聆聽發自寶座的聲音。他來的時候（我祈禱上帝不會只有一位而是許許多多）將跟我們這個愚昧安逸的社會視為珍寶的一切形成正面對決。他將奉上帝的名，貶抑、斥責與對抗這個世界，並遭到大多數基督徒的恨惡與排斥。」

—— 陶恕（A. W. Tozer），二十世紀美國傳道人與作家

耶穌基督不只是救主、彌賽亞、先知、祭司與君王，祂還是革命家。然而，沒有幾個基督徒認識祂這個身分。本書的部分讀者顯然難以

接受這個想法：你對當代教會的看法為何那麼負面？耶穌是不會斤斤計較的。我們的主不會對教會說長論短。我們還是把心思放在積極面，而不要注意消極面！

這種情緒充分顯示出我們不瞭解基督其實是革命的導師——激進的先知——煽動人心的傳道人——異議人士——掃除偶像的人——以及宗教體制的堅決反對者。

即使這樣，我們的主對屬祂的子民既不苛求也不嚴責。祂充滿憐憫與恩典，並深愛自己的百姓。不過，這正是祂會為祂的新婦心生嫉妒的原因，而且這就是祂絕對不會對桎梏祂百姓的頑固傳統示弱的原因。此外，祂也不會忽視我們對祂迫切的渴慕。

想一想我們的主在世時的生活。

耶穌從來不曾煽動群眾或者大聲咆哮（太十二19–20）。但祂經常對抗文士與法利賽人的傳統，而且這不是祂一時衝動之舉，乃是深思熟慮的結果。法利賽人可以為捍衛自己心中認定的「真理」，而決心剷除他們不瞭解的真理，這就是「祖先的傳統」總是跟耶穌各種活動產生激烈衝突的原因。

曾經有人說：「反動份子想要改變過去；革命家想要改變未來。」耶穌基督為世界帶來劇烈的變革，改變世人對上帝的看法，改變上帝對世人的看法，改變男人對女人的看法，我們的主為舊秩序帶來劇烈的改變，用新秩序取而代之。[1] 祂帶來新的聖約——新的國度——新的生命——新的族類——新的文化——以及新的文明。[2]

閱讀四福音書的時候，要注意你的主、革命家。看看祂故意顛覆法利賽人的傳統，讓他們陷入一片驚慌錯愕的過程。耶穌曾多次在安息日

---

[1] 下面這些經文能讓我們瞭解基督的革命性格：太三10–12，十34–38；可二21–22；路十二49；約二14–17，四21–24。

[2] 耶穌基督的教會不是猶太人與外邦人的混合體。而是嶄新的人類——新造的人——超越猶太人以及外邦人（弗二15）。Ekklesia 是世界上嶄新的生命體……是具有神聖生命的族群（林前十32；林後五17；加三28；西三11）。甚至二世紀的基督徒也認為自己是「新族群」與「第三種族群」。見 Clement of Alexandria, *Stromata, or Miscellanies*, book 6, ch. 5。「我們這些以新方式敬拜上帝的人，就是第三族群，亦即基督徒」；*Epistle to Diognetus*, ch. 1，「這個新族群。」

行醫，直接違反他們的傳統。如果主耶穌想要對祂的敵人示好，那麼祂大可以等到星期日或者星期一再醫治那些人。祂明明知道在安息日行醫會激怒祂的對頭，卻故意這麼做。

　　這是根深蒂固的模式。有一次，耶穌用唾液和著泥土敷在一個盲人的眼睛上，使他復明，這種作法直接抵觸猶太人禁止在安息日用唾液和著泥土行醫的諭令！[3] 但是你的主竟然故意公開違背這個傳統，而且堅決無比。看祂在法利賽人虎視眈眈的目光下，用未曾洗淨的手進食，這又是在故意違逆他們死板的傳統。[4]

　　我們眼中的耶穌是一個不向宗教勢力屈服的人，一個鼓吹革命的人，一個不容忍偽善的人，一個勇敢對抗那些企圖抹滅祂為讓世人擺脫捆綁得自由之福音的人，一個不怕激怒祂的敵人下重手發動攻勢的人。

　　這一切的意義何在？那就是：耶穌基督不僅僅是拯救祂百姓脫離罪惡捆綁的彌賽亞——上帝的受膏者——而已。

　　祂不僅僅是那為洗淨人類的眾罪，而償付不屬於祂的罪債的救主而已。

　　祂不僅僅是那撫慰受害者並懲治加害者的先知而已。

　　祂不僅僅是那勝過一切勢力、皇族與強權的君王而已。

　　祂也是那為帶來新皮囊而毀棄舊皮囊的革命家。

　　看哪，你的主，革命家！

　　大多數基督徒從來不知道耶穌基督的這個面向。然而，我們因此深信，就基督身體完成上帝的最終目標來說，揭發當代教會的錯誤佔據著非常關鍵的位置。這只不過是彰顯出我們主耶穌的革命本質，這個本質的主要作用就是讓你我貼近上帝最深層的心意，讓你我清楚認識祂永恆的旨意，也就是祂創造萬物旨意的核心。[5]

---

[3] 猶太法典米示拿（Mishnah）表示：「在安息日不可以用酒注入眼睛治療盲人。也不可以用唾液和著泥土抹在他眼睛上。」（Shabbat 108:20）。

[4] 米示拿說道：「一個人應該寧願走四英里的路到水邊洗手，也不願用沒有洗淨的手進食。」（Sotah, 4b）「不洗淨手所犯的罪跟謀殺沒有兩樣。」（Challah, J, 58:3）。

[5] 關於永恆旨意的探討，見 Viola, *From Eternity to Here*。

　　初代教會就瞭解這旨意。他們不但清楚知道上帝深愛祂的教會，他們也活出這份摯愛。這種肢體生活是什麼模樣呢？下面就是短暫的一瞥：[6]

> 初代基督徒的一切都以基督為中心。耶穌基督就是他們的命脈，祂就是他們的生命、氣息以及重心。祂是他們敬拜與頌讚的對象以及他們日常言論與思想的焦點。新約教會把主耶穌基督擺在一切事物的中心與頂點。

> 新約教會沒有固定的敬拜程序。初代基督徒的聚會是開放式參與的聚會，所有信徒都可以分享他們跟基督之間的親密關係，發揮他們的恩賜並積極互相造就。沒有任何信徒是旁觀者，所有信徒都有參與的權利也有參與的義務。這些聚會具有雙重目的，為要基督的身體互相造就，也是要藉著基督身體中所有肢體發揮各自功能而彰顯主耶穌基督。初代教會的聚會不是宗教「儀式」，乃是非正式聚會，瀰漫著自由自在的氣氛並充滿喜樂。這些聚會是專屬耶穌基督與教會的聚會；絕不是任何特定傳道人或者具有恩賜的人的舞台。

> 新約教會猶如親密的家族。雖然初代基督徒會聚在一起敬拜與彼此造就，但教會並不只是一星期聚會一兩次。新約信徒共同生活在一起，他們在固定聚會之外依舊互相照顧，他們可以說是一個真正的家庭。

> 基督教是世界上獨一無二沒有任何儀式、神職與聖堂的宗教。教會創立之初三百年，基督徒都是在自己家中聚會。有時候基督徒會在特殊日子使用比較寬敞的場地（例如所羅門的廊〔約十23；徒三11〕以及推喇奴的學房〔徒十九9〕）。但他們沒有聖堂的觀念，也不想為建築花費大筆的金錢。他們也絕對不會把任何建築物稱為「教會」或者「上帝的殿」。初代基督徒心中清楚明白，唯

---

[6] 有機教會是一個本書無法詳加討論的廣泛議題。不過，法蘭克寫的 *Reimagining Church*（Colorado Springs: David C. Cook, 2008）一書以聖經為基礎，詳盡探討新約教會各種生氣盎然的作法。

有非人手所造的才是聖堂。

➤ 新約教會沒有神職人員，絲毫沒有天主教祭司和新教牧師的概念。當時的教會有旅遊各地建立教會與餵養教會的使徒同工，但這些同工並沒有被視為特殊的神職階層。他們屬於基督身體的一部分，而且他們會**服事**眾教會（而不是反過來）。雖然每個基督徒都具有不同的恩賜與功能，但唯獨耶穌基督擁有統治祂百姓的特權，這不是屬於人的權利。領導與牧養只是諸多恩賜中的兩項，長老與牧者只是具有特定恩賜的一般基督徒，而不是特殊的職位，同時他們不能把教會的聚會視為自己的禁臠。他們只是老練的基督徒，能夠在教會遭遇危機的時候，挺身而出照顧所有肢體並監督整個群體。

➤ 新約教會的決策落在全體信徒的肩上。巡迴植堂者有時會提供訊息與意見；然而，最後還是由整個教會在元首耶穌基督的帶領下做出最終決定。教會的責任就是一起發現並遵行上帝的旨意。

➤ 新約教會是活潑的生命體，不是硬梆梆的機構，不是安插人事、籌備活動、舉行儀式以及規劃出一套由上而下或者階級嚴明的體制就算大功告成。教會是一個活潑的生命體，是孕育出來的，因此會成長，按照自己 DNA 裡面的一切發展壯大。這包括所有的恩賜、事工以及基督身體的功能。在上帝眼中，教會猶如一個美麗的女子，基督的新婦。她是天堂的殖民地，而不是人為的世俗機構。

➤ 新約教會沒有所謂什一奉獻。初代基督徒用他們的錢財幫助他們當中的窮人以及世界上的窮人。他們也資助旅遊各地的植堂者，好讓福音傳遍各地，並在其他地方興建教會。他們按照自己的能力甘心樂意的捐獻，不是因為罪咎、責任或者脅迫。他們從來不知道有所謂支薪的牧師／神職。教會裡的每一個基督徒都是祭司、傳道人以及基督身體中各有其用的肢體。

➤ 洗禮就是基督徒向世人表達自己的信心場合。初代基督徒領人信主時，會立即用水為他們施洗，見證他們的新信仰。主餐是初代

基督徒不斷向世人表達，他們對耶穌基督抱持的信心，以及他們與祂身體合一的方法。主餐是整個教會一起在喜樂與歡慶的精神與氣氛中，共同享用的全餐，它是基督身體的團契，而不是象徵性的儀式或者典禮。從來就不是由神職人員或者特定的祭司主持。

➤ 初代基督徒沒有建立任何聖經學院或者神學院訓練同工。基督徒同工是由年長的基督徒同工，在現實的教會生活中培養訓練出來的，他們是「邊做邊學」。耶穌在教導十二使徒時，已經為這種「邊做邊學」的模式樹立起榜樣，保羅在以弗所訓練年輕的外邦信徒時，就已經效法這種作法。

➤ 初代基督徒沒有自我分化為各種宗派，他們知道自己在基督裡是合一的，而且在每座城市都這麼公開表示，在他們心目中，每座城市只有一個教會（即使他們可能都在同一地方，卻分別在不同住家中聚會也一樣）。如果你是初代的基督徒，你就屬於那獨一無二的教會。在靈裡的合一毫無動搖的餘地，凡是互相結黨（「我是屬保羅的」，「我是屬彼得的」，「我是屬亞波羅的」）都一律被視為派系之爭與分化（見林前一12）。

我們相信上面這些就是上帝為每個教會所定的旨意的一部分。事實上，我們寫作這本書只有一個用意：讓基督在祂的教會中成為一切的中心、至高無上的元首。幸而，越來越多的革新之士都抱有同樣異象，他們瞭解目前的當務之急就是在基督教內部發動一場革新——徹底掃除那些抵觸聖經原則的基督教習俗。我們必須在正確的基礎上重新建立一切。除此之外，都是徒勞。

因此，我們對此書讀者有三個期望。首先，我們期望讀者會開始對自己目前所認識的教會產生疑問：其中有多少成分真正合乎聖經教導？有多少成分能真正彰顯出耶穌基督的元首地位？又有多少空間能讓祂身體各個肢體自由發揮的空間？其次，我們期望讀者會跟自己認識的每個基督徒分享這本書，讓他們也能夠接受其中信息的衝擊。最後，我們期望讀者會認真為自己能對這些信息做出合宜的回應而禱告。

如果你是這位拿撒勒革命家，那位把祂的斧子放在根上的激進彌賽

亞[7]的門徒，到最後你必定會提出一個問題。這也是主耶穌在世上時，祂的門徒所提的同樣問題，那就是：「*你的門徒為什麼犯古人的遺傳呢？*」（太十五2）。

☑答客問

1. 為什麼你們要跟教會過不去？上帝愛教會。你們這樣苛責教會讓我感到一肚子氣。

　　這個問題就是我們要用這本書揭露的問題的範例。主要就是，許多基督徒都對聖經中**教會**一詞的意思不甚瞭解。**教會**指的是上帝的百姓。更精確的說，指的是一群跟隨耶穌的人，指的不是任何制度、宗派、建築、機構或者服務。

　　我們寫這本書是因為我們非常愛教會，而且我們希望它能發揮榮耀上帝的功能。制度化教會的整個體系與架構並不符合聖經的意思。正如我們所主張，這些會阻礙上帝的百姓按照上帝的旨意運作。

　　馬丁‧路德挑戰當時的制度化教會時，觸怒許多群眾。其實，若非路德獲得腓特烈三世（Frederick the Wise）及其軍隊的支持，他可能就會為自己的信念而犧牲（就跟許多其他改教人士家一樣）。

　　現在，新教徒在回顧路德時，把他譽為英雄。路德愛上帝也愛教會，但他激烈反對周遭環境中教會的體制，認為它違背聖經，於是他鼓起勇氣如同先知一般公開表達異議（附帶一提，路德的口氣比我們更強硬。如果讀者覺得難以接受本書內容的話，不妨讀一讀路德對當時教會體制發出的嚴厲譴責）。

　　簡言之，我們寫作此書的原因就是我們愛教會，也渴望上帝的百姓

---

[7] 激進 radical 一詞衍生自拉丁文 radix，意思是「根」。因此，所謂激進人物就是追根究底的人。耶穌基督既是激進人物也是革命家。見羅賓森（John A. T. Robinson）在本章卷首引文中為這裡兩個詞彙所下的定義。

得釋放。我們衷心盼望上帝會使用此書扭轉教會未來的發展。

2. 你們表示，任何健全的有機教會每星期「聚會時，所有肢體都能發揮功能彰顯基督」。這是否意味著，每個星期聚會時，每個基督徒都要分享一些基督啟示給他／她的事情？你怎麼能確定不會有非信徒或者不清楚聖經的基督徒站起來胡言亂語？同時，一些在場的人當天早上即使沒有什麼可以分享，也可能因為出於壓力而勉強分享？

如果教會得到適當裝備，幾乎就不會發生這種問題。保羅指示聚會中某個人分享時，「其餘的就當慎思明辨」（林前十四29）就是處心積慮的要維護健全的參與式聚會。

要注意的是，教會需要經過冗長的準備才能舉行開放式聚會。這就是植堂者發揮作用的地方，他們的職責就是裝備肢體協同一致的發揮功能，這包括鼓勵較少參與的肢體更積極的投入，教導那些習慣頤指氣使的肢體收斂氣焰，這也包括教導上帝的百姓如何在日常生活中與上帝團契，好讓他們在參加聚會時能夠有所分享。

此外，我們絕不應該因為擔心聚會時有人會發表「謬論」，而把開放式參與的聚會改變為由神職人員主持的敬拜。我們就跟保羅一樣，應該相信上帝的百姓，即使有人在聚會時發表不當言語，教會也能夠運用這個機會突顯與高舉真理。最奇妙的是，只要上帝的百姓得到適當裝備，就能做得到這一點。

3. 如果基督要傳遞一個信息給當代的制度化教會（非常類似《啟示錄》二～三章祂給初代教會的信息），你認為祂會說什麼？祂會有任何褒揚之詞嗎？

這類問題的答案都純屬揣測而毫無確定性可言。既然制度化教會不是一塊巨石，因此基督會說的話顯然因教會而異。

不過，我們猜想祂說的話可能跟《啟示錄》二章和三章相去不遠，

因為這些話適用於古往今來所有基督徒。祂可能會對某些教會稱讚備至，或許祂會稱讚某些教會關心失喪的人，並且忠心的傳講福音。祂可能稱讚另些教會為寡婦、孤兒和被壓迫的人挺身而出，可能祂會稱讚某些教會忠心遵守祂的教導毫不妥協。

同時，祂可能會指出每個教會的缺點，正如祂在《啟示錄》所言。此外，祂可能會譴責那些利用各種脅迫、操弄、高壓以及恐嚇的手段指使上帝百姓的教會。祂還非常可能會斥責上帝百姓竟然逆來順受容讓別人用這種方式對待他們，正如祂曾經說過：「先知說假預言，祭司藉他們把持權柄；我的百姓也喜愛這些事，到了結局你們怎樣行呢？」（耶五31）

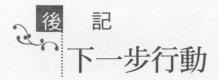

後 記
下一步行動

「眾人聽見這話，覺得扎心，就對彼得和其餘的使徒說：『弟兄們，我們當怎樣行？』」

——《使徒行傳》二章 37 節

「你們必曉得真理，真理必叫你們得以自由。」

——耶穌基督《約翰福音》八章 32 節

閱讀此書需要膽識

這不是因為閱讀此書的內容需要膽識，而是因為追隨基督的你，需要膽識才能在讀畢此書後有所作為。

基督徒在明白真理後，**能否**視若無睹？能，過去兩千年來基督徒不斷逐漸遠離上帝為教會所定的旨意就是鐵證。

我們是否**應當**遠離上帝為祂教會所定的旨意？絕不應當。我們眼前是否只需要承認過去的錯誤，而不需要回歸上帝的旨意呢？當然萬萬不可。正直就是基督徒最明顯的特徵。我們的正直之處就在於，單單因為祂是主，所以不論別人如何便宜行事，我們依舊追隨主耶穌。

讀畢此書後，你必須有所決定：你願意按照你所讀到的**起而行**，或者覺得這只是**吸收知識**？

目前有許多人都發現自己處在兩難之間，他們想要按照上帝的旨意成為教會，但他們不知道正確的作法。尤其是在這個不符合聖經教導的教會反而鳩佔鵲巢的年代。

換個問法就是：既然現在你已經發現制度化教會不符合聖經的意思，那麼下一步呢？現在你該怎麼辦？

下面是幾個值得思考與禱告的方向：

崇拜的新思維

你是否像許多基督徒一樣，認為敬拜就是每主日早晨（可能還包括周三晚間）由敬拜團或者敬拜傳道帶領會眾一起高唱「敬拜讚美」，或者在家中跟著敬拜光碟或影帶唱詩歌也算是敬拜。

不過，新約聖經為敬拜所勾勒的是一幅非常不一樣的畫面。首先，敬拜在上帝眼中極為重要，因此，這應該是一種生活型態，而不只是一個活動（見羅十二1）。其次，從舊約上帝把律法賜給以色列開始，然後橫跨整個新約時代，敬拜一直都是集體（corporate）行為，而不是專屬個人領域。第三，上帝已經明確告訴我們要如何敬拜祂。

回想一下，當大衛王表達自己想把約櫃搬到耶路撒冷的心意時，以色列響應他的渴望，要用一輛木車把神聖的約櫃遷到聖城。當車向聖城前進的時候，以色列人一起跳舞、唱歌，用音樂慶祝。這就是他們的敬拜！而且他們敬拜時充滿熱情與活力，那是一場美妙的敬拜。但，一切急轉直下，上帝親手結束了這一場慶祝（見撒下六1–15）。

為何會落得如此下場？這是因為百姓違背上帝對如何搬運約櫃的指示。上帝已經明確指示敬拜祂的方法，而祂對此沒有留下任何妥協的餘地。

儘管上帝百姓的作為正確，即使大衛的動機純正，他們的錯誤就是沒有「按定例求問耶和華」（代上十五13）。上帝透過摩西明確指示，搬動約櫃時，一定要把它扛在利未祭司的肩上，絕對不可以放在木車上。

大衛第二次就正確的按照上帝的指示，把約櫃扛在利未人的肩上。上帝感到喜悅。讓我們思想一下大衛因為以色列起初犯下的錯誤而發出的哀傷嘆息：

「因你們先前沒有抬這約櫃，按定例求問耶和華——我們的神，所以祂刑罰我們。」（代上十五13）

以色列所犯的錯誤就是沒有按照「定例」求問上帝，也就是說，

他們沒有按照上帝的方法敬拜祂。他們用自己的方式敬拜祂。要知道，以色列人把神聖的約櫃放在木車上的想法是來自異教徒非利士人！（見撒上六1–12）

同樣，上帝對祂希望如何被敬拜並沒有沉默不語。祂希望我們用心靈與誠實敬拜祂（約四23），「用誠實」（in truth）就是指踏踏實實（in reality），然後按照祂的方式。然而，可惜的是，上帝聖潔的器皿依舊被放在木車上。讀者已經在前面讀過這個故事。

靈性成長的新思維

初代教會孕育出的基督徒能夠翻轉他們的世界。即使時至今日，初代的基督徒還是能教導我們許多如何在基督裡生活與成長的功課。真正的門徒訓練就是要能夠培養出基督般的性格，並在日常中活出來，然後為上帝的國度結出果實。真正的門徒訓練就是認識耶穌基督，並讓祂透過我們活出祂的生命。

不幸的是，我們已經把基督徒的門徒訓練轉變成一種學術訓練以及一種個人進修。我們整個國家（譯註：指美國）已經從知識的吸收與累積的角度，定義靈命成長是否「成功」。我們經常用修習過的課程或科目衡量靈命的成長，我們已經遺忘門徒訓練的真正目標，而用不切實際的消極結果取而代之，這對我們的自我認知與生活模式毫無影響。

然而，耶穌從來沒有對我們說：「宗教知識最豐富的人就是最終的贏家。」祂也從來沒有把門徒訓練變成一種單靠個人努力就能完成的個人成就。

耶穌用祂一生的時間教導其他人為上帝而活，並親自為他們示範這種生命的樣式。祂一開始就召聚一個由十二個人以及一些婦女組成的社群，並共同生活在一起，接著這個社群逐漸繁衍開來，乃至羅馬世界各角落都出現這樣的社群；這些社群就是初代教會。

耶穌就是以互動和躬親的方式影響生命。祂沒有頻繁的說教，而且總是以能夠在人生中落實的道理為依歸。祂的著眼點在整個上帝的

國度——也就是說，以徹底瞭解上帝的方法以及祂的旨意而建構出的世界觀為依歸。

這一切要如何才能化為實際的個人行動呢？

非常簡單。學習基督的場所就是基督徒形成的群體——上帝的ekklesia。我們加入這個緊密相繫、共享生命，而且每個成員都能如同初代基督徒般，自由自在的跟弟兄姊妹分享基督的群體，然後一起相互學習基督。

根據保羅所說，我們應該在基督徒的群體中**學習**耶穌基督（弗四20）。我們要在這樣的群體中「學習基督」才能成為更好的門徒；我們要在這樣的群體中學習基督，才能成為適任的父母、子女、配偶。每個肢體要在這樣的群體中一起學習祂、一起領受祂的教誨並且一起追隨祂。

除此之外，別無他法。基督徒的生命絕對無法脫離基督徒群體而活，這就是聖經中所說的教會……一個在基督帶領下生命共享的群體。

管理資源的新途徑

既然我們生命中充滿各種活動與責任，我們自然喜歡那些容易記住又能輕易完成的責任，什一奉獻就屬於這種類別（儘管沒有任何支持它的新約證據——見第八章）。

正如前面所說，管理上帝的資源可不是件小事，也不是按照定額開張支票之後就可以拋諸腦後的責任。

家庭成員的職責包括保護家庭資源，這在上帝的家中也一樣。上帝的國度中有形的資源都掌握在我們手中，我們有幸能夠運用這些資源——不但包括我們的錢財，也包括我們的時間、產業、思想、人際關係、才能以及屬靈恩賜等——為上帝的國製造出積極的貢獻。就某方面來說，上帝手中工作的進展，有賴於我們能否妥善運用祂交託給我們的豐富資源。其實，你就是上帝國度的經濟部長。

對祂的國度來說，把你的金錢、經歷、專業、資產以及創造力運用在更輝煌的教堂是否最佳的投資？投資你全家收入的三分之一（美

國人對各種宗教活動捐獻的平均數）是否就足以擴展祂的工作？[1]你是否認為捐款給社會救助機構，就是你幫助窮人的唯一途徑？你就跟所有投資者一樣，不僅各種善於理財的機構會接觸你，各種浮濫的機構也會接觸你。你做出的每一個決定都會造成永恆的結果，你分配上帝國度資源的方式會影響許多人的生命。

儘管多數基督徒認為，把收入的十分之一奉獻給上帝是理所當然的，但要記住你已經不需要以此為目標。反而，上帝已經給你一本空白支票簿，並讓你隨意投資任何能為祂的榮耀與旨意帶來最高效益的地方。當然，上帝會按照你對那些資源的分配是否明智評價你。

我們往往會說，只要看一個人的帳簿就知道他的優先順序。如果有人檢查你的帳簿，還有你的時間表以及個人目標的話，他會有什麼發現呢？

認識自己的新角度

我們的研究結果顯示，多數美國人都對自己的身分認識不清。他們喜歡把自己視為獨特的個體、美國人、家庭成員、專業人士、消費者，然後才是基督的追隨者——這就是他們的排序。在多數美國人的心目中，基督的追隨者這個角色在跟他們扮演的其他角色相較之下，可說是敬陪末座，即使那些被歸類為「重生的基督徒」的美國人也不例外。奇怪的是，多數重生的基督徒都認為自己是上帝的僕人，而且他們的生命因為信靠基督生命而轉變。顯然，這種自我評估存著一些前後不一的地方。[2]

這種混淆可能是我們每天都必須面對的龐雜人際互動與責任所造成的。這或許跟多數基督徒在自己教會中，對各種主題只能得到零散的教導有所關聯，這甚至可能應該歸咎於媒體時刻競相呈現在我們眼前的各種觀點與影像。

---

[1] 巴拿集團每年都會追蹤社會大眾對教會以及其他非營利組織的捐獻。不久前有份捐獻報告表示，「美國人的慈善捐款高達數十億，但對教會的捐款卻下滑。」讀者可從 http://www.barna.org 取得這份報告。

[2] 喬治・巴拿的 *Think Like Jesus*（Nashville: Integrity Publishers, 2003）對此研究有非常詳盡的說明。

但這底線其實非常明確。你是上帝的祭司、主耶穌基督的傳道人也是祂榮耀的身體中的肢體，既然你已經宣示效忠耶穌又表明自己渴望永遠為祂而活，那麼你就有責任成為**盡責**的祭司、傳道人與身體中的肢體。

過去兩千年來，制度化教會一直走在崎嶇歪斜的道路上。唯一回歸正途的方法就是，我們要開始敬虔的尋求上帝為祂百姓所定的原始計畫，然後甘心樂意的遵循那個計畫。這樣一來，我們這個世代所發動的革命就會蔓延到各地，而上帝將能夠得到祂一直渴望的目標。

Q & A
補遺

1. 我參加的是制度化教會。如果我這個星期參加有機教會的聚會，那跟我目前教會的敬拜有什麼不同的地方？

在有機教會的生活中，每星期聚會的樣貌各不相同。雖然有機教會的弟兄姊妹會敬虔的預備聚會主題（例如，他們可能會安排一整個月的聚會都以《以弗所書》一章為焦點），但他們不會安排特別敬拜，反而，會讓每個人都能在聚會中自由自在的運作、分享、參與以及在靈裡互相服事，因此他們能表現出無窮的創意。

參加聚會的人都不知道下一個站起來分享的人會是誰，或者會分享什麼內容。下一位可能會表演短劇，可能會朗誦詩詞，可能會帶領大家唱新歌，可能會是勸勉、見證、短講、啟示或者先知的言語。因為每個人都參與並且都自動自發的貢獻一己之力，一點也不讓人感到沉悶。一般來說，最有意義的聚會就是每個人都能參與並有所貢獻的聚會。

耶穌基督就是聚會的中心。藉著歌聲、詩篇、禱告、服事以及分享來榮耀祂。聚會完全任由聖靈隨己意透過每個肢體彰顯基督。《哥林多前書》十四章26節表示，聚會時「各人」都分享基督。在有機教會的生活中，教會全體的聚會就是，每個肢體把那個星期上帝向他們啟示祂自己的一切都如泉湧般的分享。這些特徵幾乎完全不見於任何典型制度化教會的崇拜。

2. 有些人認為，目前教會內部的架構與階層，多半是初代教會為對抗虎視眈眈的異教與異端應運而生的，有機教會是如何因應這些情況？

其實，我們相信因為本性墮落，人類總是傾向於建立由上而下又階級嚴明的體制，因為這能讓人產生一種穩當的安全感。

然而歷史告訴我們，階層制度不足以抵擋異端。事實上，從教會歷史

看來，這種作法反而會適得其反的讓異端更壯大。一旦某宗派或教團的領袖人物投向異端的話，就會感染跟這個宗派或者教團相關的所有教會。

反之，如果每個教會都能獨立自主的運作，那麼這類錯誤就比較不容易蔓延。一旦教會獨立自主的運作，野心勃勃的假教師就不容易把觸角伸向那些不相關聯的教會。

此外，幾乎所有主要異教都是階級嚴明的組織。（要注意我們說的是「主要」異教。我們知道某些異教只有一個獨攬大權的領袖。有時候這些人甚至聲稱他們帶領的是「家庭教會」。然而，任何教會的領袖如果（1）獨斷獨行，又（2）高舉自己的智慧在聖經之上，那當然就不是以基督為元首，而且應該不計代價劃清界限。）

基於上述原因，我們認為階層制度既不能阻擋異端又無法避免異教。教會對抗異端的唯一方法，就是信徒在元首基督帶領下彼此順服，這就需要建立一個以基督為中心，各個肢體緊密相繫的群體。

基督的身體已經存在世上兩千年。話雖如此，彼此順服不只包括在敬拜中互相順服，也包括順服過去兩千年來整個基督身體一致贊同的真理。這樣一來，歷代信條就成為在我們信仰的道路上，幫助教會步上正軌的指標。

3. 你為何深信初代教會的模式就是我們應當效法的榜樣？畢竟我們這二十一世紀的世界跟初代基督徒的環境大不相同。

我們相信引導基督教的教義與習俗（包括教會的習俗）的是聖經而不是人為的傳統。聖經對耶穌基督的教會應該如何運作並沒有保持緘默。新約聖經勾勒出明確的教會神學，也舉出實例說明如何讓這樣的神學進一步成長茁壯。

由於教會是屬靈的生命體，而不是制度化的組織，因此具有活力（福音派基督徒一致同意教會是生命體。新約聖經始終以鮮活的形象描繪教會——例如，新造的人、身體、新婦、用活石建造的靈宮）。

既然教會是生命體，因此具備自己的特質——就跟其他生命體一樣因此，當一群基督徒活出他們的屬靈DNA時，他們的聚會就能表現出三

一神的DNA的樣式——因為他們具備跟上帝祂本身一樣的生命。雖然我們基督徒絕非聖潔，但我們有幸能「與神的性情有分」（彼後一4）。

結果就是，教會的DNA具備三一神所有的特質，主要就是相互關愛、相互信靠、相互依存、相互團契以及真正的合一。正如神學家格蘭茲（Stanly Grenz）曾說：「教會與三一神的本質之間的關聯就是我們認識教會的最終依歸。」

既然這樣，認為教會應該順應當代文化的模式，不但無益反而有害。例如，教會應該廢止哪些作法而順應當代文化，又有哪些部分是絕對不容更改的圭臬？

教會的DNA能製造出特定的明確特徵。其中包括：真正合一的團體、肢體之間家人般親情與忠誠、以耶穌基督為中心、不需假借儀式就能齊聚一堂的本能、每個肢體都各有所用、內心渴望建立以基督為中心的深厚關係，以及嚮往開放式參與聚會的內在驅力。我們相信教會中任何攔阻這些內在特質的作法都不妥當，並因此抵觸聖經。

雖然福音的種子會自然流露出這些特質，但表達這些特質的方式會因為文化環境而各有不同。例如，我（法蘭克）曾經在智利建立一個有機教會，那些信徒寫的詩歌、彼此互動的方式、他們的坐姿以及安排孩童節目的方式，全都跟歐洲與美國的有機教會不同。然而，他們依舊完整表現出教會DNA裡面蘊含的各種基本特質，而且從來沒有出現過任何制度化教會的影子。

健全的有機教會絕對不會產生出神職體制、獨大的牧師、階層式的領導結構以及讓大多數會友冷眼旁觀的敬拜程序。在我們的心目中這些事情不但打亂教會的基因序列，並且違反教會的本性。同時，這一切都跟新約原則相抵觸。

君士坦丁時期，教會對其文化地位的重視已經超過對其DNA的重視，相較於初代教會的形式，她已經產生非常劇烈轉變。新約學者布魯斯（F.F. Bruce）睿智的寫道：「教會對地位的重視勝過服事時，就表示她已經步入歧途，必須立刻回頭。」[1] 就此而言，我們覺得教會必須回頭，返回她

---

[1] F. F. Bruce, *A Mind for What Matters* (Eerdmans, Grand Rapids, 1990), 247.

的聖經根源。

　　換句話說：我們應該遵循以新約原則和典範為根據的教會模式，還是應該遵循以異教傳統為根據的模式？這就是此書引導我們深思的最終問題。

4. 你們說，三一神的特色就是相互依存（mutuality）。然而，《約翰福音》十四章28節和《哥林多前書》十一章3節不是教導我們三一神也有主從之分？

　　不。這些經節所說的是，聖子在世上成為肉身時，甘心樂意的暫時順服天父的旨意，在神的位格中，父與子相互依存、彼此順服。

　　就是因為這個理由，聖經正統派反對神子會永遠順服。他們認為神子是在道成肉身的時候暫時順服。

　　正如神學家吉爾斯（Kevin Giles）所說：「歷來的正統派從來都不認同神性裡面有上下階層之分的看法。」[2]亞他那修信經（the Athanasian Creed）認為，聖子只是就祂的人性來說位居聖父之下；就神性來說，祂跟父是同等的。

5. 整個教會歷史裡面有許多人物和運動都呼籲教會的治理與作法要回歸新約模式。你們認為自己屬於其中之一，還是跟他們完全不同？

　　上帝始終會在制度化教會的外面保留一群百姓。歷史學家曾經把他們稱為「激進改革派」（the radical reformation），另有部分歷史學家曾把他們稱為「滴血的路徑」（the trail of blood），因為他們曾經為自己的立場遭受嚴酷的迫害。[3]

---

[2] 見Kevin Giles, *Jesus and the Father* (Grand Rapids: Zondervan, 2006); *The Trinity & Subordinationism* (Downers Grove, IL: InterVarsity Press, 2002); Gilbert Bilezikian, *Community 101* (Grand Rapids: Zondervan, 1997), 附錄。

[3] 見John W. Kennedy, *The Torch of the Testimony* (Bombay: Gospel Literature Service, 1965); E.H. Broadbent, *The Pilgrim Church* (Grand Rapids: Gospel Folio Press, 1999); and Leonard Verduin, *The Reformers and Their Stepchildren* (Grand Rapids: Eerdmans, 1964)。

每個世代都有拒絕屈從當時的制度化教會的基督徒。他們相信制度化教會是遠離而非擴展耶穌建立的教會。這些不妥協的基督徒勇敢的堅持以基督耶穌為中心、祂身體的每個肢體都要有所用、所有信徒皆祭司，以及基督身體的合一。他們高舉著這把火炬，結果遭受基督徒同儕的凌辱。我們（此書作者）就是要延續他們的傳承。

6. 你說基督徒被調教到一個地步，只會從各自基督教陣營的觀點解讀聖經。你們何嘗不是從自己的的思想與經驗解讀聖經？

歷代所有基督徒都是透過自己的思想與經驗解讀聖經。我們也不例外。

然而，福音派學者一致認為初代教會並沒有神職人員、不是在任何聖堂聚會、不會在日常正餐之外另外舉行主餐、沒有固定的禮儀，也不會刻意盛裝參加教會聚會。此外，現代的制度化教會其許多作法，都是抄襲自希臘羅馬時代的異教，這是無庸置疑的（本書已經提出相關的歷史文件）。

簡言之，教會中許多被我們這些基督徒奉為圭臬的習俗，其實在新約聖經裡面既沒有這些教導，也不曾標榜這些習俗。我們反而捨棄那些新約聖經所教導與標榜的教會習俗。

因此，問題的癥結在於：制度化教會的各種作法（神職／平信徒二分的體制、受薪牧師、教堂、敬拜的程序等）都是新約聖經中上帝所喜悅的教會成長歷程嗎？或者這些只是不健全的往歧途發展呢？

這就是我們希望每個讀者都會虔誠思考的問題。

7. 雖然你把教會各種作為，例如建堂和神職人員的興起都歸咎為異教影響，但人性不就是會自然而然的順應周遭環境並融入其中？

沒錯，如果我們順應人類墮落的本性，就會順應並融入周遭環境。不過，我們上帝最睿智的一步棋就是，祂在基督身體的DNA中已預先安置一些專門防止這一切發生的人員，（見林三5–15，十二28–31；弗四11–16；徒十三～二十一章）。這些人就是巡迴各地建立教會，離開後放手任教

會獨立運作，然後定期拜訪以便裝備、指引並鼓勵教會的使徒工人。他們的使命之一就是避免教會陷於停滯，同時也要把異端隔絕在外，好讓教會能夠依循他們有機的本性健全發展。大數的保羅就屬於這種使徒工人，而他的書信巧妙的勾勒出這些人的職責。

　　不幸的是，在初世紀與二世紀屢遭迫害後，這種巡迴事工已經消逝無蹤。不過，從那之後它又在有機教會裡面重新恢復，就教會對抗周遭環境的吸引力，避免隨波逐流來說，這種特殊事工極其重要。

8. 雖然你責怪傳統教會讓會友成為消極的旁觀者，但我不只參加主日早上的崇拜，同時也參加教會中非常類似有機教會的小組。我們一起敬拜、學習上帝的話語，而且當我們遭遇困難或危機時，也會互相幫助。在我看來，這就是魚與熊掌兼而得之。

　　如果你認為這能讓你兼得魚與熊掌，那麼就請放心的繼續保持原狀。然而，我們許多人都對這種魚與熊掌兼得的情形感到擔心。我們已經發現多數附屬於制度化教會的小組都有一位帶領聚會的組長。因此，在我們看來，這類聚會還是以人為元首掌控或者組織一切。

　　我（法蘭克）參加過各宗派的小組聚會已經不計其數，也從來沒有看過任何小組聚會完全以耶穌基督為元首，而讓所有參加聚會的肢體，在不受人為控制或干預的情形下，自由自在的跟其他弟兄姊妹分享主耶穌的話語。

　　這些聚會的運作比較像查經班或者傳統的禱告會，而不像自然流露、開放參與的聚會，不過新約聖經所勾勒的是，所有基督肢體都各有貢獻，讓耶穌基督得到彰顯的聚會。

　　我曾經會見過幾位制度化教會小組運動的創始人，他們努力解釋必須有人帶領這類小組的原因。其實，只要上帝的百姓接受充足的裝備，就可以在耶穌基督帶領下聚會而不需要任何領袖。

　　說穿了就是附屬於制度化教會之下的典型小組聚會，跟新約聖經勾勒的有機教會，有著天淵之別。然而，如果任何人覺得自己在前一種模式的教會比較自在，那麼我們相信就應該保持現狀，直到上帝指引他走上其他方向。

9. 有些基督徒天生就喜歡例如禮儀和詩班等傳統型態，歷代以來一直有助於他們跟上帝以及基督的身體形成緊密的聯繫。你是否認為聖靈會透過這些型態運作——還是認為雖然祂會，但這不是祂慣常吸引人往祂這裡來的方式？你的看法有何聖經依據？

我們認為「你能引用聖經證明聖靈不會藉著特定的傳統作法運行嗎？」其實是不成立的問題。這是沒有答案的問題，因為聖經從來沒有提過這件事。我們應該思考的問題應該是：「上帝的話語對於教會的作法有何教導？」

可以確定的是，上帝不會贊成任何抵觸新約原則的教會習俗。例如，我們就認為神職／平信徒之分，就是抵觸新約聖經信徒皆祭司的原則（見第五章）。

我們認為，只要我們願意捨棄所有跟上帝話語相衝突的傳統，那麼盤旋在我們心頭的問題就會是：「上帝話語中有什麼關於祂教會的教導——其目的、功能與樣貌為何？」

這個問題有助於我們分辨任何一種教會架構是順應新約原則還是違背新約原則。再說一次，如果教會的架構違背新約的指示，那就應該接受檢驗。

而這就是我們希望本書讀者提出來探索的議題。

話雖如此，但我們並不懷疑上帝能夠，而且一定會透過沒有聖經基礎的人為機制運行，上帝會透過制度化教會運作是無庸置疑的。本書的兩個作者蒙恩得救與洗禮都應該歸功於制度化教會的努力。

不過，即使上帝會使用歸屬於特定制度下的子民，並不表示祂贊成那個制度。要記得，即使以色列曾經拒絕上帝要成為他們唯一君王的旨意，反而要仿效列國希望有一位屬世的君王，上帝那時不但應允他們的要求，且依舊使用以色列並祝福他們。儘管上帝的百姓背棄祂的旨意，上帝依舊以慈愛對待他們並使用他們。

10.當前教會的問題豈不多半在於我們抱持的態度是「我要得到飽足」而不是「我要用敬拜尊榮上帝」？只要校正敬拜的角度豈不就完全改觀？

不，未必如此。這個問題有兩個預設：一是認為基督徒參加教會聚會的唯一目的就是獻上基督徒個人的敬拜；二是認為教會是個「特定」場所（請仔細回想這個問題）。雖然這兩個預設都沒有聖經根據，但這些宗教傳統在經年累月後已成為基督徒牢不可破的心態。新約裡面根本沒有所謂「主日敬拜」的念頭，而且基督徒不用「上」教會，因為他們就是教會。

初代基督徒聚會的目的是，要藉著基督身體上的每個肢體各展所長的彰顯耶穌基督。目標就是傳揚基督，並在過程中造就整個教會，這就是要藉著互相分享、互相服事以及互相鼓勵達到互相造就的果效。

在我們看來，能夠扭轉一切的就是，上帝百姓都得到裝備，然後興沖沖的聚集在一起，自由自在的分享那星期他們與基督相處的情形，就如同《哥林多前書》十四章26節和《希伯來書》十章25節所說。其結果就是：上帝得到彰顯與榮耀。

想一想我們的身體，任何肢體的一舉一動都能表達我們整個人。基督的身體也是一樣，當祂身體的每個肢體都能分享他們與基督的相處，那麼基督就變得完整（見林前十二～十四章）。

這就跟玩拼圖遊戲一樣，所有拼圖都湊在一起後，就能看清楚整幅畫。如果只有幾片拼圖的話，就無法看清楚整幅圖片。新約中被翻譯成「教會」（ekklesia）的希臘文的原義是「集合」（assembly），並非無關緊要，教會聚會的宗旨就是讓耶穌基督重現在世上。

我（法蘭克）參加過的新約型態聚會已經多到數不清，但我可以告訴讀者的是，這是世界上獨一無二的聚會。我下面要講一則短故事讓讀者淺嘗這種聚會能產生的效應。

我參加的有機教會一位弟兄，帶一位慕道友參加我們的聚會。我們是在一間大客廳聚會，聚會中每個肢體都分享那星期自己與主耶穌的經歷。耶穌基督在所有肢體的面前公開得彰顯、榮耀、被分享、宣告、傳揚與見證。整個聚會充滿活力，沒有任何停頓或者冷場。我們從每個肢體的口中都能聽到我們主耶穌說話，聖靈明顯在我們當中運行。雖然整個聚會沒有

事先設定任何程序，但自然而然就浮現出一個共同主題。

就在聚會進行過程中，那位慕道友跪倒在客廳中央，然後呼喊：「我要得救！我已經在這裡看到上帝了！」並沒有人鼓勵他或者要求他這樣做。當時沒有任何「呼召」或者「邀請決志」，一切就這樣自然而然的發生。

這就是耶穌基督透過祂的身體得到彰顯時，自然而然就會發生的事情之一（見林前十四24–25）。我曾經在許許多多這類聚會中看過類似情形，更不用提這類聚會為基督徒帶來的轉變。

11. 你的書確實讓我感到不安，因為我認為有些基督徒會在讀過這本書後，離開他們的教會。我更擔心那些下定決心離開自己教會，然後又無法相互連結的肢體。

我們希望這本書能鼓勵上帝的百姓順從聖靈，帶領他們前往任何地方。如果任何人覺得主耶穌帶領他離開，就不應該因為壓力而繼續留在某種型態的教會。同時，任何人也不應該因為壓力而離開。

在這前提下，我們想對那些覺得自己被呼召離開制度化教會的基督徒提出三項建議。1）默默離開教會，不要帶走其他人，換句話說，不要製造分裂。2）不要用苦毒的眼光看待制度化教會。如果你曾經被其中的人傷害，把痛苦帶到十字架前面去。苦毒就像自己服毒，卻等待毒性在別人身上發作，這是非常要不得的作法。3）積極找尋基督徒以耶穌為中心建立的團契。http://www.housechurchresource.org網站不但有許多關於有機教會的資源，也能幫助大家聯絡上那些遵照新約樣式運作的教會。花點時間訪問這些教會（她們各不相同）跟她們保持聯繫，如果你覺得這是聖靈帶領的方向，就轉入其中一間教會。

想知道更多與此書內容相關的常見問答，請瀏覽 *www.paganchristianity.org*

追本溯源

「歷史給我們的教訓就是，人類從來就不記取歷史的教訓。」

——黑格爾（G. W. F. Hegel），十九世紀德國哲學家

下面並非完整詳盡的表列。要注意的是，所有列出的習俗都屬於後聖經、後使徒時期，並深受異教文化影響。

第二章：教堂

教堂（Church building）——首見於主後327年左右的君士坦丁時期。最古老的教堂是以羅馬會堂為藍圖樣式建造的，而羅馬會堂卻是仿效希臘廟宇的樣式。

聖域（Sacred spaces）——基督徒在二、三世紀時從異教思想引入這個觀念，殉道者的墓地被視為「神聖」的場所。四世紀時，他們在這些墓地建立教堂，這就是建築被封為「聖」之始。

牧師座（Pastor's Chair）——從cathedra（教座或主教寶座throne）衍生來的。這張座椅取代了羅馬會堂的判官座。

教會與神職人員的免稅權（Tax-Exempt Status for Churches and Christian Clergy）——君士坦丁大帝在主後323年授與教會免稅權。他在主後313年取消神職人員的稅賦，而這是異教祭司一直享有的特權。

彩繪玻璃窗（Stained-Glass Windows）——首先由圖爾斯的貴格利引進，後來聖德尼修道院的舒格把它發揮到極致（1081～1141）。

歌德式大教堂（Gothic Cathedrals）——十二世紀。這些聖堂是以異教的柏拉圖哲學為設計基礎。

尖頂（The Steeple）——其基礎是古巴比倫與古埃及的建築與哲學思想，尖頂是中世紀的發明，然後在1666年左右由倫敦的克里斯多夫列恩爵士加以

現代化並推廣。

講壇（The Pulpit）──早在主後250年就已經出現在教堂裡面。它源自希臘的讀經台（ambo），也就是希臘人和猶太人發表演說的講台。

長條椅（The Pew）──十三世紀到十八世紀期間在英國歷經多次演變的結果。

第三章：敬拜程序

主日早晨的敬拜程序（The Sunday Morning Order of Worship）──源自六世紀的貴格利彌撒，然後經過路德、加爾文、清教徒、自由教會、循道會、邊疆復興派以及五旬節派的修訂。

講壇成為敬拜的中心（The Centrality of the Pulpit in the Order of Worship）──馬丁‧路德1523年。

聖餐桌擺放兩支蠟燭以及焚香──四世紀時，羅馬皇帝的禮廳曾使用蠟燭。聖餐桌是在六世紀時由慈運理引進的。

每三個月舉行聖餐──慈運理在六世紀時。

神職人員入場時會眾站立唱詩歌──四世紀時抄襲自羅馬皇帝的禮廳。由加爾文引入新教禮儀。

上教會要帶著肅穆／敬畏的態度──源自中世紀的敬虔觀。由加爾文和布塞珥引入新教敬拜。

錯過主日崇拜的罪惡感──十七世紀新英格蘭清教徒。

證道前冗長的「牧者禱告」（Pastoral Prayer）──十七世紀清教徒。

牧者禱告使用伊麗莎白時期的英文（Elizabeth English）──十七世紀循道會。

一切證道的目的就是贏得靈魂──十八世紀邊疆復興派。

呼召（The Altar Call）──十七世紀循道會首創，後來由芬尼推而廣之。

敬拜程序單（成文禮儀；written liturgy）──始於1884年，以Albert Blake Dick發明之油印機印製。

救恩詩歌「獨唱」、沿街見證以及佈道宣傳／大會（The "Solo" Salvation Hymn, Door-to-Door Witnessing, and Evangelistic Advertising/Campaigning）──慕迪。

決志卡（The Decision Card）──創始者是厄爾（Absalom B. Earle, 1812～1895），後來由慕迪大力推廣。

低頭、閉眼然後舉起手回應救恩信息──二十世紀葛理翰。

「在這個世代把福音傳遍全世界」（The Evangelization of the World in One Generation"）口號──莫特在1888年左右提出。

收奉獻時伴隨著獨唱或者詩班獻詩──二十世紀五旬節派。

第四章：證道

當代證道（The Contemporary Sermon）──沿襲專精演講與修辭的希臘辯士派。屈梭多模和奧古斯丁大力推廣希臘羅馬的訓誡（homily；證道）並使之成為基督教非常重要的一環。

一小時證道、抄寫證道筆記以及四段式講章大綱──十七世紀清教徒。

第五章：牧師

單一主教制（*The Single Bishop* 當代牧師的前身）──安提阿的依格那丟在二世紀初設立。依格那丟單一主教治理模式直到三世紀才盛行於教會。

「遮蓋」（Covering）教義──改信基督的異教辯士，迦太基的居普良。在阿根廷的歐提茲（Juan Carols Ortiz）和美國「羅德岱堡五人」（Fort Lauderdale Five）的運作下捲土重來，在1970年代發起所謂「牧羊人─門徒運動」（Sheperding-Disciple Movement）。

階層式領導（Hierarchical Leadership）──四世紀時由君士坦丁引入教會。這是巴比倫、波斯、希臘與羅馬的領導風格。

神職與平信徒二分（Clergy and Laity）──平信徒一詞首見於羅馬的革利免（歿於主後100年）的著作。神職一詞首見於特土良的著作。時至三世紀，基督教領袖已經普遍被稱為神職。

按立（Ordination）──二世紀到四世紀之間的產物。沿襲自羅馬人派任公職的慣例。接受按立的傳道人被視為「上帝的聖者」（holy man of God）這種觀念可以追溯至奧古斯丁、納齊安的貴格利（Gregory of Nazianzus）以及屈梭多模。

「牧師」的頭銜──後來成為新教傳道人的天主教神父（priests；又譯：

祭司；司鐸；司祭），直到十八世紀才在信義宗敬虔派的影響下通稱為牧師。

第六章：主日早晨的戲服

基督徒要「盛裝」上教會——十八世紀末隨著工業革命而開始，並在十九世紀中葉蔚為風潮。這種習俗的起源是因為新興中產階級想要效法當時富裕的貴族。

神職服裝（Clergy Attire）——始於主後330年，基督教神職從那時開始穿著羅馬政府的官服。時至十二世紀，神職人員開始在日常生活中，穿著與眾不同的外出服。

福音派牧師服（The Evangelical Pastor's Suit）——衍生自改革宗傳道人穿著的黑色學者袍，二十世紀盛行的黑色西裝逐漸成為當代牧師典型服裝。

教士領（The Clerical Collar）——由格拉斯哥Donald McLeod牧師在1865年創出。

第七章：音樂傳道

詩班——因為君士坦丁想要仿效羅馬皇宮典禮的專業音樂而出現。四世紀時，基督教抄襲希臘戲劇與希臘廟堂歌詠隊的運作而成立詩班。

男童詩班——創始於四世紀，抄襲自異教的男童詩班。

送葬行列與悼詞——三世紀時，抄襲自希臘羅馬的異教思想。

敬拜團——由加略山教會創始於1965年，仿效世俗搖滾樂團。

第八章：什一奉獻與神職薪餉

什一奉獻——八世紀後才成為基督教通行的習俗。什一奉獻原先是羅馬帝國百分之十的地租，後來被解釋成舊約條例。

神職薪餉——君士坦丁在四世紀設立。

奉獻盤（The Collection Plate）——捐獻盤（alms dish）首見於四世紀。傳遞奉獻盤始於1662年。

招待——始於伊麗莎白一世（1533～1603年）。招待的前身是教會門房（porter），這個職位可以追溯回三世紀。

第九章：洗禮與主餐

嬰兒洗禮——源自盛行於希臘羅馬文化的迷信，在二世紀末被引入基督教。五世紀時，取代成人洗禮。

以灑水取代浸水——始於中世紀末的西方教會。

洗禮與信主一分為二——始於二世紀初，肇因於認為洗禮是罪得赦免的唯一媒介的律法主義觀點。

「認罪禱告」（The "Sinner's Prayer"）——慕迪是創始者，透過葛理翰《與神和好》（Peace with God）小冊以及後來校園福音團契的《屬靈四律》（Four Spiritual Laws）而盛行於1950年代。

「個人救主」（Personal Savior）——起於1800年代中葉的邊疆復興運動，後來由查爾斯富樂（1887–1968）推廣普及。

主餐從全餐精簡為杯與餅——二世紀末受到異教禮儀影響的結果。

第十章：大頭症的基督教教育

天主教神學院（Catholic Seminary）——第一所神學院是天特會議（the Council of Trent, 1545～1563）的決議。課程以湯瑪斯的教導為基礎，亞里斯多德的哲學、新柏拉圖學派思想以及基督教教義都融合在一起。

新教神學院（Protestant Seminary）——1808年創始於麻省安多佛。課程同樣以湯瑪斯的教導為基礎。

聖經學院（Bible College）——在奮興派大纛慕迪的影響下，最初成立的兩所聖經學院分別是：1882年在紐約創立的宣教培訓中心以及1886年在芝加哥創立的慕迪聖經學院。

主日學（Sunday School）——英國的雷克斯（Robert Raikes）在1780年創始。雷克斯創立主日學的初衷並不是為了宗教教育，而是讓貧窮子弟得以接受基本教育。

青少牧師（The Youth Pastor）——在1930年代末到1940年代這段期間為要滿足所謂「青少年」這個新興社會階層的需要，而在都市教會發展出來的職位。

第十一章：重新檢視新約聖經

保羅書信被納入正典並按照長短排序——二世紀初。

新約聖經的分章——巴黎大學教授藍頓（Stephen Langton）在1227年所為。

新約聖經分節——印刷業者斯提帆納斯（Robert Stephanus）在1551年所為。

教會歷史上的關鍵人物

亞伯拉德（Abelard）：法國經院派哲學家，現代神學的先鋒（1079～1142）

安波羅修（Ambrose）：米蘭主教，後使徒時期首位讚美詩與聖詠的創作者（339～397）

湯瑪斯・阿奎那（Aquinas, Thomas）：義大利神學家與哲學家，《神學大全》（Summa Theological）作者；首創變質說（1225～1274）

亞里斯多德（Aristotle）：希臘哲學家（384～322 BC）

希斯加的亞挪比烏（Arnobius of Sicca）：北非初代基督教護教者（歿於330）

亞他那修（Athanasius）：神學家與亞歷山太主教（296～373）

希坡的奧古斯丁（Augustine of Hippo）：希坡主教，影響深遠的神學家與作家（354～430）

巴特（Barth, Karl）：瑞士改革宗神學家（1886～1968）

伯撒（Beza, Theodore）：加爾文的「左右手」（1519～1605）

布魯斯（Bruce, F. F.）：英國聖經學者（1910～1990）

卜仁納（Brunner, Emil）：瑞士神學家（1889～1966）

布塞珥（Bucer, Martin）：德國改教家（1491～1551）

布士內納（Bushnell, Horace）：公理會牧師（1802～1876）

加爾文（Calvin, John）：法國改教家（1509～1564）

迦勒斯大（Carlstadt, Andreas）：德國改教家（1480～1541）

查理曼（Charlemagne）：神聖羅馬帝國皇帝（約742～814）

薛尼茨（Chemnitz, Martin）：信義宗神學家，屬於「新教經院學派」（Protestant Scholastics, 1522～1586）

屈梭多模（Chrysostom, John）：君士坦丁時期之基督徒辯士（347～407）

亞歷山太的革利免（Clement of Alexandria）：融合希臘哲學與基督教教義的基督教學者，也是「上教會」（going to church）一詞的創始人（150～215）

羅馬的革利免（Clement of Rome）：羅馬主教率先使用與神職（clergy）相對

的平信徒（laity）一詞（歿於100左右）

君士坦丁一世（Constantine I）：把基督教推廣到整個羅馬帝國的皇帝（約285～337）

迦太基的居普良（Cyprian of Carthage）：迦太基主教、神學家與作家（約200～258）

耶路撒冷的區利羅（Cyril of Jerusalem）：耶路撒冷主教，首創在聖餐中向聖靈祈禱讓杯與餅產生質變的作法（315～386）

達秘（Darby, John Nelson）：浦利茅斯弟兄會（the Plymouth Brethren）創始人之一，根據「以經證經」原則建立其神學（1800～1882）

迪克（Dick, Albert Blake）：模版印刷發明人（1856～1934）

竇依（Dow, Lorenzo）：循道會傳道人，首創邀請會眾上前領受祝禱（1777～1834）

杜蘭（Durant, Will）：美國歷史學家、作家與哲學家（1885～1981）

厄爾（Earle, Absolom B.）：「決志」（decision）卡發明人（1812～1895）

愛德華茲（Edwards, Jonathan）：公理會牧師與神學家（1703～1758）

伊麗莎白一世（Elizabeth I）：認可英國國教禮儀的英格蘭皇后（1533～1603）

優西比烏（Eusebius）：該撒利亞主教也是初代教會歷史學者（ca. 260～ca. 340）

芬尼（Finney, Charles）：推廣「呼召」（altar call）的美國佈道家（1792～1875）

傅提（Foote, William Henry）：長老會牧師（1794～1869）

富勒（Fuller, Charles）：美國牧師與廣播佈道家，推廣「個人救主」（personal savior）一詞（1887～1968）

古德溫（Goodwin, Thomas）：清教徒講員、作家，也是克倫威爾（Oliver Cromwell）的隨行牧師（1600～1680）

拿先斯的貴格利（Gregory of Nazianzus）：加帕多家省（Cappadocian）神父，首創認為祭司如同「聖人」（holy man）的觀念（329～389）

女撒的貴格利（Gregory of Nyssa）：加帕多家省神父首創「按立神職」的觀念（330～395）

圖爾斯的貴格利（Gregory of Tours）：督爾主教，率先把彩繪玻璃引入教堂

（538～593）

大貴格利（Gregory the Great）：規劃設計彌撒的教宗（540～604）

詹尼斯（Guinness, H. G.）：倫敦牧師（1835～1910）

古騰堡（Gutenberg, Johann）：聖經印製者（1396～1468）

哈斯丁（Hastings, Thomas）：與查爾斯・芬尼搭配服事的作曲家（1784～
　　1872）

哈契（Hatch, Edwin）：英國神學家與史學家（1835～1889）

希坡律陀（Hippolytus）：羅馬神父，撰文主張主教握有赦罪的權柄（170～
　　236）

胡司（Huss, John）：波西米亞改教家（1372～1415）

安提阿的伊格那丟（Ignatius of Antioch）：安提阿主教，把「主教」的地位提
　　升到長老之上（35～107）

英諾森一世（Innocent I）：強制執行嬰兒洗禮的教宗（d. 417）

愛任紐（Irenaeus）：里昂主教，也是撰文提倡「使徒統緒」（apostolic succes-
　　sion）的神學家（130～200）

伯雷西安的伊西多爾（Isidore of Pelusium）：兼為僧侶與作家，以象徵寓意的
　　角度解釋祭司外袍（d. ca. 450）

耶柔米（Jerome）：拉丁教會的教父，拉丁文聖經武加大譯本（Vulgate）的推
　　手；主張神職人員應該穿著特殊服裝（342～420）

殉道者游斯丁（Justin Martyr）：影響深遠的基督教學者與護教士（100～165）

祈克果（Kierkegaard, Søren）：丹麥哲學家與神學家（1813～1855）

諾克斯（Knox, John）：蘇格蘭改教家（1513～1572）

拉克單丟（Lactantius）：拉丁基督教護教士以及修辭家（ca. 240～ca. 320）

蘭頓（Langton, Stephen）：巴黎大學教授以及故坎特伯理大主教；曾經為聖經
　　分章（約1150～1228）

利奧一世（Leo I；又稱大利奧 Leo the Great）：樹立羅馬無上權威的主教（歿於
　　440）

路德（Luther, Martin）：德國改教家（1483～1546）

慕迪（Moody, D. L.）：影響深遠的美國佈道家（1837～1899）

摩爾（More, Hannah）：主日學的創始人之一（1745～1833）

摩爾爵士（More, Sir Thomas）：英國律師、作家以及政治家（1478～1535）

穆德（Mott, John）：美國循道會教友以及《學生志願海外宣教運動》創始人
　　（1865～1955）

牛頓（Newton, John）：聖公會牧師，詩歌《奇異恩典》（Amazing Grace）作
　　者（1725～1807）

俄立根（Origen）：基督教學者與神學家，致力於把零散的教義組織成系統神
　　學（185～254）

歐文（Owen, John）：英國神學家與清教徒作家（1616～1683）

巴斯噶（Pascal, Blaise）：宗教哲學家與數學家（1623～1662）

柏拉圖（Plato）：希臘哲學家（427～347 BC）

普羅提諾（Plotinus）：異教哲學中極具影響力的新柏拉圖學派（Neopla-
　　tonism）創始者（205～270）

拉德伯士（Radbertus, Paschasius 簡稱 Radbert）：法國神學家（790～865）

雷克斯（Raikes, Robert）：英國人道主義者與聖公會信徒，創立並鼓吹主日學
　　（1736～1811）

羅賓遜（Robinson, John A. T.）：聖公會主教與作家（1919～1983）

勞特利（Routley, Erik）：英國公理會牧師、作曲家與詩歌作者（1917～1982）

薛弗（Schaff, Philip）：瑞士神學家與史學家（1819～1893）

塞拉培翁（Serapion）：土木斯主教，首創在聖餐中向聖靈祈禱以期讓杯與餅
　　產生質變的作法（d. after 360）

西蒙斯（Simons, Menno）：重洗派（Anabaptist）領袖（1496～1561）

西利修斯（Siricius）：率先要求神職人員守貞獨身的教宗（334～399）

史密斯（Smith, Chuck）：加略山禮拜堂創始者與「敬拜團」的創始人
　　（1927～）

蘇格拉底（Socrates）：希臘哲學家（470～399 BC）

司布真（Spurgeon, Charles）：英國改革宗浸信會講員（1834～1892）

斯提帆納斯（Stephanus, Robert Estienne）：巴黎學者與印刷商，為新約分節
　　（1503～1559）

司提反一世（Stephen I）：力主羅馬主教至上的教宗（d. 257）

湯瑪斯（Stock, Thomas）：格洛斯特牧師，可能是在他的啟迪下，讓雷克斯產

生成立主日學的想法（1750～1803）

舒革（Suger）：聖德尼斯修道院長，引入描繪聖像的彩色玻璃（1081～1151）

桑戴（Sunday, Billy）：美國佈道家（1862～1935）

特土良（Tertullian）：迦太基的神學家與護教士，率先使用神職（clergy）一
詞突顯教會領袖的地位（160～225）

特雷摩（Trimmer, Sarah）：主日學的創始人之一（1741～1810）

特瑞廷（Turretin, Francis）：瑞士改革宗牧師與神學家，屬於「新教經院學派」
（1623～1687）

丁道爾（Tyndale, William）：英國改教家與學者，把聖經翻譯成英文（約
1494～1536）

華茲（Watts, Isaac）：多產的英國詩歌作家（1674～1748）

查爾斯‧衛斯理（Wesley, Charles）：英國循道會教友，他寫的詩歌源遠流長
（1707～1788）

約翰‧衛斯理（Wesley, John）：英國循道會佈道家與神學家（1703～1791）

懷特菲德（Whitefield, George）：英國第一次大復興時期的佈道家（1714～
1770）

溫伯（Wimber, John）：葡萄園運動領袖（1934～1997）

雷恩爵士（Wren, Sir Christopher）：倫敦大教堂設計師，尖頂建築的推手
（1632～1723）

慈運理（Zwingli, Ulrich）：瑞士改教家（1484～1531）

參考書目

> *"The greatest advances in human civilization have come when we recovered what we had lost: when we learned the lessons of history."*
> —WINSTON CHURCHILL

Adams, Doug. *Meeting House to Camp Meeting.* Austin, TX: The Sharing Company, 1981.

Ainslie, J. L. *The Doctrines of Ministerial Order in the Reformed Churches of the 16th and 17th Centuries.* Edinburgh: T. & T. Clark, 1940.

Allen, Roland. *Missionary Methods: St. Paul's or Ours?* Grand Rapids: Eerdmans, 1962.

Althaus, Paul. *The Theology of Martin Luther.* Philadelphia: Fortress Press, 1966.

Andrews, David. *Christi-Anarchy.* Oxford: Lion Publications, 1999.

Anson, Peter F. *Churches: Their Plan and Furnishing.* Milwaukee: Bruce Publishing Co., 1948.

Appleby, David P. *History of Church Music.* Chicago: Moody Press, 1965.

Aquinas, Thomas. *Summa Theologica.* Allen, TX: Thomas More Publishing, 1981.

Atkerson, Steve. *Toward a House Church Theology.* Atlanta: New Testament Restoration Foundation, 1998.

Bainton, Roland. *Here I Stand: A Life of Martin Luther.* Nashville: Abingdon Press, 1950.

Banks, Robert. *Paul's Idea of Community.* Peabody, MA: Hendrickson, 1994.

————. *Reenvisioning Theological Education: Exploring a Missional Alternative to Current Models.* Grand Rapids: Eerdmans, 1999.

———— **and Julia Banks.** *The Church Comes Home.* Peabody, MA: Hendrickson, 1998.

Barclay, William. *Communicating the Gospel.* Sterling: The Drummond Press, 1968.

————. *The Lord's Supper.* Philadelphia: Westminster Press, 1967.

Barna, George. *Revolution.* Carol Stream, IL: Tyndale House, 2005.

Barsis, Max. *The Common Man through the Centuries.* New York: Unger, 1973.

Barth, Karl. "Theologische Fragen und Antworten." *In Dogmatics in Outline.* Translated by G. T. Thomson. London: SCM Press, 1949.

Bauer, Marion, and Ethel Peyser. *How Music Grew.* New York: G. P. Putnam's Sons, 1939.

Baxter, Richard. *The Reformed Pastor.* Lafayette, IN: Sovereign Grace Trust Fund, 2000.

Bede. *A History of the English Church and People.* Translated by Leo Sherley-Price. New York: Dorset Press, 1985.

Benson, Warren, and Mark H. *Senter III. The Complete Book of Youth Ministry.* Chicago: Moody Press, 1987.

Bercot, David W. *A Dictionary of Early Christian Beliefs.* Peabody, MA: Hendrickson, 1998.

Bernard, Thomas Dehaney. *The Progress of Doctrine in the New Testament.* New York: American Tract Society, 1907.

Bishop, Edmund. "The Genius of the Roman Rite." *In Studies in Ceremonial: Essays Illustrative of English Ceremonial.* Edited by Vernon Staley. Oxford: A. R. Mowbray, 1901.

Boettner, Loraine. *Roman Catholicism.* Phillipsburg, NJ: The Presbyterian and Reformed Publishing Company, 1962.

Boggs, Norman Tower. *The Christian Saga.* New York: The Macmillan Company, 1931.

Bowden, Henry Warner, and P. C. Kemeny, eds. *American Church History: A Reader.* Nashville: Abingdon Press, 1971.

Bowen, James. *A History of Western Education.* Vol. 1. New York: St. Martin's Press, 1972.

Boyd, William. *The History of Western Education.* New York: Barnes & Noble Books, 1967.

Boylan, Anne M. *Sunday School: The Formation of an American Institution 1790–1880.* New Haven, CT: Yale University Press, 1988.

Bradshaw, Paul F. *The Search for the Origins of Christian Worship.* New York: Oxford University Press, 1992.

Brauer, Jerald C., ed. *The Westminster Dictionary of Church History.* Philadelphia: Westminster Press, 1971.

Bray, Gerald. *Documents of the English Reformation.* Cambridge: James Clarke, 1994.

Brilioth, Yngve. *A Brief History of Preaching.* Philadelphia: Fortress Press, 1965.

Broadbent, E. H. *The Pilgrim Church.* Grand Rapids: Gospel Folio Press, 1999.

Bruce, A. B. *The Training of the Twelve.* New Canaan, CT: Keats Publishing Inc., 1979.

Bruce, F. F. *The Canon of Scripture.* Downers Grove, IL: InterVarsity Press, 1988.
———. *First and Second Corinthians* (New Century Bible Commentary). London: Oliphant, 1971.
———. *The Letters of Paul: An Expanded Paraphrase.* Grand Rapids: Eerdmans, 1965.
———, **ed.** *The New International Bible Commentary.* Grand Rapids: Zondervan, 1979.
———. *The New International Commentary on the New Testament.* Grand Rapids: Eerdmans, 1986.
———. *Paul: Apostle of the Heart Set Free.* Grand Rapids: Eerdmans, 1977.
———. *The Spreading Flame.* Grand Rapids: Eerdmans, 1958.
Brunner, Emil. *The Misunderstanding of the Church.* London: Lutterworth Press, 1952.
Bullock, Alan. *Hitler and Stalin: Parallel Lives.* New York: Alfred A. Knopf, 1992.
Burgess, Stanley M., and Gary B. McGee, eds. *Dictionary of Pentecostal and Charismatic Movements.* Grand Rapids: Zondervan, 1988.
Bushman, Richard. *The Refinement of America.* New York: Knopf, 1992.
Calame, Claude. *Choruses of Young Women in Ancient Greece.* Lanham, MD: Rowman & Littlefield, 2001.
Calvin, John. *Institutes of the Christian Religion.* Philadelphia: Westminster Press, 1960.
Campbell, R. Alastair. *The Elders: Seniority within Earliest Christianity.* Edinburgh: T. & T. Clark, 1994.
Case, Shirley J. *The Social Origins of Christianity.* New York: Cooper Square Publishers, 1975.
Casson, Lionel. *Everyday Life in Ancient Rome.* Baltimore: Johns Hopkins University Press, 1998.
Castle, Tony. *Lives of Famous Christians.* Ann Arbor, MI: Servant Books, 1988.
Chadwick, Owen. *The Reformation.* London: Penguin Books, 1964.
Chitwood, Paul H. "The Sinner's Prayer: An Historical and Theological Analysis." Unpublished dissertation, Southern Baptist Theological Seminary, 2001.
Clowney, Paul and Teresa Clowney. *Exploring Churches.* Grand Rapids: Eerdmans, 1982.
Cobb, Gerald. *London City Churches.* London: Batsford, 1977.
Coleman, Robert E. *The Master Plan of Evangelism.* Grand Rapids: Fleming H. Revell Co., 1993.
Collins, Michael, and Matthew A. Price. *The Story of Christianity.* New York: DK Publishing, 1999.
Connolly, Ken. *The Indestructible Book.* Grand Rapids: Baker Books, 1996.
Craig, Kevin. "Is the Sermon Concept Biblical?" *Searching Together* 15, no. 1-2 (1986).
Cross, F. L., and E. A. Livingstone, eds. *The Oxford Dictionary of the Christian Church.* 3rd ed., New York: Oxford University Press, 1997.
Cullmann, Oscar. *Early Christian Worship.* London: SCM Press, 1969.
Cully, Iris V., and Kendig Brubaker Cully, eds. *Harper's Encyclopedia of Religious Education.* San Francisco: Harper & Row Publishers, 1971.
Cunningham, Colin. *Stones of Witness.* Gloucestershire, UK: Sutton Publishing, 1999.
Curnock, Nehemiah, ed. *Journals of Wesley.* London: Epworth Press, 1965.
Davies, Horton. *Christian Worship: Its History and Meaning.* New York: Abingdon Press, 1957.
———. *Worship and Theology in England: 1690–1850.* Princeton: Princeton University Press, 1961.
Davies, J. G. *The Early Christian Church: A History of Its First Five Centuries.* Grand Rapids: Baker Book House, 1965.
———. *A New Dictionary of Liturgy and Worship.* London: SCM Press, 1986.
———. *The New Westminster Dictionary of Liturgy and Worship.* Philadelphia: Westminster Press, 1986.
———. *The Secular Use of Church Buildings.* New York: The Seabury Press, 1968.
———. *The Westminster Dictionary of Worship.* Philadelphia: Westminster Press, 1972.
Davies, Rupert. *A History of the Methodist Church in Great Britain.* London: Epworth Press, 1965.
Dawn, Marva J. *Reaching Out without Dumbing Down: A Theology of Worship for the Turn-of-the-Century Culture.* Grand Rapids: Eerdmans, 1995.
Dever, Mark. *A Display of God's Glory.* Washington, DC: Center for Church Reform, 2001.
Dickens, A. G. *Reformation and Society in Sixteenth-Century Europe.* London: Hartcourt, Brace, & World, Inc., 1966.
Dickinson, Edward. *The Study of the History of Music.* New York: Charles Scribner's Sons, 1905.
Dillenberger, John, and Claude Welch. *Protestant Christianity: Interpreted through Its Development.* New York: The Macmillan Company, 1988.
Dix, Gregory. *The Shape of the Liturgy.* London: Continuum International Publishing Group, 2000.
Dodd, C. H. *The Apostolic Preaching and Its Developments.* London: Hodder and Stoughton, 1963.
Dohan, Mary Helen. *Our Own Words.* New York: Alfred A. Knopf, 1974.
Douglas, J. D. *New Twentieth Century Encyclopedia of Religious Knowledge.* Grand Rapids: Baker Book House, 1991.
———. *Who's Who in Christian History.* Carol Stream, IL: Tyndale House Publishers, 1992.
Duchesne, Louis. *Christian Worship: Its Origin and Evolution.* New York: Society for Promoting Christian Knowledge, 1912.
———. *Early History of the Christian Church: From Its Foundation to the End of the Fifth Century.* London: John Murray, 1912.
Dunn, James D. G. *New Testament Theology in Dialogue.* Philadelphia: Westminster Press, 1987.

Dunn, Richard R., and Mark H. Senter III, eds. *Reaching a Generation for Christ.* Chicago: Moody Press, 1997.

Durant, Will. *The Age of Faith.* New York: Simon & Schuster, 1950.

——. *Caesar and Christ.* New York: Simon & Schuster, 1950.

——. *The Reformation.* New York: Simon & Schuster, 1957.

Eavey, C. B. *History of Christian Education.* Chicago: Moody Press, 1964.

Edersheim, Alfred. *The Life and Times of Jesus the Messiah.* McLean, VA: MacDonald Publishing Company, 1883.

Ehrhard, Jim. *The Dangers of the Invitation System.* Parkville, MO: Christian Communicators Worldwide, 1999.

Eller, Vernard. *In Place of Sacraments.* Grand Rapids: Eerdmans, 1972.

Elwell, Walter. *Evangelical Dictionary of Theology.* Grand Rapids: Baker Book House, 1984.

Evans, Craig A. "Preacher and Preaching: Some Lexical Observations." *Journal of the Evangelical Theological Society* 24, no. 4 (December 1981).

Evans, Robert F. *One and Holy: The Church in Latin and Patristic Thought.* London: S.P.C.K., 1972.

Ewing, Elizabeth. *Everyday Dress: 1650–1900.* London: Batsford, 1984.

Ferguson, Everett. *Early Christians Speak: Faith and Life in the First Three Centuries,* 3rd ed. Abilene, TX: A.C.U. Press, 1999.

——, ed. *Encyclopedia of Early Christianity.* New York: Garland Publishing, 1990.

Finney, Charles. *Lectures on Revival.* Minneapolis: Bethany House Publishers, 1989.

Fox, Robin Lane. *Pagans and Christians.* New York: Alfred A. Knopf, 1987.

Foxe, John. *Foxe's Book of Martyrs.* Old Tappan, NJ: Spire Books, 1968.

Fremantle, Ann, ed. *A Treasury of Early Christianity.* New York: Viking Press, 1953.

Fromke, DeVern. *The Ultimate Intention.* Indianapolis: Sure Foundation, 1998.

Furst, Viktor. *The Architecture of Sir Christopher Wren.* London: Lund Humphries, 1956.

Galling, Kurt, ed. *Die Religion in der Geschichte und der Gegenwart,* 3rd ed. Tubingen, Germany: J. C. B. Mohr, 1957.

Geisler, Norman, and William Nix. *A General Introduction of the Bible: Revised and Expanded.* Chicago: Moody Press, 1986.

Gilchrist, James. *Anglican Church Plate.* London: The Connoisseur, 1967.

Giles, Kevin. *Patterns of Ministry among the First Christians.* New York: HarperCollins, 1991.

Gilley, Gary. *This Little Church Went to Market: The Church in the Age of Entertainment.* Webster, NY: Evangelical Press, 2005.

Gonzalez, Justo L. *The Story of Christianity.* Peabody, MA: Prince Press, 1999.

Gough, J. E. *Church, Delinquent and Society.* Melbourne: Federal Literature Committee of Churches of Christ in Australia, 1959.

Gough, Michael. *The Early Christians.* London: Thames and Hudson, 1961.

Grabar, Andre. *Christian Iconography.* Princeton: Princeton University Press, 1968.

Grant, F. W. *Nicolaitanism or the Rise and Growth of Clerisy.* Bedford, PA: MWTB, n.d.

Grant, Michael. *The Founders of the Western World: A History of Greece and Rome.* New York: Charles Scribner's Sons, 1991.

Grant, Robert M. *The Apostolic Fathers: A New Tranlsation and Commentary,* 6 vols. New York: Thomas Nelson & Sons, 1964.

——. *Early Christianity and Society.* San Francisco: Harper & Row Publishers, 1977.

Green, Joel B., ed. *Dictionary of Jesus and the Gospels.* Downers Grove, IL: InterVarsity Press, 1992.

Green, Michael. *Evangelism in the Early Church.* London: Hodder and Stoughton, 1970.

Greenslade, S. L. *Shepherding the Flock: Problems of Pastoral Discipline in the Early Church and in the Younger Churches Today.* London: SCM Press, 1967.

Gummere, Amelia Mott. *The Quaker: A Study in Costume.* Philadelphia: Ferris and Leach, 1901.

Guthrie, Donald. *New Testament Introduction.* rev. ed. Downers Grove, IL: InterVarsity Press, 1990.

Guzie, Tad W. *Jesus and the Eucharist.* New York: Paulist Press, 1974.

Hall, David D. *The Faithful Shepherd.* Chapel Hill: The University of North Carolina Press, 1972.

Hall, Gordon L. *The Sawdust Trail: The Story of American Evangelism.* Philadelphia: Macrae Smith Company, 1964.

Halliday, W. R. *The Pagan Background of Early Christianity.* New York: Cooper Square Publishers, 1970.

Hamilton, Michael S. "The Triumph of Praise Songs: How Guitars Beat Out the Organ in the Worship Wars." *Christianity Today* (July 12, 1999).

Hanson, Richard. *The Christian Priesthood Examined.* Guildford, UK: Lutterworth Press, 1979.

Hardman, Oscar. *A History of Christian Worship.* Nashville: Parthenon Press, 1937.

Haskins, Charles Homer. *The Rise of Universities.* New York: H. Holt, 1923.

Hassell, C. B. *History of the Church of God, from Creation to AD 1885.* Middletown, NY: Gilbert Beebe's Sons Publishers, 1886.

Hatch, Edwin. *The Growth of Church Institutions.* London: Hodder and Stoughton, 1895.

——. *The Influence of Greek Ideas and Usages upon the Christian Church.* Peabody, MA: Hendrickson, 1895.

——. *The Organization of the Early Christian Churches.* London: Longmans, Green, and Co., 1895.

Havass, Zahi. *The Pyramids of Ancient Egypt.* Pittsburgh: Carnegie Museum of Natural History, 1990.
Hay, Alexander R. *The New Testament Order for Church and Missionary.* Audubon, NJ: New Testament Missionary Union, 1947.
———. *What Is Wrong in the Church?* Audubon, NJ: New Testament Missionary Union, n.d.
Henderson, Robert W. *The Teaching Office in the Reformed Tradition.* Philadelphia: Westminster Press, 1962.
Herbert, George. *The Country Parson and the Temple.* Mahwah, NJ: Paulist Press, 1981.
Hislop, Alexander. *Two Babylons.* 2nd ed. Neptune, NJ: Loizeaux Brothers, 1990.
Hodge, Charles. *First Corinthians.* Wheaton, IL: Crossway Books, 1995.
Hoover, Peter. *The Secret of the Strength: What Would the Anabaptists Tell This Generation?* Shippensburg, PA: Benchmark Press, 1998.
Howe, Reuel L. *Partners in Preaching: Clergy and Laity in Dialogue.* New York: Seabury Press, 1967.
Jacobs, C. M., trans. *Works of Martin Luther.* Philadelphia: Muhlenberg Press, 1932.
Johnson, Paul. *A History of Christianity.* New York: Simon & Schuster, 1976.
Jones, Ilion T. *A Historical Approach to Evangelical Worship.* New York: Abingdon Press, 1954.
Jungmann, Josef A. *The Early Liturgy: To the Time of Gregory the Great.* Notre Dame: Notre Dame Press, 1959.
———. *The Mass of the Roman Rite, vol. 1.* New York: Benziger, 1951.
Kennedy, John W. *The Torch of the Testimony.* Bombay: Gospel Literature Service, 1965.
Kierkegaard, Søren. "Attack on Christendom." In *A Kierkegaard Anthology,* edited by Robert Bretall. Princeton: Princeton University Press, 1946.
King, Eugene F. A. *Church Ministry.* St. Louis: Concordia Publishing House, 1993.
Kistemaker, Simon J. *New Testament Commentary: Acts.* Grand Rapids: Baker Book House, 1990.
Klassen, W., J. L. Burkholder, and John Yoder. *The Relation of Elders to the Priesthood of Believers.* Washington, DC: Sojourners Book Service, 1969.
Klassen, Walter. "New Presbyter Is Old Priest Writ Large." *Concern* 17 (1969).
Kopp, David. *Praying the Bible for Your Life.* Colorado Springs: Waterbrook, 1999.
Krautheimer, Richard. *Early Christian and Byzantine Architecture.* London: Penguin Books, 1986.
Kreider, Alan. *Worship and Evangelism in Pre-Christendom.* Oxford: Alain/GROW Liturgical Study, 1995.
Larimore, Walter, and Rev. Bill Peel. "Critical Care: Pastor Appreciation." *Physician Magazine,* September/October 1999.
Latourette, Kenneth Scott. *A History of Christianity.* New York: Harper and Brothers, 1953.
Leisch, Barry. *The New Worship: Straight Talk on Music and the Church.* Grand Rapids: Baker Book House, 1996.
Lenski, R. C. H. *Commentary on St. Paul's Epistle to the Galatians.* Minneapolis: Augsburg Publishing House, 1961.
———. *Commentary on St. Paul's Epistles to Timothy.* Minneapolis: Augsburg Publishing House, 1937.
———. *The Interpretation of 1 and 2 Corinthians.* Minneapolis: Augsburg Publishing House, 1963.
Liemohn, Edwin. *The Organ and Choir in Protestant Worship.* Philadelphia: Fortress Press, 1968.
Lietzmann, Hans. *A History of the Early Church,* vol. 2. New York: The World Publishing Company, 1953.
Lightfoot, J. B. "The Christian Ministry." In *Saint Paul's Epistle to the Philippians.* Wheaton, IL: Crossway Books, 1994.
Lockyer, Herbert Sr., ed. *Nelson's Illustrated Bible Dictionary.* Nashville: Thomas Nelson Publishers, 1986.
Mackinnon, James. *Calvin and the Reformation.* New York: Russell and Russell, 1962.
MacMullen, Ramsay. *Christianizing the Roman Empire· AD 100–400.* London: Yale University Press, 1984.
MacPherson, Dave. *The Incredible Cover-Up.* Medford, OR: Omega Publications, 1975.
Marrou, H. I. *A History of Education in Antiquity.* New York: Sheed and Ward, 1956.
Marsden, George. *The Soul of the American University: From Protestant Establishment to Established Nonbelief,* New York: Oxford University Press, 1994.
Marshall, I. Howard. *Last Supper and Lord's Supper.* Grand Rapids: Eerdmans, 1980.
———. *New Bible Dictionary.* 2nd ed. Downers Grove, IL: InterVarsity Fellowship, 1982.
Maxwell, William D. *An Outline of Christian Worship: Its Developments and Forms.* New York: Oxford University Press, 1936.
Mayo, Janet. *A History of Ecclesiastical Dress.* New York: Holmes & Meier Publishers, 1984.
McKenna, David L. "The Ministry's Gordian Knot." *Leadership* (Winter 1980).
McNeill, John T. *A History of the Cure of Souls.* New York: Harper & Row Publishers, 1951.
Mees, Arthur. *Choirs and Choral Music.* New York: Greenwood Press, 1969.
Metzger, Bruce, and Michael Coogan. *The Oxford Companion to the Bible.* New York: Oxford University Press, 1993.
Middleton, Arthur Pierce. *New Wine in Old Wineskins.* Wilton, CT: Morehouse-Barlow Publishing, 1988.
Miller, Donald E. *Reinventing American Protestantism.* Berkeley: University of Berkeley Press, 1997.
Morgan, John. *Godly Learning.* New York: Cambridge University Press, 1986.
Muller, Karl, ed. *Dictionary of Mission: Theology, History, Perspectives.* Maryknoll, NY: Orbis Books, 1997.
Murphy-O'Connor, Jerome. *Paul the Letter-Writer.* Collegeville, MN: The Liturgical Press, 1995.
Murray, Iain H. *The Invitation System.* Edinburgh: Banner of Truth Trust, 1967.

————. *Revival and Revivalism: The Making and Marring of American Evangelicalism.* Carlisle, PA: Banner of Truth Trust, 1994.

Murray, Stuart. *Beyond Tithing.* Carlisle, UK: Paternoster Press, 2000.

Narramore, Matthew. *Tithing: Low-Realm, Obsolete and Defunct.* Graham, NC: Tekoa Publishing, 2004.

Nee, Watchman. *The Normal Christian Life.* Carol Stream, IL: Tyndale House Publishers, 1977.

Nevin, J. W. *The Anxious Bench.* Chambersburg, PA: German Reformed Church, 1843.

Nichols, James Hastings. *Corporate Worship in the Reformed Tradition.* Philadelphia: Westminster Press, 1968.

Nicoll, W. Robertson, ed. *The Expositor's Bible.* New York: Armstrong, 1903.

Niebuhr, H. Richard, and Daniel D. Williams. *The Ministry in Historical Perspectives.* San Francisco: Harper & Row Publishers, 1956.

Norman, Edward. *The House of God: Church Architecture, Style, and History.* London: Thames and Hudson, 1990.

Norrington, David C. *To Preach or Not to Preach? The Church's Urgent Question.* Carlisle, UK: Paternoster Press, 1996.

Oates, Wayne. *Protestant Pastoral Counseling.* Philadelphia: Westminster Press, 1962.

Old, Hughes Oliphant. *The Patristic Roots of Reformed Worship.* Zurich: Theologischer Veriag, 1970.

Oman, Charles. *English Church Plate 597–183.* London: Oxford University Press, 1957.

Osborne, Kenan B. *Priesthood: A History of the Ordained Ministry in the Roman Catholic Church.* New York: Paulist Press, 1988.

Owen, John. *Hebrews.* Edited by Alister McGrath and J. I. Packer. Wheaton, IL: Crossway Books, 1998.

————. *True Nature of a Gospel Church and Its Government.* London: James Clarke, 1947.

Park, Ken. *The World Almanac and Book of Facts 2003.* Mahwah, NJ: World Almanac Books, 2003.

Parke, H. W. *The Oracles of Apollo in Asia Minor.* London: Croom Helm, 1985.

Pearse, Meic, and Chris Matthews. *We Must Stop Meeting Like This.* E. Sussex, UK: Kingsway Publications, 1999.

Power, Edward J. *A Legacy of Learning: A History of Western Education.* Albany: State University of New York Press, 1991.

Purves, George T. "The Influence of Paganism on Post-Apostolic Christianity." *The Presbyterian Review.* No. 36 (October 1888).

Quasten, Johannes. *Music and Worship in Pagan and Christian Antiquity.* Washington DC: National Association of Pastoral Musicians, 1983.

Reid, Clyde H. *The Empty Pulpit.* New York: Harper & Row Publishers, 1967.

Reid, Daniel G. et al., *Concise Dictionary of Christianity in America.* Downers Grove, IL: InterVarsity Press, 1995.

————. *Dictionary of Christianity in America.* Downers Grove, IL: InterVarsity Press, 1990.

Richardson, A. Madeley. *Church Music.* London: Longmans, Green, & Co., 1910.

Robertson, A. T. *A Grammar of the Greek New Testament in the Light of Historical Research.* Nashville: Broadman & Holman Publishers, 1934.

Robertson, D. W. *Abelard and Heloise.* New York: The Dial Press, 1972.

Robinson, John A. T. *The New Reformation.* Philadelphia: Westminster Press, 1965.

Rogers, Elizabeth. *Music through the Ages.* New York: G. P. Putnam's Sons, 1967.

Rowdon, Harold H. "Theological Education in Historical Perspective." In *Vox Evangelica: Biblical and Other Essays from London Bible College.* Vol. 7. Carlisle, UK: Paternoster Press, 1971.

Sanford, Elias Benjamin, ed. *A Concise Cyclopedia of Religious Knowledge.* New York: Charles L. Webster & Company, 1890.

Saucy, Robert L. *The Church in God's Program.* Chicago: Moody Publishers, 1972.

Schaff, Philip. *History of the Christian Church.* Grand Rapids: Eerdmans, 1994.

Schlect, Christopher. *Critique of Modern Youth Ministry.* Moscow, ID: Canon Press, 1995.

Schweizer, Eduard. *The Church As the Body of Christ.* Richmond, VA: John Knox Press, 1964.

————. *Church Order in the New Testament.* Chatham, UK: W. & J. Mackay, 1961.

Sendrey, Alfred. *Music in the Social and Religious Life of Antiquity.* Rutherford, NJ: Fairleigh Dickinson University Press, 1974.

Senn, Frank C. *Christian Liturgy: Catholic and Evangelical.* Minneapolis: Fortress Press, 1997.

————. *Christian Worship and Its Cultural Setting.* Philadelphia: Fortress Press, 1983.

Senter, Mark H. III. *The Coming Revolution in Youth Ministry.* Chicago: Victor Books, 1992.

————. *The Youth for Christ Movement As an Educational Agency and Its Impact upon Protestant Churches: 1931– 1979.* Ann Arbor, MI: University of Michigan, 1990.

Shaulk, Carl. *Key Words in Church Music.* St. Louis: Concordia Publishing House, 1978.

Shelley, Bruce. *Church History in Plain Language.* Waco, TX: Word Books, 1982.

Short, Ernest H. *History of Religious Architecture.* London: Philip Allan & Co., 1936.

Sizer, Sandra. *Gospel Hymns and Social Religion.* Philadelphia: Temple University Press, 1978.

Smith, Christian. *Going to the Root.* Scottdale, PA: Herald Press, 1992.

————. "Our Dressed Up Selves." *Voices in the Wilderness,* September/October 1987.

Smith, M. A. *From Christ to Constantine*. Downers Grove, IL: InterVarsity Press, 1973.

Snyder, Graydon F. *Ante Pacem: Archaeological Evidence for Church Life before Constantine*. Macon, GA: Mercer University Press, 1985.

——. *First Corinthians: A Faith Community Commentary*. Macon, GA: Mercer University Press, 1991.

Snyder, Howard. *Radical Renewal: The Problem of Wineskins Today*. Houston: Touch Publications, 1996.

Soccio, Douglas. *Archetypes of Wisdom: An Introduction to Philosophy*. Belmont, CA: Wadsworth ITP Publishing Company, 1998.

Sommer, Robert. "Sociofugal Space." *American Journal of Sociology* 72, no. 6, 1967.

Stevens, R. Paul. *The Abolition of the Laity*. Carlisle, UK: Paternoster Press, 1999.

——. *Liberating the Laity*. Downers Grove, IL: InterVarsity Press, 1985.

——. *The Other Six Days: Vocation, Work, and Ministry in Biblical Perspective*. Grand Rapids: Eerdmans, 1999.

Streeter, B. H. *The Primitive Church*. New York: The Macmillan Company, 1929.

Streett, R. Alan. *The Effective Invitation*. Old Tappan, NJ: Fleming H. Revell Co., 1984.

Stumpf, Samuel Enoch. *Socrates to Sartre*. New York: McGraw-Hill, 1993.

Swank, George W. *Dialogical Style in Preaching*. Valley Forge, PA: Judson Press, 1981.

Swank, J. Grant. "Preventing Clergy Burnout." *Ministry* (November 1998).

Sweet, Leonard. "Church Architecture for the 21st Century." *Your Church* (March/April 1999).

Sykes, Norman. *Old Priest and New Presbyter*. London: Cambridge University Press, 1956.

Tan, Kim. *Lost Heritage: The Heroic Story of Radical Christianity*. Godalming, UK: Highland Books, 1996.

Taylor, Joan E. *Christians and the Holy Places: The Myth of Jewish-Christian Origins*. Oxford: Clarendon Press, 1993.

Terry, John Mark. *Evangelism: A Concise History*. Nashville: Broadman & Holman Publishers, 1994.

Thiessen, Henry C. *Lectures in Systematic Theology*. Grand Rapids: Eerdmans, 1979.

Thompson, Bard. *Liturgies of the Western Church*. Cleveland: Meridian Books, 1961.

Thompson, C. L. *Times of Refreshing, Being a History of American Revivals with Their Philosophy and Methods*. Rockford: Golden Censer Co. Publishers, 1878.

Thomson, Jeremy. *Preaching As Dialogue: Is the Sermon a Sacred Cow?* Cambridge: Grove Books, 1996.

Tidball, D. J. *Dictionary of Paul and His Letters*. Downers Grove, IL: InterVarsity Press, 1993.

Trueman, D. C. *The Pageant of the Past: The Origins of Civilization*. Toronto: Ryerson, 1965.

Turner, Harold W. *From Temple to Meeting House: The Phenomenology and Theology of Places of Worship*. The Hague: Mouton Publishers, 1979.

Ulam, Adam B. *Stalin: The Man and His Era*. New York: Viking Press, 1973.

Uprichard, R. E. H. "The Eldership in Martin Bucer and John Calvin." *Irish Biblical Studies Journal* (June 18, 1996).

Uschan, Michael V. *The 1940's: Cultural History of the US through the Decades*. San Diego: Lucent Books, 1999.

Van Biema, David. "The End: How It Got That Way." *Time* (July 1, 2002).

Verduin, Leonard. *The Reformers and Their Stepchildren*. Grand Rapids: Eerdmans, 1964.

Verkuyl, Gerrit. *Berkeley Version of the New Testament*. Grand Rapids: Zondervan, 1969.

Viola, Frank. *God's Ultimate Passion*. Gainesville, FL: Present Testimony Ministry, 2006.

——. *Reimagining Church*. Colorado Springs: David C. Cook. 2008.

——. *The Untold Story of the New Testament Church: An Extraordinary Guide to Understanding the New Testament*. Shippensburg, PA: Destiny Image, 2004.

von Campenhausen, Hans. *Tradition and Life in the Church*. Philadelphia: Fortress Press, 1968.

von Harnack, Adolf. *The Mission and Expansion of Chrisitianity in the First Three Centuries*. New York: G. P. Putnam's Sons, 1908.

von Simson, Otto. *The Gothic Cathedral: Origins of Gothic Architecture and the Medieval Concept of Order*. Princeton: Princeton University Press, 1988.

von Soden, H. *Die Schriften des Newen Testamentes*. Gottingen, Germany: Vandenhoeck, 1912.

Walker, G. S. M. *The Churchmanship of St. Cyprian*. London: Lutterworth Press, 1968.

Wallis, Arthur. *The Radical Christian*. Columbia, MO: Cityhill Publishing, 1987.

Warkentin, Marjorie. *Ordination: A Biblical-Historical View*. Grand Rapids: Eerdmans, 1982.

Warns, J. *Baptism: Its History and Significance*. Exeter, UK: Paternoster Press, 1958.

Watson, Philip. *Neoplatonism and Christianity: 928 Ordinary General Meeting of the Victoria Institute*. Surrey, UK: The Victoria Institute, 1955.

Welch, Bobby H. *Evangelism through the Sunday School: A Journey of Faith*. Nashville: Lifeway Press, 1997.

Wesley, John. *Sermons on Several Occasions*. London: Epworth Press, 1956.

White, James F. *Protestant Worship: Traditions in Transition*. Louisville: Westminster/John Knox Press, 1989.

——. *The Worldliness of Worship*. New York: Oxford University Press, 1967.

White, L. Michael. *Building God's House in the Roman World*. Baltimore: Johns Hopkins University Press, 1990.

White, John F. *Protestant Worship and Church Architecture*. New York: Oxford University Press, 1964.

Whitham, Larry. "Flocks in Need of Shepherds." *Washington Times*, July 2, 2001.

Wickes, Charles. *Illustrations of Spires and Towers of the Medieval Churches of England.* New York: Hessling & Spielmeyer, 1900.

Wieruszowski, Helen. *The Medieval University.* Princeton: Van Nostrand, 1966.

Wilken, Robert. *The Christians as the Romans Saw Them.* New Haven, CT: University Press, 1984.

Williams, George. *The Radical Reformation.* Philadelphia: Westminster Press, 1962.

Williams, Peter. *Houses of God.* Chicago: University of Illinois Press, 1997.

Wilson-Dickson, Andrew. *The Story of Christian Music.* Oxford: Lion Publications, 1992.

Wright, David F. *The Lion Handbook of the History of Christianity.* Oxford: Lion Publications, 1990.

Wuest, Kenneth S. *The New Testament: An Expanded Translation.* Grand Rapids: Eerdmans, 1961.

Youngblood, Ronald. "The Process: How We Got Our Bible." *Christianity Today* (February 5, 1988), 23–38.

Zens, Jon. *The Pastor.* St. Croix Falls, WI: Searching Together, 1981.

作者簡介

　　法蘭克‧威歐拉（FRANK VIOLA）是當代家庭教會運動的重要人物。過去二十年來，他一直都參與美國有機教會的活動。法蘭克已經寫過八本探討急遽重建教會的革命性書籍，其中包括 *God's Ultimate Passion* 與 *The Untold Story of the New Testament Church*。他是美國著名的教會趨勢專家，不但主持研討會培養基督徒的靈命，更積極參與建造新約模式的教會。他的網站 www.frankviola.com 包含許多專門針對培養上帝百姓靈命而設計的免費資源。法蘭克一家人住在佛羅里達甘尼斯維爾（Gainesville, Florida）。

　　喬治‧巴拿（GEORGE BARNA）是洛杉磯專門製作電影、電視節目以及其他媒體產品的多媒體公司「Good News Holdings」的總裁。他也是位在加州文圖拉（Ventura），專門從事研究與開發的「巴拿集團」（The Barna Group）的創辦人與執行總監，該集團的客戶群包括「葛理翰佈道團」（the Billy Graham Evangelistic Association）與「愛家協會」（Focus on the Family）等福音機構，以及福特公司與華德迪斯奈等企業，還有美國海軍與陸軍。巴拿的著作迄今多達三十九本，包括暢銷書 *Revolution*、*Revolutionary Parenting, Transforming Children into Spiritual Champions, The Frog in the Kettle* 以及 *The Power of Vision*。他曾經被譽為「當今教會界被引述最多的人」，並被列為最具影響力的領袖之一。現在跟妻子南西（Nancy）以及三位女兒（Samantha, Corban, and Christine）住在加州南部。

國家圖書館出版品預行編目資料

參雜異教的基督信仰？/ 法蘭克・威歐拉(Frank Viola),
喬治・巴拿(George Barna)作; 顧華德譯. -- 初版. --
臺中市 : 基督教中國佈道會, 2014.10
　　面； 公分
譯自 : Pagan Christianity?
ISBN 978-986-89106-2-1(平裝)

1.教會　2.教牧學

247.1　　　　　　　　　　　　　　　103019006

參雜異教的基督信仰？

作　　者／法蘭克・威歐拉、喬治・巴拿
　　　　　　（Frank Viola & George Barna）
譯　　者／顧華德
編　　輯／湯曉晶
發 行 人／陳恆理
出 版 者／基督教中國佈道會出版社
發 行 所／台中市北區中清路一段447號18樓之1
電　　話／(04)22911175
傳　　真／(04)22918421
網　　址／www.ecftaiwan.org.tw
出版日期／2014年10月初版・2015年12月二刷
ISBN　978-986-89106-2-1
版權所有・請勿翻印

Pagan Christianity?, Chinese-Traditional

Copyright © 2007 by Frank Viola & George Barna
Chinese-Traditional edition © 2014
by Evangelize China Fellowship with permission of
Tyndale House Publishers, Inc. All rights reserved.
Printed in Taiwan